职业本科创新融合系列教材
汽车类专业新形态教材

汽车发动机
构造与维修

潘宗友　张维军　主　编
马晓婧　孔田增　副主编
　　　　孙怀君　主　审

化学工业出版社
·北京·

内容简介

本书从职业教育教学的特点出发，聚焦汽车维修核心岗位技术技能要求，对接行业企业标准和专业教学标准，将职业技能证书考试内容与课程内容融合，注重对学生进行技术技能操作规范化、职业化的素质培养，基于任务驱动的项目化教学设计，实现了课程理论与实践的有机统一。教材有配套电子课件（可到 QQ 群 107141977 下载）及视频动画（可通过手机扫描二维码观看）。

本书对汽车发动机的两大机构、三大系统进行了全面描述，共分为 7 个项目，内容包括发动机的总体构造认识、曲柄连杆机构的构造与检修、配气机构的构造与检修、电控汽油机燃料供给系统的构造与检修、柴油机燃料供给系统的构造与检修、润滑系统的构造与检修、冷却系统的构造与检修。

本书可作为职业本科和高等院校应用型本科汽车类专业的教材，也可作为高职高专、职大、成教等汽车工程类专业的教材和各类汽车技术人员培训学习的参考用书。

图书在版编目（CIP）数据

汽车发动机构造与维修/潘宗友，张维军主编. —北京：化学工业出版社，2025.1
ISBN 978-7-122-45380-8

Ⅰ.①汽⋯ Ⅱ.①潘⋯ ②张⋯ Ⅲ.①汽车-发动机-构造-教材②汽车-发动机-车辆修理-教材 Ⅳ.①U472.43

中国国家版本馆 CIP 数据核字（2024）第 069593 号

责任编辑：韩庆利　　　　　　　文字编辑：吴开亮
责任校对：李露洁　　　　　　　装帧设计：刘丽华

出版发行：化学工业出版社
　　　　　（北京市东城区青年湖南街 13 号　邮政编码 100011）
印　　装：三河市双峰印刷装订有限公司
787mm×1092mm　1/16　印张 23¼　字数 588 千字
2025 年 2 月北京第 1 版第 1 次印刷

购书咨询：010-64518888　　　　　售后服务：010-64518899
网　　址：http://www.cip.com.cn

凡购买本书，如有缺损质量问题，本社销售中心负责调换。

定　价：59.80 元　　　　　　　　　版权所有　违者必究

前言

按照"十四五"国家经济社会发展和2035年远景目标对职业教育的要求,为贯彻《国家职业教育改革实施方案》,加强职业教育国家教学标准体系建设,落实职业教育专业动态更新要求,推动专业升级和数字化改造,教育部对职业教育专业目录进行了全面修(制)订,设置了职业本科教育。同时,随着汽车行业的快速发展和汽车产业转型升级,汽车行业对技术技能人才的需求不仅突出"强操作、懂管理、能开发"的应用型特点,更加强调理论在实践中的应用和创新。这就对汽车类专业职业教育提出了更高的要求,以职业能力培养为主线、以岗位工作任务为引领、以工作项目为导向的教学模式成为培养适应汽车产业转型升级所需的实践创新型、复合型高层次技术技能人才的重要途径。

本书根据《国家职业教育改革实施方案》(国发〔2019〕4号)、《国务院关于加快发展现代职业教育的决定》及新修订的《职业教育专业目录》等有关文件精神,总结了编者多年来在汽车专业中的教学经验并注意吸收发达国家先进的教学理念,以"教材内容与产业需求对接""教材内容与职业标准对接""教材内容与生产过程对接""教材内容与职业资格证书对接""教材内容与终身学习对接"等为设计核心,以促进教材更好地服务于职业院校教学和学生学习的需求为目的,从汽车发动机构造与维修的特点及未来学生从事的岗位的需求出发来设置知识,以职业能力培养为主线,以项目引领、任务驱动教学的思想来组织编写。

本书以企业工作项目任务作为学习情境,根据完成项目任务所需专业知识、技能来设计和组织学习任务,由发动机的总体构造认识、曲柄连杆机构的构造与检修、配气机构的构造与检修、电控汽油机燃料供给系统的构造与检修、柴油机燃料供给系统的构造与检修、润滑系统的构造与检修、冷却系统的构造与检修7个项目组成。

本书对具体项目任务内容的设计和选择,注重职业教育特点,按实践创新型、复合型高层次技术技能人才培养模式设计构思,以实际项目为导向,采用任务驱动的教学方法组织教材内容。选用汽车发动机典型案例,遵循基础理论知识简明实用、突出重点,强化实践创新、技能培养为主的原则,内容图文并茂、形象生动。同时,为了适应新的职业本科教育模式和教材改革的要求,使学生能够系统地学习汽车发动机构造与维修的知识与技能,将"做中学、学中做"和"基于工作过程"的项目化教学理念有效地融于教材和教学中。本书主要特色与创新如下:

1. 汽车文化传承育人

为响应教育部课程思政建设的相关要求,帮助学生树立正确的世界观、人生观、价值观,本书通过汽车传承文化模块融入了中国汽车文化传承思政元素,介绍了我国汽车维修行业的优秀楷模、大国工匠、优秀的中国汽车企业等,润物无声地将汽车优秀文化传承、汽车维修行业的工匠精神、劳模精神等思政元素融入其中,在潜移默化中激发学生的专业兴趣、专业爱好及精益求精、科学严谨、追求卓越的大国工匠精神。

2. 校企合作,工学结合

本书充分吸收、参考汽车领域的专家和汽车企业一线工作人员的意见,由具有汽车维修工作经验的国家级大师工作室负责人主审把关,由汽车行业专家提供资料和技术支持。本书充分考虑了汽车发动机构造与维修相关岗位的实际情况,将理论知识和工作内容有机结合起来,可帮助学生在掌握理论知识的同时,了解相关岗位,掌握实际岗位所需的职业技能。

3. 项目引领，任务驱动

本书从实际应用出发，根据项目教学的要求，采用"项目引领，任务驱动"的模式编写，每一个项目又分项目描述—学习目标—任务—思考与练习—汽车文化传承5大部分；每个项目又有多个任务，每个任务又分任务引入—（任务工单）—知识准备—任务实施—考核评价—总结反思6大教学模块，将理论和实践有机融合，满足了职业教育教学的需求，顺应了职业院校学生的认知习惯。

任务引入以情境故事等引入该任务的重要知识点，激发学生学习兴趣，让学生初步了解将要学习的知识及需要掌握的技能。在上课前，学生可以预习知识准备，并整理出较难理解之处，在课堂上就可以更有针对性地学习。在进行任务实施时，学生可以先制订计划，在实施过程中记录下实际操作内容和遇到的问题，并探索解决办法，这有助于培养学生自主学习的意识和能力。在任务完成后，教师和学生可以对任务完成情况进行评价，这可让学生全面了解自己对知识和技能的掌握情况。在总结反思中，学生要对本任务的理论知识点和技术技能点进行总结梳理，反思理论学习中的疑难问题和实践锻炼中的技能亮点及不足等，可以更好地理解掌握理论知识和实践技能。

4. 任务工单，项目化教学

任务工单单独成册，便于学生理论知识学习和实践技能锻炼，教师考核评价，学生学习反思及问题总结归纳。任务工单包括"任务目的""学生分组""工作准备""工作实施""考核评价"和"总结反思"六部分。任务工单与教材相互补充，相辅相成，充分体现"学中做、做中学"和"基于工作过程"的项目化教学理念。

5. 注重技能培养，实用性强

本书从职业本科、专科教育的实际出发，结合教学、行业的实际需要及职业技能取证、1+X技能取证、技能竞赛等，在内容上注重职业情境和实践技能的培养；以典型发动机的维修实例为引，通过针对性和实用性的强化实践教学，开发学生参与活动的能力，提升学生的知识应用能力和技能迁移能力。

6. 依托真实任务，提高素质

以工作实践为起点，用真实任务和问题培养学生观察、思维能力，以真实现场任务及真实任务实施教学，提高学生实践操作技能，并通过组织学生小组活动，培养学生勇于担当、乐于奉献的精神和团队协作精神，提高学生"与人合作、与人沟通""学思结合、知行合一"的素质。

本书主要面向职业本科、专科汽车类专业的学生，故涉及的内容比较多，不同层次、不同专业在使用时，可根据自身的特点和需要加以取舍。同时，本书也可作为成人院校汽车类专业和与汽车相关专业的技术人员、管理人员的教材和培训参考书。

本书由兰州石化职业技术大学潘宗友、张维军担任主编，马晓婧、孔田增担任副主编，孙怀君担任主审。潘宗友编写项目三和项目五，张维军编写项目七，马晓婧编写项目四，孔田增编写项目二和项目一（部分），王圣杰编写项目六，张亚宁编写项目一（部分）。

本书在编写过程中得到了同行和同事们的大力支持和帮助，在此表示衷心的感谢！在编写过程中参考了大量的相关资料，在此一并向资料的提供者表示真诚的感谢！

由于编者的经历及水平有限，书中内容难以覆盖全国各地的实际情况，也难免有不足之处，敬请读者批评指正。

编　者

目录

项目一
发动机的总体构造认识 / 1
- 任务　认识汽车发动机 …………………………………………………………… 2

项目二
曲柄连杆机构的构造与检修 / 18
- 任务一　认识曲柄连杆机构 …………………………………………………… 19
- 任务二　机体组 ………………………………………………………………… 27
- 任务三　活塞连杆组 …………………………………………………………… 38
- 任务四　曲轴飞轮组 …………………………………………………………… 59
- 任务五　曲柄连杆机构常见故障诊断与排除 ………………………………… 75

项目三
配气机构的构造与检修 / 81
- 任务一　认识配气机构 ………………………………………………………… 82
- 任务二　气门组 ………………………………………………………………… 90
- 任务三　气门传动组 …………………………………………………………… 98
- 任务四　可变进气系统 ………………………………………………………… 107
- 任务五　配气机构常见故障诊断与排除 ……………………………………… 114

项目四
电控汽油机燃料供给系统的构造与检修 / 121
- 任务一　认识电控汽油机燃料供给系统 ……………………………………… 122
- 任务二　空气供给系统 ………………………………………………………… 129
- 任务三　燃油供给系统 ………………………………………………………… 132
- 任务四　电子控制系统 ………………………………………………………… 140
- 任务五　发动机排气系统与增压系统 ………………………………………… 161
- 任务六　电控汽油机燃料供给系统常见故障诊断与排除 …………………… 174

项目五
柴油机燃料供给系统的构造与检修 / 190
- 任务一　认识柴油机燃料供给系统 …………………………………………… 191
- 任务二　柴油机燃料供给系统主要部件 ……………………………………… 197
- 任务三　电控柴油机燃料供给系统 …………………………………………… 221

任务四　柴油机燃料供给系统常见故障诊断与排除 …………………………………… 235

项目六
润滑系统的构造与检修 / 246

　　任务一　认识润滑系统 ……………………………………………………………… 246
　　任务二　润滑系统主要零部件 ……………………………………………………… 251
　　任务三　润滑系统常见故障诊断与排除 …………………………………………… 261

项目七
冷却系统的构造与检修 / 267

　　任务一　认识冷却系统 ……………………………………………………………… 267
　　任务二　冷却系统主要零部件 ……………………………………………………… 271
　　任务三　冷却系统常见故障诊断与排除 …………………………………………… 287

参考文献 / 295

项目一
发动机的总体构造认识

 项目描述

汽车发动机是一种将燃料燃烧产生的热能转变为机械能的机器。发动机是汽车的核心部件，它的性能直接决定整车的性能指标，如经济性、动力性、舒适性和环保性等。发动机的性能指标是判断发动机性能高低的依据，也是判断汽车整车性能的基本依据，无论是从事汽车检测维修等较复杂的技术工作，还是从事与汽车相关的汽车贸易、汽车驾驶等工作，都必须了解发动机的性能指标，并能进行比较分析。本项目主要介绍发动机的总体构造、类型、基本术语、工作原理及性能指标和型号编制等基本知识。

 学习目标

知识目标：1. 掌握汽车发动机总体构造与分类；
2. 了解汽车发动机的基本术语和工作原理；
3. 理解汽油机和柴油机的优缺点；
4. 理解发动机的主要性能指标与特性；
5. 了解内燃机名称及型号编制规则。

技能目标：1. 能够正确识别发动机类型、组成部分和型号；
2. 能够分析发动机工作过程，熟悉基本术语；
3. 能够分析发动机主要性能指标。

素质目标：1. 养成自主学习、协作学习、探究学习的意识；
2. 增强安全工作意识，树立正确的理想信念；
3. 弘扬精益求精、科学严谨、追求卓越的大国工匠精神。

任务　认识汽车发动机

 任务引入

为了方便上下班，刚毕业的小王打算购买一辆轿车，但是她对汽车一点儿也不了解，不知道怎样才能买到适合自己的轿车。于是，她向自己在汽车 4S 店工作的朋友请教。经过朋友的解说，小王了解到发动机是汽车最重要的组成部分，是汽车的动力装置，是省油的最主要影响部分。故结合发动机省油经济性，朋友给她推荐了几款车型。小王在结合发动机省油经济性及各个车型的特点后，如愿购买了一辆自己特别满意的轿车。

本任务要求学生熟悉汽车发动机的分类、组成、基本术语、工作原理；了解发动机主要性能指标与特性；掌握内燃机名称及型号编制规则；能够识别汽车发动机的类型、组成部分和型号等。

 知识准备

发动机是将某种形式的能量转换为机械能的机器。将燃料燃烧所产生的热能转变为机械能的发动机，称为热力发动机（简称热机）。热机分为内燃机与外燃机两种。内燃机是将液体或气体燃料和空气混合后直接输入机器内部燃烧产生热能，热能再转变为机械能。内燃机相比于外燃机，具有热效率高、体积小、启动性能好、便于移动和维修方便等优点，因而广泛应用于飞机、汽车、船舶、拖拉机、坦克上。

根据车用内燃机将热能转变为机械能的主要构件形式，可分为活塞式内燃机与燃气轮机两大类。前者又可按活塞运动方式不同，分为往复活塞式和旋转活塞式两种。现代汽车用发动机多为往复活塞式内燃机，简称活塞式内燃机。本书中论述的发动机若无特殊说明，均指该种发动机。

现代汽车用发动机的燃料有汽油、柴油、酒精和液化石油气等，根据使用的广泛性，本书讲述的发动机仅限于燃用汽油的发动机（简称汽油机）和燃用柴油的发动机（简称柴油机）。

一、汽车发动机的分类

发动机的分类方法很多，按照不同的分类方法可以把发动机分成不同类型。

1. 按照所用燃料种类分类

按照所用燃料不同，发动机主要分为汽油机（汽油发动机）、柴油机（柴油发动机）和气体燃料发动机三类。以汽油和柴油为燃料的发动机分别称作汽油机和柴油机。使用天然气、液化石油气和其他气体燃料的发动机称作气体燃料发动机。

2. 按照冷却方式分类

按冷却方式的不同，发动机分为水冷式和风冷式两种。以水或冷却液为冷却介质的称作水冷式发动机，而以空气为冷却介质的则称作风冷式发动机。

3. 按照冲程分类

发动机按其在一个工作循环期间活塞往复运动的行程数进行分类。活塞式内燃机每完成一个工作循环，便对外做功一次，不断地完成工作循环，才使热能连续地转变为机械能。在一个工作循环中活塞往复四个行程的内燃机称作四冲程往复活塞式内燃机,而活塞往复两个行程便完成一个工作循环的则称作二冲程往复活塞式内燃机。

4. 按照气缸数目分类

按气缸数目不同,可以分为单缸发动机和多缸发动机。仅有一个气缸的发动机称为单缸发动机;有两个及以上气缸的发动机称为多缸发动机。如双缸、三缸、四缸、五缸、六缸、八缸、十二缸等都是多缸发动机。现代车用发动机多采用四缸、六缸、八缸发动机。

5. 按照气缸排列方式分类

按照气缸排列方式不同,发动机可以分为单列式和双列式。单列式发动机的各个气缸排成一列,一般是垂直布置的,但为了降低高度,有时也把气缸布置成倾斜的甚至水平的;双列式发动机把气缸排成两列,两列之间的夹角＜180°(一般为90°)称为V形发动机,若两列之间的夹角为180°则称为对置式发动机。

6. 按照进气状态分类

按进气状态不同,发动机还可分为增压和非增压两类。若进气是在接近大气状态下进行的,则为非增压发动机或自然吸气式发动机;若利用增压器将进气压力增高,进气密度增大,则为增压式发动机。增压可以提高发动机功率。

目前,应用最广、数量最多的汽车发动机为水冷、四冲程往复活塞式内燃机,其中汽油机用于轿车和轻型客、货车上,而大客车和中、重型货车发动机多为柴油机。少数轿车和轻型客、货车发动机也有用柴油机的。以风冷或二冲程活塞式发动机为动力的汽车为数不多。特别是自20世纪80年代起,在世界范围内,就不再有以二冲程活塞式内燃机为动力的轿车了。

二、发动机的总体构造

发动机是一部由许多机构和系统组成的复杂机器,不同类型的发动机,其具体结构各不相同,但其基本构造相似。通常,汽油机由两大机构、五大系统组成,柴油机由两大机构、四大系统组成(无点火系统)。图1-1所示为一典型发动机结构,下面介绍四冲程发动机的总体构造。

发动机装配及工作原理

1. 曲柄连杆机构

曲柄连杆机构是发动机实现工作循环,完成能量转换的主要运动机构。它由机体组、活塞连杆组和曲轴飞轮组等组成。这是发动机产生动力,并将活塞的往复直线运动转变为曲轴旋转运动而输出动力的机构。

2. 配气机构

配气机构的功用是根据发动机的工作顺序和工作过程,定时开启和关闭进气门和排气门,使可燃混合气或空气进入气缸,并使废气从气缸内排出,实现换气过程。配气机构一般包括气门组、气门传动组。

3. 燃料供给系统

燃料供给系统包括燃油箱、燃油泵、燃油滤清器、空气滤清器、进气歧管、排气歧管、排气消声器、压力调节器、各种传感器、电控单元及喷油器等。汽油机燃料供给系统的功用是根据发动机的要求,配制出一定数量和浓度的混合气,定时、定量地供入气缸,并将燃烧后的废气从气缸内排出到大气中去;柴油机燃料供给系统的功用是把柴油和空气分别供入气缸,在燃烧室内形成混合气并燃烧,最后将燃烧后的废气排出。

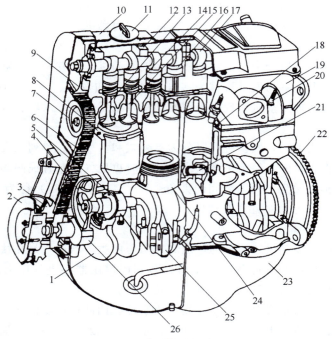

图 1-1 典型发动机结构

1—曲轴；2—空气压缩机带轮；3—水泵、发电机、曲轴带轮；4—中间轴正时齿轮；5—中间轴；
6—正时传动带；7—偏心轮张紧机构；8—气缸体；9—凸轮轴正时齿轮；10—凸轮轴罩盖；
11—机油加油口盖；12—凸轮轴轴承盖；13—排气门；14—气门弹簧；15—进气门；16—液力
挺杆总成；17—凸轮轴；18—气缸垫；19—气缸盖；20—火花塞；21—活塞销；
22—飞轮齿圈；23—油底壳；24—活塞；25—连杆总成；26—曲轴主轴承

4. 点火系统

在汽油机中，气缸内的可燃混合气是靠电火花点燃的，为此在汽油机的气缸盖上装有火花塞，火花塞头部伸入燃烧室内。能够按时在火花塞电极间产生电火花的全部设备称为点火系统。点火系统通常由电源（蓄电池和发电机）、分电器、点火线圈、点火控制器和火花塞等组成。柴油机采用压燃方式点火，故无点火系统。

5. 冷却系统

冷却系统的功用是将受热零件吸收的部分热量及时散发于大气之中，以使发动机在最适宜的温度下工作。水冷发动机的冷却系统通常由冷却水套、水泵、风扇、水箱、节温器等组成。

6. 润滑系统

润滑系统的功用是向做相对运动的零件表面输送定量的清洁润滑油，以实现液体摩擦，减小摩擦阻力，减轻机件的磨损，并对零件表面进行清洗和冷却。润滑系统通常由润滑油道、机油泵、机油滤清器和一些阀门、仪表等组成。

7. 启动系统

要使发动机由静止状态过渡到工作状态，必须先用外力转动发动机的曲轴，使活塞做往复运动，气缸内的可燃混合气燃烧膨胀做功，推动活塞向下运动使曲轴旋转，发动机才能自行运转，工作循环才能自动进行。因此，曲轴在外力作用下开始转动到发动机开始自动地怠速运转的全过程，称为发动机的启动。完成启动过程所需的装置，称为发动机的启动系统。

三、发动机的基本术语

在图 1-2 的单缸发动机示意图中,活塞置于气缸中,活塞可在气缸内做往复直线运动,活塞通过连杆和曲轴相连,曲轴可绕其轴线旋转。

① 上止点。活塞离曲轴回转中心最远处,通常指活塞上行到最高位置[图 1-3(a)]。

② 下止点。活塞离曲轴回转中心最近处,通常指活塞下行到最低位置[图 1-3(b)]。

③ 活塞行程(S)。上、下两止点间的距离(mm),如图 1-3(c)所示。

④ 曲柄半径(R)。与连杆下端(即连杆大头)相连的曲柄销中心到曲轴回转中心的距离(mm)。显然,$S=2R$。曲轴每转一圈,活塞移动两个行程,如图 1-3(c)所示。

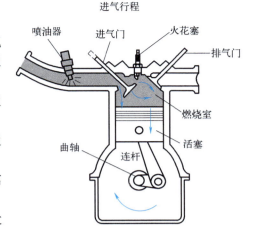

图 1-2 单缸发动机示意图

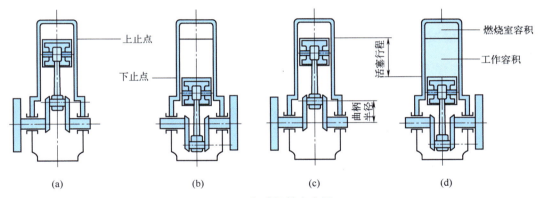

图 1-3 发动机基本术语

⑤ 气缸工作容积(V_h)。活塞从上止点到下止点所扫过的容积称为气缸工作容积[图 1-3(d)]。

$$V_h = \frac{\pi D^2}{4 \times 10^6} S \quad (\text{L}) \tag{1-1}$$

式中,D 为气缸直径,mm。

⑥ 发动机排量(V_L)。发动机所有气缸工作容积之和(图 1-4),单位为 L。设发动机的气缸数为 i,则

$$V_L = i V_h \quad (\text{L}) \tag{1-2}$$

⑦ 燃烧室容积(V_c)。活塞在上止点时,活塞上方的空间为燃烧室,它的容积称为燃烧室容积(L),如图 1-3(d)所示。对于许多发动机,活塞在上止点时,燃烧室容积就是活塞上方气缸盖内的空腔容积,这部分容积会因活塞顶部的形状不同而稍有改变。

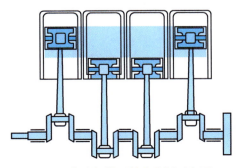

图 1-4 发动机排量基本术语示意图

⑧ 气缸总容积（V_a）。活塞在下止点时，活塞上方的容积称为气缸总容积（L）。它等于气缸工作容积与燃烧室容积之和［图1-3（d）］，即

$$V_a = V_h + V_c \tag{1-3}$$

⑨ 压缩比（ε）。气缸总容积与燃烧室容积的比值，即

$$\varepsilon = \frac{V_a}{V_c} = \frac{V_h + V_c}{V_c} = 1 + \frac{V_h}{V_c} \tag{1-4}$$

压缩比表示活塞由下止点运动到上止点时，气缸内气体被压缩的程度。压缩比越大，压缩终了时气缸内的气体压力和温度就越高。实际上，空气和燃油被压缩得越多，发动机的热效率就越高。但压缩比过大时，会出现爆燃等不正常燃烧现象。严重爆燃时，会引起发动机过热、功率下降、燃油消耗量明显增加等一系列不良后果，甚至损坏发动机。因此，压缩比的大小受到发动机爆燃等问题的限制。一般车用汽油机的压缩比为6～10，柴油机的压缩比为16～22。

⑩ 发动机的工作循环。气缸内进行的每一次将燃料燃烧的热能转变为机械能的一系列连续过程（进气、压缩、做功和排气）称为发动机的工作循环。

⑪ 二冲程发动机。活塞往复两个行程完成一个工作循环的称为二冲程发动机。

⑫ 四冲程发动机。活塞往复四个行程完成一个工作循环的称为四冲程发动机。

四、四冲程发动机工作原理

（一）四冲程汽油机工作原理

四冲程汽油机工作原理

四冲程汽油机每完成一个工作循环需要经过进气、压缩、做功（膨胀）和排气四个行程，如图1-5所示，对应活塞上下往复四个行程，相应的曲轴旋转720°（两周）。通常利用发动机循环示功图表示气缸内容积和压力的变化关系（图1-6）。示功图中曲线所围成的面积表示发动机整个工作循环中气体在单个气缸内所做的功。

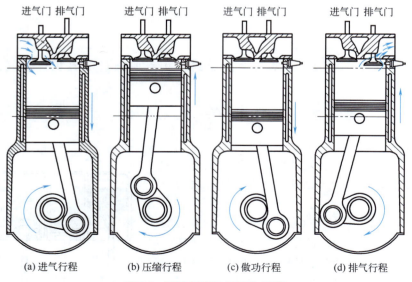

图1-5 四冲程汽油机工作原理

1. 进气行程

进气行程如图1-5（a）所示，活塞在曲轴的带动下由上止点向下止点运动。此时排气门

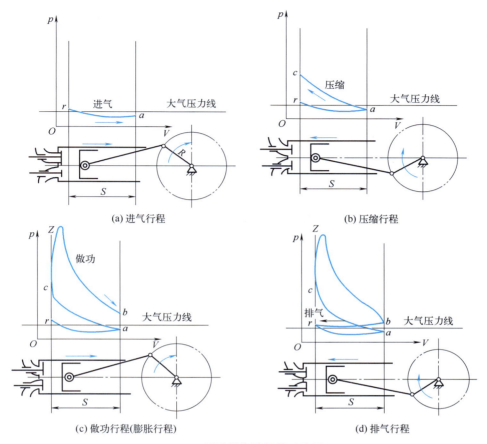

图 1-6　四冲程汽油机的示功图

关闭，进气门开启。在活塞移动过程中，气缸容积逐渐增大，气缸内形成一定的真空度，空气首先经进气歧管被吸入，在这里空气与喷油器喷出的燃油以一定的比例混合，空气和汽油的混合物通过进气门被吸入气缸，并在气缸内进一步混合形成可燃混合气。当活塞到达下止点时，进气门关闭，随着气门关闭，进气停止，进气行程结束。

在进气过程中，受空气滤清器、进气管道、进气门等阻力的影响，进气终了时，气缸内气体压力略低于大气压力，一般为 0.075～0.09MPa，同时受到残余废气和高温机件加热的影响，温度达到 370～400K。

在示功图［图 1-6（a）］中，进气行程用曲线 ra 表示。曲线 ra 的大部分位于大气压力线下面，这部分与大气压力线纵坐标之差即表示气缸内的真空度。

2. 压缩行程

压缩行程如图 1-5（b）所示，进气行程结束后，曲轴继续带动活塞由下止点向上止点运动。这时，进气门和排气门均关闭，气缸内成为封闭的容积，随着活塞移动，气缸容积不断减小，气缸内的混合气被压缩，其压力和温度同时升高，当活塞到达上止点时压缩行程结束。此时可燃混合气压力可达 0.6～1.2MPa，温度到达 600～700K。在示功图［图 1-6（b）］中，压缩行程用曲线 ac 表示。

压缩比越大，在压缩终了时混合气压力和温度越高，燃烧速度越快，因而发动机输出功率越大，热效率越高，经济性越好。但压缩比过大时，不仅不能进一步改善燃烧，反而会出现爆燃和表面点火等不正常燃烧。爆燃是由于气体压力和温度过高，在燃烧室内离点燃中心较远处的末端使可燃混合气自燃而造成的一种不正常燃烧。爆燃时，火焰以极高的速率传播，温度和压力急剧升高，形成压力波，以声速向前推进。当这种压力波撞击燃烧室壁面时，就会发出尖锐的敲缸声。同时，还会引起发动机过热、功率下降、燃油消耗量增加等一系列不良后果。严重爆燃时，甚至会造成气门烧毁、轴瓦破裂、活塞烧顶、火花塞绝缘体击穿等部件损坏现象。表面点火是由于燃烧室内炽热表面（如排气门头、火花塞电极、积炭）点燃混合气造成的另一种不正常燃烧。表面点火发生时，也伴有强烈的敲击声（较沉闷），产生的高压会增加发动机部件承受的机械负荷，降低寿命。因此，在提高发动机压缩比的同时，必须注意防止爆燃和表面点火的发生。

3. 做功行程

做功行程如图1-5（c）所示，压缩行程结束时，进气门和排气门仍旧保持关闭。当活塞位于压缩行程接近上止点时，安装在气缸盖上的火花塞产生电火花，将气缸内的可燃混合气点燃，火焰迅速传遍整个燃烧室，同时放出大量的热能。燃烧气体的体积急剧膨胀，压力和温度迅速升高，如图1-6（c）示功图中曲线 cZ 所示。最高压力可达3～5MPa，最高温度达到2200～2800K。高温高压气体膨胀，驱动活塞由上止点移至下止点，并通过连杆推动曲轴旋转向外输出机械功。示功图中曲线 Zb 表示活塞向下移动时，气缸内的容积增加，气体压力和温度降低，当活塞运动到下止点［示功图1-6（c）中 b 点］时，做功行程结束，气体压力降低到0.3～0.5MPa，气体温度降低到1300～1600K。

注意：整个燃烧室必须密封，不能有任何泄漏点，这很重要！泄漏可能会损失掉燃油中的部分能量，从而会降低向下推动活塞的动力。

4. 排气行程

排气行程如图1-5（d）所示，做功行程终了时，排气行程开始。排气门被开启，进气门仍然关闭，因为飞轮的重量，曲轴将继续转动并通过连杆带动活塞由下止点移至上止点，此时膨胀过后的燃烧气体（或称废气）在其自身剩余压力和活塞的推动下，经排气门排出气缸。当活塞到达上止点时，排气行程结束，排气门关闭。这一行程在示功图［图1-6（d）］中用曲线 br 表示。排气终了时，由于燃烧室容积的存在，气缸内还存在有少量废气，气体压力也因排气门和排气道等有阻力而略高于大气压。此时，压力为0.105～0.125MPa，温度为900～1200K。

由于燃烧室占有一定的容积，因此在排气终了时，不可能将废气排尽，留下的废气称为残余废气。

综上所述，四冲程汽油机经过进气、压缩、做功、排气四个行程，完成一个工作循环。这期间活塞在上、下止点间往复运动了四个行程，曲轴旋转了两周。

（二）四冲程柴油机的工作原理

四冲程柴油机（压燃式发动机）和四冲程汽油机的工作过程相同，每个工作循环也经历进气、压缩、做功和排气4个行程。柴油机上有许多零部件与典型的汽油发动机相同，但由于柴油机使用的燃料是柴油，与汽油有较大的差别。柴油的黏度大，不易蒸发，且自燃温度又比汽油低，因此柴油机的可燃混合气形成及点火方式不同于汽油机。下面主要分析柴油机和汽油机在工作过程中的不同点。

图1-7所示为四冲程柴油机。在进气行程时，活塞向下运动，进气门打开，只有纯空气被吸入气缸。当活塞在压缩行程向上运动时，只有纯空气被压缩。在压缩行程活塞接近上止点时，喷油器将高压柴油以雾状喷入燃烧室，在很短时间内与压缩后的高温空气混合，形成

可燃混合气。因此，柴油机可燃混合气的形成过程不同于汽油机，混合气是在气缸内形成的，而汽油机的可燃混合气主要是在进气管道内形成的。

柴油机比汽油机压缩比大很多（一般为16～25），在高压缩比下，燃烧室内的气体压力为3.5～4.5MPa，温度可高达750～1000K，这么高的温度大大超过柴油的自燃温度。因此，柴油喷入气缸后，在很短时间内与高温高压空气混合后便会立即自行发火燃烧，气缸内的气压急剧上升到6～9MPa，温度也上升到2000～2500K。在高压气体推动下，活塞向下运动并带动曲轴旋转而做功。所以柴油是被压缩产生的高温点燃的，柴油发动机被称作压燃式发动机。

当活塞在排气行程向上移动时，排气门打开，燃烧过的废气排出。然后，这个循环过程不断地重复。柴油机的工作循环过程如图1-8所示。

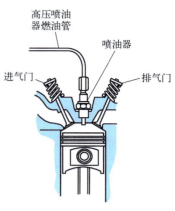

图1-7　四冲程柴油机

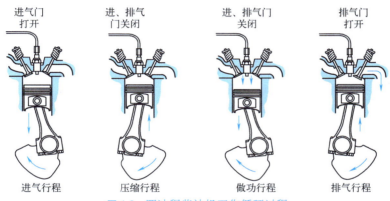

图1-8　四冲程柴油机工作循环过程

（三）柴油机与汽油机的优缺点

柴油机与汽油机相比，各有特点。汽油机具有转速高（目前轿车汽油机最高转速达5000～6000r/min，货车汽油机达4000r/min）、质量小、工作噪声小、启动容易、制造和维修费用低等特点，故在轿车、轻型货车及越野车上得到广泛应用；其不足之处是燃油消耗率高，燃油经济性差。柴油机因压缩比高，燃油消耗率低，故燃油经济性好；柴油机没有电气和点火系统的故障；柴油机排气污染小，排放性较好。一般装载质量在5t以上的货车大多采用柴油机。柴油机转速比汽油机低（一般最高转速在2500～3000r/min），质量大，制造和维修费用高（因喷油泵和喷油器加工精度要求高）。但柴油机的这些缺点正在逐渐得到克服，其应用范围正在向中、轻型货车扩展。国外轿车也有采用柴油机的，其最高转速可达5000r/min。汽油机与柴油机的比较见表1-1。

表1-1　汽油机与柴油机的比较

对比项目内容		汽油机	柴油机
进气情况		空气燃油混合气	纯空气
混合气形成方式		在进气管内形成混合气	向缸内高压喷射柴油形成混合气
压缩状况	压缩比 ε	6～10	16～25
	压缩后的气缸内气压/MPa	0.6～1.2	3.5～4.5
	压缩后的气缸内气体温度/K	600～700	750～1000

续表

对比项目内容	汽油发动机	柴油发动机
着火方式	点燃	压燃
燃烧做功时气缸内最高气压/MPa	3～5	6～9
热效率	22%～28%	32%～38%

五、发动机的主要性能指标与特性

发动机的主要性能指标有动力性指标（有效转矩、有效功率、转速等）、经济性指标（燃油消耗率）和运转性能指标（排放品质、噪声和启动性能等）等。

1. 动力性指标

① 有效转矩。发动机通过飞轮对外输出的转矩称为发动机的有效转矩，用 T_{tq} 表示，单位为 N·m。有效转矩与外界施加于发动机飞轮上的阻力矩相平衡。

② 有效功率。发动机通过飞轮对外输出的功率称为发动机的有效功率，用 P_e 表示，单位为 kW。发动机有效功率可用台架试验的方法测定，也可用测功器测定有效转矩和曲轴转速，然后用下式计算发动机有效功率。

$$P_e = T_{tq} \frac{2\pi n}{60} \times 10^{-3} = \frac{T_{tq} n}{9550} \tag{1-5}$$

式中，T_{tq} 为有效转矩，N·m；n 为曲轴转速，r/min。

发动机曲轴转速的高低，关系到单位时间内做功次数的多少或发动机有效功率的大小，即发动机的有效功率随曲轴转速的不同而改变。因此，在说明发动机有效功率的大小时，必须同时指明其相应的转速。在发动机产品标牌上规定的功率及相应的转速分别称作标定功率和标定转速。发动机在标定功率和标定转速下的工作状况，称为标定工况。标定功率是发动机所能发出的最大功率，是根据发动机用途而制定的有效功率最大使用限度。同一种型号的发动机，当其用途不同时，其标定功率值并不相同。按照汽车发动机可靠性试验方法的规定，汽车发动机应能在标定工况下连续运行 300～1000h。

2. 经济性指标

一般用燃油消耗率表示发动机的经济性指标。燃油消耗率是指发动机每发出 1kW 有效功率，在 1h 内所消耗的燃油质量（以 g 为单位），用 b_e 表示。很明显，燃油消耗率越低，燃油经济性越好。

燃油消耗率［单位为 g/(kW·h)］按下式计算：

$$b_e = \frac{B}{P_e} \times 10^3 \tag{1-6}$$

式中，B 为发动机单位时间的耗油量，kg/h，可由试验测定；P_e 为发动机的有效功率，kW。

3. 发动机速度特性

发动机的性能是随着许多因素变化而变化的，其变化规律称为发动机特性。

发动机速度特性是指发动机的功率、转矩和燃油消耗率三者随曲轴转速变化的规律。该特性可在发动机实验台上（如测功器）通过试验得到。试验时，当节气门开度达到最大时，所得到的速度特性称为发动机外特性。图 1-9 所示为汽油机外特性曲线。相应的，我们把在节气门其他开度得到的速度特性称为部分特性。

发动机外特性曲线代表了发动机所具有的最高动力性能。外特性曲线上标出的发动机最大功率和最大转矩及相应的转速,是表示发动机特性的重要指标。当分析发动机外特性是否符合使用要求时,要联系汽车使用条件,如道路情况、所要求克服的阻力数值和最高车速等。

4. 发动机的工况与负荷

发动机运转状态或工作状况(简称发动机工况)常以功率和转速来表征,有时也用负荷与转速来表征。

发动机负荷是指发动机驱动从动机械所耗的功率或有效转矩的大小,也可表述为发动机在某一转速下的负荷就是当时发动机发出的功率与同一转速下可能发出的最大功率之比,以百分数表示。

图 1-10 所示为某汽油机的一组外特性曲线。Ⅰ 表示对应于节气门全开时的外特性曲线,Ⅱ、Ⅲ 分别表示节气门开度依次减小所得到的部分特性曲线。

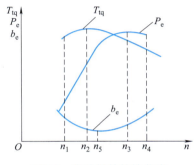

图 1-9 汽油机外特性曲线

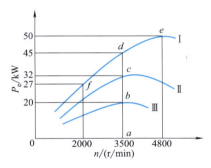

图 1-10 某汽油机的一组外特性曲线

由图 1-10 可知,当 $n=3500\text{r/min}$ 时,由于节气门开度不同,则在该转速下汽油机所能发出的最大功率为 45kW。该转速下 Ⅱ、Ⅲ 所对应的功率分别为 32kW、20kW。根据对负荷的定义,可求出在 a、b、c、d 四种工况下的负荷值。

工况 a:负荷为零(称为发动机空转工况)。

工况 b:负荷 $=20/45\times100\%=44.4\%$。

工况 c:负荷 $=32/45\times100\%=71.1\%$。

工况 d:负荷 $=45/45\times100\%=100\%$。

因此,外特性曲线上各点表示在各转速下的全负荷工况,但在同一条特性曲线上各点的负荷值却不相同。在同一转速下,节气门开度越大,表示负荷越大,但是两者并不成正比。

应当注意,负荷和功率的概念不要混淆。例如某一转速时全负荷(如 d 点),并不意味着发动机发出最大功率。发动机的最大功率应当是工况 e 的功率。又如在工况 f 下,虽然功率比工况 c 的小,但却是全负荷。这就是说,功率的大小并不代表负荷的大小。

六、内燃机名称及型号编制规则

为了便于内燃机的生产管理和使用,我国于 2008 年对内燃机的名称和型号编制方法重新审定,并颁布了《内燃机产品名称和型号编制规则》(GB/T 725—2008)。该标准的主要内容如下。

① 内燃机产品名称应符合《往复式内燃机 词汇 第 1 部分:发动机设计和运行术语》(GB/T 1883.1—2005)的规定,均按所采用的燃料命名,例如柴油机、汽油机、煤气机、双(多种)燃料发动机等。

② 内燃机型号由阿拉伯数字和汉语拼音字母组成，分为四个部分，如图 1-11 所示。

第一部分是制造商代号或系列代号，由制造商根据需要自选相应 1~3 个字母表示，但需经行业标准化归口单位核准、备案。

第二部分由气缸数、气缸布置形式符号、冲程形式符号和缸径符号组成。

第三部分是结构特征和用途特征符号，以字母表示。

第四部分是区分符号，同一系列产品因改进等原因需要区分时，由制造商选用适当符号表示。第三部分与第四部分可用"-"分隔。

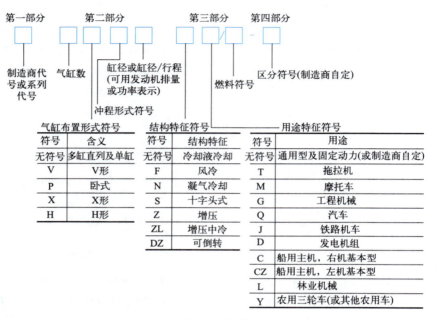

图 1-11 国产内燃机编号图示

③ 内燃机常用燃料符号。内燃机常用燃料符号见表 1-2。

表 1-2 内燃机常用燃料符号

符号	燃料名称	备注
无符号	柴油	
P	汽油	
T	天然气(煤层气)	管道天然气
CNG	压缩天然气	
LNG	液化天然气	
LPG	液化石油气	
Z	沼气	各类工业化沼气允许用 1~2 个字母形式表示
W	煤矿瓦斯	
M	煤气	各类工业化煤气，允许在 M 后加 1 个字母区分煤气的类型
S	柴油/天然气双燃料	其他双燃料用两种燃料的字母表示
SCZ	柴油/沼气双燃料	
M	甲醇	
E	乙醇	
DME	二甲醇	
FME	生物柴油	

④ 型号编制示例。

a. 汽油机。

1E65FP——单缸,直列二冲程,缸径65mm,风冷,通用型。

492Q/P-A——4缸,直列四冲程,缸径92mm,冷却液冷却,汽车用(A为区分符号)。

CA6102Q——第一汽车制造厂制造,6缸,直列四冲程,缸径102mm,冷却液冷却。

b. 柴油机。

YZ6102Q——扬州柴油机厂制造,6缸,直列四冲程,缸径102mm,冷却液冷却,汽车用。

495T——4缸,直列四冲程,缸径95mm,水冷,拖拉机用。

12VE230/300ZCZ——12缸,V形二冲程,缸径230mm,行程300mm,冷却液冷却,增压,船用主机,左机基本型。

8E150C-1——8缸,直列二冲程,缸径150mm,冷却液冷却,船用主机,右机基本型(1为区分号)。

c. 燃料机。

12V190ZL/T——12缸,V形四冲程,缸径190mm,冷却液冷却,增压中冷,燃料为天然气。

16V190ZLD/MJ——12缸,V形四冲程,缸径190mm,冷却液冷却,增压中冷,发电用,燃料为焦炉煤气。

d. 双燃料发动机。

12V260/320ZL/SCZ——12缸,V形四冲程,缸径260mm,行程320mm,冷却液冷却,增压中冷,燃料为柴油/沼气双燃料。

G12V190ZL/S——12缸,V形四冲程,缸径190mm,冷却液冷却,增压中冷,燃料为柴油/天然气双燃料。

 任务实施

发动机的总体认识

① 结合实训室实训车辆或散件(或剖分件),认识汽车发动机类型、型号、各系统、各机构的连接,熟悉各部件的相对位置。学生仔细观察汽车实训室的汽车或发动机,然后完成表1-3。

表1-3 发动机的总体认识

发动机及型号		
按所用燃料分类	汽油机□ 柴油机□	汽油机□ 柴油机□
按气缸数目分类	单缸发动机□ 多缸发动机□(__缸)	单缸发动机□ 多缸发动机□(__缸)
按冷却方式分类	风冷式发动机□ 水冷式发动机□	风冷式发动机□ 水冷式发动机□
按气缸排列方式分类	单列式发动机□ V形发动机□ 对置式发动机□	单列式发动机□ V形发动机□ 对置式发动机□
按进气方式分类	自然吸气式发动机□ 增压式发动机□	自然吸气式发动机□ 增压式发动机□

② 发动机术语填写。

在图 1-12 括号内填写发动机术语。

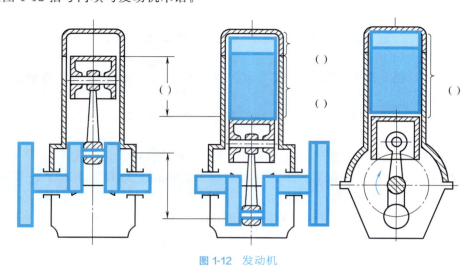

图 1-12 发动机

③ 学生根据实训室的发动机，进一步弄清发动机的结构、原理，口述四冲程发动机一个工作循环的工作过程，并根据实际情况完成表 1-4。

表 1-4 四冲程发动机一个工作循环

项目	进气行程	压缩行程	做功行程	排气行程
活塞运动情况	上→下☐ 下→上☐	上→下☐ 下→上☐	上→下☐ 下→上☐	上→下☐ 下→上☐
进气门状态	开☐ 闭☐	开☐ 闭☐	开☐ 闭☐	开☐ 闭☐
排气门状态	开☐ 闭☐	开☐ 闭☐	开☐ 闭☐	开☐ 闭☐
气缸是否封闭	是☐ 否☐	是☐ 否☐	是☐ 否☐	是☐ 否☐
气缸内的压力变化	上升☐ 下降☐	上升☐ 下降☐	上升☐ 下降☐	上升☐ 下降☐
气缸内的温度变化	上升☐ 下降☐	上升☐ 下降☐	上升☐ 下降☐	上升☐ 下降☐

④ 认识发动机组成部分，填写表 1-5。

表 1-5 发动机组成部分

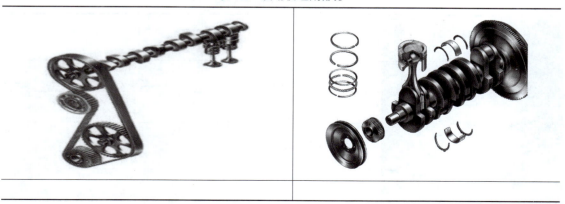

项目一 发动机的总体构造认识

续表

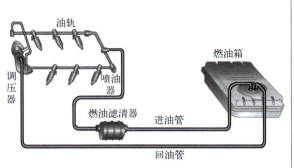

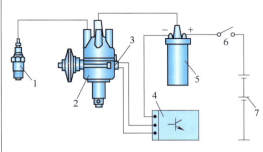

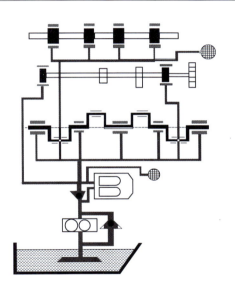

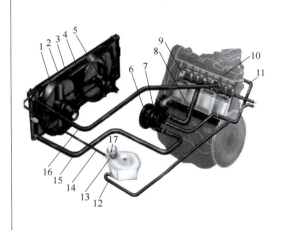

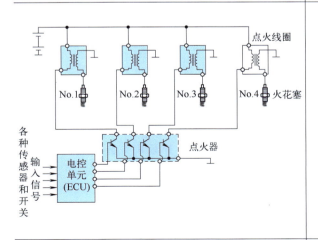

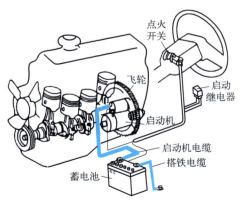

思考与练习

一、名词解释。

1. 上止点和下止点。
2. 压缩比。
3. 活塞行程。
4. 气缸工作容积。
5. 发动机排量。

二、选择题

1. 排量为1680mL的四缸发动机,其燃烧室容积为60mL,压缩比等于(　　)。
   A. 6　　　　B. 7　　　　C. 8　　　　D. 10
2. 某发动机活塞行程为80mm,其曲轴的曲柄半径为(　　)mm。
   A. 20　　　B. 40　　　C. 80　　　D. 160
3. 柴油机用什么方法点燃燃油?(　　)
   A. 压缩能量　　B. 火花塞　　C. 燃油喷射　　D. 点火器
4. 四冲程发动机一个工作循环曲轴共旋转(　　)。
   A. 四周　　B. 三周　　C. 二周　　D. 一周
5. 一般柴油发动机的压缩比ε为(　　)。
   A. 8　　　　B. 9　　　　C. 10　　　D. 20

三、简答题

1. 发动机的类型有哪些?
2. 发动机通常由哪些机构与系统组成?它们各有什么功用?
3. 什么是发动机的工作循环?四冲程汽油发动机的工作循环是怎么进行的?它与四冲程柴油发动机的工作循环有什么不同?
4. 四冲程汽油发动机与四冲程柴油发动机相比较,各有哪些优缺点?
5. 说明下列内燃机产品型号的意义。

柴油机:165F、6135Q、12V135ZG。

汽油机:EQ6100Q、CA488、TJ376Q、CA6102Q、BJ492。

【汽车文化传承】

"中国汽车业之父"饶斌

"如果说有一个人的经历能够完整地反映中国汽车工业最初30多年的发展历程,这个人无疑应该是饶斌。"

"如果没有饶斌的全心投入,中国汽车工业又是另一种景象,大家尊称他为'中国汽车业之父'是当之无愧的。"

饶斌,吉林省吉林市人。曾任中共晋西北临时省委秘书长,静乐地委副书记,晋绥八分区地委书记,中共中央晋绥分局党校教育长,中共辽宁省委组织部副部长,抚顺、吉林市委书记,东北民主联军驻图们卫戍司令部司令员,哈尔滨市市长。中华人民共和国成立后,历任中共松江省委副书记,松江省副省长,中共吉林省委常委兼长春第一汽车制造厂厂长、第二汽车制造党委书记、第一机械工业部副部长、国家经委副主任、第一机械工业部部长、中国汽车工业公司董事长。他是中共八大代表,中央顾问委员会委员,第四、五届全国人大代表。

改革开放之初,引进汽车合资项目,饶斌建议由上海承担。在一些国家拒绝合作时,美国通用、美国福特和德国大众等公司都表示了浓厚兴趣,经过60多轮谈判,基本上确定与德国合作15万辆的项目,因为只有他们愿意提供于1982年投产的桑塔纳新车。

1987年7月15日,饶斌回到一汽参加解放牌卡车出车30年纪念大会。会上,他激动地讲起了轿车:"我老了,不能和大家一起投身第三次创业。但是,我愿意躺在地上,化作一座桥,让大家踩着我的身躯走过,齐心协力把轿车造出来,去实现我们中国几代汽车人的轿车梦!"说完,他的泪水潸然而下。1987年8月29日,饶斌在上海逝世。

项目二
曲柄连杆机构的构造与检修

项目描述

曲柄连杆机构是往复活塞式发动机将热能转换为机械能的主要机构,它将活塞的往复直线运动转换为曲轴的旋转运动,是发动机的主要组成部分。曲柄连杆机构的主要零(部)件可以分成三组:机体组、活塞连杆组和曲轴飞轮组。

本项目主要介绍曲柄连杆机构各组成部分的构造与检修,并对其常见故障进行诊断与排除。

学习目标

知识目标: 1. 熟悉曲柄连杆机构的功用、组成及各零部件之间的连接关系;
2. 掌握曲柄连杆机构中各组成部分的功用、结构及工作原理;
3. 掌握曲柄连杆机构各组成部分的拆装、维护及检测方法;
4. 掌握曲柄连杆机构常见故障的诊断与排除方法。

技能目标: 1. 能够正确使用拆装工具和量具,完成曲柄连杆机构的拆装;
2. 能够根据工艺标准对曲柄连杆机构各组成部分进行检修;
3. 能够对曲柄连杆机构常见故障进行诊断与排除。

素质目标: 1. 弘扬精益求精、科学严谨、追求卓越的大国工匠精神;
2. 加强实践练习,注重学思结合、知行合一,增强勇于探究的创新意识;
3. 培养严于律己、耐心细致的工作作风;
4. 培养重视实践、团结协作的职业素养。

任务一 认识曲柄连杆机构

任务引入

一辆行驶了 15 万公里的 2017 款大众朗逸轿车进 4S 店修理,客户反映该车发动机排气管冒蓝烟,尤其是加速时有大量蓝烟冒出,并且伴随有急促而短暂的金属敲击声,且动力明显不足,机油消耗量很大。维修业务接待员凭经验判断可能是气缸磨损过度需要大修,但需要先进行气缸压力的检测来验证是否是气缸磨损过度,进而确定检修方案。

本任务要求学生掌握发动机曲柄连杆机构的功用、组成;熟悉曲柄连杆机构的受力与工作条件;能够进行气缸压力检测及数据分析。

知识准备

一、曲柄连杆机构的功用

曲柄连杆机构是发动机实现能量转换的主要机构。它的功用是把燃料燃烧产生的能量作用在活塞顶上形成的压力转变为曲轴的转矩,从而向从动机械输出机械能。在做功行程,曲柄连杆机构将燃料燃烧产生的热能转变为活塞往复运动的机械能,再转变为曲轴的旋转运动而对外输出动力;在其他行程,它将曲轴的旋转运动变为活塞的往复运动,为做功行程做准备,如图 2-1 所示。

图 2-1 曲柄连杆机构的功用

二、曲柄连杆机构的组成

曲柄连杆机构如图 2-2 所示,主要由机体组、活塞连杆组和曲轴飞轮组三部分组成,如图 2-3 所示。

① 机体组。机体组主要包括气缸体、油底壳、气缸套、气缸盖和衬垫等。

② 活塞连杆组。活塞连杆组主要包括活塞、活塞环、活塞销和连杆等。

③ 曲轴飞轮组。曲轴飞轮组主要包括曲轴、飞轮、主轴承和转速传感器脉冲齿圈等。

三、曲柄连杆机构的工作条件与受力分析

1. 曲柄连杆机构的工作条件

曲柄连杆机构是在高温、高压、高速及化学腐蚀条件下工作的,机构中各构件的受力情况十分复杂,其中有作用于活塞顶部的气体压力、往复运动构件的惯性力、旋转运动构件的离心力、相对运动构件接触表面的摩擦力,以及由于温差引起的热应力。这些力作用在曲柄连杆机构和机体的各相关零件上,使之受到压缩、拉伸、弯曲、扭转、摩擦等不同性质的作用;各种力的周期性变化导致零件磨损不均匀。为了保证各零件工作可靠,减少磨损,在结构上必须采取相应的措施。

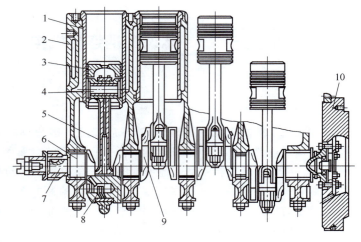

图 2-2 曲柄连杆机构

1—气缸套；2—气缸体；3—活塞；4—活塞销；5—连杆；6—曲轴主轴颈；
7—曲轴；8—连杆轴颈；9—曲柄；10—飞轮

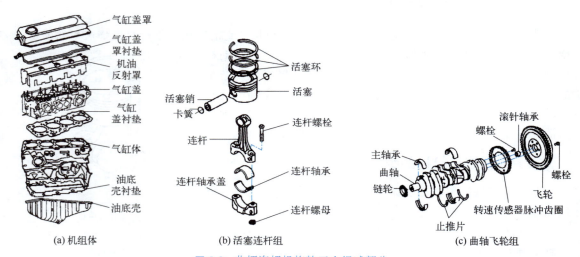

图 2-3 曲柄连杆机构的三个组成部分

发动机做功时，气缸内温度可达 2500K 以上，压力可达 5~9MPa，现代汽车发动机转速可达 3000~6000r/min，活塞每秒要行经 100~200 个行程，曲柄连杆机构直接与高温高压气体接触，曲轴的旋转速度又很高，活塞往复运动的线速度相当大，同时与可燃混合气和燃烧废气相接触，曲柄连杆机构还要受到化学腐蚀作用，并且润滑困难。因此，曲柄连杆机构是在高温、高压、高速和有化学腐蚀的条件下工作的。

2. 曲柄连杆机构的运动分析

汽车发动机的曲柄连杆机构大多采用对心式曲柄连杆机构，其特点是活塞销运动轨迹与曲轴轴线相交，结构简单，加工容易。曲柄连杆机构的运动简图如图 2-4 所示，活塞 A 做往复直线运动，曲柄 B 做旋转运动，连杆 AB 做平面运动。发动机在稳定运转工况下，曲柄 BO 做等速旋转，旋转角速度为 $\omega = \pi n/30$。

运用动力学分析可得活塞位移 x、速度 v 和加速度 a 随曲柄转角 φ、曲柄连杆比 λ 的变化关系如下：

位移： $$x = 1 - \cos\varphi + (\lambda/4)(1 - \cos 2\varphi) \tag{2-1}$$
速度： $$v = \sin\varphi + (\lambda/2)\sin 2\varphi \tag{2-2}$$
加速度： $$a = \cos\varphi + \lambda\cos 2\varphi \tag{2-3}$$

3. 曲柄连杆机构的受力分析

曲柄连杆机构受力主要来自四个方面：①发动机工作时活塞顶部的气体压力；②机构运动的惯性力；③相对运动表面的摩擦力；④作用在曲轴上的工作阻力。其中，摩擦力取决于发动机的结构、相对运动表面的粗糙度、运动零部件的配合情况及润滑条件，其数值相对较小，在对机构进行受力分析时可以忽略不计；工作阻力取决于外界工作负荷的性质和大小。对曲柄连杆机构工作影响最大的是气体压力和惯性力。

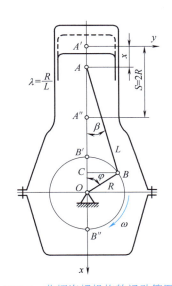

图 2-4　曲柄连杆机构的运动简图

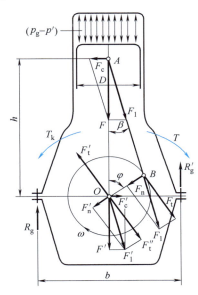

图 2-5　曲柄连杆机构的受力简图

（1）气体压力

曲柄连杆机构的受力简图如图 2-5 所示，它展示了气缸所受气体压力及压力传递情况。设气缸直径为 D，气缸内的气体绝对压力为 p_g，曲轴箱内的气体绝对压力为 p'（四冲程发动机一般取 $p' = 105\text{kPa}$），则发动机做功行程作用在活塞顶部的气体压力为

$$F = (p_g - p')(\pi D^2/4) \tag{2-4}$$

由于连杆的摆动，F 除对连杆产生拉伸（或压缩）力 F_1 以外，还对气缸壁产生侧向压力 $F_c = F\tan\beta$。

连杆拉（压）力 F_1 使连杆轴承受载，并在曲柄销中心产生切向力 F_t 和法向力 F_n。

法向力 F_n 使曲轴承受弯曲，并使主轴承 O 受载。切向力 F_t 与 F'_t 构成力偶，其力偶矩即为发动机的转矩 T。

同时，与 F_t 相等的力 F''_t 也使主轴承受载。F'_n 与 F''_t 合成 F'_1，F'_1 又可分解为沿气缸轴线的 F' 和垂直气缸轴线的 F'_c。力偶 F_c 与 F'_c 构成的转矩称为倾覆力矩 T_k，且 $T_k = -F_c h - T$。

当气缸内气体压力 F 作用于活塞顶的同时，同样大小的力作用于气缸盖。所以，F 也是发动机的内力，它作用于曲柄连杆机构零件、机体和气缸盖等。对外界的作用只有两个力矩。转矩 T_g 通过曲轴飞轮传给传动系，传动系相应产生一个反作用转矩 T'_g 作用于飞轮和曲轴；倾覆力矩 T_{kg} 通过机体传给发动机的支承；发动机支承反力为 $R_g = T_{kg}/b$，b 为发动机两支承点的距离。

在工作循环的任何行程中，气体作用力的大小都是随着活塞的位移而变化的，再加上连杆在左右摇摆，因而作用在活塞销和曲轴轴颈的表面以及两者支承表面上的压力和作用点不断变化，造成各处摩擦不均匀。同样，气缸壁沿圆周方向磨损也不均匀。

（2）惯性力

① 往复惯性力。与曲柄连杆机构的往复质量 m_j 相对应，往复惯性力 F_j 值与活塞加速度 a 成正比，且方向相反。即

$$F_j = -m_j a = -m_j r\omega^2 (\cos\varphi + \lambda \cos 2\varphi) \tag{2-5}$$

往复惯性力 F_j 在曲柄连杆机构中的传递情况与气体压力 F 传递情况很相似。F_j 也使连杆轴承和主轴承受载，也产生转矩和倾覆力矩。由于 F_j 对气缸盖没有作用，它不能在发动机内部自行抵消，靠发动机的支承承受，其值 $R_{j1} = R_{j2} = (F_j/2) \pm (T_{kj}/b)$，如图 2-6 所示。

活塞、活塞销和连杆小头的质量越大，曲轴转速越高，则往复惯性力也越大。它使曲柄连杆机构的各零件和所有轴颈受周期性的附加载荷，加快轴承的磨损；未被平衡的变化着的惯性力传到气缸体后，还会引起发动机的振动。

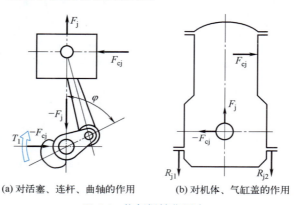

(a) 对活塞、连杆、曲轴的作用　　(b) 对机体、气缸盖的作用

图 2-6　往复惯性作用力

② 旋转惯性力（离心力）。与曲柄连杆机构的旋转质量 m_r 相对应，旋转惯性力或离心力 F_r 为

$$F_r = m_r r\omega^2 \tag{2-6}$$

当曲轴角速度不变时，F_r 大小不变，其方向总是沿曲柄半径向外。如果不采用相应结构措施予以消除，会使曲轴轴承乃至发动机支承受载。

离心力使连杆大头的轴瓦和曲柄销、曲轴主轴颈及轴承受到又一附加载荷，增加了它们的变形和磨损。

（3）作用在曲柄连杆机构上的合力

如图 2-7 所示，作用在活塞销上的合力 p_h 是沿着气缸轴线作用的气体总压力 p_q 与往复惯性力 p_j 的合力。

$$p_h = p_q + p_j \tag{2-7}$$

合力 p_h 可分解为两个分力，即沿连杆轴线的分力 $p_L =$

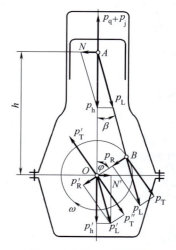

图 2-7　合力 p_h 的作用

$p_h\cos\beta$ 和垂直于气缸轴线的分力 $N = p_h\tan\beta$。N 使活塞侧面压向气缸壁,增加了活塞与气缸壁的摩擦与磨损。

p_L 使连杆压缩或拉伸,并传递到曲柄销。再将 p_L 分解为两个分力:沿曲柄半径的法向力 $p_R = p_L\cos(\varphi+\beta)$ 和曲柄圆相切的切向力 $p_T = p_L\sin(\varphi+\beta)$。

将法向 p_R 沿其作用线移到曲轴中心,同时在曲轴中心上加两个大小相等、方向相反的 p'_T、p''_T,则曲柄销上的 p_T 和曲轴中心的 p'_T 形成转矩 M_e,用来克服曲轴的工作阻力矩。在曲轴中心的 p'_R 和 p''_T 的合力等于 p'_L 并作用于曲轴主轴承。该力又可分为两个力:垂直于气缸轴线的 N' 和沿气缸轴线的作用力 p'_h。曲轴中心的 N' 和气缸壁上的 N 又组成力偶 M_F,其方向与 M_e 相反,称为反转矩或倾覆力矩。

M_e 经过传动系统传到汽车的驱动轮上,而反转矩 M_F 则通过曲柄连杆机构的机体传到支承固定点上。

(4)摩擦力

曲柄连杆机构中相互接触的表面做相对运动时都存在摩擦力,其最大值取决于上述各种力对表面形成正压的正压力和摩擦因数,其方向总是与相对运动方向相反。

上述各种力作用在曲柄连杆机构和机体的各有关零件上,使它们受到压缩、拉伸、弯曲和扭转等不同形式的载荷。为了保证工作可靠、减少磨损,在结构上必须采取相应的措施,详见以下各任务知识准备。

任务实施

气缸压力的检测

1. 发动机暖机

(1)启动前安全检查

① 将点火开关置于 ON 位置,检查挡位是否处于 P 挡或空挡,驻车制动器是否处于制动状态。

② 启动发动机,保持怠速状态,运行一段时间,进行暖机;暖机过程中,观察水温表,等水温表显示上升到正常水温,即可关闭发动机。

(2)拆卸点火线圈

① 取下发动机罩。依次提取发动机罩前后两端,取下发动机罩。

② 断开点火线圈线束连接器。按下线束连接器锁舌,将线束连接器向外拔出,依次断开四个线束连接器。

③ 拆卸点火线圈固定螺栓。选用 10mm 套筒和棘轮扳手,依次拧松点火线圈固定螺栓。用手依次取下点火线圈固定螺栓。

④ 用手左右旋动点火线圈,并垂直向上拔出点火线圈。按顺序摆放到零件车上。

(3)拆卸火花塞

① 清洁火花塞安装孔。选用吹气枪,连接吹气枪和压缩空气管路,使用吹气枪依次吹拂火花塞安装孔,将火花塞安装孔中的污物吹出来,防止拆卸火花塞时污物掉入气缸中。

② 拆卸火花塞。选用 14mm 火花塞套筒、接杆、棘轮扳手,检查火花塞专用套筒橡胶是否老化、磨损。使用接杆和专用套筒,依次拧下火花塞,并保持垂直向上的方向,如图 2-8 所示。从火花塞安装孔中取出火花塞,取下来的火花塞按顺序摆放。

(4)断开喷油器线束连接器

按下喷油器连接器锁舌,依次断开四个喷油器连接器,如图 2-9 所示。

图 2-8 拆卸火花塞

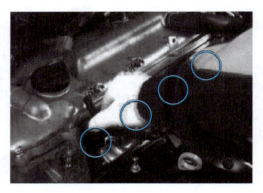

图 2-9 断开喷油器连接器

2. 安装气缸压力表

(1)检查气缸压力表

观察气缸压力表是否完好,指针是否归零,检查气压阀开关开闭是否正常,组装压力表的附件,如图 2-10 所示。

(2)安装气缸压力表

将气缸压力表测量杆橡胶密封塞对正火花塞安装孔,将其压紧,确保其和火花塞安装孔密封良好,如图 2-11 所示。

图 2-10 选用、检查气缸压力表

图 2-11 安装气缸压力表

3. 气缸压力测量及结果分析

(1)气缸压力测量

① 2人合作,一人负责启动发动机,另一人负责测量读数。一人踩下加速踏板,保持节气门全开,启动发动机 3~5s;运转发动机的同时,另一人测量发动机气缸压力,并读数记录。

② 按下气缸压力表上放气阀,压力表归零,如图 2-12 所示。

③ 以同样的方法测量四个缸的压力。每缸测量 2~3 次,在尽可能短的时间内,测量气缸压力,读取并记录数据,与维修手册中的数据对比。

缸压要求:汽油机平均缸压应不小于原设计规定值的 90%,柴油机不小于原设计规定值的 80%。

缸压差:新修后的发动机应不大于 5%,旧发动机应不大于 10%,否则修理。

(2) 结果数值分析

① 如果测得所有气缸的缸压偏低,通过火花塞安装孔向气缸中注入少量(20～30mL)发动机机油,并再次测量气缸压力。

如果第二次检测结果比第一次高,并接近标准值,主要是由气缸磨损过大或活塞环密封不良造成的。

如果第二次检测结果与第一次近似,主要是由进、排气门或气缸衬垫不密封造成的(滴入的润滑油难以到达这些部位)。

图 2-12　气缸压力测量

图 2-13　连接线束连接器

② 如果测得单气缸的缸压低,则说明该缸的气门关闭不严,主要是由气门密封不良、气门积炭过多、排气门烧蚀和气门弹簧过软等原因造成。

③ 如果测得相邻两气缸的缸压低,则说明气缸衬垫漏气的可能性最大。进一步诊断包括:听气缸衬垫处是否有漏气声,看水箱是否翻水花、油底壳有无掺入水造成机油发白。

④ 如果测得发动机部分气缸缸压高,有可能是燃烧室内积炭过多,使压缩比发生变化;或排气门开启量过小(通常是因排气门杆弯曲造成的),排气量不够,造成缸不工作或工作不良。

⑤ 如果测得发动机所有气缸缸压都很高,原因可能是气缸衬垫过薄或气缸体与气缸盖的结合面经多次修理后加工过度,导致气缸压缩压力过高;或通常是由排气不畅造成的,如三元催化转换器被积炭堵塞,消声器内部开焊造成堵塞。

气缸压缩压力高于标准值常会导致爆燃、早燃等不正常燃烧情况的发生。

4. 连接喷油器线束连接器

(1) 连接线束连接器

依次连接喷油器线束连接器,确保线束连接器连接可靠,如图 2-13 所示。

(2) 安装火花塞

① 将火花塞安装在套筒内,以确保安装可靠。

② 使用火花塞套筒、接杆依次将火花塞按顺序旋入火花塞安装孔内,如图 2-14 所示。

③ 使用合适工具调整扭力扳手扭矩,连接组合工具,使用扭力扳手依次紧固火花塞,达到维修手册中规定的扭矩,如图 2-15 所示。

5. 安装点火线圈和线束

(1) 安装点火线圈

① 依次将点火线圈垂直插入,确保完全插入,与火花塞套接良好,如图 2-16 所示。

图 2-14 安装火花塞

图 2-15 扭力扳手拧紧火花塞

② 依次安装点火线圈固定螺栓。

③ 调整扭力扳手扭矩，连接组合工具，以标准扭矩 10N·m 依次拧紧固定螺栓，如图 2-17 所示。

图 2-16 安装点火线圈

图 2-17 用扭力扳手拧紧点火线圈固定螺栓

（2）连接点火线圈线束

① 依次连接点火线圈线束，如图 2-18 所示。

② 安装发动机罩。双手握住发动机罩，对准位置，确保安装到位，如图 2-19 所示。

图 2-18 连接点火线圈线束

图 2-19 安装发动机罩

6. 安装完毕，清洁、整理工量具

① 使用干净的布清洁使用过的工量具。

② 把清洁过的工量具整理到原来的位置，如图 2-20 所示。

图 2-20 清洁、整理工具

任务二 机 体 组

 任务引入

客户王先生的雪佛兰科鲁兹汽车已经行驶了 60000km，在行驶过程中，听到发动机舱有放气的尖鸣声，热车时频率尤其高，踩下加速踏板时声音消失，松开踏板后声音又出现了，气缸盖罩接触面有渗油现象。王先生开车来到雪佛兰 4S 店进行检修。服务顾问在询问车况并检查车辆后将车辆交给维修技师，维修技师对此车进行检查后发现气缸盖罩漏油，决定对发动机气缸盖密封件进行更换，并测量气缸盖上表面平面度。

本任务要求学生掌握发动机机体组的功用、组成、类型、结构特点等；能够进行机体组的拆装与检修。

 知识准备

机体是气缸盖、气缸体、曲轴箱、油底壳、机座、主轴承盖及飞轮罩壳等零（部）件的总称，由此形成一个刚性不动构件，作为安装发动机其他零部件的支承骨架。故在机体上加工有各种平面和孔道，内部还铸有冷却水套等。

一、气缸盖

1. 气缸盖的功用

气缸盖的构造

气缸盖用螺栓紧固在气缸体上，其间垫有气缸盖衬垫。它的主要功用是密封气缸上部，并与活塞顶部和气缸壁一起构成燃烧室。

水冷式发动机的气缸盖内部制有冷却水套，缸盖下端面的冷却水道与缸体的冷却水道相通，利用循环水冷却燃烧室等高温部分。

2. 气缸盖的结构

气缸盖的结构随气门的布置、冷却方式及燃烧室的形状而异。气缸盖上装有进、排气门座和气门导管，用于安装进、排气门，还设有进气通道和排气通道等，如图 2-21、图 2-22 所示。汽油机的气缸盖上加工有安装火花塞的孔，而柴油机的气缸盖上加工有安装喷油器的孔。顶置凸轮轴式发动机的气缸盖上加工有凸轮轴轴承孔，用以安装凸轮轴。

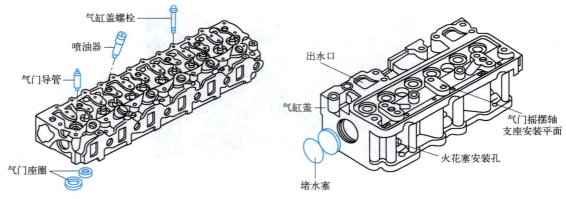

图 2-21　柴油机气缸盖　　　　　图 2-22　EQ6100-1 型发动机气缸盖

为了制造、维修方便，减小变形对密封的影响，缸径较大的柴油机大多采用分开式气缸盖，即一缸一盖（单体气缸盖）、二缸一盖或三缸一盖（块状气缸盖）。汽油机一般缸径小，缸盖负荷轻，多采用整体式气缸盖。气缸盖一般采用灰铸铁或合金铸铁铸成。铝合金的导热性好，有利于提高压缩比，所以近年来铝合金气缸盖应用较多。

3. 燃烧室

燃烧室

汽油机的燃烧室由活塞顶部及气缸盖上相应的凹部空间组成。燃烧室的形状对发动机的工作影响很大。发动机工作过程中对燃烧室有两点基本要求：一是面容比（即燃烧室表面积与其容积之比）要小，以减少热量损失及缩短火焰行程；二是在压缩行程结束时具有一定的挤气涡流，以利于混合气充分燃烧。汽油机燃烧室的形式主要有半球形、楔形、盆形，少数发动机则采用多球（即 ω）形或篷形燃烧室，如图 2-23 所示。

① 楔形燃烧室，如图 2-23（a）所示。其特点是结构简单、紧凑，散热面积小，热损失也小，能保证混合气在压缩行程中形成良好的涡流运动，有利于提高混合气的混合质量，进气阻力小，提高了充气效率。气门排成一列，使配气机构简单，但火花塞置于楔形燃烧室高处，火焰传播距离长些。北京切诺基的发动机采用这种形式的燃烧室。

② 盆形燃烧室，如图 2-23（b）所示。盆形燃烧室气缸盖工艺性好，制造成本低，但因气门直径易受限制，进、排气效果要比半球形燃烧室差。捷达 EA827 型发动机、一汽奥迪 100 轿车发动机均采用盆形燃烧室。

③ 半球形燃烧室，如图 2-23（c）所示。这种燃烧室结构紧凑，气门位于球面上，可增大进气面积；火花塞位于气门中间，火焰传播距离短；没有挤气面积，气缸内的气流运动较弱；半球形燃烧室容易实现多气门机构的布置，在轿车发动机上被广泛应用。

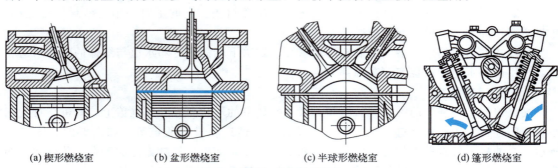

(a) 楔形燃烧室　　(b) 盆形燃烧室　　(c) 半球形燃烧室　　(d) 篷形燃烧室

图 2-23　汽油机常见的燃烧室形式

④ 多球形燃烧室是由两个以上半球形凹坑组成的，形似ω。其结构紧凑，面容比小，气门直径较大，气道比较平直，且能产生挤气涡流。夏利 TJ376Q 型汽油机采用了此种燃烧室。

⑤ 篷形燃烧室，如图 2-23（d）所示。其性能与半球形相似，组织缸内气流进行挤气运动要比半球形容易，燃烧室也可全部机械加工。它是近年来高性能多气门轿车发动机上广泛应用的燃烧室，特别是小气门夹角的浅篷形燃烧室得到了较大发展。欧宝 V6、奔驰 320E、三菱 3G81、富士 EJ20 等型汽油机采用的燃烧室均为篷形燃烧室。

柴油机燃烧室将在"项目五 柴油机燃料供给系统的构造与检修"中介绍。

4. 气缸垫

气缸盖与气缸体之间置有气缸盖衬垫，又称气缸垫、气缸床。其功用是填补气缸体与气缸盖结合面上的微观孔隙，以保证燃烧室的密封，防止漏气、漏水、漏油。

气缸垫的结构如图 2-24 所示，按气缸垫所用材料不同，可分为金属-石棉垫、金属-复合材料垫、全金属垫。汽车上应用较多的是金属-石棉垫，其结构如图 2-24（a）～（d）所示。

安装金属-石棉垫时，要注意对正缸垫与缸体的油孔和水孔，还要注意其安装方向：缸口金属卷边一面应朝向易修整接触面或硬平面，即对于铸铁缸盖，卷边朝向缸盖，对于铸铝缸盖，卷边朝向缸体，对于铸铝缸体、缸盖，卷边朝向缸盖。

钢板气缸垫、无石棉气缸垫如图 2-24（e）、（f）所示。这类气缸垫多用在轿车、赛车及单缸发动机上。它需要在密封的气缸孔、水孔、油道口周围冲压出一定高度的凸纹，利用凸纹的弹性变形实现密封。

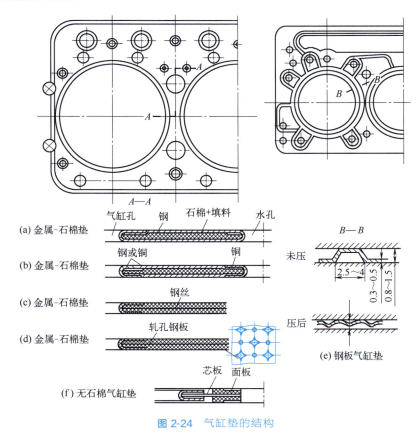

图 2-24 气缸垫的结构

随着新型密封材料的研发，一些发动机已开始使用单层金属片加耐热密封胶，或只用耐热密封胶，以彻底取代传统的气缸垫。使用耐热密封胶或纯金属垫的发动机，对气缸体与气缸盖结合面的加工精度要求更高。

5. 气缸盖及气缸盖罩的拧紧

气缸盖用螺栓紧固在气缸体上。拧紧螺栓时，必须按由中央对称地向四周扩展的顺序分几次进行，最后一次要用扭力扳手按规定的拧紧力矩拧紧，以免损坏气缸垫或发生漏水现象。

如果气缸盖由铝合金制成，则必须在发动机冷却的状态下拧紧，这样热起来时会增加密封的可靠性，因为铝气缸盖的膨胀比钢螺栓的大；铸铁气缸垫则可以在发动机热时拧紧。某些发动机的气缸盖采用了塑性变形扭力螺栓，拧紧时，应严格按说明书的要求进行。气缸盖螺栓的拧紧顺序如图 2-25 所示。

图 2-26 所示为宝马 N20 发动机气缸盖罩螺栓紧固顺序，具体要求如下。

① 从螺栓 1 到 20，按顺序以 9.2N·m 的扭矩拧紧气缸盖罩的所有螺栓。

② 紧固气缸盖罩所有螺栓后，再次按照同样的顺序使用 9.2N·m 重新紧固一遍，确保所有的螺栓都达到要求的 9.2N·m 扭矩要求。

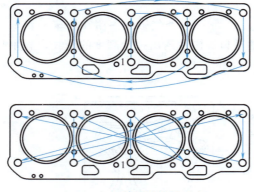

图 2-25 气缸盖螺栓拧紧顺序

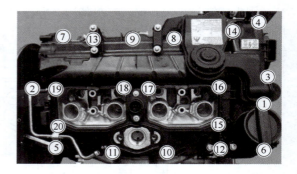

图 2-26 宝马 N20 发动机气缸盖罩螺栓的拧紧顺序

二、气缸体

1. 气缸体的功用

气缸体是发动机的基体和"骨架"，是发动机各机构、系统的安装基础，其内、外安装着发动机的所有主要零件和附件。气缸体在发动机运转时承受很复杂的负荷：各气缸内气体对气缸盖底面和气缸表面均布的气压力；经活塞作用于各气缸壁的侧向力，经曲轴施加在各主轴承上的力；支架对发动机的支承反力和反力矩。诸多负荷的大小、方向甚至作用点随工况和曲轴转角的变化而不断变化，致使气缸体承受到交变的拉压弯扭作用，呈现复杂的应力状态。因此，要求气缸体必须有足够的强度和刚度，既不能产生裂纹和损坏，也不能出现过大的变形。尤其是气缸体与气缸盖、气缸套、主轴承座等结合处，若刚度不足，就会产生气缸密封失效、摩擦磨损和气缸体振动加剧等严重后果。

2. 气缸体的结构

气缸体一般用灰铸铁或铝合金铸成，近年来轿车发动机为减轻重量，多采用铝合金材料，且要求结构紧凑。气缸体上部的引导活塞运动的圆柱形空腔称为气缸，下部用来安装曲轴的部位称为曲轴箱，其内为曲轴运动的空间。在气缸体内部铸有许多加强筋、冷却液通道（冷却水套）和润滑油道等，前后两个平面加工，安装正时齿轮盖和飞轮壳，如图 2-27 所示。

气缸体的上、下平面用以安装气缸盖和下曲轴箱，是气缸修理的加工基准。

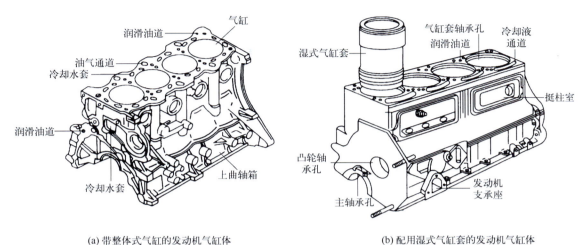

图 2-27 发动机气缸体

3. 气缸体的形式

根据气缸体与油底壳安装平面位置的不同，通常把气缸体分为平分（无裙）式、龙门（有裙）式和隧道式三种，如图 2-28 所示。

① 平分式（如 90 系列柴油机）气缸体如图 2-28（a）所示。机体高度小、重量轻、结构紧凑，便于加工拆卸，但刚度和强度差。气缸体分界面与曲轴主轴线在同一平面上，这样便于加工和拆卸。

② 龙门式（如 CA6102 型及捷达等车型发动机）气缸体如图 2-28（b）所示。气缸体分界面在曲轴主轴线以下，这种类型的气缸体的刚度和强度较好，但工艺性差。

③ 隧道式气缸体如图 2-28（c）所示。气缸体分界面远低于曲轴主轴线，曲轴主轴孔为整体式结构，气缸体的结构刚度更好，用于采用滚动主轴承支承的组合式曲轴（如 6135Q 型发动机）。

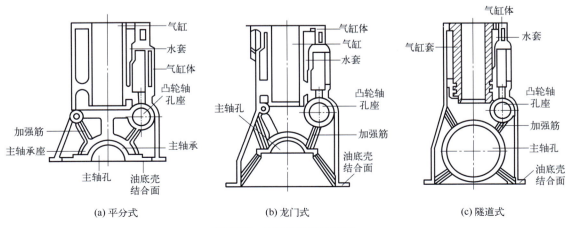

图 2-28 气缸体的结构形式

三、气缸与气缸套

1. 气缸

气缸由气缸体和气缸套组成,气缸体为机体的一部分。气缸上部有一个或若干个为活塞在其中运动作导向的圆柱形空腔,也是燃料燃烧和气体膨胀的场所。气缸表面在工作时与高温高压的燃气或温度较低的新鲜空气充量交替接触,使气缸内部产生很大的机械应力和热应力。侧压力的作用和摩擦表面的高速运动,使气缸壁容易磨损,故要求其耐高温、耐磨损、耐腐蚀。为此,通常从气缸材料、加工精度和结构形式等方面来予以保证。例如采用优质合金铸铁作为气缸体的材料,气缸内壁按2级精度加工并经过研磨、激光处理,使其工作表面粗糙度、形状和尺寸精度达到规定要求。

多缸发动机的气缸排列方式决定了发动机外形尺寸和结构特点,也影响了发动机气缸体的刚度和强度及汽车的总体布置。汽车发动机气缸的排列方式主要有直列式、V形和对置式三种,如图2-29所示。

① 直列式 [图2-29(a)]:发动机的各个气缸垂直排成一列。这种排列方式的气缸体具有结构简单、加工容易等特点,但发动机长度较长和高度较高。为了降低发动机的高度,或将发动机倾斜布置甚至按水平布置。一般六缸以下发动机多采用直列式。

② V形 [图2-29(b)]:气缸排成两列,左、右两列气缸中心线的夹角<180°,称为V形发动机。V形发动机与直列式发动机相比,缩短了机体的长度,降低了高度,增加了气缸体的刚度,减轻了发动机的重量,但加大了发动机的宽度,且形状较复杂,加工困难,一般用于六缸以上的发动机。

③ 对置式 [图2-29(c)]:气缸排成两列,左、右两列气缸在同一水平面上,即左、右两列气缸中心线的夹角为180°。其特点是高度低,总体布置方便,有利于风冷。

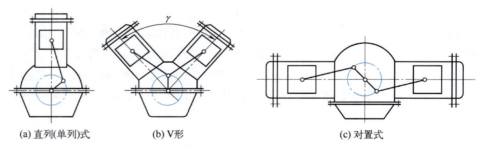

(a) 直列(单列)式　　(b) V形　　(c) 对置式

图2-29　发动机气缸的排列方式

2. 气缸套

气缸工作时要承受高温、高压气体的压力和热负荷的作用,且润滑条件差。因此,要求气缸具有足够的强度、刚度、耐磨性和抗腐蚀能力,其工作表面必须具有较高的精度与较低的粗糙度,一般采用优质合金铸铁制造。根据气缸体所采用的材料、加工工艺及热处理方式,发动机的气缸与气缸体有整体式和单铸式两种结构方式。

整体式气缸是在气缸体上直接镗孔 [图2-27(a)],内孔表面再经特殊的热处理或激光处理而成。整体式气缸强度和刚度都很好,能承受较大的载荷,这种气缸对材料要求高、成本高。

单铸式气缸是将气缸制造成单独的圆筒形零件(即气缸套),然后再镶装到气缸体内。气缸套用耐磨性好的优质铸铁材料制成,而气缸体则可用价廉的普通铸铁或质量轻的铝合金制成，这样，既延长了缸体的使用寿命，又节省了材料。

根据冷却方法不同，又可分为水冷式气缸和风冷式气缸，如图 2-30、图 2-31 所示，其中水冷式气缸又可分为干式和湿式两种，如图 2-32 所示。

水冷式发动机的气缸体和气缸盖都加工有冷却水套，冷却水在水套内不断循环，带走部分热量，以维持发动机的正常工作温度。

① 干式气缸套，如图 2-32（a）所示。其特点是气缸套装入气缸体后，其外壁不直接与冷却水接触，壁厚较薄，一般为 1～3mm。它具有整体式气缸体的优点，强度和刚度都较好，但加工比较复杂，内、外表面都需要进行精加工，拆装不方便，散热不良。

② 湿式气缸套，如图 2-32（b）所示。其特点是气缸套装入气缸体后，外壁直接与冷却水接触，湿式气缸套壁厚一般为 5～9mm，以微小的装配间隙放入气缸中。通常以上部凸缘的下平面 C 为轴向定位，以外圆表面 B 和 A 为径向定位。为防止漏水，气缸套下部 A 处设 1～2 个耐油、耐热橡胶密封圈。大多数湿式气缸套装入后，其顶面一般高出气缸体 0.05～0.15mm，这样在紧固气缸盖螺栓时，可将气缸垫压得更紧，以保证气缸的密封性，防止漏水、漏气。相对而言，湿式气缸套具有散热好、气缸体铸造方便、易拆卸等优点，但其强度和刚度不如干式气缸套，且容易产生漏气、漏水现象；它散热良好，冷却均匀，加工容易，通常只需要精加工内表面，而与水接触的外表面不需要加工，拆装方便，但缺点是强度、刚度都不如干式气缸套好，而且容易产生气穴和漏水现象，需要采取一些防护、防漏措施。

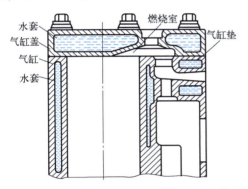

图 2-30 水冷式发动机的气缸体和气缸盖

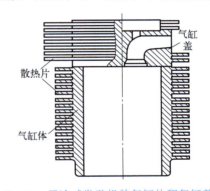

图 2-31 风冷式发动机的气缸体和气缸盖

四、油底壳

油底壳用来储存润滑油，并封闭曲轴箱，如图 2-33 所示。油底壳一般采用薄钢板冲压而成，其形状取决于发动机的总体布置和机油的容量。有的发动机为达到良好的散热效果，采用铸造而成的带有散热筋片的轻金属油底壳。

为了保证发动机纵向倾斜时机油泵能经常吸到机油，油底壳后部一般做得较深；为防止汽车振动时油面波动过大，油底壳内装有稳油挡板。油底壳底部还装有放油螺塞，通常放油螺塞上装有永久磁铁，以吸附润滑油中的铁屑，减少发动机的磨损。在油底壳与曲轴箱结合面之间装有衬垫，以防止润滑油泄漏。

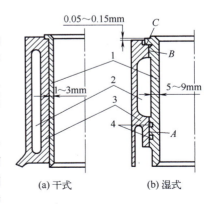

图 2-32 气缸套

1—气缸套；2—水套；
3—气缸体；4—密封圈

五、发动机的支承

发动机一般通过气缸体和飞轮壳或变速器壳支承在车架上。发动机的支承方法一般有三点支承[图 2-34（a）]和四点支承[图 2-34（b）]两种。

发动机在车架上的支承均采用弹性元件，以消除在汽车行驶中车架的振动对发动机的影响，以及减少传给底盘和乘员的振动和噪声。

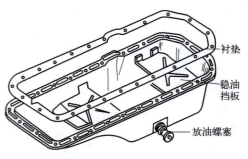

图 2-33　衬垫与油底壳

弹性支承的发动机运转（特别是在工作不稳定的情况下，如低转速或超载荷）时，可能发生横向角振动，因此与发动机相连的各种管、杆件大多采用软连接，以保证在发动机振动时不致破坏管、杆件的正常工作。为了防止汽车制动或加速时由于弹性元件变形而产生的发动机纵向位移，有时装用专门的纵拉杆。纵拉杆一端与车架纵梁相连，另一端与发动机连接，两端连接处有橡胶垫圈。

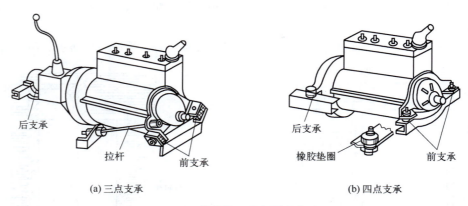

图 2-34　发动机三点和四点支承

 任务实施

气缸盖的拆装检修

1. 拆卸气缸盖

（1）拆卸气缸盖分总成

① 从气缸盖两边到中间，按对角的顺序，用 10mm 双六角套筒、接杆、指针式扭力扳手分步均匀地松开 10 个气缸盖螺栓。用棘轮扳手拆下螺栓，用磁棒吸取 10 个平垫圈，如图 2-35 所示。

② 使用头部缠有胶带的螺钉旋具撬动气缸盖和气缸体之间的部位，拆下气缸盖，如图 2-36 所示。

（2）拆卸气缸盖衬垫

用铲刀将气缸垫从气缸体上铲下，如图 2-37 所示。

2. 检测气缸盖

（1）清洗气缸盖

用清洗液对各拆卸下来的零件及总成进行热清洗（注意铝合金气缸盖不能用碱性清洗液

清洗），清洗后必须用清水进行彻底冲刷，以免残留清洗液对机件产生腐蚀。清洗后应立即在各加工表面涂润滑油，以免生锈。

图 2-35　拆卸气缸盖分总成

图 2-36　拆下气缸盖

图 2-37　拆卸气缸盖衬垫

气缸盖内加工的油道，可用油道清洁刷和热肥皂水进行清洁，清洁后应立即将油堵安装好，并将其放置在清洁处。

（2）检测气缸盖是否有裂纹

用染色渗透法检查进气口、排气口及气缸体表面是否有裂纹。如果有裂纹，则更换气缸盖。

（3）检查气缸盖平面度

① 清洁测量工具，清洁测量平面，如图 2-38 所示。

② 将精密刀口尺放在气缸盖下部要测量的部位，竖起刀口尺，用合适的测隙规（塞尺）测量刀口尺和气缸盖接触面最大漏光点的间隙（即翘曲度），如图 2-39 所示。

图 2-38　清洁测量平面

图 2-39　用刀口尺和测隙规测量翘曲度

③ 使用相同方法对气缸盖其余 5 个测量位置进行测量，如图 2-40 所示。若翘曲度大于最大值，则修理或更换气缸盖。

④ 将刀口尺放在气缸盖进气侧，竖起刀口尺，找到刀口尺和气缸盖接触面最大漏光点，选用合适的测隙规进行测量，如图 2-41 所示。若翘曲度大于最大值，则修理或更换气缸盖。

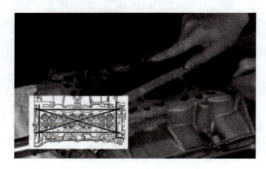

图 2-40　用刀口尺和测隙规测量其余位置

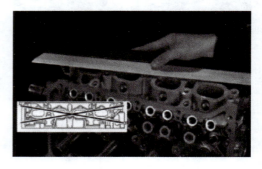

图 2-41　测量气缸盖进气侧

⑤ 使用同样的方法对气缸盖进气侧另一测量位置进行测量。

⑥ 把刀口尺放在排气侧，竖起刀口尺，找到刀口尺和气缸盖接触点最大漏光点，选用合适的测隙规进行测量，如图 2-42 所示。若翘曲度大于最大值，则修理或更换气缸盖。

⑦ 使用同样的方法对气缸盖排气侧另一测量位置进行测量。

⑧ 用干净的抹布清洁测隙规和精密刀口尺，并放回原处。

（4）气缸盖的修理（气缸体平面度检测方法同气缸盖）

对于气缸体、气缸盖平面翘曲变形的要求：一般气缸体上平面的平面度偏差每 50mm×50mm 范围内不超过 0.05mm；气缸盖平面翘曲，四缸发动机的全长不超过

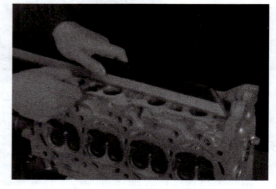

图 2-42　测量气缸盖排气侧

0.15mm，六缸发动机的全长在 0.20～0.25mm；在相邻燃烧室的平面上，不允许有明显的划痕或烧伤。如不符合上述要求，应予以修整。修理方法如下。

① 气缸体平面螺孔附近凸起，用油石磨平或用细锉修平。

② 气缸体和铸铁气缸盖不平，可用铣、磨等加工方法进行修复，也可用铲刀铲平或涂上研磨膏，把气缸盖放在气缸体上扣合研磨。

③ 气缸盖翘曲的修理。如果气缸盖的翘曲变形偏差在 0.3mm 范围内或局部不平有凸起，可采用刮、铲、锉和研磨等方法修平。如果翘曲变形量较大，应根据变形超差量、部位等，用敲压校正法或用铣削、磨削等方法修复。

敲压校正法修复发动机气缸盖的方法如图 2-43 所示，先将厚度约为变形量 4 倍的钢片垫放在气缸盖与平板之间。把压板压在气缸盖中

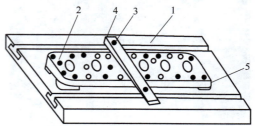

图 2-43　盖敲压校正法修复气缸盖

1—工作台；2—气缸盖；3—压紧螺栓；4—压板；5—垫片

部，拧紧螺栓，使气缸盖中部的平面贴在平板面上，用小铁锤沿气缸盖筋敲击2~3遍，以减小受压变形时产生的内应力，停留5min；同理，将压板移装到全长1/3处敲击，再移到另一端1/3处敲击。

压校进行检查，根据校正效果可改变垫片的支撑位置和厚度，变更压校点，重复进行，直到合格为止。校正时要勤检查，以防止过量，若出现压校过量，可将气缸盖均匀地烘烤片刻，过量变形会有所恢复。如将气缸盖预热后再进行压校，则更为有利。

④ 磨削修平法是在气缸盖变形量大，又不规则，其他方法不能修复时采用的修复方法。用磨削法来修整，每次磨削使气缸盖厚度有所变薄，燃烧室容积变小，压缩比增大，从而引起发动机的爆燃。因此，磨削不能超过一定厚度。要注意车辆发动机气缸盖高度极限值。气缸盖变形经过磨削后，容易出现燃烧室容积不等的现象，其容积变化值一般不应大于同一发动机各燃烧室容积平均值的4%。对于汽油机燃烧室容积，一般不应小于原厂规定的95%，否则会出现怠速工作不稳和增加爆燃倾向。所以，气缸盖修整后，应对燃烧室容积进行测量。

（5）检查气缸盖螺孔

① 气缸盖螺孔（特别是火花塞螺孔）损伤一般用直观法检查，当铸铁气缸盖螺纹损坏多于2牙或铝合金气缸盖超过1牙时，需要修复。

② 螺孔的修复方法有两种：一种方法是在有可能加深螺孔时，加大螺纹的深度，保证螺纹长度；另一种方法是镶螺套法，即使用内径同气缸盖上原螺纹的尺寸，外径同被加大了的气缸盖螺孔尺寸的螺孔套，将螺套旋入气缸盖上加大的螺孔中，拧紧并铆固，再将平面修平。

（6）检查气缸衬垫

检查气缸衬垫的型号是否和原厂一致，检查气缸衬垫表面是否平整，包边贴合是否牢固，是否有划痕、凹陷、褶皱及锈污等现象。

3. 安装气缸盖

（1）安装气缸盖衬垫

将衬垫放在气缸体表面上，一般是衬垫卷边的一面朝上，光滑面朝向气缸体，也可根据标记或文字要求安装，如衬垫上的文字"TOP""OPEN"等表示朝上，"FRONT"表示朝前，如图2-44所示。

（2）安装气缸盖分总成

① 对准定位销，将气缸盖平稳地放到气缸体上，如图2-45所示。

图2-44 安装气缸盖衬垫

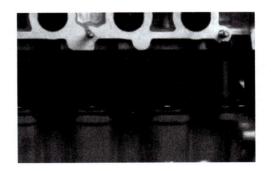

图2-45 对准定位销

② 在螺栓的螺纹和与平垫圈相接触的螺栓头下部涂抹一薄层机油，如图2-46所示。

③ 将螺栓和平垫圈安装至气缸盖，从气缸盖中间到两边按对角线的顺序，用 10mm 双六角套筒、接杆、棘轮扳手分别均匀地对 10 个气缸盖固定螺栓和平垫圈进行预紧。再用扭力扳手进行紧固，将螺栓紧固至 49N·m，如图 2-47 所示。

图 2-46　螺栓头下部位涂机油

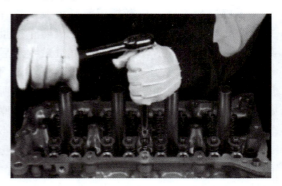

图 2-47　用扭力扳手紧固螺栓

④ 用油漆在气缸盖螺栓前端做标记。
⑤ 将气缸盖螺栓再次用指针式扭力扳手紧固 90°，然后再紧固 45°。
⑥ 安装完毕后，清洁、整理工量具。

任务三　活塞连杆组

 任务引入

实习生小明在维修间看到一辆故障车，便向车主询问了故障车的基本情况，车主反映故障车机油消耗严重，加速无力，且排气管冒蓝烟。小明根据所学的理论知识，猜测可能是活塞环出了问题，于是将维修师傅请了过来，并详细介绍了故障车的情况。经过维修师傅专业的诊断，发现确实是活塞环出了问题，维修师傅更换活塞环后，车辆恢复正常。

本任务要求学生掌握活塞连杆组各组成部件的功用、结构，能够进行活塞连杆组的拆装检测。

 知识准备

活塞连杆组将活塞的往复运动转变为曲轴的旋转运动，同时将作用于活塞上的力转变为曲轴对外输出的转矩，最终驱动汽车车轮转动。活塞连杆组主要由活塞、活塞环、活塞销、连杆等部件组成，如图 2-48 所示。

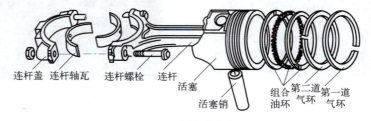

图 2-48　活塞连杆组

一、活塞

1. 活塞的功用

活塞的功用是承受气缸中可燃混合气燃烧产生的压力，并将此压力通过活塞销传给连杆，以推动曲轴旋转；此外，活塞还与气缸盖、气缸壁共同组成燃烧室。

2. 活塞的工作及要求

活塞是发动机中工作条件、受力情况最为复杂的部件。工作时其顶部直接与高温高压燃气接触，做功过程瞬时温度可超过 2000K、压力可达 10MPa，甚至更高；发动机高速运转时，活塞线速度达 12m/s，活塞受力及速度（大小、方向）变化高达每秒数百次。由于结构的需要，活塞各部分尺寸各不相同；工作时活塞各部分受热极不均匀，在活塞内部各部位产生的热应力、热膨胀变形也不相等，而且活塞的润滑、散热十分困难。综上所述，活塞工作时在气体压力、往复惯性力、摩擦力及热应力作用下，将产生拉伸、压缩、磨损及热膨胀变形。所以要求活塞有足够的强度和刚度、质量小、热膨胀系数小、导热性好，而且耐磨。

铝合金活塞具有质量小、导热性好的优点，在汽车发动机上被广泛采用。其缺点是热膨胀系数较大，在温度升高时，强度和硬度下降较快。为了克服这些缺点，一般要在结构设计、机械加工和热处理上采取各种措施以弥补。少数发动机的活塞采用优质铸铁或耐热钢制造。

3. 活塞的基本结构

根据其作用，活塞的基本结构分为顶部、头（防漏）部和裙（导向）部三部分，如图 2-49 所示。

① 活塞顶部的形状（图 2-50）与选用的燃烧室的类型密切相关。

活塞顶是燃烧室的组成部分，因而常制成不同的形状，活塞顶的形状与选用的燃烧室的形状有关。汽油机活塞顶部多采用平顶，如图 2-50（a）所示，其优点是吸热面积小，制造工艺简单。有些汽油机为了改善混合气的形成和燃烧环境而采用凸顶或凹顶活塞，如图 2-50（b）、（c）所示。凹坑的大小可以用来调节发动机的压缩比（或给气门留下运动空间）。成型顶活塞如图 2-50（d）所示，主要用于二冲程发动机。现在为了减轻活塞顶部的热负荷，有的发动机在活塞

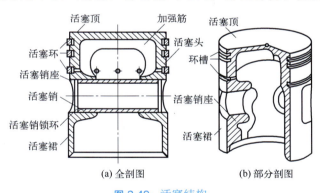

图 2-49 活塞结构

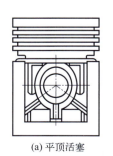 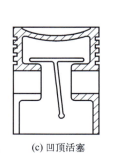 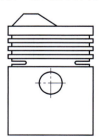

(a) 平顶活塞　　(b) 凸顶活塞　　(c) 凹顶活塞　　(d) 成型顶活塞

图 2-50 活塞顶部形状

顶部喷镀 0.2～0.3mm 厚的陶瓷，起到耐高温、防腐蚀和减少吸热的作用。但陶瓷与铝结合性能欠佳，高温运转后，陶瓷层易龟裂剥落。因此，这种镀有陶瓷层的活塞，目前在汽车发动机上还很少应用，有待于进一步的研究。

② 活塞销轴孔以上的部分即为活塞头部或防漏部。其主要用于承受气体压力，并传给连杆，与活塞环一起实现气缸的密封，将活塞顶所吸收的热量通过活塞环传导到气缸壁上。头部切有若干道用以安装活塞环的环槽。汽油机一般有 2～3 道环槽，上面 1～2 道安装气环，下面 1 道安放油环。在油环槽底面上钻有许多径向小孔，使被油环从气缸壁上刮下来的多余机油得以经过这些小孔流回油底壳。

活塞头部一般做得较厚，以便于热量从活塞顶经活塞环传到气缸的冷却壁上，从而防止活塞顶部的温度过高。有的发动机活塞在第一道环槽上面切出一道较环槽窄的隔热槽，如图 2-51 所示。隔热槽的作用是隔断从活塞顶部流下来的部分热流的通路，迫使热流方向折转，把部分原来应由第一道活塞环散走的热量分散给第二、三道活塞环，以防止第一道环因过热使吸附其上的润滑油生成积炭而发生活塞环卡滞。活塞环槽的磨损是影响活塞使用寿命的一个重要因素。在热负荷较大的发动机中，为保护和加强活塞环槽，常在活塞环槽部位铸入采用耐热材料（奥氏体铸铁）制造的环槽护圈，如图 2-51 所示。

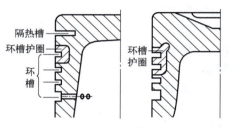

图 2-51　活塞环槽护圈

③ 从油环槽下端面起至活塞底面部分称为活塞裙部，为活塞在气缸内进行往复运动起导向和承受侧压力的作用。

4. 活塞变形分析与结构措施

(1) 活塞变形分析

活塞工作时，活塞顶部承受气体压力，活塞头部承受活塞销的支反力，使活塞产生沿活塞销长度方向的弯曲，如图 2-52（a）所示；在垂直于活塞销轴的侧面，受到来自气缸的侧压力，使活塞产生垂直活塞销轴方向的挤压变形，如图 2-52（b）所示；此外，活塞销座附近的金属堆积，受热后膨胀，使裙部沿销座轴线方向的变形大于其他方向，如图 2-52（c）所示。所以在机械变形和热变形的共同作用下，使活塞裙部断面变成长轴在活塞销方向上的椭圆，如图 2-52（d）所示。由于活塞沿轴线方向温度分布和质量分布都不均匀，因此，热膨胀变形使活塞呈上大下小的锥形。

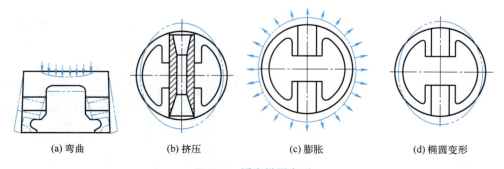

图 2-52　活塞椭圆变形

(2) 结构措施

为了使活塞在正常工作温度下与气缸壁间保持比较均匀的间隙，以免在气缸内卡滞或引起局部磨损，在结构上采取了多种措施，如图 2-53 所示。

① 冷态下，预先将活塞裙部断面加工成长轴在垂直于活塞销方向的椭圆形，如图 2-53（a）所示；沿活塞轴线方向将活塞做成直径上小下大的近似圆锥形（多段圆形、多段圆锥形或多段筒形），如图 2-53（b）所示；为了减少销座附近的热变形，有的活塞将销座端部附近的裙部做成 0.5～1mm 的凹坑，以减少金属堆积。

CA6102 型发动机活塞裙部为变椭圆筒形，即在裙部的不同部位，其椭圆度不同，椭圆度由下而上逐渐增大，轮廓线为一抛物线。这种裙部不仅适应活塞的温度分布，而且裙部与承受侧压力一边的气缸壁之间容易形成双向"油楔"，活塞无论向上或向下运动时，均能保证裙部有良好的润滑及较高的承载能力。

② 过去旧式活塞开有 T 或 Π 形槽，如图 2-53（c）～（e）所示。横槽起隔热作用，减少热量向裙部传递，以减小裙部的热膨胀变形。横槽开在油环槽中间时，可兼作油孔。纵槽使裙部更具弹性，冷态下的装配间隙得以尽可能小，热态下又为裙部热膨胀留有余地，以防止活塞卡滞。

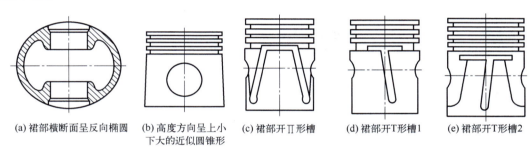

(a) 裙部横断面呈反向椭圆　(b) 高度方向呈上小下大的近似圆锥形　(c) 裙部开Π形槽　(d) 裙部开T形槽1　(e) 裙部开T形槽2

图 2-53　活塞裙部的结构特点

③ 为了减少铝活塞裙部的热膨胀量，有的汽油机活塞销座中镶铸了热膨胀系数较低的"恒范钢片"（含镍 33%～36%，线膨胀系数约为铸铝合金的 1/10），如图 2-54 所示，某些柴油机铸铝活塞的裙部镶铸了圆筒形钢片，如图 2-55 所示，以牵制裙部的热膨胀。

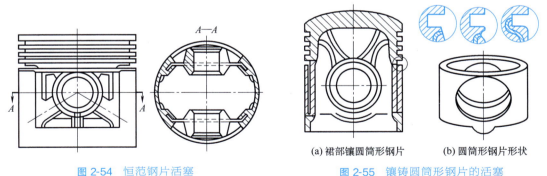

图 2-54　恒范钢片活塞

(a) 裙部镶圆筒形钢片　(b) 圆筒形钢片形状

图 2-55　镶铸圆筒形钢片的活塞

④ 为了改善铝合金活塞的磨合性，通常要对活塞裙部进行表面处理，如在汽油机的铸铝活塞裙部外表面镀锡或镀锌，将柴油机的铸铝合金活塞裙部外表面磷化，还有的活塞在裙部涂覆石墨等。

⑤ 随着柴油机强化程度的不断提高，为适应柴油机的机械负荷和热负荷不断增长的需要，出现了不同结构的油冷活塞，如利用经过连杆杆身输送到小头的机油喷到活塞顶部底面进行的冷却（称为振荡冷却）的活塞。在活塞顶部材料内用石蜡铸造法铸出蛇形管，利用安

装在机体上的喷油嘴从蛇形管的一端喷入机油来带走活塞顶部的大部分热量，温度升高的机油从蛇形管的另一端流出，这种冷却方式称为喷油冷却。

⑥ 为了减小活塞质量，在许多高速汽油机上采用拖板式活塞，如图 2-56 所示，这种结构不仅重量轻，而且裙部具有较大的弹性，可使裙部与气缸套装配间隙减小很多，也不会卡死。

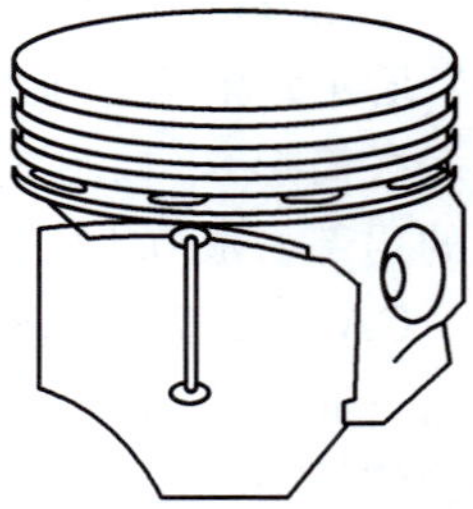

活塞采取了上述结构措施以后，在正常工作温度下与气缸壁间的间隙更趋均匀，与气缸壁之间的冷态装配间隙便可减小，使之不发生冷"敲缸"，正常工作温度下不发生卡滞现象。

5. 活塞销座及轴线的偏置

① 活塞销座的作用是将活塞顶部气体作用力经活塞销传给连杆。销座通常有肋片与活塞内壁相连，以提高其刚度。销座孔内有安放弹性卡环的卡环槽。卡环用来防止浮式活塞销在工作中发生轴向窜动而擦伤气缸。

② 活塞销座轴线的偏置。销座孔的中心线一般位于活塞中心线的平面内，但也有些高速汽油机的活塞销座孔中心线向做功行程受侧向力的一面偏移 1~2mm。这是因为如果活塞销对中布置（图 2-57），则当活塞越过上止点换向时，因侧压力作用方向的改变，将导致活塞敲缸。因销座偏置后（图 2-58），在接近上止点时，作用在活塞销座轴线右边的气体压力大于左边，使活塞倾斜，裙部下端提前换向。而活塞在越过上止点，侧压力反向时，活塞以左下端接触处为支点，顶部向左转（不是平移），完成换向。由此可见，销座偏置使活塞换向分成两步：第一步是在气体压力较小时进行，且裙部弹性好，有缓冲作用；第二步虽然气体压力大，但它是一个渐变过程。为此，两步过渡使换向冲击力大为减弱，减轻了活塞"敲缸"，减小了噪声，改善了发动机工作的平顺性。但这种活塞销偏置的结构却带来活塞裙部两端的尖角负荷增大，引起这些部位的磨损或变形增大。这就要求活塞的间隙尽可能小。

图 2-56 拖板式活塞

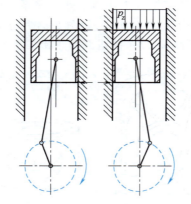

图 2-57 活塞销对中布置时的工作情况

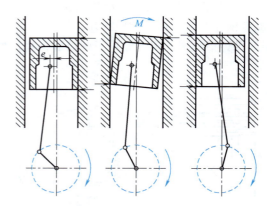

图 2-58 活塞销座偏置布置时的工作情况

二、活塞环

1. 活塞环的种类与作用

活塞环是具有一定弹性的金属开口圆环，自由状态下的外径大于气缸直径，装入气缸后，其外圆面紧贴气缸壁。活塞环按其主要作用不同分为气环和油环，如图 2-59 所示。

气环也称压缩环，其作用是保证活塞与气缸壁间的密封，防止气缸中的高温高压燃气漏入曲轴箱；同时还将活塞顶部的大部分热量传导给气缸壁，再由冷却水或空气带走。

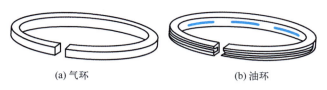

(a) 气环　　　　　　　　(b) 油环

图 2-59　活塞环

油环的作用：一是密封；二是刮除气缸壁上多余的机油，并在气缸壁上铺涂一层均匀的机油膜，这样既可以防止机油窜入气缸燃烧，又可以减小活塞、活塞环与气缸的磨损和摩擦阻力。

2. 活塞环的材料

活塞环在高温下做高速运动，润滑条件差，故磨损严重，摩擦损失功率大。当活塞环失效时，将出现发动机启动困难，功率不足，机油消耗加大，排气冒蓝烟，燃烧室和活塞等表面严重积炭等不良情况。因此，要求活塞环具有足够的强度和弹性，良好的耐热、耐磨性，以及较好的耐腐蚀性、储油性、磨合性和抗胶合性。

目前活塞环广泛采用合金铸铁制作，也有的采用优质灰铸铁、球墨铸铁及钢等制作。为了提高耐磨性和使用寿命，需要进行表面处理，第一道气环工作表面一般镀有多孔性铬层。多孔性铬层硬度高，并有储油作用，以改善润滑条件，提高气环的使用寿命。其余气环一般做镀锡、磷化或喷钼处理，以改善磨合性与耐磨性。在高速的柴油机上，还可以采用钢片环来提高弹力和冲击韧性。目前，用粉末冶金工艺制取的金属陶瓷和聚四氟乙烯制造的活塞环也在国外获得试用。

3. 气环的结构与密封原理

（1）气环的密封原理

自由状态下外径大于气缸直径、具有一定弹性的气环随活塞装入气缸后，靠气环的弹力 F_1 紧贴在气缸壁上，形成第一密封面。同时，气环在燃气压力 F 作用下被压向环槽下端面，形成第二密封面。另外，绕到气环背后的燃气的压力（F_2）使气环更加贴紧气缸壁，加强了第一密封面的密封效果，如图 2-60（a）所示。

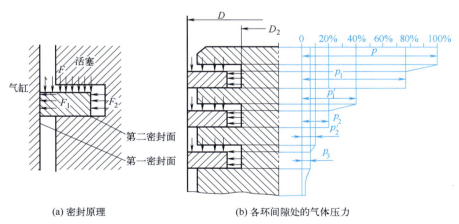

(a) 密封原理　　　　　　(b) 各环间隙处的气体压力

图 2-60　气环密封原理及各环间隙处的气体压力

工作时，活塞顶部的燃气绕流到活塞环的背面，并发生膨胀，其压力下降。经降压后的燃气，从第一道气环的切口漏到第二道气环的上平面时，又使第二道气环压贴在第二环槽的下端面上，燃气又绕流到这个环的背面，再次发生膨胀，其压力又进一步降低，如图 2-60

(b) 所示。几道气环的切口相互错开构成的"迷宫式"密封装置，足以对气缸中的高压燃气进行有效的密封。

(2) 气环的切口（或开口）形状和活塞环的间隙

① 活塞环的间隙。为防止活塞环因受热膨胀而卡死在环槽或气缸中，装配后在活塞环的切口处、活塞环与环槽端面之间、活塞环内侧与环槽底面之间应留有适当的间隙，即端间隙（简称端隙或开口间隙）为 $\Delta_1 = 0.3 \sim 0.8mm$，侧间隙（简称侧隙）为 $\Delta_2 = 0.04 \sim 0.05mm$，背间隙（简称背隙）为 $\Delta_3 = 0.5 \sim 1mm$，如图 2-61 所示。为测量方便，维修中以环的宽度与环槽的深度差来表示背隙，此数值比实际背隙要小。

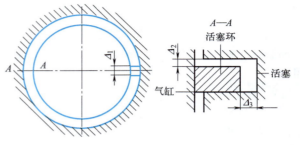

图 2-61 活塞环的间隙

② 气环切口形状。气环切口形状如图 2-62 所示，直角形切口工艺性好，密封性差；阶梯形切口密封性好，工艺性差；斜切口密封性和工艺性介于上述两者之间；带防转销钉槽切口活塞环一般只在单缸小型发动机上使用。

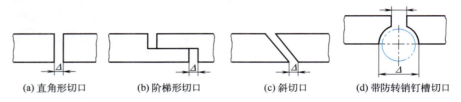

图 2-62 气环切口形状

气缸内的燃气漏入曲轴箱的主要通路是活塞环外圆面与气缸壁之间、环侧面与环槽之间、环的端间隙。所以选择气环时，必须保证环应有的弹性、侧隙和端隙；安装时各环开口应互相错开。

(3) 气环的断面形状

气环的断面形状如图 2-63 所示。其中矩形断面是常用的，其他形状的断面的活塞环都是在矩形环的基础上衍生而来。

① 矩形环。如图 2-63（a）所示，矩形环工艺性和导热效果较好，但矩形断面的气环随活塞做往复运动时，会产生"泵油作用"。

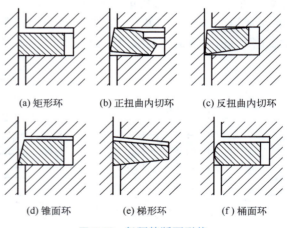

图 2-63 气环的断面形状

矩形环的泵油作用如图 2-64 所示。活塞下行时，在活塞环与气缸壁之间的摩擦阻力及活塞环本身的惯性作用下，活塞环紧靠环槽上端面，活塞环下部及背隙被从气缸壁上刮下的机油填充；当活塞上行时，气环紧靠环槽下端面，机油被挤向环槽的上端面，如此反复，结果就像油泵的作用一样，将气缸壁的机油压入燃烧室燃烧。这会在与燃烧相关的气门、火花塞、活塞环槽等零件上形成积炭，活塞环槽积炭导致活塞环卡滞，失去密封作用，严重时使活塞环折断,划伤气缸壁,其结果使发动机工作条件恶化,机油消耗增加。

② 扭曲环。包括正扭曲内切环和反扭曲内切环,如图 2-63(b)、(c)所示。正扭曲内切环是指在内圆上边缘切槽(或倒角)及在外圆下边缘切槽的气环。这种环随同活塞装入气缸后扭曲成碟子形。反扭曲内切环是指在内圆下边缘切槽的气环,这种环随同活塞装入气缸后扭曲成盖子形。

正扭曲内切环断面扭曲原理如图 2-65(a)所示。因活塞环内圆上边缘被部分切除,装入气缸后,在进气、压缩和排气行程中,活塞环弹性使活塞内、外圆所受压力的合力 F_1、F_2 之间产生一个偏心距 e。由静力学可知:F_1、F_2 组成一力偶,此力偶矩为 $M = F_1 e = F_2 e$。

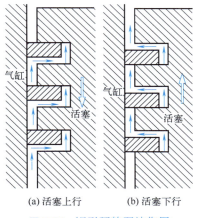

(a)活塞上行　　(b)活塞下行

图 2-64　矩形环的泵油作用

在进气、压缩、排气行程中,力偶的作用使活塞环弯扭变形[图 2-65(a)],随活塞装入气缸后,扭曲环上下端面与环槽始终接触,提高了表面接触应力,防止了活塞环在环槽内上下窜动而造成的泵油作用,同时增加了密封性。扭曲环还易于磨合,并有向下刮油的作用。做功行程中,燃气压力作用使活塞环不再扭曲,与矩形环的作用相同,如图 2-65(b)所示。

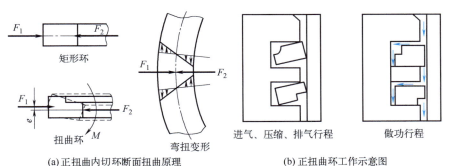

(a)正扭曲内切环断面扭曲原理　　(b)正扭曲环工作示意图

图 2-65　扭曲环的作用原理

扭曲环目前在发动机上已经得到了广泛的应用。在安装时必须注意断面形状和方向:内上切扭曲环装入第一道环槽,内切口朝上;外下切扭曲环装入第二、第三道环槽,外切口朝下。千万不能装反了,否则机油消耗量会急剧增加。

③ 锥面环。外圆面为锥面,理论上为线接触,可以改善环的磨合。如图 2-63(d)所示,这种环在气缸内,向下可刮油,向上滑动时,由于斜面的油楔作用,不泵油;活塞环可在油膜上浮起,减少磨损。

④ 梯形环。断面为梯形,图 2-63(e)所示为梯形环。侧向力换向,活塞左右摆动时,梯形环的侧隙 Δ_2 发生变化,如图 2-66(a)所示,将环槽中的胶质挤出,避免了活塞环被粘在环槽中而引起折断。在做功行程中,作用在梯形环上的燃气作用力 R 的径向分力 R_X 加强了活塞环的密封作用,如图 2-66(b)所示。因此,梯形环即使在弹力有所减弱的情况下,仍能与气缸贴合良好,具有良好的抗结胶性和导热性。其主要缺点是上、下两面的精磨工艺比较复杂。

⑤ 桶面环。外圆面为外凸圆弧形,如图 2-63(f)所示。桶面环上下运动时,均能形成楔形油膜将环浮起,减轻了环与气缸壁的磨损,其密封性、磨合性、对气缸表面的适应性都

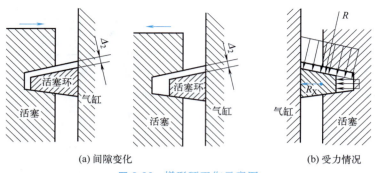

(a) 间隙变化　　　　　　　　　　(b) 受力情况

图 2-66　梯形环工作示意图

比较好；其缺点是凸圆弧表面加工较困难。

梯形环、桶面环常用于强化柴油机的第一、二道气环。

4. 油环

油环用于刮除气缸壁上多余的机油，并使机油在气缸壁上均匀布上一层油膜，这样既可以防止机油窜入气缸燃烧，又可以减小活塞、活塞环与气缸的磨损和摩擦阻力。此外，油环也具有封气的辅助作用。油环分为整体式油环和组合式油环两种，如图 2-67 所示，其一般用合金铸铁制造。

(1) 油环类型与结构

① 整体式油环。整体式油环分为槽孔式油环和槽孔撑簧式油环两种，槽孔式整体油环如图 2-67（a）所示，外圆面加工了环形集油槽，结构简单、加工容易、成本低，靠油环自身弹力刮油；槽孔撑簧式整体油环的内圆面加装了撑簧，增大了接触压力，提高了刮油能力和耐久性。

② 组合式油环。图 2-67（b）所示为一种由 3 个刮油钢片和 2 个弹性衬片组成的组合式油环，轴向衬片夹装在第二、三刮油片之间，径向衬片使 3 个刮油钢片压紧在气缸壁上。这种油环的优点是片环很薄，对气缸壁的比压大，因而刮油作用强；3 个刮油钢片是各自独立的，故对气缸的适应性好；质量小；回油通路大。因此，组合式油环在高速发动机上得到较广泛的应用。其缺点是片环的外表面必须镀铬，制造成本高。

(2) 油环的刮油作用

油环的刮油作用如图 2-68 所示。在油环径向方向开有贯穿的油孔或油槽，在活塞的油环槽内和环岸上开有许多排小孔或斜孔。当活塞下行时，刮下的机油通过油环径向槽内的小孔或槽孔和环岸上的斜孔流入油底壳内；当活塞上行时，活塞环都贴在环槽下侧面，使气环与油环间的机油通过活塞环槽上的排油孔流入油底壳。

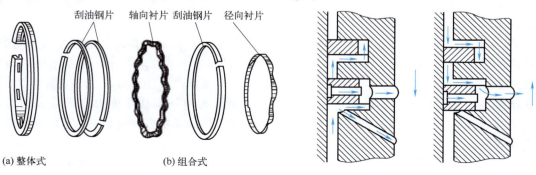

(a) 整体式　　　　　　　(b) 组合式

图 2-67　油环　　　　　　　　　　　　　图 2-68　油环的刮油作用

（3）油环的断面形状

油环断面常做成如图 2-69 所示的几种形状。油环上唇的上端面外缘，一般均有倒角，可以使油环向上运动时形成油楔，把油环推离气缸壁，机油更容易进入油环槽内。油环下唇下端面外缘不倒角，这样向下刮油能力较强。鼻式油环刮油能力更强，但加工困难。

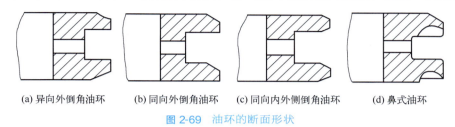

(a) 异向外倒角油环　　(b) 同向外倒角油环　　(c) 同向内外侧倒角油环　　(d) 鼻式油环

图 2-69　油环的断面形状

三、活塞销

1. 活塞销的功用

活塞销的功用是连接活塞和连杆小头，将活塞承受的气体作用力传给连杆。

2. 活塞销的工作要求

活塞销在高温下承受大小和方向不断变化的周期性冲击载荷，润滑条件较差，因而要求有足够的刚度和强度，表面耐磨，质量尽可能小。为此，活塞销通常做成空心圆柱体，如图 2-70 所示。

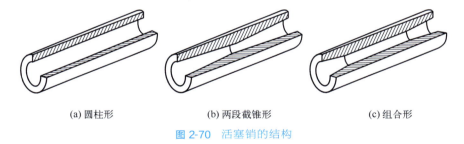

(a) 圆柱形　　(b) 两段截锥形　　(c) 组合形

图 2-70　活塞销的结构

3. 活塞销的材料

活塞销一般采用低碳钢或低碳合金钢制造，先将表面做渗碳处理，以提高表面硬度，并保证芯部具有一定的冲击韧性，然后进行精磨和抛光。

4. 活塞销的内孔形状

活塞销的内孔形状有圆柱形［图 2-70（a）］、两段截锥形［图 2-70（b）］及两段截锥与一段圆柱的组合形［图 2-70（c）］等。圆柱形内孔容易加工，但活塞销的质量较大。两段截锥形内孔的活塞销质量较小，又接近于等强度梁的要求（因活塞销所承受的弯矩在中部最大，距中部越远越小），但孔的加工较复杂。组合形内孔的结构则介于两者之间。

5. 活塞销的连接方式

活塞销与活塞销座孔和连杆小头衬套的连接方式分为全浮式和半浮式两种，如图 2-71 所示。

① 全浮式连接［图 2-71（a）］：发动机正常工作过程中，活塞销与活塞销座孔及连杆小头衬套之间有适量的配合间隙，活塞销可以在孔内自由转动。因此，活塞销磨损较均匀，使用寿命较长。目前大多数发动机采用此连接方式。

当采用铝合金活塞时,活塞销座的热膨胀量大于钢制活塞销。为了保证高温下工作时有正常的配合间隙(0.01~0.02mm),在冷态装配时两者为过盈配合。装配时,必须先把活塞放入70~90℃的水或油中加热后,再将活塞销装入。为了防止活塞工作中发生轴向窜动而刮伤气缸壁,在活塞销座两端还应加装限位卡环(锁环)。

② 半浮式连接 [图 2-71 (b)]:冷态装配时,活塞销与活塞销座孔为间隙配合,活塞销与连杆小头衬套采用过盈配合,即一处固定、一处浮动。活塞销不会做轴向窜动,不需锁环。这种连接方式省去了连杆小头衬套的修理,维修方便。半浮式活塞销一般在小型车上应用较多。

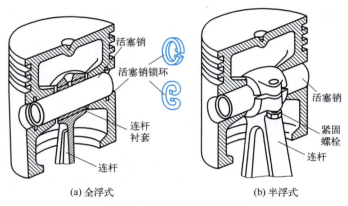

图 2-71 活塞销的连接方式

四、连杆

1. 连杆的功用

连杆的功用是连接活塞和曲轴,将活塞承受的力传给曲轴,并将活塞的往复直线运动转变为曲轴的旋转运动。

连杆运动时,承受着经活塞销传来的气体压力和活塞连杆组往复运动的惯性力。这些大小和方向周期变化的作用力,使连杆处于复杂的交变应力状态。例如,连杆和连杆螺栓强度不足而断裂,将导致整机破坏;连杆大头变形使连接螺栓承受附加弯矩,大头孔失圆使轴瓦因油膜破坏而烧损;连杆杆身因刚度不足而变形,将导致活塞、气缸、连杆轴承和活塞销等零件偏磨及活塞环漏气和窜油等。因此,要求连杆在保证足够的强度和刚度的前提下,其质量尽可能轻。

2. 连杆的材料

为了保证连杆在结构轻巧的要求下有足够的强度和刚度,一般采用中碳钢或合金钢制作,例如 40Cr、40MnB、40MnVB、18CrNiWA,少数采用稀土铁、球墨铸铁制作。

连杆一般采用模锻制成,机械加工前经调质处理(淬火后高温回火),可得到良好的既强又韧的力学性能。为了提高连杆的疲劳强度,不经机械加工的表面应进行喷丸处理。

3. 连杆的结构

连杆的结构如图 2-72 所示,由连杆小头、杆身和连杆大头(包括连杆盖)三部分组成。有的柴油机杆身内还设有润滑油道。

(1) 连杆小头

连杆小头用以安装活塞销,连接活塞。活塞销为全浮式的连杆小头孔内,压入了青铜衬套或铁基粉末冶金衬套。后者不仅价廉，且内含石墨和润滑油，自润滑性好。连杆小头运动副的润滑方式有两种：一是在连杆小头设有集油槽或集油孔，靠收集曲轴旋转时飞溅的机油来润滑；另一种是在连杆杆身内设有纵向压力油道，采用压力润滑方式。

（2）连杆杆身

连杆杆身通常采用工字形断面，如图2-72（c）所示，以求在强度和刚度足够的前提下减小质量。某些发动机，在杆身还钻有油道，使连杆小头运动副获得润滑油，润滑油进而从小头喷向活塞顶，以冷却活塞。

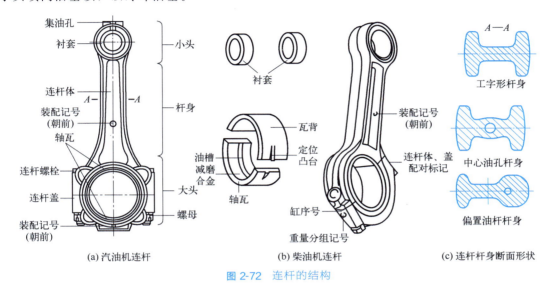

图 2-72　连杆的结构

（3）连杆大头

连杆大头用于连接曲轴。为便于安装，大头通常做成剖分式，一半为杆身大头，另一半为连杆盖，两者一般用2个或4个螺栓组装。大头内孔粗糙度较低，以保证连杆轴瓦装入后能很好地贴合传热。有的连杆大头连同轴瓦还钻有1~1.5mm小油孔，从中喷出润滑油用以加强配气凸轮和气缸壁的润滑。

① 连杆大头剖分形式。

a. 平切口，如图2-73（a）所示。平切口连杆的剖分面垂直于连杆轴线。一般汽油机连杆大头尺寸小于气缸直径，可以采用平切口。

b. 斜切口，如图2-73（b）所示。大多数柴油机连杆大头尺寸较大，为了拆装时能从气缸内通过，而采用此种形式。其剖分面与杆身中心线一般成30°~60°夹角。另外，斜切口配以较好的切口定位，还能减轻连杆螺栓的受力。

② 定位方式。平切口的连杆盖与连杆的定位，常利用连杆螺栓上精加工的圆柱凸台或光圆柱部分与经过精加工的螺栓孔配合来保证。

斜切口连杆在工作中受到惯性力的拉伸，并在切口方向有一个较大的横向分力，因此斜切口连杆必须采用可靠的定位措施。

a. 止口定位，如图2-74（a）所示。这种形式工艺简单，但定位不可靠，只能单向定位，对连杆盖止口向外变形或连杆大头止口向内变形均无法防止，且结构不紧凑，应用较少。国产95系列柴油机采用此种形式。

b. 套、销定位，如图2-74（b）所示。依靠套或销与连杆体（或盖）上的孔紧配合定位,这种形式能多向可靠定位。其缺点是定位孔的工艺要求高,若孔距精度不够准确,则可能因定位干涉而造成连杆大头孔严重失圆,此外,连杆大头横向尺寸因此而加大。国产135系列柴油机采用此形式。

c. 锯形齿定位,如图2-74(c)所示。依靠结合面的锯形齿定位,其定位可靠,结构紧凑。缺点是对齿节距公差要求严格,否则连杆盖装在连杆大头上时,中间会有几个齿脱空,不仅影响连杆的刚度,并且连杆大头孔也会失圆。不能用加减垫片的方法调整轴承间隙。如果能采用拉削工艺,保证齿距公差,则这种定位方式还是较好的。国产105系列柴油机采用此形式。

(4) 连杆轴瓦

连杆大头与连杆盖中装有剖分式滑动轴承(轴瓦),如图2-72所示,其工作情况对发动机的机械效率、工作可靠性及使用寿命都有很大影响。轴瓦用1～3mm厚钢带作瓦背,其上附着厚0.3～0.7mm的减磨合金,它具有保持油膜,减小摩擦阻力和易于磨合的作用。目前汽车发动机的轴承减磨合金主要有巴氏合金、铜铅合金、高锡铝合金。

连杆轴承的背面应有较低的表面粗糙度。在自由状态下,轴承的曲率半径和周长都略大于连杆大头孔的曲率半径和周长,装入后,能使其紧贴在大头孔壁上,以利散热和防止润滑油从轴承背面流失。在两个轴承的剖分面上,均制有定位凸台,以防止连杆轴承在工作中发生转动或轴向移动;在其内表面还加工有油槽用以储油,保证可靠的润滑,如图2-72所示。

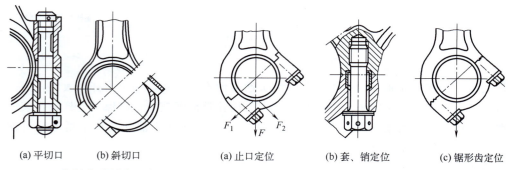

(a) 平切口　　(b) 斜切口

图2-73　连杆大头剖分形式

(a) 止口定位　　(b) 套、销定位　　(c) 锯形齿定位

图2-74　斜切口连杆大头的定位方式

(5) 连杆螺栓

连接连杆大头及连杆盖的螺栓结构形式有两种:一种是螺钉式,即螺钉穿过连杆盖上的孔,直接旋入连杆大头的螺孔里,一般用在斜切口连杆大头结构上;另一种是用螺栓穿过连杆大头和连杆盖的螺栓孔,用螺母及防松件紧固。

连杆螺栓持续承受很大的交变载荷和冲击载荷作用,很容易引起疲劳断裂。连杆螺栓断裂会给发动机带来极其严重的后果,甚至使整机报废,所以连杆螺栓在结构、材质、加工和热处理等方面都有严格要求,一般用韧性较高的优质合金钢制造。

螺钉或螺栓的螺纹部分,精度要求很高,多采用细牙。螺纹部分中心线与螺栓支承面应保证垂直,以防装配时因支承面贴合不良产生附加应力,引起螺纹断裂。连杆螺栓在装配时应按一定的拧紧力矩分2～3次拧紧。为安全起见,多数发动机还采用了开口销、自锁螺母或螺纹表面镀铜等防松装置。轿车发动机广泛使用"塑性变形扭力连杆螺栓",拧紧时,必须按说明书的要求拧紧。

4. V形发动机的连杆

V形发动机左、右两侧对应两气缸的连杆是同支承于一个曲柄销上的,其布置形式有以下三种,如图 2-75 所示。

(1) 并列连杆,如图 2-75 (a) 所示。相对应的将左、右两缸的连杆一前一后地装在同一个曲柄销上。这样布置的优点是连杆可以通用,并且保证两列气缸的活塞连杆组的运动规律相同。其缺点是两列气缸轴心线沿曲轴轴向要错开一段距离,因而使曲轴的长度增加,刚度降低。

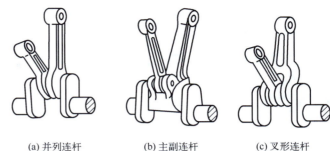

(a) 并列连杆　　　(b) 主副连杆　　　(c) 叉形连杆

图 2-75　V形发动机的连杆

(2) 主副连杆,如图 2-75 (b) 所示。一列气缸的连杆为主连杆,其大头直接安装在曲柄销全长上。另一列气缸的连杆为副连杆,其大头与对应的主连杆大头(或连杆盖)上的两个凸耳做铰链连接。这种结构中左、右两列对应气缸的主、副连杆与其气缸中心线位于同一平面内,故不致加大发动机的轴向长度。其缺点是主、副连杆不能互换。此外,左、右两列气缸的活塞连杆组的运动规律和受力都不一样。

(3) 叉形连杆,如图 2-75 (c) 所示。左、右两列气缸对应的两个连杆中,一个连杆的大端做成叉形,跨于另一个连杆的厚度较小的片形大头两端。叉形连杆式布置的优点是两气缸中的活塞连杆组的运动规律相同,左、右对应的两气缸轴心线不需要在曲轴轴向上错位。其缺点是叉形连杆大头的结构和制造工艺比较复杂,而且大头的强度和刚度都较差。

 任务实施

活塞连杆组的拆装检修

1. 拆卸活塞连杆组

(1) 前期准备

① 使用棘轮扳手转动曲轴固定螺栓,使一缸活塞连杆组处于活塞行程上止点位置,如图 2-76 所示。

② 检查气缸平面是否有残留物、活塞顶是否有积炭,有则用铲刀清除,如图 2-77 所示。

图 2-76　前期准备

图 2-77　清洁缸体平面残留物及活塞顶积炭

③ 检查缸肩。使用棘轮扳手,转动曲轴固定螺栓,使一缸活塞连杆组处于活塞行程下止点位置,如图 2-78 所示。检查是否有缸肩,有则用铰刀铰削,如图 2-79 所示。

图 2-78 转动曲轴使一缸活塞处于下止点

图 2-79 检查缸肩

(2) 拆卸活塞连杆组零件

① 检查并确认连杆和连杆盖上的标记,如图 2-80 所示。若无标记,则应在连杆轴承盖上做好标记。

② 用连杆螺栓套筒和棘轮扳手交替多次松开 2 个连杆螺栓,但不取下螺栓,如图 2-81 所示。

图 2-80 检查并确认标记

图 2-81 松开 2 个连杆螺栓

③ 用 2 个已松开的连杆螺栓,通过左右摇动连杆盖,拆下连杆盖和下轴承,如图 2-82 所示。

④ 用木槌柄轻轻敲击连杆大头,从气缸体的上部推出活塞连杆总成和上轴承,如图 2-83 所示。

图 2-82 拆下连杆盖和下轴承

图 2-83 拆下活塞连杆总成和上轴承

⑤ 按正确顺序摆放活塞和连杆。用同样方法拆卸其余活塞连杆总成并摆放整齐。
(3) 分解活塞连杆组零件
① 用活塞环扩张器拆卸 2 个压缩环，如图 2-84 所示。
② 用手拆下油环刮片和油环胀圈，如图 2-85 所示。

图 2-84 拆卸 2 个压缩环

操作提示：注意活塞环扩张器的方向。使用活塞环扩张器拆装活塞环时，用力必须均匀。先拆第一道气环，后拆第二道气环。

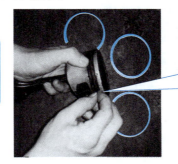

图 2-85 拆卸油环刮片和油环胀圈

操作提示：用手先拆上刮油环，后拆下刮油环，最后拆油环衬簧。

(4) 拆卸连杆轴承
① 若需更换连杆轴承时，从下连杆轴承盖上拆下连杆下轴承，如图 2-86 所示。
② 从连杆上拆下连杆上轴承，如图 2-86 所示。

2. 活塞连杆组的检修
(1) 清洁活塞连杆组
① 用铲刀清除活塞环内的积炭、油污，如图 2-87 所示。

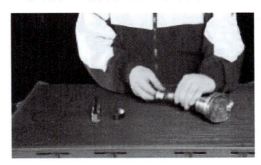

图 2-86 拆卸连杆上下轴承

图 2-87 清洁活塞

② 使用压缩空气清洁活塞环槽。
③ 清除活塞环上的积炭和油污。
④ 用洗油、羊毛刷清洗活塞、活塞环、连杆、连杆轴承、连杆轴承盖及固定螺栓等，清洗完后用压缩空气吹净所有清洗过的零件。
(2) 测量连杆边缘与连杆轴承边缘间的距离
① 使用压缩空气清洁连杆上下轴承，如图 2-88 所示。
② 使用游标卡尺测量连杆边缘与连杆轴承边缘的位置，如图 2-89 所示。
(3) 检查气缸缸径
① 清洁气缸壁，如图 2-90 所示。
② 使用游标卡尺测量气缸口处的直径，如图 2-91 所示。
③ 使用量缸表测量气缸的上、中、下 3 个位置的径向和轴向直径（图 2-92），计算圆度误差、圆柱度误差，若超过最大许用值，则进行气缸修理。

图 2-88　清洁连杆上下轴承

图 2-89　使用游标卡尺测量

图 2-90　清洁气缸壁

图 2-91　测量气缸口处直径

最大磨损量：气缸最大磨损处直径与未磨损处直径之差，一般处于上位置 A 处。

圆度误差：气缸上、中、下 3 个位置测量截面的最大与最小直径之差的一半即为对应截面的圆度误差，取 3 个截面中的最大值。

圆柱度误差：气缸上、中、下 3 个位置轴（纵）向和径（横）向 2 个方向共 6 个直径中测得最大直径与最小直径之差的一半，即为该气缸的圆柱度误差。

配合间隙：气缸上、中、下 3 个位置轴（纵）向和径（横）向 2 个方向共 6 个直径中最大直径与活塞裙部下端直径之差。

气缸圆度误差：汽油机为 0.05mm，柴油机为 0.065mm。

气缸圆柱度误差：汽油机为 0.20mm，柴油机为 0.25mm。

如超出此范围，则应进行镗缸修理。

④ 气缸的修理：前后两个气缸中任意一个气缸圆度误差达到 0.05～0.063mm，或圆柱度误差达到 0.175～0.250mm 时需要大修。能换缸套者换缸套，不能换缸套的镗缸。镗缸 0.25mm 为一级，轿车通常最高为四级，而货车最高为六级，第一级不修，从第二级开始镗。桑塔纳轿车发动机气缸修理尺寸分为三级，从标准直径加大 0.25mm、0.50mm、1.00mm。解放 CA6102 发动机气缸修理尺寸分为四级，从标准直径加大 0.25mm、0.50mm、0.75mm、1.00mm。

（4）检查活塞环侧隙及端隙

① 用千分尺测量活塞裙部距下沿 10mm 左右处垂直于活塞销方向的直径，如图 2-93 所示。检测活塞是否刮伤和顶部烧蚀等，如果不符合要求，则更换活塞。

② 测量活塞环侧隙。用塞尺测量 1、2 号活塞环侧隙，如图 2-94（a）所示。若检测数据不符合标准，则更换。

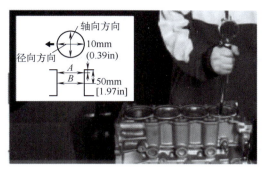 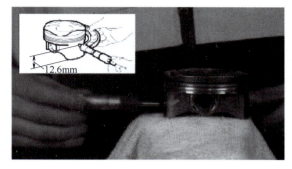

图 2-92　用量缸表测量气缸径向和轴向直径（量缸）　图 2-93　用千分尺测量活塞裙部垂直于活塞销方向的直径

③ 测量活塞环端隙。清洁气缸壁，活塞放于气缸内，用活塞压平后用塞尺测量气缸内活塞开口间隙，如图 2-94（b）所示。如果端隙大于最大值，则更换活塞环。如果换上新的活塞环后，端隙仍大于最大值，则更换气缸体。

(a) 侧隙　　　　　　　　　　　　　　(b) 端隙

图 2-94　用塞尺测量活塞环间隙（侧隙和端隙）

④ 测量背隙。维修中以环的宽度与环槽的深度差来表示背隙，用游标卡尺测量数值。
⑤ 检测连杆轴承盖固定螺栓。观察连杆轴承盖固定螺栓、螺纹是否变形。
⑥ 检查连杆螺栓是否能轻易拧进螺栓孔内，不能则更换螺栓，或检查连杆螺栓孔螺纹是否磨损或乱牙。
⑦ 使用游标卡尺测量连杆螺栓内径。如果直径小于最小值，则更换连杆螺栓。

(5) 活塞的选配

当气缸的磨损超过规定值及活塞发生异常损坏时，必须对气缸进行修复，并且要根据气缸的修理尺寸选配活塞。选配活塞时要注意以下几点。

① 选用同一修理尺寸和同一分组尺寸的活塞。活塞裙部的尺寸是镗磨气缸的依据，即气缸的修理尺寸是哪一级，也选用哪一级修理尺寸的活塞。由于活塞的分组，只有在选用同一分组活塞后，才能按选定活塞的裙部尺寸镗磨气缸。

② 同一发动机必须选用同一厂牌的活塞。活塞应成套选配，以保证其材料和性能的一致性。

③ 在选配的成套活塞中，尺寸差和质量差应符合要求。成套活塞中，其尺寸差一般为 0.02~0.025mm，质量差一般为 4~8g，销座孔的涂色标记应相同。

④ 活塞与气缸壁间隙要合适。活塞与气缸壁的间隙通常为 0.025~0.06mm。越高档的车，其活塞与气缸壁的间隙越小。高档车活塞与气缸壁的间隙通常在 0.0254mm 左右，普通轿车通常为 0.025~0.051mm。用手试高档车活塞与气缸壁的间隙时，在干净、干

燥、不加润滑油的前提下,活塞不装活塞环应能在气缸套中挂住,用手轻推可以移动时为合适。

新型汽车的活塞与气缸的配合都采用选配法。在气缸的技术要求确定的前提下,重点是选配相应的活塞。活塞的修理尺寸级别一般分为 0.25mm、0.50mm、0.75mm、1.00mm 四级,有的只有 1~2 个级别。在每一个修理尺寸级别中又分为若干组,通常分为 3~6 组不等,相邻两组的直径差为 0.010~0.015mm。选配时,要注意活塞的分组标记和涂色标记。有的发动机为薄型气缸套,活塞不设置修理尺寸,只区分标准系列活塞和维修系列活塞,每一系列活塞中也有若干组供选配。活塞的修理尺寸级别代号常打印在活塞顶部。

活塞的分组适用于标准直径的活塞,也适用于修理尺寸的活塞。在维修过程中,若活塞与气缸套都更换新件,必须进行分组;若气缸的磨损较小,只需更换活塞,则应选用同一级别中活塞直径最大的一组。

(6) 活塞环的选配

活塞环的磨损速度较快,在两次大修间隔之间的某次二级维护,当气缸的圆柱度误差达到 0.09~0.11mm 时,则需要更换活塞环一次。在发动机大修时,活塞环是被当作易损件更换的。活塞环设有修理尺寸,但不因气缸和活塞的分组而分组。

活塞环选配时,以气缸的修理尺寸为依据,同一台发动机应选用与气缸和活塞修理尺寸等级相同的活塞环。当发动机气缸磨损后,应选配与气缸同一级修理尺寸的活塞环,严禁选择加大一级修理尺寸的活塞环经锉端隙来使用。

对活塞环的要求:与气缸、活塞的修理尺寸一致;具有规定的弹力,以保证气缸的密封性;环的漏光度、端隙、侧隙和背隙应符合原厂规定。

(7) 连杆的检测

连杆损伤主要是变形。连杆变形的检验在连杆校验仪上进行,如图 2-95 所示。连杆校验仪能检验连杆的弯曲、扭曲、双重弯曲的程度及方位。校验仪上的棱形支撑轴能保证连杆大端轴承孔轴向与检验平板相垂直。检验时,首先将连杆大端的轴承盖装好,不装连杆轴承,并按规定的拧紧力矩将连杆螺栓拧紧,同时将心轴装入小头衬套的轴承孔中。然后将连杆大头套装在支承轴上,通过调整定位螺钉使支承轴扩张,并将连杆固定在校验仪上。测量工具是一个带有 V 形槽的"三点规"。三点规上的三点构成的平面与 V 形槽的对称平面垂直,两个下测点的距离为 100mm,上测点与两个下测点连线的距离也是 100mm。

测量时,将三点规的 V 形槽靠在心轴上并推向检验平板。如三点规的三个测点都与检验仪的平板接触,说明连杆不变形。若上测点与平板接触,两个下测点不接触且与平板的间隙一致,或两个下测点与平板接触,而上测点不接触,表明连杆弯曲。可用厚薄规测出测点与平板之间的间隙,即为连杆在 100mm 长度上的弯曲度 [图 2-96 (a)]。若只有一个下测点与平板接触,另一下测点与平板不接触,且间隙为上测点与平板的间隙的两倍,这时下测点与平板的间隙即为连杆在 100mm 长度上的扭曲度 [图 2-96 (b)]。

有时在测量连杆变形时,会遇到下面两种情况:一是连杆同时存在弯曲和扭曲,反映在一个下测点与平板接触,但另一个下测点与平板的间隙不等于上测点与平板的间隙的两倍。这时,下测点与平板的间隙为连杆扭曲度,而上测点与平板的间隙与下测点与平板的间隙差值的一半为连杆弯曲度。二是连杆存在如图 2-97 所示的双重弯曲,检验时先测量出连杆小头端面与平板的距离,再将连杆翻转 180°后,按同样方法测出此距离。若两次测出的距离数值不等,即说明连杆有双重弯曲,两次测量数值之差为连杆双重弯曲度。

项目二 曲柄连杆机构的构造与检修 57

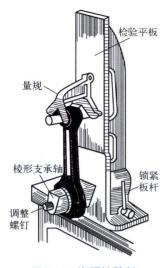

图 2-95 连杆校验仪

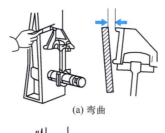

(a) 弯曲

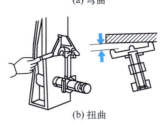

(b) 扭曲

图 2-96 连杆弯扭的检验

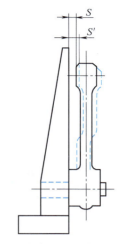

图 2-97 连杆双重弯曲的检验

若连杆的弯曲度和扭曲度超过允许值，需冷态校正。连杆的双重弯曲，通常不予校正，因为连杆大、小头对称平面偏移的双重弯曲极难校正，而双重弯曲对曲柄连杆机构的工作极为有害，因此应更换连杆。

（8）连杆变形的校正

在校正连杆时，首先要记下连杆弯曲与扭曲的方向和数值，用连杆校正器进行校正。通常是先校正扭曲，再校正弯曲。校正时，应避免过校正。

校正扭曲时，先将连杆下盖按规定装配和拧紧，然后用台钳（钳口垫以软金属垫片）夹紧连杆大头侧面，使用专用扳钳在连杆杆身上、下部位校正扭曲变形（图 2-98）。

校正弯曲时，将弯曲的连杆置入专用的压器（图 2-99），弯曲的凸起部位朝上，扳转丝杠使连杆产生反向变形并停留一定时间，待金属组织稳定后再卸下，检查连杆的复位量，经反复校正，直至连杆校正到合格为止。

在常温下校正连杆，由于材料弹性后效的作用，在卸去负荷后，连杆有恢复原状的趋势，从而影响连杆的正常使用。因此，在校正变形量较大的连杆后，必须进行时效处理。方法是将连杆加热至 573K，保温一定时间即可。校正变形量较小的连杆，只需在校正负荷下保持一定时间，不必进行时效处理。

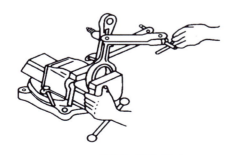

图 2-98 连杆扭曲的校正

图 2-99 连杆弯曲的校正

3. 安装活塞连杆组

清洁所有零件（包括气缸）后用压缩空气吹净，将合格零件进行装配。

(1) 安装连杆轴承

① 若更换了连杆轴承，则先将连杆轴承安装到连杆和轴承盖上。

② 用游标卡尺测量连杆边缘和轴承盖边缘与连杆轴承边缘间的距离。

(2) 安装活塞环组件

① 用手安装油环胀圈和油环刮片。

② 用活塞环扩张器安装 2 个压缩环，使油漆标记处于图示位置，如图 2-100 所示。

③ 放置活塞环使活塞环端处于如图 2-101 所示位置。

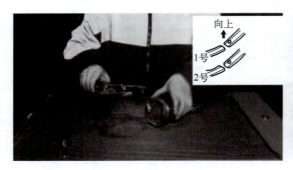

图 2-100　安装 2 个压缩环

图 2-101　放置活塞环

(3) 安装带连杆的活塞分总成

① 在气缸壁、活塞、连杆轴承表面上均匀涂抹机油。

② 先把曲轴的连杆轴颈转到下止点，活塞环开口按要求错开布置，使活塞标记朝前，如图 2-102 所示；用活塞环压缩器将活塞环压缩后的活塞连杆总成放入对应气缸内，用塑料锤轻敲活塞环压缩器边沿，使其下沿与气缸体上平面完全贴合；再次旋紧压缩器，确保三道活塞环被完全收紧，再次确认活塞顶部标记朝向前方；然后用手锤木柄将活塞连杆上轴承推入气缸，与连杆轴径完全接触即可，如图 2-103 所示。

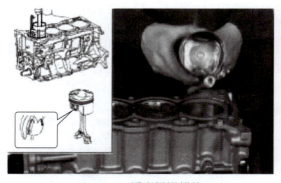

图 2-102　活塞标记朝前

图 2-103　用专用工具安装活塞分总成

③ 检查并确认连杆盖的凸起部分朝向正确的方向。

④ 在连杆盖螺栓的螺纹上和螺栓头下部涂抹一薄层机油。

(4) 安装连杆盖螺栓

① 用连杆盖螺栓套筒和棘轮扳手分几次交替拧紧连杆盖螺栓，再用定扭扳手将连杆盖螺栓紧固至 20N·m。

② 用油漆在连杆盖螺栓前端做标记。

③ 将连杆盖螺栓再次旋转紧固 90°。

④ 同理安装其他活塞连杆组，安装后检查确认曲轴转动顺畅。
⑤ 安装完毕，清理、清洁、整理工量具。

任务四　曲轴飞轮组

任务引入

小王是一名跑长途的货车师傅，一天，他所开的载货货车在行驶途中因曲轴断裂而发生了交通事故。他将载货货车送到维修厂进行检查，希望能查出曲轴断裂的原因。他说发动机有力且声音小，不冒黑烟，耗油量正常，而且近期都是在城市道路上行驶，车速不快，没有"超载行驶、路况差、急刹车"等原因。经过维修技术人员一系列的专业诊断、检测，发现是孔座变形导致的曲轴断裂。

本任务要求学生掌握曲轴飞轮组各组成部件的功用、结构等，能够对曲轴飞轮组进行拆装检修。

知识准备

曲轴飞轮组主要由曲轴和飞轮以及其他不同作用的零件和附件组成，其零件和附件的种类和数量取决于发动机的结构和性能要求。典型的实例（即 EQ6100-1 型发动机曲轴飞轮组分解图）如图 2-104 所示。

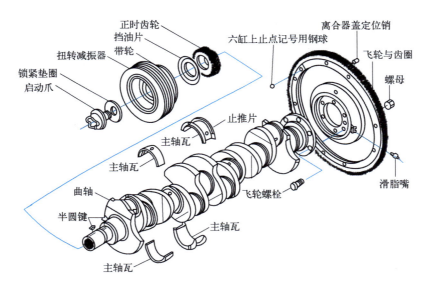

图 2-104　EQ6100-1 型发动机曲轴飞轮组分解图

一、曲轴

1. 曲轴功用与工作条件

曲轴的功用是承受连杆传来的力，以旋转力矩的形式对外输出动力，并为配气机构和其他辅助装置提供动力。

曲轴

曲轴在周期性变化的气体压力、惯性力及力矩的共同作用下工作，承受弯曲和扭转交变载荷。因此，曲轴应有足够的抗弯曲、抗扭转的疲劳强度和刚度；轴颈应有足够大的承压表面和耐磨性；曲轴的质量应尽量小；对各轴颈的润滑应该充分。

曲轴一般由 45、40Cr 等中碳钢和中碳合金钢模锻而成，轴颈表面经高频淬火或氮化处理，最后进行精加工。有的柴油机采用球墨铸铁曲轴，价格便宜，耐磨性好，轴颈不需硬化处理。为提高曲轴的疲劳强度，消除应力集中，轴颈表面应进行喷丸处理，圆角处要经滚压处理。

2. 曲轴分类

曲轴一般由主轴颈、连杆轴颈、曲柄、平衡块、前端和后端等组成，如图 2-105（a）所示。一个主轴颈、一个连杆轴颈和一个曲柄组成了一个曲拐，如图 2-105（b）所示。

① 按单元曲拐连接方式分为整体式曲轴和组合式曲轴，如图 2-105（a）、（c）所示。整体式曲轴将各单元曲拐锻制或铸造成一个整体，具有工作可靠、质量轻、结构简单等特点。组合式曲轴由多个单元曲拐组合装配而成，即将曲轴各部分分段加工，然后有序组合成整个曲轴，单元曲拐便于制造，使用中损坏后可以更换，不必将整根轴报废，但拆装不便。

多缸发动机的曲轴一般为整体式。用滚动轴承作曲轴主轴承的发动机，只能采用组合式曲轴。

② 按照曲轴的主轴颈数可将曲轴分为全支承曲轴和非全支承曲轴两种。相邻两个曲拐之间都设置一个主轴颈的曲轴称为全支承曲轴；否则，称为非全支承曲轴。直列式发动机的全支承曲轴，其主轴颈总数（包括曲轴前端和后端的主轴颈）比气缸数多一个；V 形发动机的全支承曲轴，其主轴颈总数比气缸数的一半多一个。非全支承曲轴的主轴颈数目等于或少于曲柄销数。

全支承曲轴的优点是可以提高曲轴的刚度，并可减轻主轴承的载荷。其缺点是曲轴加工表面增多，主轴承数增多，使机体加长。上海桑塔纳、一汽奥迪 100 型轿车均采用全支承曲轴。柴油机因载荷较大的缘故，也多采用全支承曲轴。

3. 曲轴的结构

曲轴主要由曲轴前端（或称自由端）、若干个曲拐、曲轴后端（或称功率输出端）三部分组成，如图 2-105 所示。

① 主轴颈。主轴颈是曲轴的支承点，位于曲轴箱主轴承座和主轴承盖之中。主轴颈的数量直接影响曲轴的强度和刚度，以及发动机的结构紧凑性，为保证曲轴的润滑，在主轴颈上有润滑油孔和斜油道，润滑油孔与发动机的主油道相通，斜油道则将润滑油（机油）输送至连杆轴颈。

② 曲轴前端。曲轴前端装有驱动配气凸轮轴的正时齿轮、驱动风扇和水泵的皮带轮及止推片等零件，其结构如图 2-106 所示。为了防止机油沿曲轴轴颈外漏，在曲轴前端上有一个甩油盘，随着曲轴旋转，当被齿轮挤出和甩出的机油落在甩油盘上时，由于离心力的作用，机油被甩到齿轮室盖的壁面上，再沿壁面流下，回到油底壳中。即使还有少量机油落到甩油盘前面的曲轴轴段上，也被压配在齿轮室盖上的油封挡住。甩油盘的外斜面应向后，如果装错，效果将适得其反。

③ 曲拐。曲拐由曲柄销和左右两端的曲柄及前后两个主轴颈组成，如图 2-105（b）所示。曲柄销也叫连杆轴颈，在直列式发动机上，连杆轴颈与气缸数相同；V 形发动机，因绝大多数是一个连杆轴颈上装有左右两个气缸的连杆，所以连杆轴颈为气缸数的一半。

为减小旋转惯性力，高速发动机的连杆轴颈一般做成空心的，连杆轴颈及轴瓦支承的

项目二 曲柄连杆机构的构造与检修

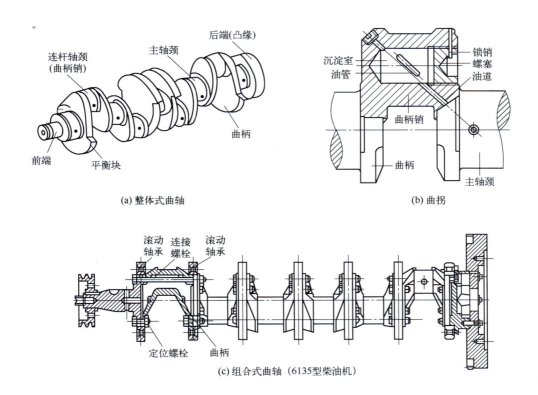

(a) 整体式曲轴　　(b) 曲拐

(c) 组合式曲轴（6135型柴油机）

图 2-105　曲轴的类型及组成

主轴颈均采用压力润滑，压力机油从机体主油道引入各主轴颈，再经主轴颈与连杆轴颈间的斜油道进入各连杆轴颈。空心的连杆轴颈用螺塞封堵成封闭腔，作为机油沉淀室，来自主轴颈的机油先进入沉淀室，经离心沉淀，杂质被甩到沉淀室壁上，清洁机油输送到连杆轴颈上。

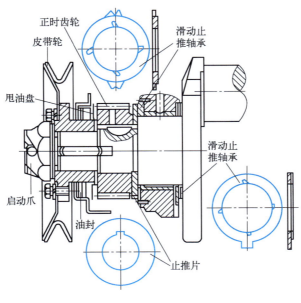

图 2-106　曲轴前端结构

④ 曲轴后端。曲轴后端是安装飞轮用的凸缘，如图 2-107 所示。为防止机油向后漏出，在曲轴后端通常切出回油螺纹或设置其他封油装置，如图 2-107（a）所示。回油螺纹可以是梯形或矩形的，其螺旋方向为右旋（即与曲轴旋向相反）。回油螺纹的封油原理如图 2-107（b）所示。当曲轴旋转时，流到回油螺纹槽中的机油也被带动旋转。因为机油本身有黏性，所以受到机体后盖孔壁的摩擦阻力 F_r。F_r 可分解为平行于螺纹的分力 F_{r1} 和垂直于螺纹的分力 F_{r2}。机油在 F_{r1} 的作用下，顺着螺纹槽道被推送至前端，流回甩油盘。

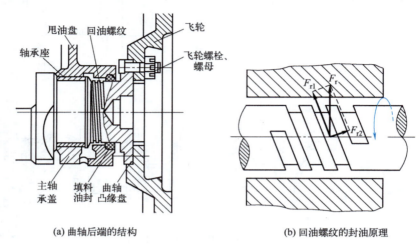

图 2-107　曲轴后端的结构及回油螺纹的封油原理

曲轴前、后端均伸出曲轴箱外，为防止润滑油沿轴颈外漏，在曲轴的前后端均设有密封装置。常见的密封装置除甩油盘、回油螺纹外，还有填料油封、自紧油封等。一般发动机都采用两种以上防漏装置组成复合式防漏结构。

⑤ 曲轴的润滑及润滑油道。曲轴润滑的供油方式有两种：一种是集中供油；另一种是分路供油。除主轴承采用滚动轴承时必须采用集中供油外，多数发动机采用分路供油。润滑油一般从机体上的主油道通过主轴承的上轴瓦引入，经曲轴的主轴颈油道向连杆轴颈供油，实现润滑。一般曲轴上均加工有润滑油道，如图 2-108 所示。

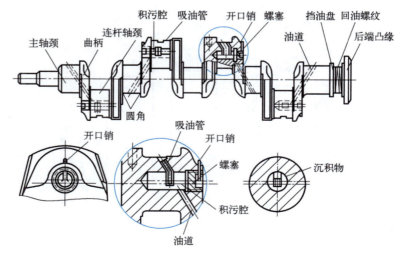

图 2-108　曲轴的润滑油道

4. 曲轴的平衡

(1) 平衡重

平衡重的作用：平衡连杆大头、连杆轴颈和曲柄等产生的离心惯性力及力矩，平衡活塞连杆组的往复惯性力及力矩，减小曲轴轴承的负荷，使发动机运转平稳。

① 平衡重的工作原理。根据平衡程度分为完全平衡法和分段平衡法。完全平衡法是在各个曲柄臂上设置平衡重，平衡重数量多，曲轴质量增加，工艺性变差；分段平衡法仅在部分曲柄臂上设置平衡重。

对于四缸、六缸等多缸发动机，由于曲柄对称布置，往复运动产生的惯性力和离心力及产生的力矩，从整体上看都能互相平衡，但曲轴的局部却受到弯曲作用。从图 2-109（a）中可看到第一和第四曲柄销的离心力 F_1、F_4 与第二和第三曲柄销的离心力 F_2、F_3 因大小相等、方向相反而互相平衡，但由它们所形成的两个力偶矩 M_{12}、M_{34} 都给曲轴造成了弯曲载荷。曲轴若刚度不够，就会产生弯曲变形，引起主轴颈和轴承偏磨。为了减轻主轴承负荷，改善其工作条件，一般都在曲柄相反方向设置平衡重，如图 2-109（b）所示。由此可见，平衡重所形成的力偶矩可以同 M_{12}、M_{34} 相平衡。

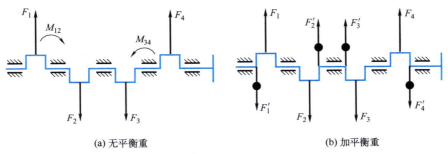

(a) 无平衡重　　　　　　　　　　　(b) 加平衡重

图 2-109　曲轴平衡重工作原理

② 平衡重的形状及连接方法。平衡重一般做成扇形，大多数发动机的曲轴平衡重和曲轴铸造为一体 [图 2-105（a）]；少数单独制成零件，用螺栓紧固在曲柄臂上，图 2-110 所示为几种螺栓连接方式。

加平衡重会导致曲轴质量和材料消耗增加，锻造工艺复杂。因此，曲轴是否加平衡重，要视具体情况而定。

(2) 平衡机构

现代轿车重视乘坐舒适性和噪声水平，常采用平衡机构来提高其平衡度。

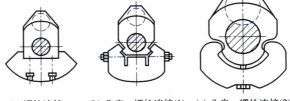

(a) 螺栓连接　　(b) 凸肩、螺栓连接(1)　(c) 凸肩、螺栓连接(2)

图 2-110　平衡重与曲柄臂的连接方式

图 2-111 所示为几种常见轿车发动机的平衡机构。平衡轴通常使用两根，断面为半圆，使用胶木齿轮与曲轴齿轮相啮合（或链传动），平衡轴与曲轴转动方向相反，以消除曲轴转动的惯性力。平衡机构的传动（或驱动）装置都有装配记号，拆卸或更换零件后，重新装复时应特别注意检查核对记号，以免平衡关系被破坏，造成机器损毁等重大事故。

5. 曲拐布置原则与发动机点火顺序

(1) 曲拐布置原则

曲轴的形状和各曲拐的相对位置（即曲拐的布置）取决于气缸数、气缸排列方式（单列或 V 形等）和点火顺序（即各缸的做功行程交替次序）。在安排多缸发动机的点火顺序时，应注意使连续做功的两缸相距尽可能远,以减轻主轴承的载荷,同时避免可能发生的进气重叠现象(即相邻两缸进气门同时开启),以免影响充气。做功间隔应力求均匀,也就是说,在发动机完成一个工作循环的曲轴转角内,每个气缸都应发火做功一次,而且各缸发火的间隔时间(以曲轴转角表示,称为点火间隔角)应力求均匀。对缸数为 i 的四冲程发动机而言,点火间隔角为 $720°/i$,即曲轴每转 $720°/i$ 时就应有一缸做功,V 形发动机左右两列气缸应交替点火,以保证发动机运转平稳。

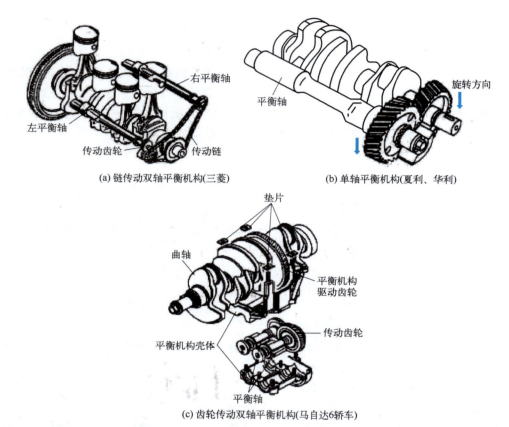

图 2-111 几种常见轿车发动机的平衡机构

(2)几种常用的多缸发动机的曲拐布置和点火顺序

① 四冲程直列式四缸发动机的点火顺序:点火间隔角应为 $720°/4=180°$。曲拐布置如图 2-112 所示,四个曲拐布置在同一平面内。点火顺序有两种可能的排列法,即 1—2—4—3 或 1—3—4—2,它们的工作循环分别见表 2-1 和表 2-2。

表 2-1 四缸机工作循环表(点火顺序: 1—2—4—3)

缸序 曲轴转角/(°)	第一缸	第二缸	第三缸	第四缸
0~180	做功	压缩	排气	进气
180~360	排气	做功	进气	压缩
360~540	进气	排气	压缩	做功
540~720	压缩	进气	做功	排气

表 2-2 四缸机工作循环表（点火顺序：1—3—4—2）

曲轴转角/(°) \ 缸序	第一缸	第二缸	第三缸	第四缸
0~180	做功	排气	压缩	进气
180~360	排气	进气	做功	压缩
360~540	进气	压缩	排气	做功
540~720	压缩	做功	进气	排气

② 四冲程直列式六缸发动机的点火顺序：点火间隔角应为 720°/6＝120°。曲拐布置如图 2-113 所示，六个曲拐分别布置在三个平面内，各平面夹角为 120°。点火顺序有两种方案：第一种点火顺序是 1—5—3—6—2—4，国产汽车的六缸发动机的点火次序都用这种方案，其工作循环见表 2-3；另一种点火顺序是 1—4—2—6—3—5。

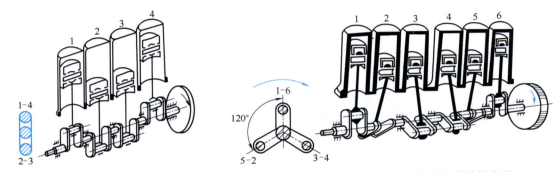

图 2-112 四冲程直列式四缸发动机的曲拐布置　　图 2-113 四冲程直列式六缸发动机的曲拐布置

表 2-3 六缸机工作循环表（点火顺序：1—5—3—6—2—4）

曲轴转角/(°)	缸序	第一缸	第二缸	第三缸	第四缸	第五缸	第六缸
0~180	0~60	做功	排气	进气	做功	压缩	进气
	60~120						
	120~180			压缩	排气		
180~360	180~240	排气	进气			做功	压缩
	240~300						
	300~360			做功	进气		
360~540	360~420	进气	压缩			排气	做功
	420~480						
	480~540			排气	压缩		
540~720	540~600	压缩	做功			进气	排气
	600~660			进气	做功		
	660~720		排气			压缩	

③ 四冲程 V 形八缸发动机的点火顺序：点火间隔角应为 720°/8＝90°。V 形发动机左右两列中相对应的一对连杆共用一个曲拐，所以 V 形八缸发动机只有四个曲拐，其布置可以与四缸发动机一样，四个曲拐布置在同一平面内，也可以布置在两个互相错开 90°的平面内，如图 2-114 所示，这样可使发动机得到更好的平衡。红旗轿车 8V100 型发动机就采用这种布置

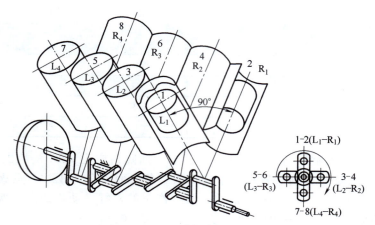

图 2-114　8V100 型发动机的曲拐布置

形式，点火顺序为 1—8—4—3—6—5—7—2（或 $L_1—R_4—R_2—L_2—R_3—L_3—L_4—R_1$），其工作循环见表 2-4。

表 2-4　V 形八缸机工作循环表（点火顺序：1—8—4—3—6—5—7—2）

曲轴转角(°)		第一缸	第二缸	第三缸	第四缸	第五缸	第六缸	第七缸	第八缸
0～180	90	做功	做功	进气	压缩	排气	进气	排气	压缩
	180			排气					
180～360	270	排气	排气		做功	进气	压缩	进气	做功
	360			进气	做功				排气
360～540	450	进气			排气		做功	压缩	
	540		压缩	排气		做功			进气
540～720	630	压缩			进气		排气	做功	
	720		做功	进气		排气			压缩

二、扭转减振器

曲轴是一种扭转弹性系统，本身具有一定的自振频率。在发动机工作过程中，经连杆传给连杆轴颈的作用力的大小和方向都呈现周期性变化，这种周期性变化的力作用在曲轴上，引起曲拐回转的瞬时角速度也呈周期性变化。由于固装在曲轴上的飞轮转动惯量大，其瞬时角速度变化基本上可看作是均匀的。这样，曲拐便会一会儿比飞轮转得快，一会儿又比飞轮转得慢，形成相对于飞轮的扭转振动，当激力频率与曲轴自振频率成整数倍关系时，曲轴扭转振动便因共振而加剧。这将使发动机功率受到损失，正时齿轮或链条磨损增加，严重时甚至会将曲轴扭断。为了消减曲轴的扭转振动，有的发动机在曲轴前端装有扭转减振器。

汽车发动机最常用的曲轴扭转减振器是摩擦式减振器。其工作原理是使曲轴扭转振动能量逐渐消耗在减振器内的摩擦上，从而使振幅逐渐减小。

图 2-115 所示为红旗轿车发动机曲轴上的橡胶摩擦式扭转减振器，转动惯量较大的惯性盘和由钢片冲制而成的减振器圆盘相连，减振器圆盘和惯性盘都与橡胶垫硫化黏结，减振器圆盘的带轮毂用螺钉固定在装于曲轴前端的风扇皮带轮上。当曲轴发生扭转振动时，曲轴前

端的角振幅最大，而且通过带轮毂带动减振器圆盘一起振动。惯性盘则因转动惯量较大（相当于小飞轮），其转动瞬时角速度比减振器圆盘均匀得多。这样，惯性盘与减振器圆盘有了相对角振动，而使橡胶垫产生正、反方向交替的扭转变形。橡胶垫因扭转变形引起内部分子摩擦，消耗扭转振动能量，使曲轴的扭转振幅减小，将曲轴共振向更高的转速区域转移，避免了曲轴在常用转速内出现共振。

橡胶摩擦式扭转减振器的主要优点是结构简单，质量小，工作可靠，所以在汽车发动机上得以广泛应用。其主要缺点是对曲轴扭转振动的衰减作用不够强，而且橡胶由于内摩擦生热升温而容易老化。

图 2-116（a）所示为国产 150 系列发动机的黏液式减振器。减振体浮动地装在密封外壳中，两者之间具有很小的间隙（0.5~0.7mm），其中充满高黏度的有机硅油。当曲轴发生扭转振动时，带着外壳一起振动，而转动惯量很大的减振体转动瞬时的角速度比减振器密封外壳要均匀得多，于是两者之间产生相对滑动，硅油受到剪切，产生各油层之间的相对滑动，摩擦生热而消耗振动的能量，从而减小了扭振振幅。这种减振器的主要优点是减振性能良好，质量和容积均比较小；其主要缺点是硅油散热性能较差，因而容易升温而降低黏度，对曲轴的扭振衰减作用减弱。图 2-116（b）所示为干摩擦式扭转减振器，其性能介于上述两种减振器之间。

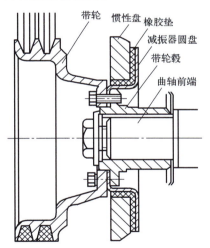

图 2-115　橡胶摩擦式扭转减振器

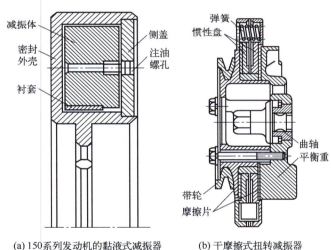

(a) 150系列发动机的黏液式减振器　　(b) 干摩擦式扭转减振器

图 2-116　其他形式的扭转减振器

三、发动机滑动轴承

汽车发动机滑动轴承有连杆衬套、连杆轴承、主轴承和曲轴止推轴承等。

1. 连杆轴承和主轴承

整体式曲轴的主轴承和连杆轴承都是剖分式滑动轴承，习惯上按其形状称为轴瓦。轴瓦是在 1~3mm 厚的薄钢背的内圆面上浇铸 0.3~0.7mm 厚的减磨合金层（如巴氏合金、铜铅合金、高锡铝合金等），如图 2-117 所示。

减磨合金具有保持油膜、减少摩擦阻力和加速磨合的作用。巴氏合金轴瓦

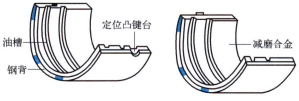

图 2-117　汽车发动机滑动轴承

的抗疲劳强度较低，只能用于负荷不大的汽油机上；而铜铅合金或高锡铝合金轴瓦具有较高的承载能力与抗疲劳性。含锡量20%以上的高锡铝合金轴瓦在汽油机和柴油机上均得到了广泛应用。在铜铅合金减磨层上再镀一层厚度为0.02~0.03mm的铟或锡，即可用于高强化的柴油机。国外有些柴油机的轴承在钢背与锡铝合金层间加一层Ai-Si-Mn合金过渡层，以提高结合强度；在表面镀层与锡铝合金层之间再镀一层镍，以防止表层锡向中间合金层扩散，就构成了五层合金轴承，轴承性能更好。

轴瓦的背面应有很低的粗糙度。半个轴瓦在自由状态下不是半圆形，当其装入连杆大头孔内时，有过盈，故能均匀地紧贴在大头孔壁上，具有很好的承受载荷和导热的能力，这样可以提高其工作可靠性和延长其使用寿命。

为了防止轴瓦在工作中产生转动或轴向移动，在两个轴瓦的剖分面上分别冲压出高于钢背的两个定位凸键。装配时，这两个定位凸键分别嵌入连杆大头（或机体）和轴承盖表面上的相应凹槽中。在轴瓦内表面上加工有油槽，用以储油，以保证可靠润滑。

2. 曲轴的轴向定位

为了保证曲轴与活塞连杆组装配位置的正确，又允许曲轴在工作中受热膨胀时能自由伸长，曲轴的轴向定位一般采用止推法或翻边轴瓦，如图2-118所示。例如，上海桑塔纳JV发动机采用全支承锻制曲轴，在第三道主轴承座两端装有止推片[图2-118（a）]，实现了轴向定位；解放CA6102型发动机在曲轴第一道主轴承座两端加装整体式止推装置（翻边轴瓦），实现了轴向定位，如图2-118（b）所示。采用止推环[图2-118（c）]做轴向定位，其一般装在曲轴的前端或后端。

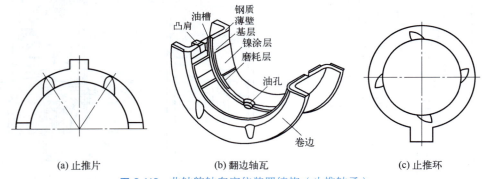

图2-118 曲轴的轴向定位装置结构（止推轴承）

四、飞轮

飞轮

1. 飞轮的功用

飞轮是一个转动惯量很大的圆盘，其主要功用是将在做功行程中输入曲轴的动能的一部分储存起来，用以在其他行程中克服阻力，带动曲柄连杆机构通过上止点、下止点，保证曲轴的旋转角速度和输出转矩尽可能均匀，并使发动机有可能克服短时间内的超载荷。此外，在结构上，飞轮又往往用作汽车传动系统中摩擦离合器的驱动件。

2. 飞轮的材料

飞轮多采用灰铸铁制造，当轮缘的线速度超过50m/s时，要采用强度较高的球墨铸铁或铸钢制造。

3. 飞轮的结构

飞轮外缘上压有一个齿环，可与启动机的驱动齿轮啮合，供启动发动机时使用。飞轮上通常刻有第一缸点火正时记号，以便调整和检查点火（喷油）正时和气门间隙（图 2-119）。当解放 CA6102 型发动机的正时记号与飞轮壳上的刻线对准时，即表示 1～6 缸的活塞在上止点位置，如图 2-119（a）所示。东风 EQ6100-1 型发动机有两处记号：一处是飞轮上的一个钢球与飞轮壳上的刻线对准时，另一处是当曲轴皮带轮上的小缺口和正时齿轮盖上凸筋对准时，都表示 1～6 缸的活塞在上止点位置，如图 2-119（b）所示。北京 BJ492Q 型发动机在曲轴带轮上刻有凹槽，当凹槽对准正时齿轮盖上的指针时，则表示 1～4 缸的活塞在上止点的位置，如图 2-119（c）所示。上海桑塔纳轿车发动机飞轮上的点火正时记号为"-0-"，当飞轮上的记号与飞轮壳上的记号对齐时，即"-0-"，则表示第 1 缸活塞在上止点位置。

多缸发动机的飞轮应与曲轴一起进行动平衡，否则，在旋转时因质量不平衡而产生的离心力将引起发动机振动并加速主轴承的磨损。为了在拆装时不破坏它们的平衡状态，飞轮与曲轴之间应有严格的相对位置，并用定位销或不对称布置的螺栓予以保证。

(a) 解放 CA6102 型发动机正时记号

(b) 东风 EQ6100-1 型发动机正时记号

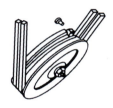
(c) 北京 BJ492Q 型发动机正时记号

图 2-119　发动机点火正时记号示例

 任务实施

曲轴飞轮组的拆装检修

一、曲轴飞轮组的拆装

① 将气缸体倒置，用专用工具固定飞轮，从曲轴凸缘上按交叉松开的顺序拆下飞轮，如图 2-120 所示。

② 对角旋松曲轴后端法兰油封螺栓，用橡皮锤轻敲法兰边缘，取下法兰油封，如图 2-121 所示。

操作提示：先对角旋松，后拧下螺栓，最后用橡皮锤均匀轻击飞轮边缘取下飞轮。

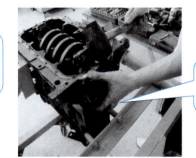

操作提示：先对角旋松，后拧下螺栓，最后用橡皮锤均匀轻击边缘取下法兰油封。

图 2-120　拆卸飞轮　　　　　　　　　图 2-121　拆卸曲轴后端法兰油封

③ 拆卸主轴承盖螺栓。按先两边、后中间分几次交替均匀松开主轴承盖螺栓，如图 2-122 所示。注意：第一次不能使棘轮扳手和预置式扭力扳手。

④ 取下主轴承盖。

a. 检查主轴承盖对前记号。

b. 使用拆下主轴承盖螺栓的方式,前后撬动并拆下主轴承盖和下止推片(本例只有 3 号主轴承盖处有)。

c. 检查轴承和主轴承盖标记。

d. 采用同样的方法依次拆卸其余主轴承。

⑤ 取下曲轴和止推垫片。

a. 取下曲轴,如图 2-123 所示,平行放置 V 形块。

操作提示:注意先两边、后中间,不能一次全部拧松,必须分几次均匀地从两端到中间逐步拧松,并按顺序摆放轴承盖。

图 2-122 拆卸主轴承盖螺栓　　　　图 2-123 取下曲轴

b. 从主轴承定位凸台另一侧推出止推垫片,与轴承盖放在一起,并按顺序摆放,如图 2-124 所示。

c. 检查下轴承标记。

⑥ 清洁曲轴及相关零件。如图 2-125 所示,清洁曲轴轴颈、轴承和轴承盖等,将经过清洗和擦拭干净的曲轴、飞轮、选配及修配好的轴瓦、轴承盖等零件,依次摆放整齐,准备装配。

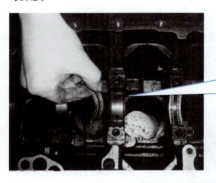

操作提示:在轴瓦上做记号。

图 2-124 拆卸下止推垫片　　　　图 2-125 清洁零件

⑦ 安装曲轴下轴瓦。安装下轴瓦如图 2-126 所示。

a. 润滑轴承内表面,对准轴承凸起和缸体的凹槽,从凹槽侧依次推入各主轴承。

b. 润滑止推垫片,安装止推垫片,带槽的一面朝外。

⑧ 安装曲轴。润滑轴颈并注意止推垫片,如图 2-127 所示。

⑨ 安装主轴承盖。

a. 安装时注意检查轴承盖朝前标志,只润滑轴承盖内面,对准轴承凸起和主轴承盖的凹槽安装主轴承盖轴瓦。

图 2-126 安装下轴瓦　　　　　　　　　图 2-127 安装曲轴

b. 在第三道主轴颈两侧安装半圆形止推片，其有开口槽侧必须朝向曲轴。

c. 安装主轴承盖螺栓时，螺纹和螺栓头下面涂一薄层机油。

d. 主轴承盖螺栓拧紧时，从中间向两边分 3 次交替拧紧，到达规定力矩，如图 2-128、图 2-129 所示。

图 2-128 第一次拧紧　　　　　　　　　图 2-129 第二、第三次拧紧

e. 检查曲轴转动是否灵活。

⑩ 安装曲轴后端法兰油封，注意更换新的油封，如图 2-130 所示。

⑪ 安装曲轴飞轮，注意飞轮与曲轴凸缘的定位；螺栓分多次交替对角拧紧到规定力矩，如图 2-131 所示。检测曲轴转动是否顺畅。

⑫ 安装完毕，清洁工具并归位，清理场地。

图 2-130 安装曲轴后端法兰油封　　　　图 2-131 安装飞轮

二、曲轴飞轮组的检修

曲轴飞轮组的检修包括曲轴、轴承及飞轮的检修。曲轴损伤形式以轴颈的磨损、曲轴弯

曲变形及裂纹为主。轴承检修内容是以轴承径向和轴向间隙为表现的磨损。

（一）曲轴的检修

曲轴常见损伤形式有轴颈磨损、弯曲变形和裂纹等。

1. 曲轴裂纹的检修

曲轴清洗后，首先应检查有无裂纹。可用磁力探伤器或染色渗透剂进行裂纹的检验。曲轴检验出裂纹，一般应报废。曲轴的裂纹多发生在曲柄臂与轴颈之间的过渡圆角以及油孔等应力集中处，这些也是应重点检查处。

2. 曲轴磨损的检修

曲轴主轴颈和连杆轴颈的磨损是不均匀的，但磨损部位有一定的规律性。

主轴颈和连杆轴颈径向最大磨损部位相互对应，即各主轴颈的最大磨损部位靠近连杆轴颈一侧，而连杆轴颈的最大磨损部位在主轴颈一侧。

首先检视轴颈有无磨痕、裂纹，然后利用外径千分尺测量曲轴轴颈前后两个截面的两个方向的直径，如图 2-132 所示，从而计算出曲轴各轴径圆度误差和圆柱度误差。一般轴颈圆度误差不大于 0.025mm（具体查阅维修手册）或表面划伤时，应磨削修理。

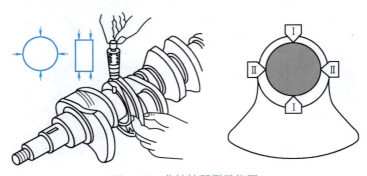

图 2-132 曲轴轴颈测量位置

曲轴轴颈的磨削应在弯、扭校正后进行。磨削加工设备通常采用专用曲轴磨床。

曲轴的各道主轴颈和连杆轴颈分别磨成同级修理尺寸，以便选择统一的轴承。轴颈修理尺寸是根据磨损后的轴颈直径来确定的。曲轴连杆轴颈和主轴颈的修理尺寸一般有 6 级，每级以 0.25mm 递减，不同发动机的曲轴磨削次数也不同。维修过程中，应以制造厂提供的修理数据为依据。

在曲轴磨削时，定位基准选择得正确与否，将直接影响上述要求的满足程度，影响曲轴的加工质量。定位基准的选择原则：根据基准统一的要求，首先应选择与曲轴制造时的定位基准相统一的表面；其次，应选择在工作中不易磨损的过盈（或过渡）配合的轴颈表面。据此，在磨削主轴颈时，一般选择曲轴前端启动爪螺孔的内倒角和曲轴后端中心轴承座孔为定位基准。在磨削连杆轴颈时，可选择曲轴前端正时齿轮轴颈和曲轴后端飞轮凸缘的外圆柱面为定位基准。

磨削曲轴时，应先磨削主轴颈，然后磨削连杆轴颈。

3. 曲轴变形的检修

曲轴弯曲是指主轴颈的同轴度误差大于 0.05mm。若连杆轴颈分配角误差大于 0°30′，则称为曲轴扭曲。曲轴弯曲变形后，将加剧活塞连杆组和气缸的磨损，以及曲轴和轴承的磨损，甚至使曲轴疲劳折断。

① 曲轴弯曲的检测。将曲轴的两端用 V 形块支承在平台上，用百分表的触头抵在中间

主轴颈表面,如图 2-133 所示。百分表校零后,转动曲轴一周,百分表指针的最大与最小读数之差即为曲轴主轴颈的同轴度误差(径向圆跳动)。曲轴径向圆跳动的一半为曲轴的弯曲度误差。

② 曲轴弯曲的校正。曲轴弯曲超过允许极限值时,应进行校正修理。校正通常采用冷压校正法和表面敲击法。

a. 冷压校正法。其步骤如下。

• 冷压校正可在压床上进行,曲轴两端主轴颈上垫以 V 形块(与轴径接触处垫以铜皮),放置在压床台面上,如图 2-134 所示。

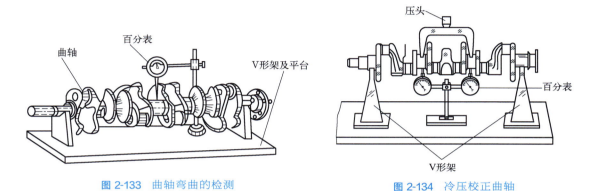

图 2-133 曲轴弯曲的检测　　　　图 2-134 冷压校正曲轴

• 转动曲轴,使曲轴向上弯,并将压头对准中间主轴颈。

• 将百分表放置在被压主轴颈上,触针杆与主轴颈下表面接触,调整表盘使表针指零。在曲轴弯曲最大的凸面加压,压力应缓缓增加。压弯量为曲轴弯曲量的 10~15 倍(对于球墨铸铁的曲轴,此值不大于 10 倍),并保持压力 1.5~2min。

• 进行时效热处理,以消除冷压时产生的内应力(加热到 300~500℃,保温 0.5~1h)。

曲轴弯曲变形较大时,必须反复多次校正,防止一次压校变形量过大而造成曲轴的折断。对于球墨铸铁曲轴,一般不提倡校正,如必须进行校正,则应特别小心,并且压校变形量不得大于原弯曲量的 10 倍。

b. 表面敲击法。对于弯曲量不大于 0.30~0.50mm 的曲轴,适于采用表面敲击法校正。可用球形手锤和风动锤进行。

通过敲击曲柄臂表面的非加工面,使曲轴变形,因而使曲轴轴线发生位移,从而达到校正弯曲的目的。敲击的部位、程度和方向要根据弯曲量的大小、方向确定。

③ 曲轴扭曲变形的检测。检验曲轴扭曲变形时仍可采用上述设备,其操作步骤如下。

用 V 形架将曲轴两端水平支撑在平台上,并使曲轴两端同一曲柄平面内的两个连杆轴颈位于水平位置上。用游标高度卡尺或百分表测量两轴颈的高度差 ΔA,然后用下式计算曲轴主轴线的扭曲角 θ。

$$\theta = 360°\Delta A/(2\pi R) = 57°\Delta A/R \tag{2-8}$$

式中,R 为曲柄半径。

曲轴轴线的扭曲角 θ 应不大于 0°30′,否则应更换。

(二)飞轮的检修

飞轮的主要损伤形式有齿圈磨损、松动、打坏、端面打毛,飞轮与离合器摩擦片接触的工作面有磨损、起槽、刮痕、烧灼等,其处理方式主要有以下两种。

1. 更换齿圈

飞轮齿圈有断齿或齿端冲击耗损等（如断齿或齿端耗损严重），与启动机齿轮啮合困难时，应更换齿圈或飞轮组件。齿圈与飞轮配合过盈为 0.30～0.60mm，更换时，应先将齿圈加热至 623～673K，再进行热压配合。

2. 修整飞轮工作平面

飞轮工作平面有严重烧灼或磨损沟槽深 0.50mm 时，应进行修整。修整后，工作平面的平面度误差不得大于 0.10mm；飞轮厚度的极限减薄量为 1mm；与曲轴装配后的端面圆跳动误差不得大于 0.15mm。

3. 曲轴、飞轮、离合器总成组装后进行动平衡试验

组件的不平衡量应不大于原厂规定。东风 EQ1090、解放 CA1091 等汽车不大于 100g·cm；国产轻型载货汽车、客车以及进口载货汽车一般不大于 70g·cm；轿车不大于 30g·cm。组件的不平衡量过大，使组件共振临界转速降低。假若共振临界转速降至发动机经济转速内，曲轴就会长期在共振条件下工作，会造成曲轴早期疲劳断裂，飞轮壳早期产生纵向裂纹等故障。因此，更换飞轮或齿圈、离合器压盘或总成之后，都应重新进行组件的动平衡试验。

（三）曲轴轴承的检修

1. 轴承常见损伤

轴承损伤主要形式有磨损、合金层疲劳剥落和黏着咬死等。轴承的径向间隙的使用限度，载货汽车为 0.20mm，轿车为 0.15mm。逾限后，因轴承对润滑油流动阻尼能力减弱，可使主油道压力降低而破坏轴承的正常润滑；加之引起的冲击载荷，又造成轴承疲劳应力剧增，使轴承疲劳而导致黏着咬死，使发动机丧失工作能力。因此，行车中应注意，若听到轴承异响（俗称瓦响），应立即停车检修。发动机总成修理时，应更换全部轴承。

2. 轴承的选配

轴承的选配包括选择合适的内径，以及检验轴承的高出量、轴承自由弹开量、定位凸点和轴承钢背表面质量等内容。

① 选择轴承内径。根据曲轴轴承的直径和规定的径向间隙选择合适内径的轴承。现代发动机曲轴轴承制造时，根据选配的需要，其内径直径已制成一个尺寸系列。

② 检验定位凸点和轴承钢背表面质量。要求定位凸点完整，轴承钢背光整无损。

③ 检验轴承自由弹开量（轴承自由弹势）。要求轴承在自由状态下的曲率半径大于座孔曲率半径 1.5～2.5mm，以保证轴承压入座孔后，可借轴承自身的弹力作用与轴承座贴合紧密，如图 2-135（a）所示。

④ 检验轴承高出量。轴承装入座孔内，上、下两片的每端均应高出轴承座平面 0.03～0.05mm，称为高出量 [图 2-135（b）]。轴承高出座孔以保证轴承与座孔紧密贴合，提高散热效果。

3. 曲轴轴承、连杆轴承间隙的检测

曲轴轴承间隙、连杆轴承间隙，即曲轴轴颈、连杆轴颈与其轴瓦间的间隙，常用测量规测量。曲轴轴承径向间隙也可用量缸表测量。

（1）轴承径向间隙的检测

现在有许多汽车配有检验连杆轴承和曲轴轴承径向间隙的专用塑料线规。检验时，先清洁所

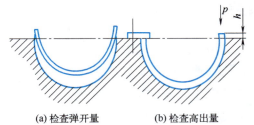

(a) 检查弹开量　　(b) 检查高出量

图 2-135 轴承的检验

有零件,然后把线规纵向放入轴承中(图 2-136),按原厂规定的拧紧顺序和拧紧力矩紧固轴承盖,在拧紧过程中应注意防止曲轴转动。然后拆下轴承盖,取出已压展的塑料线规,与附带有不同宽度色标的量规相对比,与塑料线规压展宽度相等的刻线所标示的值即为轴承的间隙值(图 2-137)。例如,上海桑塔纳轿车的测量线规用颜色来标识间隙值,如绿色表示间隙为 0.025~0.076mm,红色表示间隙为 0.05~0.15mm,蓝色表示间隙为 0.10~0.23mm。

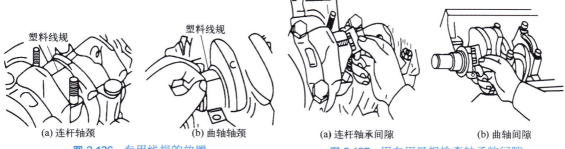

图 2-136　专用线规的放置　　　　图 2-137　用专用量规检查轴承的间隙

技术熟练的工人多用手感法来检验轴承的径向间隙。当单个主轴承的配合间隙符合标准时,曲轴的转动力矩不大于 10N·m。连杆轴承的配合间隙符合标准时,应将连杆按规定装在轴颈上,然后用手甩动连杆小头,连杆应能够转动 1.25~1.75r。

如果径向间隙不符合要求,应重新选配轴承。

(2) 轴向间隙的检测与调整

曲轴轴向间隙是指主轴承承推端面与主轴颈定位肩之间的间隙。曲轴轴向间隙过小,机件会因热膨胀而卡滞;曲轴轴向间隙过大,曲轴前后窜动,会给活塞连杆组带来不正常的磨损。所以,在装配曲轴时,应进行曲轴轴向间隙的检测。

① 塞尺检测法。检测时,可用撬棒将曲轴移动靠紧一侧,然后用厚薄规(塞尺)测量另一侧的间隙。

② 磁力座表检测法。检测时,应先清洁曲轴测量端面;然后安装百分表,百分表预压 1~2mm,并校零;用撬棒前后撬动曲轴,观察百分表的数值,如图 2-138 所示,百分表最大数值与最小数值之差即为曲轴轴向间隙。

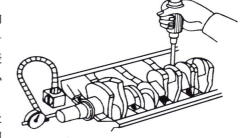

曲轴轴向间隙一般为 0.05~0.20mm,使用极限为 0.35mm。曲轴通常用止推垫片来调整、控制轴向间隙。不同的发动机,止推垫片安装位置也不相同,但曲轴的轴向间隙都是由止推垫片的厚度来控制的。

图 2-138　曲轴轴向间隙测量

任务五　曲柄连杆机构常见故障诊断与排除

 任务引入

一辆 2020 年生产的帕萨特轿车,车主反映发动机稳定运转时一般不响,转速突然变化时,发出低沉连续的"镗、镗"的金属敲击声,严重时发动机发生振动。维修技师根据车主反映的情况进行了故障再现，异响属实；然后进一步做了听诊，产生响声的部位在缸体下部的曲轴箱内，初步判断是主轴承响或连杆轴承响；当单缸断火时响声无明显变化，而相邻两缸同时断火时，如2缸与3缸同时断火，响声明显减弱。因此，故障判定为第三道主轴承异响。

本任务要求学生熟悉曲柄连杆机构常见故障的类型及原因，掌握曲柄连杆机构常见故障的诊断方法与排除方法，能够进行曲柄连杆机构常见故障的诊断与排除。

 知识准备

曲柄连杆机构的故障属于机械类故障，此类故障大多数是以异响形式出现的。曲柄连杆机构的异响，往往反映着不同性质和不同程度的故障。异响的判断工作是一项技术性较强的工作。为能准确、迅速地判断异响故障，可根据异响的产生部位、声响特征、出现时机、变化规律，以及尾气排放的烟色、烟量等情况，并借助诊断仪具，找出产生故障的原因并及时排除。

曲柄连杆机构的常见故障是产生异响，主要有曲轴主轴承异响、连杆轴承异响、活塞敲缸异响、活塞销异响等。

一、曲轴主轴承异响

1. 故障现象

① 发动机转速突然变化时，发出低沉连续的"镗、镗"的金属敲击声，严重时发动机机体发生振动。

② 响声随发动机转速提高而增大，随负荷的增大而增大，产生响声的部位在气缸的下部。

③ 单缸"断火"时，响声无明显变化；相邻两缸"断火"时，响声会明显减弱。

④ 观察机油压力表，机油压力明显降低。

2. 故障原因

① 曲轴主轴承与轴颈磨损而导致配合间隙过大。

② 曲轴主轴承与座孔配合松动，或曲轴弯曲、曲轴主轴承盖螺栓松动。

③ 曲轴主轴承润滑不良，使轴瓦合金层烧蚀、脱落。

④ 曲轴主轴承与曲轴主轴颈磨损过度，轴向止推片磨损过度，造成曲轴主轴承间隙过大。

⑤ 飞轮固定不良。

3. 故障诊断与排除

① 在气缸体下部用听诊仪具听诊或在机油加油口处听察，并反复改变发动机转速。当突然加速或减速时，如有明显的沉重响声，则是曲轴主轴承异响。

② 单缸"断火"时，响声无变化，而相邻两缸"断火"时，响声会明显减弱，说明是两缸之间的曲轴主轴承异响。

③ 发动机加速时响声钝重而有节奏，温度升高时响声明显，高速时响声杂乱，说明故障是曲轴弯曲变形所致。

④ 若曲轴主轴承盖螺栓松动，可按规定的拧紧力矩拧紧；若曲轴主轴承磨损致使其与曲轴轴颈的配合间隙过大或曲轴主轴承表面合金层烧蚀脱落，可更换同一修理尺寸的曲轴主轴承；当曲轴主轴颈磨损时，应修磨曲轴主轴颈并配以相应修理级别的曲轴主轴承。

⑤ 踩踏离合器时，曲轴皮带轮向前窜动且响声减轻或消失，说明故障是曲轴轴向间隙过大所致。响声出现在发动机的后部，转速突然变化时发出撞击声，说明故障是飞轮固定不良所致。

二、连杆轴承异响

1. 故障现象
① 在突然加速时,有连续、明显而短促的"铛、铛"的敲击声。
② 发动机负荷增加时,响声随之变大。
③ 响声在怠速时较小,中速时较为明显;发动机温度升高后,响声无变化。
④ 单缸"断火"后,响声明显减弱或消失,但"复火"后又立即出现。

2. 故障原因
① 连杆轴承盖螺栓松动。
② 连杆轴承与连杆轴颈磨损过度,致使径向间隙过大。
③ 连杆轴承润滑不良,造成连杆轴承合金层烧毁、脱落。
④ 连杆轴承与座孔配合松动。

3. 故障诊断与排除
① 在机油加油口处听诊,发动机由低速加速时,发出明显连续的敲击声。当发动机温度升高时,其响声增大。
② 单缸"断火"时响声减弱或消失,"复火"时响声恢复,这是连杆轴承间隙过大或连杆轴承合金层脱落所致。
③ 观察机油压力是否过低。
④ 发动机低温启动时,发出"铛、铛"的敲击声,待机油压力升高后,响声减弱甚至消失,说明故障是连杆轴承间隙过大或减磨合金层脱落所致。
⑤ 不论发动机温度的高低,在任何情况下都会发出严重而无节奏的"铛、铛"的敲击声,且气缸盖振动很大;单缸"断火"后响声消失,"复火"后响声又恢复,说明故障是减磨合金层烧灼所致。
⑥ 若连杆轴承盖螺栓松动,按规定的拧紧力矩拧紧;如果连杆轴承磨损而使得与连杆轴颈的配合间隙过大或连杆轴承表面轴承合金层烧蚀、脱落,可更换同一修理尺寸的连杆轴承;当连杆轴颈磨损或圆度误差过大时,应修磨连杆轴颈并配以相应修理级别的连杆轴承。

三、活塞敲缸异响

1. 故障现象
① 发动机怠速时,在气缸的上部发出清晰、明显且有规律的"嗒、嗒"的敲击声,而升至中高速时,响声减弱或消失。
② 冷车时响声明显,热车时响声减弱或消失。
③ 发动机负荷增加时,响声随之变大。
④ 该缸"断火"后,响声减弱或消失。

2. 故障原因
① 活塞与气缸壁的间隙过大,使活塞在气缸内摆动,导致撞击气缸壁而发出响声。
② 活塞销与连杆衬套装配过紧。
③ 活塞与气缸壁间的润滑不良。
④ 连杆变形。

3. 故障诊断与排除
① 用听诊器在气缸体上部听诊,发动机冷车启动时,发出有规律的"嗒、嗒"的

敲击声。若响声在怠速、冷车时明显，而在高速、热车时减弱或消失，则说明是活塞敲缸异响。

② 将发动机置于响声最明显的转速上进行运转，然后逐缸进行"断火"试验。若某缸"断火"后响声减弱或消失，则说明是该缸活塞敲缸异响。

③ 发动机熄火，拆下有响声的气缸的火花塞或喷油器，往气缸内注入少量机油；用手摇柄或启动机带动曲轴转动数圈后，装上火花塞或喷油器，启动发动机。若响声在短时间内减弱或消失，过一会又重新出现，说明故障是活塞与气缸壁的间隙过大所致。

④ 发动机处于怠速运转时，响声明显，且伴有机体抖动，当温度升高后，响声随之减弱或消失，说明故障是活塞与气缸壁间的润滑条件过差所致。

⑤ 如果是连杆变形或连杆衬套与活塞销装配过紧而产生的响声，应重新校正连杆或修刮连杆衬套。当活塞与气缸壁的配合间隙过大时，若因活塞磨损过大而产生异响，可更换同一修理级别的新活塞；若因气缸磨损过大时，则应镗磨气缸并配以相应修理级别的活塞。

四、活塞销异响

1. 故障现象

① 发动机在怠速或低速运转时，有明显、清脆且连贯的"嗒、嗒"的敲击声。
② 发动机转速变化时，响声的周期也随着变化。
③ 发动机温度升高后，响声不减弱，甚至更明显。
④ 该缸"断火"后，响声减弱或消失；恢复该缸工作的瞬间，会出现明显的响声或连续的响声。

2. 故障原因

① 活塞销与连杆小头衬套配合松旷。
② 活塞销与活塞销座孔配合松旷。
③ 活塞销窜动。

3. 故障诊断与排除

① 将听诊器触及气缸体上部，将发动机置于怠速下运转，然后由怠速向低速加速并抖动节气门，响声能随着转速变化而变化。若抖动节气门时出现清脆且连续的"嗒、嗒"的敲击声，则说明是活塞销异响。

② 将发动机置于响声比较明显的转速上运转，逐缸进行"断火"试验。若某缸"断火"后响声明显减弱或消失，且在"复火"的瞬间能立即出现响声或连续出现响声，则说明是该缸活塞销异响。

③ 若响声严重，转速越高，响声越大，"断火"后响声减弱且杂乱，"复火"后响声又恢复，则故障是活塞销与活塞销座孔配合间隙过大导致。

若响声沉重并伴有振动，断火后响声变为"咯、咯"的哑声，则故障是活塞销与连杆衬套配合松旷所致。

若发动机怠速运转时出现有节奏且较为沉重的"吭、吭"声，转速升高时响声没有消失且伴有机体抖动，单缸"断火"后响声反而加重，则故障是活塞销窜动所致。

④ 活塞销与连杆小头衬套配合间隙过大，应更换新的活塞销和连杆衬套后重新铰削；若活塞销与活塞销座孔配合松旷，应更换新的活塞销和活塞。

任务实施

曲轴主轴承异响的故障诊断与排除

1. 情境描述

小明跟朋友一起自驾去郊区游玩。上了高速之后，小明突然加速，结果发动机出现了"铛、铛"的敲击声，速度越高，敲击声越大，而且还出现了机体振动的现象。他们害怕出现交通事故，于是将车停在了紧急停车带上，并拨打了救助电话并等待救援。作为维修人员，如何进行故障的诊断与排除呢？

2. 故障诊断与排除

① 启动车辆，此时发动机为热车状态，各工况性能均显示正常，但是当发动机突然加速或减速时，出现了明显沉重且有力的"铛、铛"的敲击声，响声随着发动机转速的提高而增大，响声严重时，机体产生很大振动且机油压力明显降低。维修人员确定故障是曲轴主轴承异响。

② 对发动机进行转速试验。低速时，用手微微抖动节气门，用听诊器仔细倾听异响，发现响声并不是特别明显；高速时，响声杂乱且机体有较大振动，机油压力明显降低。因此，可诊断为曲轴主轴承松旷。

③ 对曲轴轴向间隙和径向间隙进行检测，发现曲轴轴向间隙过大。

更换止推片后，启动发动机，异响消失，机体也不再有振动现象，故障排除。

思考与练习

一、填空题

1. 曲柄连杆机构主要由_____、_____和_____三部分组成。
2. 活塞连杆组由_____、_____、_____、_____和_____等组成。
3. 活塞可分为三部分_____、_____和_____。
4. 活塞环可分为_____和_____。
5. 活塞顶部形状可分为三大类，即_____、_____和_____。
6. 气环的断面形状很多，最常见的有_____、_____、_____、_____和_____。
7. 油环有_____和_____。

二、选择题

1. 活塞的修理尺寸级别代号常打印在活塞（   ）。
   A. 顶部　　　　B. 裙部　　　　C. 销部　　　　D. 内侧
2. 组装活塞环时，各道环的开口方向（   ）。
   A. 对齐　　　　B. 互成90°　　C. 互成90°或180°　D. 错开就行
3. 在组装活塞环时，应注意活塞环标记面朝向（   ）。
   A. 上　　　　　B. 下　　　　　C. 活塞销轴线　　D. 上下都行
4. 第一道环的开口方向，应（   ）发动机做功时的受力面，各道环的开口方向应互成90°或180°。
   A. 背向　　　　B. 朝向　　　　C. 垂直于　　　　D. 错开
5. 活塞环安装时，应注意扭曲环不可装反，对于内切扭曲环，一般装于（   ）。
   A. 第一道环槽，边缘槽口向下　　　B. 第二道环槽，边缘槽口向下

C. 第一道环槽，边缘槽口向上　　　D. 第二道环槽，边缘槽口向上

6. 在对连杆变形进行校正时，通常是（　　）。

A. 先校正扭曲，再校正弯曲　　　B. 先校正弯曲，再校正扭曲

C. 没有明确规定

7. （　　）零件不属于曲轴飞轮组零件。

A. 扭转减振器　　　　　　　　　B. 正时齿轮（或链轮）

C. 凸轮轴　　　　　　　　　　　D. 飞轮

三、简答题

1. 曲柄连杆机构的组成有哪些？作用是什么？
2. 气缸体有几种形式？各有什么优缺点？
3. 气缸衬垫的功用有哪些？它应满足哪些要求？
4. 简述活塞气环和油环的作用。
5. 简述连杆的作用，它有几种形式，有何安装标记。
6. 简述飞轮的作用。
7. 曲轴前后端的防漏措施有哪些？

【汽车文化传承】

最美汽车维修技师

1999年，张龙从技校毕业后被分配到湖北十堰市一家公司的汽车维修车间，从事汽车维修工作。从业二十多年来，经他排除的汽车维修疑难杂症达到百余个，维修过的汽车超过一万台。从一名普通的汽车维修学徒，逐渐成长为"湖北工匠"，40多岁的张龙没有豪迈的话语，只有一个朴素的心愿：真心实意，让顾客满意。

对于汽车维修人员，汽车维修从来不是一件单凭个人经验和粗浅判断就能完成的工作，它需要各部门、各专业技术人员的通力合作。一辆汽车的零部件有2000～3000个，要做到全部了如指掌，可能需要好几年。从故障诊断、检测，到零部件拆卸、装配，直至整车调试、验收，中间的每一个环节都不能疏忽。为了更好地服务客户，张龙经常每日工作十几个小时，节假日也不例外。对于他来说，这已是家常便饭了。因为职业的特殊，张龙与油污相伴，即使没有光鲜的外表，也丝毫没有影响他对工作的热情。

张龙说，学习汽车维修技术是一个很漫长的过程，它需要长时间的积累，因此需要付出很多。在汽车操作工作台上，张龙能闭着眼睛完成所有零部件的拆卸和安装，就连小小的螺钉都分毫不差。很多故障汽车在他那都能够很快"手到病除"，因此客户们给他起了一个外号：十堰车友的"华佗"。二十多年的摸爬滚打、二十多年的淬炼升华，从学徒成长为十堰汽车维修行业的领军人物，张龙孜孜不倦地追求技术创新，用身体力行诠释了对工匠精神的不懈探索。在他看来，工匠精神就是这种精益求精的态度和在平凡岗位上的坚守。

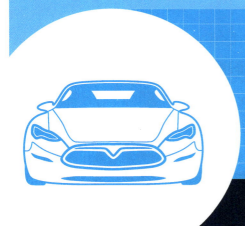

项目三
配气机构的构造与检修

 项目描述

配气机构是发动机的重要组成部分,是控制发动机进气、排气的机构;它工作是否正常,直接影响发动机的动力性和经济性。配气机构的结构复杂,形式多样。本项目主要介绍配气机构的类型、组成、工作原理、配气相位、气门间隙、可变进气系统及配气机构各组成部分的检修等,并对其常见故障进行诊断与排除。

 学习目标

知识目标: 1. 掌握配气机构的类型、组成、结构与工作原理;
    2. 掌握配气相位概念和气门间隙调整方法;
    3. 掌握气门组和气门传动组的各零部件的构造及作用;
    4. 了解可变进气系统类型、组成及工作原理;
    5. 掌握配气机构常见故障的现象和原因。
技能目标: 1. 能够正确使用拆装工具、量具完成配气机构的拆装与检测;
    2. 能够对配气机构主要零部件进行检修;
    3. 能够对配气机构常见故障进行诊断与排除。
素质目标: 1. 培养严于律己、耐心细致的工作作风。
    2. 培养重视实践、团结协作的职业素养。
    3. 加强实践练习,注重学思结合、知行合一,增强勇于探究的创新意识。

任务一　认识配气机构

任务引入

小王对汽车非常感兴趣，通过网络等自学和向朋友们请教，他对汽车心脏——发动机有了整体认识。其中，发动机的配气机构就好比人的呼吸系统，进排气的动作就犹如人体呼吸气，但是它的构造以及原理就相对复杂很多了。他对发动机配气机构非常好奇，想通过学习熟悉配气机构的整体功用、结构组成等。

本任务要求学生掌握汽车配气机构的功用、组成、类型及布置形式；熟悉配气机构的工作过程；理解配气相位和气门间隙；能够进行气门间隙调整作业。

知识准备

一、配气机构的功用

配气机构的功用是按照发动机每一气缸的工作循环和点火顺序的要求，定时开启和关闭进气门和排气门，使混合气或者新鲜的空气及时进入气缸，将燃烧后的废气及时从气缸排出，完成发动机的工作循环。

混合气或新鲜空气被吸进气缸越多，则发动机可能发出的功率越大。混合气或新鲜空气充满气缸的程度，用充气效率（充量系数、容积效率）η_v 来表示。所谓充气效率 η_v 是指发动机每一个工作循环中，实际进入气缸的充气量 M（质量）与标准状态下充满气缸工作容积的理论充气量 M_0 的比值。

$$\eta_v = M/M_0 \tag{3-1}$$

充气效率越高，表明进入气缸的混合气或者新鲜空气越多，可燃混合气燃烧时放出的热量越大，发动机发出的功率就越大。影响发动机充气效率 η_v 的因素很多，对于一定工作容积的发动机而言，充气效率 η_v 与进气终了时气缸内的压力和温度有关。进气终了时气缸内压力越高，温度越低，则一定容积的气体质量越大，充气效率就越高，反之则低。由于进气系统结构形状对气流的阻力，往往进气终了时气缸内气体压力低于标准状态下的压力，以及排气行程中残留在燃烧室的高温废气，燃烧室、活塞顶、气门等高温零件对进入气缸内的新鲜气体加热，使进气终了时气体的温度升高，减少了充气量，两种情况决定了实际充入气缸的新鲜气体的质量总是小于在标准状态下充满气缸工作容积的气体的质量。也就是说，充气效率 η_v 总是小于1，一般四冲程汽油机的充气效率为 0.70~0.85，四冲程非增压柴油机的充气效率为 0.75~0.90。但四冲程增压柴油机的充气效率为 0.90~1.05。

影响充气效率的因素很多，就配气机构而言，为提高充气效率，配气机构设计制造时，就是要求其结构有利于减小进气和排气的阻力，而且进、排气门的开启时刻和持续开启时间比较适当，使进气过程和排气过程都尽可能充分。

最佳的配气机构应保证发动机在大负荷时进气量最多；发动机在部分负荷时，要求有较好的燃油经济性。为实现此目的，许多轿车发动机采用可变气门正时及升程电子控制技术。

二、配气机构的组成与工作过程

一般汽车用发动机配气机构主要由气门组和气门传动组两大部分组成。气门组的作用是密封进、排气道。气门传动组的作用是使进、排气门按配气相位规定的时刻和开度定时地开启与关闭进、排气门。

图3-1所示为广泛应用的气门顶置式配气机构。气门组包括气门、气门导管、气门弹簧、气门弹簧座、锁片等；气门传动组由摇臂、摇臂轴、推杆、挺柱、凸轮轴和正时齿轮等组成。发动机工作时，曲轴通过正时齿轮驱动凸轮轴旋转。当凸轮轴转到凸轮顶起挺柱时，通过推杆和调整螺钉使摇臂绕摇臂轴摆动，压缩气门弹簧，使气门逐步开启，到凸轮顶部时开到最大。随后随着凸轮旋转，气门逐渐关小，到基圆部分，气门便在气门弹簧弹力的作用下而落座，即气门关闭。

往复四冲程发动机每完成一个工作循环，曲轴旋转两周，凸轮轴只旋转一周，各缸的进、排气门各开启一次，故曲轴与凸轮轴的传动比应为2∶1。

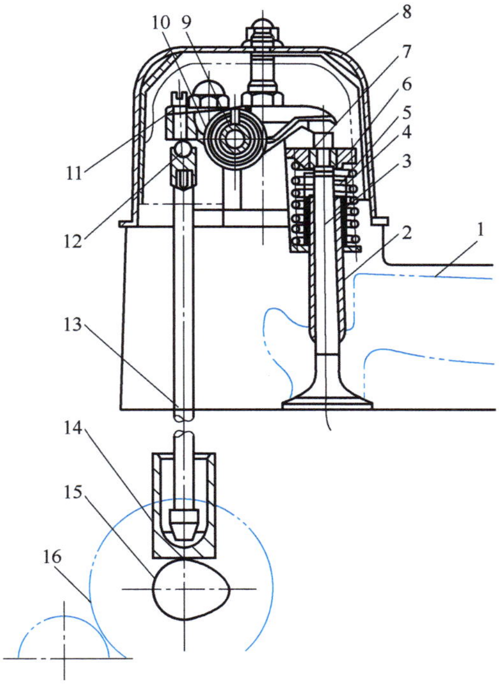

三、配气机构的类型和布置形式

配气机构可以从不同角度分类。

1. 按气门的布置形式的不同分类

配气机构按气门的布置形式的不同，主要分为顶置气门式和侧置气门式两种。由于侧置气门式配气机构已淘汰，现代汽车基本采用顶置气门式配气机构。顶置气门式配气机构的进气门和排气门都倒挂在气缸顶上，其结构和工作过程如图3-1所示。

2. 按凸轮轴的安装位置的不同分类

配气机构按凸轮轴的安装位置的不同，可分为下置、中置和上置三种。三种都可以用于顶置气门式配气机构。

（1）凸轮轴下置式配气机构

凸轮轴位于曲轴箱内的配气机构称为凸轮轴下置式配气机构，如图3-1所示。凸轮轴下置式配气机构的主要优点是凸轮轴离曲轴近，可以只用一对齿轮传动，因而结构简单。其缺点是零件多，传动链长，整个机构的刚度差；在发动机高速运转时，可能破坏气门的运动规律，使气门无法定时启闭。这种凸轮轴下置式配气机构在货车上应用广泛。

（2）凸轮轴中置式配气机构

当发动机转速较高时，为了减小气门传动机构的往复运动机构质量，可将凸轮轴位置移到气缸体的上部，由凸轮轴经过挺柱直接驱动摇臂而省去推杆。这种结构称为凸轮轴中置式配气机构，如图3-2所示。当凸轮轴的中心线距离曲轴中心线较远时，若仍用一对齿轮来传动，齿轮的直径必然过大。在这种情况下，一般要在中间加入一个中间齿轮（惰轮）。

（3）凸轮轴上置式配气机构

凸轮轴上置式配气机构中的凸轮轴布置在气缸盖上，如图3-3所示。在这种结构中，凸

图3-1 气门顶置式配气机构

1—气缸盖；2—气门导管；3—气门；4—气门主弹簧；5—气门副弹簧；6—气门弹簧座；7—锁片；8—气室罩；9—摇臂轴；10—摇臂；11—锁紧螺母；12—调整螺钉；13—推杆；14—挺柱；15—凸轮；16—正时齿轮

配气机构组成与工作过程

轮轴可通过摇臂驱动气门[图3-3（a）]、摆臂驱动气门[图3-3（b）]或直接驱动气门[图3-3（c）]。这种传动机构的往复运动机构质量小于凸轮轴中置式配气机构，因此适用于高速发动机。但由于凸轮轴离曲轴中心线更远，因此定时传动机构更为复杂，而且拆装气缸盖也比较困难。缸径较小的柴油机的凸轮轴上置时，还会给安装喷油器带来困难。

凸轮轴上置式配气机构又分为单顶置凸轮轴式（SOHC）[图3-4（a）]和双顶置凸轮轴式（DOHC）[图3-4（b）]。

双顶置凸轮轴式配气机构的特点是进、排气门分别由各自的凸轮轴驱动，有利于增加气门数目，提高进、排气效率，往复运动机构质量最小，惯性小，有利于提高转速，对凸轮轴和气门的设计要求也低，因此特别适用于现代高速发动机。

3. 按每缸气门数的多少分类

配气机构按每缸气门数的多少，可分为二气门式、三气门式、四气门式和五气门式等。

一般发动机都采用每缸两个气门，即一个进气门和一个排气门的结构。为了进一步改善气缸的换气，在可能的情况下，应尽量加大气门的直径，特别是进气门的直径。但是，由于燃烧室尺寸的限制，气门直径最大一般不能超过气缸直径的一半。当气缸直径较大，活塞平均速度较高时，每缸一进一排的气门结构就不能保证良好的换气质量了。因此，在很多新型汽车发动机上多采用每缸四气门，甚至五气门的结构，即2~3个进气门和2个排气门。采用这种结构形式后，进气门总的通过面积较大，充气效率较高，排气门的直径可适当减小，使其工作温度相应降低，提高了工作可靠性。此外，采用四气门后，还可适当减小气门升程，改善配气机构的动力性，多气门的汽油机还有利于改善碳氢化物与CO的排放。

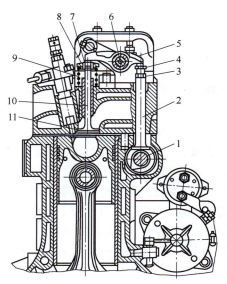

图3-2 凸轮轴中置式配气机构

1—凸轮轴；2—挺柱；3—锁紧螺母；4—气门间隙调整螺钉；5—摇臂；6—摇臂轴；7—气门锁夹；8—气门弹簧座；9—气门弹簧；10—气门；11—气门座圈

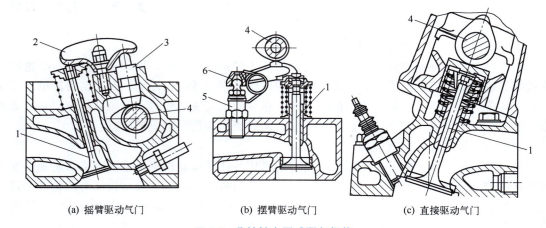

(a) 摇臂驱动气门　　(b) 摆臂驱动气门　　(c) 直接驱动气门

图3-3 凸轮轴上置式配气机构

1—气门；2—摇臂；3—液力挺柱；4—凸轮轴；5—摆臂支座；6—摆臂

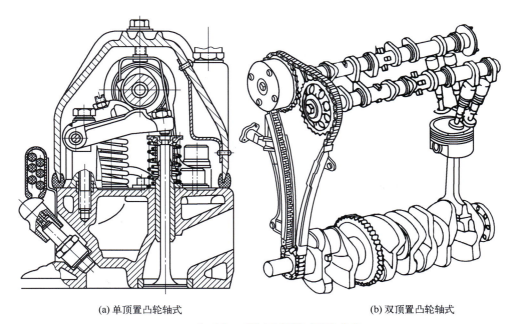

(a) 单顶置凸轮轴式　　　　(b) 双顶置凸轮轴式

图 3-4　发动机双顶置凸轮轴式配气机构

当每缸采用两个气门时，为使结构简化，大多数情况采用气门沿机体纵向轴线排成一列的方式。这样，相邻两缸的同名各气门就有可能合用一个气道，以使气道简化并得到较大的气道通过截面。另一种方式是将进、排气门交替布置，每缸单独用一个气道，这样有助于气缸盖冷却均匀。柴油机的进、排气道一般分置于机体的两侧，以免排气对进气加热。老式汽油机的进、排气道通常置于机体的同一侧，以便进气被排气预热。

当每缸采用四个气门时，气门排列的方式有两种：①同名气门排成两列［图 3-5（a）］，由一个凸轮通过 T 形驱动杆同时驱动，并且所有气门都可以由一根凸轮轴驱动，两同名气门在气道中的位置不同，可能会使两者的工作条件和工作效果不一致；②同名气门排成一列［图 3-5（b）］，则没有上述缺点，但一般要用两根凸轮轴。

4. 按曲轴与凸轮轴之间的传动方式分类

配气机构按曲轴与凸轮轴之间的传动方式，可分为齿轮传动、链传动和带传动。

凸轮轴下置、中置式配气机构大多采用圆柱形正时齿轮传动，如图 3-6 所示。一般曲轴与凸轮轴之间的传动只需一对正时齿轮，必要时可加装中间齿轮。为了使齿轮传动平稳，减小噪声，正时齿轮多采用斜齿轮。在中、小功率发动机上，曲轴正时齿轮用钢

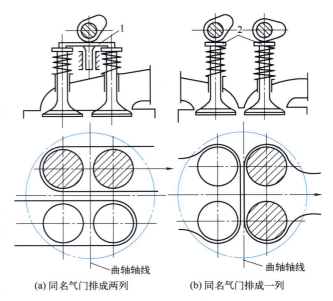

(a) 同名气门排成两列　　(b) 同名气门排成一列

图 3-5　四气门机构配置

1—T 形驱动杆；2—气门尾端的从动盘

来制造，而凸轮轴正时齿轮则用铸铁或夹布胶木制造，以减小噪声。

链条与链轮的传动特别适用于凸轮轴上置式配气机构，如图3-7所示。为使链条在工作时具有一定的张力而不致脱链，装有导链板4和张紧装置1等。链传动的主要问题是其工作可靠性不如齿轮传动，其传动性能在很大程度上取决于链条的制作质量。该结构多用于凸轮轴上置式配气机构中，但由于噪声大，可靠性和耐久性不能保证，因而用得较少。

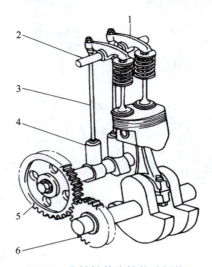
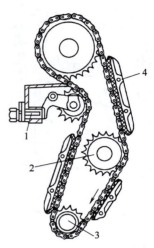

图3-6 凸轮轴的齿轮传动机构
1—摇臂；2—摇臂轴；3—推杆；4—挺柱；
5—凸轮轴正时齿轮；6—曲轴定时齿轮

图3-7 凸轮轴的链条传动机构
1—张紧装置；2—链轮；
3—曲轴链轮；4—导链板

近年来，在高速汽车发动机上广泛地采用传动带来代替传动链，如图3-8所示。这种同步带（齿形皮带）一般用中间夹玻璃纤维和尼龙织物的氯丁橡胶制成，以增加强度。由于噪声小、成本低、质量小等特点，其在现代高速汽车发动机中广泛应用。

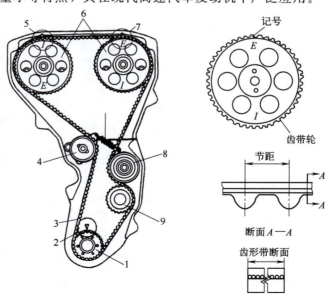

图3-8 凸轮轴的同步带传动机构
1—曲轴正时齿带轮；2—正时对正记号；3—齿形带；4—张紧轮；5—进气凸轮正时记号；
6—凸轮轴正时齿带轮；7—排气凸轮正时记号；8—惰轮；9—水泵齿带轮

四、配气相位与气门叠开

1. 配气相位

为了使发动机进气充分,排气彻底,进气门应在活塞到达上止点前打开,到达下止点后关闭;而排气门应在活塞到达下止点前打开,到达上止点后关闭。用曲轴转角表示进、排气门实际开闭时刻和持续时间,称为配气相位,也称配气定时。通常将进、排气门的实际开闭时刻和持续时间用曲轴转角的环形图来表示,这种图形称为配气相位图,如图3-9所示。

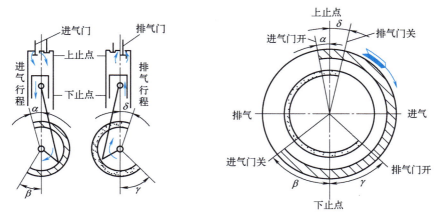

图 3-9　配气相位图

理论上,四冲程发动机的进气门是在活塞处于上止点时开启,下止点时关闭;排气门则在活塞处于下止点时开启,上止点时关闭。进气持续时间和排气持续时间各占180°曲轴转角。但实际上由于发动机转速很高,活塞每一行程需0.003~0.006s,在这样短的时间内换气,势必会造成进气不足和排气不净,从而使发动机功率下降。为了增加进气量,发动机气门实际开闭时刻不是在上、下止点位置,而是进、排气门均提前开、迟后关一定的曲轴转角来延长进、排气时间,以改善进、排气状况,从而改善发动机的性能。

(1) 进气提前角 α

发动机排气行程接近终了,活塞到达上止点之前(进气行程开始之前),进气门开始开启到活塞上移到上止点所对应的曲轴转角,称为进气提前角 α。其目的是保证进气行程开始时进气门有足够大的开度,以减小进气阻力,使新鲜气体能足量地充入气缸,提高充气效率。进气提前角 α 一般为 0°~40°。

(2) 进气迟后角 β

活塞到达进气行程下止点后到进气门关闭所对应的曲轴转角称为进气迟后角 β。其目的是利用气流惯性和进气压力效应多进气。如果进气迟后角 β 过小,不能充分利用惯性效应多进气,减少了充气量;过大造成新鲜气体被排出。β 一般为 40°~60°。进气门实际开启持续的曲轴转角为 $\alpha+180°+\beta$。

(3) 排气提前角 γ

排气提前角 γ 是指做功行程接近终了活塞到达下止点之前,从排气门开始开启到做功行程下止点所对应的曲轴转角。其目的是利用做功行程末气缸内的残余气体压力尽可能多地排出气缸内的废气。此时排气门开度进一步加大,减小排气阻力,增加排气量，使排气行程所消耗的发动机功率减小。废气快速地排出，可以防止发动机过热。γ 一般为 $45°\sim55°$。

（4）排气迟后角 δ

排气迟后角 δ 是指排气行程接近终了，从排气行程上止点到排气门关闭所对应的曲轴转角。其目的是利用排气时排气流的惯性效应和压力差把废气排放得更干净，以便在进气行程多进气。δ 一般为 $10°\sim30°$。排气门开启持续时间内的曲轴转角，即排气门实际开启持续的曲轴转角为 $\gamma+180°+\delta$。

2. 气门叠开

由于进气门在进气行程活塞到上止点前开启，而排气门在排气行程活塞到上止点后关闭，这就出现了在同一时间内同一个气缸进、排气门同时开启的现象，这种现象称为气门叠开。同时开启所对应的曲轴转角称为气门重叠角。合理的气门重叠角，可利用进气流的惯性排除残余废气，增加气体充气量。一般气门重叠角为 $20°\sim80°$。

配气相位中进、排气门早开迟闭四个角度的大小，对发动机性能有很大影响。进气提前角增大或排气迟后角增大使气门重叠角增大时，会出现废气倒流、新鲜气体随废气排出的现象，对于汽油机来说，会造成充气效率下降、浪费燃料的现象。相反，若气门重叠角过小，又会造成排气不彻底而影响进气量。

增压柴油机气门重叠角可选择大一些。因为增压柴油机进气压力较高，废气不可能进入进气歧管，并且可利用新鲜气体将废气排除干净。

不同发动机，由于其结构形式、转速各不相同，因而配气相位也不相同。同一台发动机转速不同也应有不同的配气相位，转速越高，提前角和迟后角也应越大，但这在发动机结构上很难做到。通常根据发动机的性能要求，通过试验确定该种发动机在某一常用转速范围内较为合适的配气相位。

为了获得发动机的高转速、大功率，要求配气机构有较大的进、排气持续角度，特别是进气迟后角要大，要充分利用气体流动惯性多进气；为了获得发动机的低转速、大转矩，进气迟后角要小，防止低速倒流；为了获得中小负荷较好的燃油经济性，气门重叠角应小。若能同时满足上述要求，配气机构应装用可变配气正时系统。

五、气门间隙

通常在发动机冷态装配时，气门杆尾端与气门驱动零件（摇臂挺柱或凸轮）之间留有适当的间隙，这个间隙称为气门间隙，如图 3-10（a）所示。如果气门及传动件之间在冷态时无间隙或间隙过小，在热态下，气门及传动件的热膨胀会顶开气门，引起气门关闭不严，造成发动机在压缩和做功行程中漏气，使功率下降。

气门间隙的大小由发动机制造厂根据试验确定，一般在冷态时，进气门的间隙为 $0.25\sim0.30$mm，排气门的间隙为 $0.30\sim0.35$mm。如果气门间隙过小，发动机在热态下，气门将被顶开，可能关闭不严而发生漏气。但气门间隙过大时，将影响气门的最大开启量，影响充气量，同时在气门开启关闭时会产生较大的冲击响声。各种发动机气门间隙的大小都有所不同。为了能对气门间隙进行调整，在摇臂（或挺柱）上装有调整螺钉及锁紧螺母，如图 3-10（b）所示。发动机工作过程中，由于配气机构各零部件的磨损，气门间隙会发生变化，应适时地检查调整。

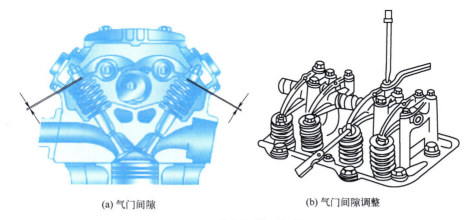

(a) 气门间隙　　　　　　　　(b) 气门间隙调整

图 3-10　气门间隙及调整

 任务实施

气门间隙的检查与调整

1. 检查和调整气门间隙

汽车发动机在使用过程中，由于配气机构某些零件的磨损或松动，会导致原有气门间隙的变化，因此一般行驶一万公里左右后维护时，应检查和调整气门间隙。

常见气门间隙检查和调整的方法有两种：一种是逐缸法，即根据气缸点火顺序确定某缸活塞在压缩行程上止点位置后，可对此缸进、排气门间隙进行调整，摇转曲轴按此法逐步调整其他各缸气门间隙。另一种是采用两次法，即摇转曲轴使第 1 缸活塞处于压缩上止点，飞轮记号与检查孔刻线对正（EQ6100 型发动机），这时可调 1、2、4、5、8、9 气门（气门由前向后排列顺序）；然后摇转曲轴一圈，使第 6 缸活塞处于压缩行程上止点，再调 3、6、7、10、11、12 气门，这实际上是记忆法调整。用逐缸法摇转的曲轴次数多，检调所花费时间多，但对于磨损较严重的发动机，用逐缸法检调气门间隙比较精确。两次法调整气门间隙比较省时省力，但对于不同车型需记忆不同的可调气门顺序号，车型繁杂，对维修人员记忆有难度。为便于记忆，这里介绍一种简单确认气门间隙可调性的方法，即所谓的"双排不进"法。其中的"双"是指气缸的进、排气门间隙均可调，"排"是指气缸仅排气门间隙可调，"不"是指进、排气门的间隙均不可调，"进"是指气缸的进气门间隙可调。

"双排不进"法的操作程序如下。

① 将发动机的气缸按工作顺序等分为两组。

② 第一遍，将第 1 缸活塞转到压缩终了上止点，按"双排不进"法调整一半气门的间隙。

③ 第二遍，曲轴转动一周，使最后一缸达到压缩行程上止点，按"双排不进法"调整余下的一半气门的间隙，见表 3-1。

表 3-1　六缸发动机可调气门排列表

气缸工作顺序	1	5	3	6	2	4
	1	4	2	6	3	5
第一遍（1缸压缩上止点）	双	排	不	进		
第二遍（6缸压缩上止点）	不	进	双	排		

综合上述分析，六缸发动机气门调整如下：第 1 缸在压缩上止点时，按照发动机 1—

5—3—6—2—4 的工作顺序，其可调气门正好是双（1 缸）、排（5、3 缸）、不（6 缸）、进（2、4 缸）6 个气门（表 3-1）。同理可分析，当将曲轴从第 1 缸压缩上止点位置转过一圈使第 6 缸处于压缩上止点时，剩余的 6 个气门可调：从第 6 缸起，按照发动机的工作顺序，可调气门正好是双（6 缸）、排（2、4 缸）、不（1 缸）、进（5、3 缸）6 个气门。

具体调整方法：如图 3-10（b）所示，调整气门间隙时，一只手用旋具固定住气门调整螺钉，另一只手用梅花扳手拧松锁紧螺母，将塞尺插入气门间隙处，转动调整螺钉，使摇臂端头将塞尺轻轻压住，用轻微力量抽动塞尺略感发涩为宜，然后将调整螺钉保持不动，拧紧锁紧螺母；最后再复查一次气门间隙，以防在拧紧锁紧螺母时间隙发生变化。

2. 气门间隙检查调整注意事项

① 根据汽车生产厂家对气门间隙调整的具体要求和规定进行。

② 调整时应注意温度影响：气门摇臂、气门杆的温度会对气门间隙产生影响，一般来说热机时气门间隙调整应比冷机时要求的间隙值小，有些汽车要求在冷机时调整，有的汽车在热、冷态均可调整，但其间隙值各不相同。

③ 各缸气门间隙应调整一致，以免在工作中发动机运转不平衡。

④ 气门间隙调整时，所调的气门应完全在关闭状态，这时调整的间隙值才是准确的。

⑤ 调整前注意检查摇臂工作面。

气门间隙调整是维修、保养发动机时必须完成的项目之一，也是一项重要的作业内容，调整是否得当，将直接影响发动机的动力性和经济性。

任务二 气 门 组

任务引入

小王开了一辆 2018 款大众朗逸汽车，下班回家途中驶入深水区，造成发动机进水，汽车熄火。汽车熄火后，小王强行启动汽车，但一直无法着车。小王随后拨打了救援电话，将汽车送到了汽车维修厂进行维修。维修人员先确认了故障现象，然后针对故障现象确定了一套诊断流程，并逐步确认。最终，维修人员找到了故障原因——气门杆弯曲变形。维修人员更换了新的气门，汽车可以正常启动，故障排除。

本任务要求学生掌握气门组各组成零部件的构造及作用，掌握气门组的拆装及检测方法。

知识准备

气门组主要包括气门、气门导管、气门弹簧座和气门弹簧等零件，如图 3-11 所示。有的进气门还设有气门旋转机构。气门组应保证气门能够实现气缸的密封，因此要求：①气门头部与气门弹簧座贴合严密；②气门导管与气门杆的上下运动有良好的导向；③气门弹簧的两端面与气门杆的中心线相垂直，以保证气门头部在气门弹簧座上不偏斜；④气门弹簧的弹力足以克服气门及传动件的运动惯性力，使气门能及时关闭，并保证气门紧压在气门弹簧座上。

一、气门

气门分为进气门和排气门。无论是进气门还是排气门，均由头部和杆部两部分组成。头部与气门弹簧座配合,封闭气缸的进、排气通道;杆部则主要是利用气门导管为气门的运动起导向作用。

气门头部不但要承受高温气体的作用,而且还要承受气体压力、气门弹簧弹力以及传动组零件惯性力的作用,其冷却和润滑条件又差,因此要求气门必须具有足够的强度、刚度、耐热和耐磨能力。进气门一般用中碳合金钢(铬钢、铬钼钢和镍铬钢等)制造,排气门则用耐热合金钢(硅铬钢、硅铬钼钢和硅铬锰钢等)制成。高强化发动机可用 21-4N 奥氏体钢或铬镍钨钼钢制作气门。

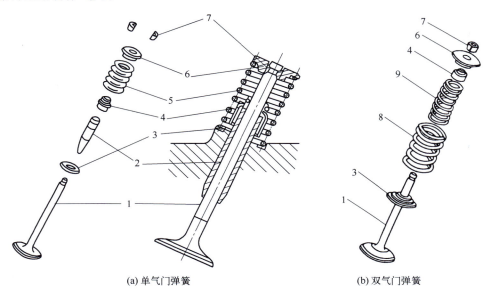

气门

(a) 单气门弹簧　　　(b) 双气门弹簧

图 3-11　气门组的基本组成

1—气门;2—气门导管;3—弹簧座;4—气门油封;5—气门弹簧;6—气门弹簧座;
7—气门锁片;8—外气门弹簧;9—内气门弹簧

1. 气门头部结构

气门头部的形状有平顶、喇叭形顶和球面顶,如图 3-12 所示。目前使用最多的是平顶气门[图 3-12(a)]。平顶气门结构简单,制造方便,吸热面积小,质量也小,进、排气门都可以采用。球面顶气门[图 3-12(c)]适用于排气门,其强度高,排气阻力小,废气的清除效果好;但球面的受热面积大,质量和惯性力大,加工较复杂。喇叭形顶气门[图 3-12(b)]头部与杆部的过渡部分具有一定的流线型,可以减少进气阻力;但其头部受热面积大,故适用进气门,而不宜用于排气门。气门头部的热负荷是相当高的,而且散热条件很差,仅靠与气门座圈的接触来间歇传热,因此一些热负荷非常严重的柴油机采用充钠气门,即气门做成空心,空腔的一半充以熔点为 97.8℃ 的金属钠[图 3-12(d)],在气门工作温度下钠处于液态,当气门往复运动时,钠剧烈晃动,将气门头部的热量迅速传给杆部,再经气门导管传给冷却介质。试验表明,充钠冷却可使排气门头部温度下降 150～200℃,但气门杆温度下降不多。

气门头部与气门弹簧座接触的工作面是一个密封锥面。通常这一锥面与气门头部平面的夹角称为气门锥角,一般做成 30° 或 45°,如图 3-13 所示。头部的边缘应保持一定厚度,一般为 1～3mm,以防止工作中由于气门与气门弹簧座之间的冲击而损坏或被高温气体烧蚀。为了减少进气阻力,提高气缸的充气效率,多数发动机进气门的头部直径比排气门的大。

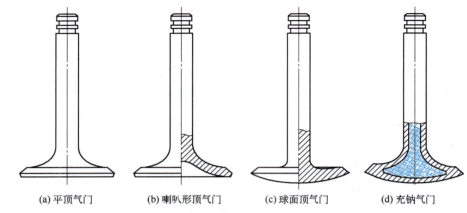

图 3-12 气门头部的结构

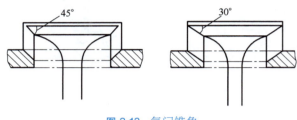

图 3-13 气门锥角

为保证气门头部与气门弹簧座之间的良好配合,装配前应将气门头部与气门弹簧座两者的密封锥面互相研磨,研磨好的零件不能互换。为了改善气门头部的耐磨性和耐蚀性,有的发动机在排气门密封锥面上焊接一层含有镍、铬、钴等金属元素的特种合金,以提高硬度。

气门头部的热量是直接通过气门弹簧座以及通过气门杆,经气门导管传到气缸盖的。为了提高气门头部的散热性能,气门弹簧座孔区域应加强冷却,气门头部向气门杆过渡部分的几何形状应尽量做到圆滑,以增加强度并减少热流阻力。此外,还应使气门杆与气门导管之间的间隙尽可能小。

2. 气门杆

气门杆呈圆柱形,随着发动机的工作,在气门导管中不断进行往复运动,引导气门头部准确落座,以密封进、排气道。其表面应具有较高的加工精度和较低的粗糙度并经热处理,以保证同气门导管的配合精度和耐磨性,起到良好的导向和散热作用。气门杆尾部形状取决于气门弹簧座的固定方式,如图 3-14 所示。常用的结构是用剖分或两半的锥形锁片来固定气门弹簧座,如图 3-14(a)所示,这时气门杆的端部可切出环槽来安装锁片。有些发动机的气门弹簧座用锁销来固定,如图 3-14(b)所示,故其气门杆端有一个用来安装锁销的径向孔。

二、气门弹簧座

气缸盖的进排气道与气门锥面相贴合的部分称为气门弹簧座。它与气门头部共同对气缸起密封作用,并接受气门传来的热量。气门弹簧座可在气缸盖上直接镗出,加工有与气门头部锥角相适应的锥面。由于气门弹簧座在高温条件下工作,磨损严重,故用耐热合金钢等材料单独制作,然后镶嵌到气缸盖上,以提高使用寿命和

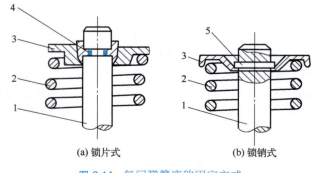

图 3-14 气门弹簧座的固定方式

1—气门杆;2—气门弹簧;3—气门弹簧座;
4—锥形锁片;5—锁销

便于维修更换，如图 3-15 所示。采用铝合金气缸盖的发动机，由于铝合金材质软，均用镶嵌式进、排气门弹簧座。

气门与气门弹簧座的配合要求：①为保证气门的可靠密封，气门与气门弹簧座工作锥面角度应保持一致。②气门与气门弹簧座接触时形成的密封带位置应在中部偏向气门杆。③气门与气门弹簧座的密封带宽度应符合原厂设计规定，一般为 1.2～2.5mm。排气门大于进气门的宽度，柴油机大于汽油机的宽度。④气门工作锥面与气门杆的同轴度和气弹簧座与气门导管的同轴度误差应不大于 0.05mm。⑤气门杆与气门导管的配合间隙应符合原厂规定。

图 3-15 气门导管和气门弹簧座
1—气门导管；2—卡环；3—气缸盖；4—气门弹簧座

三、气门导管

气门导管一般用优质合金钢单独制造，其内外圆柱面经加工后，通过过盈配合压装在气缸盖上。为防止气门导管松落，用卡环定位。气门导管主要起导向作用，保证气门做直线往复运动；使气门与气门弹簧座能正确贴合，以保证密封。此外，气门导管还起导热作用，其结构如图 3-15 所示。气门杆与气门导管之间一般留有 0.05～0.12mm 的间隙，使气门杆能在气门导管中自由运动，合适的间隙也保证了气门导管的润滑，同时也保证气门和气门弹簧座锥面的精确配合。高速发动机提高了进气管中的真空度，由于真空度的作用，气门室的机油往往会被吸入气缸内，从而引起烧机油的现象。为此，一般高速发动机气门导管上均安装有气门油封，以减少机油的消耗和燃烧室积炭的产生。

四、气门弹簧

气门弹簧的功用是保证气门及时落座并紧密贴合，并防止气门发生跳动和不因惯性而脱离配气机构。为此，气门弹簧应具有足够的刚度和安装预紧力。

气门弹簧多为圆柱形螺旋弹簧，如图 3-16（a）所示。气门弹簧的一端支承在气缸盖上，另一端则压靠在气门杆尾部的弹簧座上，弹簧座用锁片或者锁销固定在气门杆的末端。气门弹簧在工作时，当其工作频率与自然振动频率相等或成某一倍数时，将会发生共振。为了防止这一现象的发生，通常采取如下措施：提高气门弹簧自身的刚度；采用不等螺距的圆柱弹簧，如图 3-16（b）所示；采用双气门弹簧，如图 3-16（c）所示。高速发动机通常在一个气门上同时安装两根直径不同、旋向相反的内外弹簧，这样能提高气门弹簧的工作可靠性，可以防止共振，而且当一根弹簧折断时，另一根还可维持工作。为防止折断的弹簧圈卡入另一个弹簧圈内，装用气门弹簧时，弹簧圈的螺旋方向应相反。此外，双弹簧还能使气门弹簧的高度减小，可降低发动机的高度。

(a) 圆柱形螺旋弹簧

(b) 不等螺距的圆柱弹簧

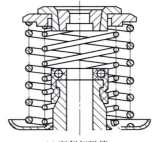
(c) 双气门弹簧

图 3-16 气门弹簧

任务实施1

气门组的拆装

1. 气门组的拆卸

① 清洁气缸盖,并检查确认进排气凸轮轴轴承盖顺序、方向等标记,检查凸轮轴末端凹槽处于水平位置,如图 3-17 所示。

图 3-17 气缸盖凸轮轴正时及凸轮轴轴承盖位置方向

② 使用合适工具按照维修手册给出的顺序(图 3-18)拆卸第一道轴承盖螺栓,拆下 4 个螺栓后,用橡胶锤轻轻敲打松开轴承盖并拆下,敲打时用手扶住它防止掉落。

③ 确认排气凸轮轴轴承盖标记,使用合适工具以 1/2 至 1 转的增量按照拆卸顺序松开 8 个排气凸轮轴轴承盖螺栓,取下排气凸轮轴轴承盖及螺栓和排气凸轮轴摆放到工作台规定位置处。注意:8 个排气凸轮轴轴承盖螺栓不能互换,凸轮轴轻拿轻放;凸轮轴轴承盖拆装顺序是从两端向中间拆卸。

④ 确认进气凸轮轴轴承盖标记,使用合适工具以 1/2 至 1 转的增量按照拆卸顺序松开 8 个进气凸轮轴轴承盖螺栓,取下进气凸轮轴轴承盖及螺栓和进气凸轮轴摆放到工作台规定位置处。注意:8 个进气凸轮轴轴承盖螺栓不能互换,凸轮轴轻拿轻放;凸轮轴轴承盖拆装顺序是从两端向中间拆卸。

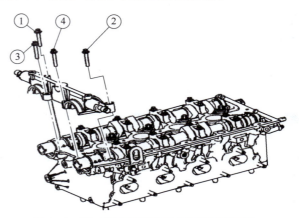

图 3-18 第一道凸轮轴轴承盖螺栓拆装顺序
①~④—螺栓拆卸顺序

⑤ 检查气门挺柱,使用抽吸专用装置(或吸棒)逐一拆下进、排气门 16 个挺柱,并在零部件板上按照规定位置摆放,区分进、排气侧气门挺柱,防止安装过程中装错,如图 3-19 所示。

⑥ 组装气门弹簧钳,根据气门弹簧座直径大小选择合适的气门压头,准备护目镜。

警告:佩戴护目镜,以防气门锁片损伤眼睛。

⑦ 使用专用释放工具,将其放在气门弹簧座上,用橡胶锤短暂敲击,松开所有气门座圈。

⑧ 安装气门拆卸工具,压缩气门弹簧。气门压缩钳和压头确认安装到位,压缩气门弹簧(压缩过程需与气门弹簧受力方向一致),用专用工具取下气门锁片,如图 3-20 所示;然后依次拆下气门弹簧座、气门弹簧、气门。

注意：气门必须按顺序放在工具台上摆放整齐，以防位置错乱。

气门弹簧和气门弹簧座也按位置摆放整齐，如图 3-19 所示。

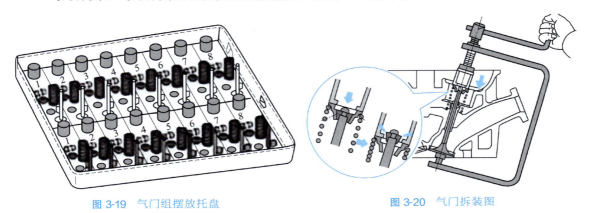

图 3-19　气门组摆放托盘　　　　图 3-20　气门拆装图

⑨ 用专用工具拆卸气门油封，需全部更换成新的气门油封。

2. 气门组的装配

① 使用气枪或吸油纸清洁全部零部件。包括进排气凸轮轴、凸轮轴轴承盖和螺栓以及气门零部件板上的全部零部件。

② 用机油润滑气门油封，选择合适的专用工具将 4 个气门油封装入气门导管头部。

③ 佩戴护目镜（含眼镜），用机油润滑气门杆端部，并将其插入气门导管中，正确使用气门拆装专用工具装配各气缸的全部进、排气门组。

④ 润滑气门挺柱外表面或座孔，用专用（磁棒）工具逐一装好气门挺柱。

⑤ 清洁并润滑进气凸轮轴轴承座及吹螺栓孔，将进气凸轮轴放置在轴承座上。注意：凸轮轴正时位置和凸轮轴轴承盖的顺序及和方向，不要装错。装上 4 个进气凸轮轴轴承盖及螺栓，用棘轮扳手按照规定的装配顺序预紧至少 1 次，然后用扭力扳手按照规定顺序拧紧螺栓到规定力矩。注意：凸轮轴轴承盖螺栓的安装顺序是从中间向两端装配拧紧。

⑥ 清洁并润滑排气凸轮轴轴承座及吹螺栓孔，将排气凸轮轴放置在轴承座上，注意：凸轮轴正时位置和凸轮轴轴承盖的顺序及方向，不要装错。装上 4 个排气凸轮轴轴承盖及螺栓，用棘轮扳手按照规定的装配顺序预紧至少 1 次，然后用扭力扳手按照规定顺序拧紧螺栓到规定力矩。注意：凸轮轴轴承盖螺栓的安装顺序是从中间向两端装配拧紧。

⑦ 检查确认进、排气凸轮轴轴承盖标记是否正确，进排气凸轮轴正时是否正确，完成装配任务。

⑧ 清理场地、清洁工作台、工量具清洁归位、处理垃圾、物品摆放有序。

 任务实施2

气门组的检测

1. 气门的检测

气门损伤的主要形式有气门杆的磨损、弯曲变形，气门密封锥面磨损与烧蚀等。

① 气门外观检查。使用衬垫刮刀刮除气门头部所有积炭，检查气门是否有以下情况：气门弹簧座部位（锥面）有点蚀裂纹、气门余量厚度过薄、气门杆弯曲、气门杆点蚀或严重磨损、气门锁片槽磨损、气门杆顶端磨损，如图 3-21 所示。若存在上述任一状况，则应更换气门。

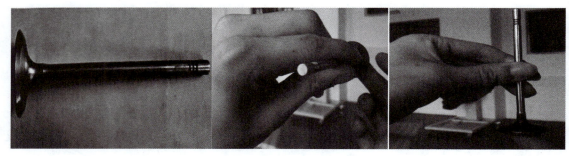

图 3-21 气门外观检查

② 气门杆磨损量检测。用外径千分尺测量气门杆上、中、下三个部位的直径，每个部位应测量纵向和横向直径，如图 3-22 所示。若所测直径超过极限值或出现明显的台阶形磨损，则应更换气门。轿车气门杆的磨损一般不大于 0.05mm，载货汽车气门杆的磨损一般不大于 0.10mm。

③ 气门头部厚度检测。用千分尺测量气门头部圆柱面边缘的厚度，一般不小于 1.0mm，如图 3-23 所示。因为气门头部圆柱部分厚度过小会增加燃烧室容积，影响发动机工作的平稳性，同时使气门头部的强度降低。

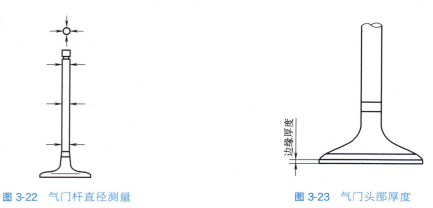

图 3-22　气门杆直径测量　　　　　图 3-23　气门头部厚度

④ 用游标卡尺测量气门长度。气门尾端的磨损一般不大于 0.5mm。

⑤ 气门弯曲检测。用磁力座表测量气门杆的径向圆跳动，一般不大于 0.05mm，更换或矫正后不大于 0.02mm。气门工作锥面的径向圆跳动误差应不大于 0.01mm。检测如图 3-24 所示。

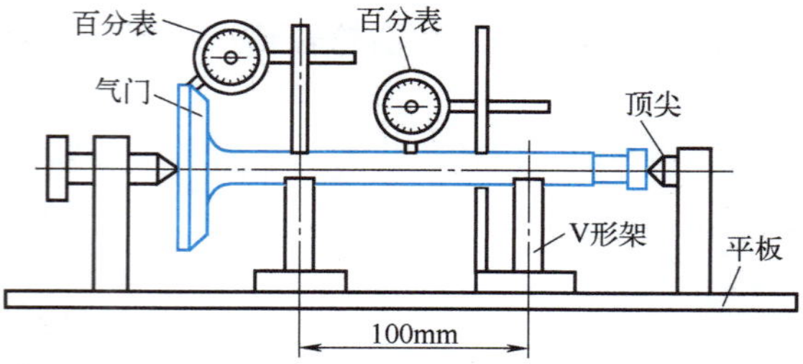

⑥ 气门头部直径检测。用外径千分尺检测气门顶部直径是否在标准范围内，若超出标准范围，则应更换气门。

图 3-24　气门弯曲和气门工作锥面的径向圆跳动检测

⑦ 气门工作面轻微损伤，可以采用气门光磨机进行光磨修复。气门头部有裂损、烧蚀等无法修复的损伤，应更换气门。

2. 气门弹簧座的检测

气门弹簧座的损伤主要是磨料磨损和由冲击载荷造成的硬化层脱落，以及由高温燃气所导致的腐蚀和烧蚀等。气门弹簧座的损伤会导致密封带变宽，气门与气门弹簧座关闭不严，气缸密封性降低。检测内容主要是气门与气门弹簧座接触面宽度、同心度的检测。

对气门与气门弹簧座接触面宽度、同心度进行检测时,先在气门锥面上涂抹一层染色剂,然后将气门安装到气缸盖上,再将气门压紧在气门弹簧座上,压紧或上下轻敲气门后将气门拆下。测量气门弹簧座上染料的宽度,即为气门与气门弹簧座接触面的宽度。检测气门锥面与气门弹簧座上的染料磨去痕迹,若气门与气门弹簧座不同心,则气门锥面上的染料磨去痕迹将是不连续的,应修整气门锥面或更换气门,且必须修整气门弹簧座。

3. 气门的密封性检验

气门和气门弹簧座经过铰削、研磨(机磨或手工磨)后,通常要进行气门的密封性检验,常用的方法如下。

① 划线法。将气门和气门弹簧座清洗干净,在气门锥面上用铅笔沿径向均匀地划上若干条线,每条线相隔4mm。然后与相配气门弹簧座接触,略压紧并转动气门不超过45°,取出气门,查看铅笔线条,如铅笔线条均被切断,则表示密封良好,如图3-25所示,否则应重新研磨。

② 拍击法。将气门与相配气门弹簧座轻轻敲击几次,查看气门与气门弹簧座的接触带,如有明亮的连续均匀的光环,说明密封良好,否则重新研磨,如图3-26所示。拍击法同样适合查看铅笔线条是否切断,以判断密封性。

③ 染色法(同心度检测)。在气门工作面上涂抹一层染色剂,然后用橡皮捻子吸住气门,在气门座上旋转1/4圈后再将气门提起,若染色剂布满气门座工作面一周而无间断,又十分整齐,即表示密封良好。

④ 渗漏法。将气门安装到气缸盖上,并将煤油浇在气门头顶面上,5min内查看气门与气门弹簧座接触处是否有渗漏现象,如无渗漏,即为合格。

气门密封性试验器由气压表、空气容筒及橡皮球等组成,如图3-27所示。检测时,先将空气容筒紧密贴在气门头部周围,再压缩橡皮球,使空气容筒内具有一定压力(68.6kPa)。若在0.5min内气压表的读数不下降,则说明密封性良好。

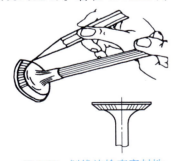

图 3-25 划线法检查密封性

图 3-26 拍击法检查密封性

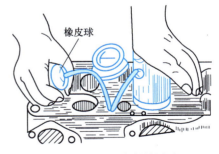

图 3-27 气门密封性试验

4. 气门导管的修配

气门导管与气门杆是一对配合副,它的损伤主要是磨损。气门导管磨损将导致气门导管与气门杆的配合间隙变大,影响发动机的性能。气门导管与气门杆配合间隙的检测方法如下。

用内径规测量气门导管的内径,用外径千分尺测量气门杆的直径,如图3-28所示。气门导管内径减去气门杆直径所得的值,即为气门导管与气门杆的配合间隙。若配合间隙超过极限值,则应更换气门导管。

经验检查法:将气门杆和气门导管擦净,在气门杆上涂一层薄机油,将气门放入气门导管中,上下拉动数次后,若气门在自重的作用下能缓慢下落,则表示气门杆与气门导管的配合间隙适当。

5. 气门弹簧的检测

气门弹簧的损伤除断裂外,还有歪斜、弹力减退等。气门弹簧的歪斜将影响气门关闭时的对中,使气门关闭不严,容易烧蚀密封带,影响发动机正常工作;气门弹簧弹力减退将会使气门关闭不严、漏气,发动机启动困难、功率下降。气门弹簧的检测主要包括对其自由长度、弯曲量、弹力等的检测。

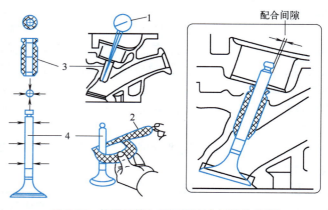

图 3-28 气门导管与气门杆配合间隙的检测
1—内径规;2—外径千分尺;3—气门导管;4—气门杆

① 气门弹簧自由长度的检测。用游标卡尺测量气门弹簧的自由长度,如图 3-29 所示,一般要求其自由长度不能小于标准长度 1mm。

② 气门弹簧弯曲量的检测。沿气门弹簧侧面放置直角尺,气门弹簧的轴线与端面应垂直。旋转气门弹簧,气门弹簧顶部和直角尺之间的最大间隙即为气门弹簧的弯曲量,如图 3-30 所示。

③ 气门弹簧弹力的检测。在台秤上将气门弹簧压至规定高度,表盘上所示弹力大小即为所测气门弹簧弹力,如图 3-31 所示。当气门弹簧弹力的减小值大于原厂规定的弹力的 10% 时,应予以更换。若无原厂数据,一般根据弹簧自由长度的减小值来判断。当其自由长度减小值超过 2mm 时,应予以更换。

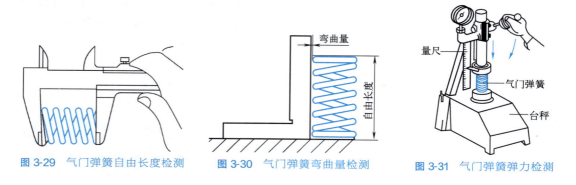

图 3-29 气门弹簧自由长度检测　　图 3-30 气门弹簧弯曲量检测　　图 3-31 气门弹簧弹力检测

任务三　气门传动组

 任务引入

小刘是一家汽车维修厂的高级技术人员。一位客户将一辆汽车送到他们厂进行维修,客户反映汽车动力不足,燃油消耗量增加。小刘对该车进行了专业的检测,发现该车气缸压力低于技术要求。小刘对发动机进行气缸压力测试,发现气缸压力基本无变化,因此初步诊断故障为气门密封不严。经拆卸检查,发现故障原因为液力挺柱内部磨损。更换液力挺柱后,故障排除。

本任务要求学生掌握气门传动组各组成零部件的构造及作用，掌握气门传动组的拆装及检测方法。

 知识准备

配气结构不同，气门传动组部件有差异。一般气门传动组部件主要包括凸轮轴、正时齿轮、挺柱、推杆、摇臂和摇臂轴等。气门传动组的功用是驱动进、排气门，并能根据配气相位规定的时刻开闭，且保证有足够的开度。

一、凸轮轴

凸轮轴上加工有进、排气凸轮，用来驱动和控制各缸进、排气门的开启和关闭，使其按发动机的工作顺序、配气相位及时开闭。凸轮的轮廓决定了气门的升程和气门开闭的持续时间以及运动规律。凸轮的磨损直接影响气门的运动特性和发动机的性能。

四缸汽油机凸轮轴的结构如图 3-32 所示，其主要由各缸进、排气凸轮及凸轮轴轴颈等组成。早期有些下置凸轮轴的汽油机，其凸轮轴上还具有用以驱动机油泵及分电器的螺旋齿轮和用以驱动汽油泵的偏心轮。

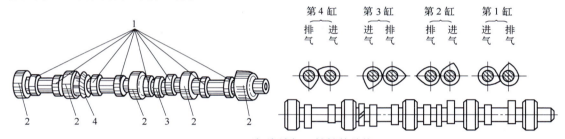

图 3-32　四缸汽油机凸轮轴的结构

1—凸轮；2—凸轮轴轴颈；3—驱动汽油泵的偏心轮；4—驱动分电器等的螺旋齿轮

凸轮轴上各缸进气（排气）凸轮，即同名凸轮的相对角位置与凸轮轴的转动方向、各缸的工作顺序和做功间隔角有关。如凸轮轴为顺时针方向（从前端看）转动，工作顺序为 1—3—4—2 的四缸发动机，其做功间隔角为 720°/4＝180°，由于凸轮轴转速为曲轴转速的 1/2，所以表现在凸轮轴上同名凸轮间的夹角则为 180°/2＝90°，如图 3-33、图 3-34 所示，又如凸轮轴为反时针方向转动，工作顺序为 1—5—3—6—2—4 的六缸发动机，其做功间隔角为 720°/6＝120°，则同名凸轮间的夹角为 120°/2＝60°。

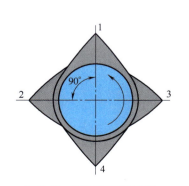

图 3-33　四缸发动机同名凸轮之间的关系

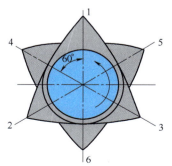

图 3-34　六缸发动机同名凸轮之间的关系

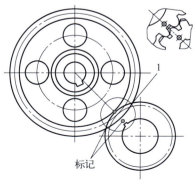

图 3-35　正时齿轮标记

根据上述原理，只要知道了凸轮轴的旋转方向和同名凸轮的相对位置，就可以判断发动机的工作顺序。

凸轮轴通常由曲轴通过一对正时齿轮或链条、正时带驱动。当用正时齿轮时，小齿轮和大齿轮分别用键装在曲轴和凸轮轴的前端，其传动比为 2：1。在装配曲轴和凸轮轴时，必须将正时齿轮记号对准，以保证正确的配气正时和点火时刻，如图 3-35 所示。

发动机工作时，凸轮轴的变形和磨损会影响配气相位，因此有的发动机凸轮轴采用全支承以减小其变形，如图 3-33 所示的凸轮轴有五个轴颈。但是，支承数多，加工工艺较复杂，所以一般发动机的凸轮轴是每隔两个气缸设置一个轴颈。在下置凸轮轴式配气机构中，为了安装方便，凸轮轴各轴颈直径是做成从前向后依次减小的。

凸轮轴必须有轴向定位装置。凸轮轴轴向定位的结构如图 3-36 所示。为了限制凸轮轴在工作中产生的轴向移动或承受螺旋齿轮在传动时产生的轴向力，凸轮轴需要轴向定位。凸轮轴轴向移动量过大，会影响配气正时。上置式凸轮轴通常利用凸轮轴轴承盖的两个端面和凸轮轴轴颈两侧的凸肩进行轴向定位，如图 3-36（a）所示。中、下置凸轮轴的轴向定位通常采用止推板。止推板用螺栓固定在机体前端面上，止推板用钢制成，套在正时齿轮与凸轮轴第一轴颈端面之间，止推板两端用固定螺母固定在缸体上。正时齿轮与凸轮轴轴颈之间装有调整隔圈（环），因调整隔圈比止推板厚，使止推板与正时齿轮（或与凸轮轴第一轴颈侧面）有 0.08～0.20mm 的间隙，此间隙可通过改变调整隔圈厚度进行调整。当凸轮轴产生轴向移动时，便与凸轮轴轴颈端面或与正时齿轮轮毂接触，从而防止了轴向窜动，如图 3-36（b）所示。第三种轴向定位的方法是止推螺钉定位，如图 3-36（c）所示。

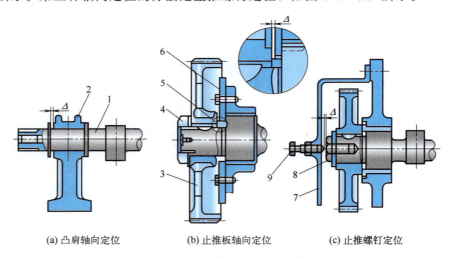

(a) 凸肩轴向定位　　(b) 止推板轴向定位　　(c) 止推螺钉定位

图 3-36　凸轮轴轴向定位的结构

1—凸轮轴；2—凸轮轴轴承盖；3—凸轮轴正时齿轮；4—螺母；5—调整环；6—止推板；
7—正时传动室盖；8—螺栓；9—止推螺钉

二、挺柱

挺柱的功用是将凸轮的推力传给推杆或气门，推动推杆或克服气门弹簧的作用力而运动，并承受凸轮轴旋转时所施加的侧向力。挺柱的结构类型主要有普通型挺柱和液力挺柱两种。

1. 普通型挺柱

常用普通型挺柱的结构类型有筒式和滚轮式两种，如图 3-37 所示。早期的侧置气门结构用筒式，侧置气门结构现已基本淘汰。筒式结构简单，工作可靠，广泛采用；滚轮式结构复杂，阻力小，磨损小。

筒式挺柱工作时，由于受凸轮轴切向力的作用引起挺柱磨损不均匀。为减小这种磨损，常采取以下措施。

① 将挺柱工作面做成球面，使挺柱工作时绕其中心线有所转动，使磨损均匀。

② 挺柱安装时，其中心线相对凸轮轴偏心安置，也使挺柱在工作时有所转动。

2. 液力挺柱

气门间隙的存在，使发动机工作时产生噪声，同时由于磨损改变了气门间隙，也改变了配气相位，影响了发动机的工作性能。采用液力挺柱后，就无需调整气门间隙。液力挺柱的结构如图 3-38 所示。

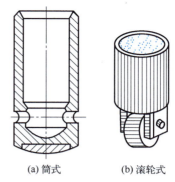

(a) 筒式　　(b) 滚轮式

图 3-37　挺柱的结构形式

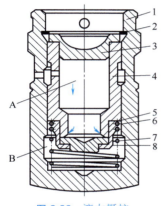

图 3-38　液力挺柱

1—挺柱体；2—卡簧；3—球座；4—柱塞；5—止回阀架；6—柱塞弹簧；7—止回阀；8—碟形弹簧；A—柱塞腔；B—挺柱体腔

挺柱体内装有柱塞，柱塞上端压有球座作为推杆的支承座，同时将柱塞内腔堵住。柱塞弹簧用来将柱塞压向上方，卡簧用来对柱塞限位。柱塞下端的止回阀架内装有碟形弹簧，用以关闭止回阀。

当气门关闭时，机油经挺柱体和柱塞上的油孔压进柱塞腔 A 内，并推开止回阀充入挺柱体腔 B 内，柱塞便在挺柱体腔内油压及柱塞弹簧的作用下向上运行，与气门杆压紧，整个配气机构不存在间隙。但此压力远小于气门弹簧弹力，气门不会被打开，只是消除间隙。与此同时，挺柱体腔 B 内油液已充满，止回阀在碟形弹簧的作用下关闭。

当凸轮转到工作面使挺柱上推时，气门弹簧弹力便通过推杆作用在柱塞上，由于止回阀已关闭，柱塞便推压挺柱体腔 B 内的油液使压力升高，由于液体的不可压缩性，挺柱便像一个刚体一样推动气门开启。在此过程中，由于挺柱体腔内油压较高，在柱塞与挺柱体的间隙处将有少许油液泄漏而使挺柱缩短，但这不会影响正常的工作。当凸轮转到非工作面时，解除了对推杆的推力，降低了挺柱体腔内的油压。于是，主油道的油压将再次推开止回阀，向挺柱体腔内充油，以补充工作时的泄漏，并且此油压又和柱塞弹簧一起使柱塞上推，如此始终保持了配气机构无间隙传动。

由此可知，在工作过程中若气门、推杆受热膨胀，挺柱回落后向挺柱体腔内的补油过程便会减少补油量，停车时使挺柱体腔内的油液从柱塞与挺柱体间隙中泄漏一部分，从而使挺柱自动缩短，因此可不留气门间隙而仍能保证气门关闭。

一汽大众奥迪轿车和上海桑塔纳轿车的发动机所采用的液力挺柱如图 3-39 所示。圆筒挺柱体是由上盖和圆筒经加工后再由激光焊接制成的薄壁零件。液压缸的内孔和外圆都要研磨，外圆与挺柱内导向孔相配合，内孔则与柱塞配合，两者都有相对运动。液压缸底部装有一个补偿弹簧，把球阀压靠在柱塞的阀座上，补偿弹簧还可以使挺柱顶面和凸轮轮廓保持紧密接触，以消除气门间隙。当球阀关闭柱塞中间孔时，可将挺柱分成上部的低压油腔和下部的高压油腔。当球阀开启后，则成为一个通腔。

当挺柱体外圆上的环形油槽与缸盖上的斜油孔对齐时，发动机润滑系统中的机油经量油

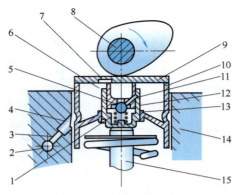

图 3-39　轿车发动机的液力挺柱

1—高压油腔；2—缸盖油道；3—量油孔；4—斜油孔；5—球阀；6—低压油腔；7—键形槽；8—凸轮轴；9—挺柱体；10—柱塞焊缝；11—柱塞；12—液压缸；13—补偿弹簧；14—气缸盖；15—气门杆

孔、斜油孔和环形油槽流入液力挺柱的低压油腔。位于挺柱体背面上的键形槽可将机油引入柱塞上方的低压油腔。当凸轮转动，挺柱体和柱塞向下移动时，高压油腔中的机油被压缩，油压升高，加上补偿弹簧的作用，使球阀紧压在柱塞的下端阀座上，这时高压油腔与低压油腔被分隔开。由于液体具有不可压缩性，整个挺柱如同刚体下移，推开气门并保证了气门应达到的升程（开度）。此时挺柱体外圆上的环形油槽已离开了进油的位置，停止进油。

当挺柱开始上行时，在气门弹簧和凸轮的作用下，高压油腔保持封闭，球阀关闭，当上升到挺柱与凸轮基圆相接触时，气门关闭，此时缸盖油道中的压力油经量油孔、挺柱体环形油槽进入液力挺柱的低压油腔，同时，高压油腔内油压下降，补偿弹簧推动柱塞上行，从低压油腔来的压力油推开球阀而进入高压油腔，保持了挺柱体顶面仍和凸轮紧贴。

在气门受热膨胀时，柱塞和液压缸做轴向相对运动，高压油腔中的油液可经过液压缸与柱塞间的缝隙挤入低压油腔，因此，使用液力挺柱可不预留气门间隙。

三、推杆

推杆位于挺柱与摇臂之间（顶置凸轮轴无推杆）。推杆的作用是将从凸轮轴经过挺柱传来的推力传给摇臂。推杆下端头通常是圆球形，以便与挺柱的凹球形支座相适应，其上端的凹槽与摇臂上的球头接触，以便与摇臂上的气门间隙调节螺钉的球形头部相适应。

推杆是配气机构中最易弯曲的零件，要求有高的刚度。推杆可以是实心或空心的，如图 3-40 所示。

四、摇臂与摇臂轴

摇臂的功用是改变推杆和凸轮传来的力的方向，以驱动气门，并利用两边臂的臂长的比值来改变气门的升程。摇臂实际上是一个双臂杠杆，如图 3-41 所示，其中长臂一端用于推动气门，该端由于与气门杆接触，磨损大，一般堆焊有硬质合金。摇臂通过青铜衬套或滚针轴承支撑在空心的摇臂轴上，然后通过摇臂轴支座固定在气缸盖上。摇臂内还钻有润滑油道和油孔，与摇臂轴中心相通，机油从支座的油道经摇臂轴内腔和摇臂中的油道流向摇臂两端，对挺柱、气门杆等进行润滑。在摇臂的短臂一端装有用以调节气门间隙的调节螺钉和锁紧螺母，螺钉的球头与推杆顶端的凹球形支座相接触。

图 3-40　推杆的结构类型

摇臂轴为空心管状结构，采用碳钢制成，主要用于支撑摇臂。摇臂轴一般通过摇臂轴支座固定在气缸盖上。为防止摇臂轴向窜动，摇臂轴在每两个摇臂之间会安装定位弹簧。

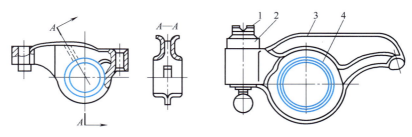

图 3-41 摇臂
1—调节螺钉；2—锁紧螺母；3—摇臂；4—摇臂衬套

发动机上配气机构拆装与测量

正时皮带配气机构的拆装

1. 正时皮带配气机构拆卸

正时皮带配气机构如图 3-42 所示。

① 拆卸辅助驱动带，再拆卸上正时皮带罩 1 和下正时皮带罩 2。

② 使用专用工具锁止曲轴皮带轮。

注意：慢慢地顺时针转动曲轴，直到工具位于前发动机座架上。

③ 松开曲轴皮带轮螺栓 5。

④ 拆下锁止工具。

⑤ 转动曲轴使第 1 缸活塞到上止点位置，确保正时标记对齐 3 与 4。

注意：凸轮轴链轮标记与气缸盖罩垫片的上边缘对齐。

⑥ 松开水泵螺栓，顺时针转动水泵，以释放皮带张力。

⑦ 随皮带一起拆下曲轴皮带轮与曲轴链轮。

2. 正时皮带配气机构安装

① 确保正时皮带对齐 3 与 4。

② 装配曲轴皮带轮和曲轴链轮（正时皮带仍附在上面）。

注意：确保在机油泵体与链轮间皮带没有折叠。

③ 在另外的链轮上装配皮带，然后将其松弛地绕在导轮上。

注意：确保在链轮之间皮带是紧绷的。

④ 清洁曲轴皮带轮螺栓 5，给螺纹涂防腐剂（AMW18800002 或等效物），安装曲轴皮带轮螺栓，并轻轻拧紧曲轴皮带轮螺栓 5。

⑤ 逆时针转动水泵，以消除正时皮带过度的松弛。

⑥ 轻轻拧紧水泵螺栓到规定力矩，并确保正时皮带对齐 3 与 4。

⑦ 使用专用工具锁止曲轴皮带轮。注意：顺时针慢慢地转动曲轴，直到工具位于前发动机座。

⑧ 使用扭力扳手拧紧螺栓 5 到规定力矩，然后拆下锁止专用工具。

⑨ 慢慢地转动曲轴使第 1 缸活塞到上止点位置，确保正时标记对齐 3 与 4。

⑩ 松开水泵螺栓，转动水泵，直到在▼处皮带正好能用手指扭曲 90°为止。然后拧紧水泵螺栓到 20N·m。

⑪ 顺时针转动曲轴两圈，再次检查确保正时标记对齐 3 与 4。

⑫ 按与拆卸时相反的顺序安装其余部件。

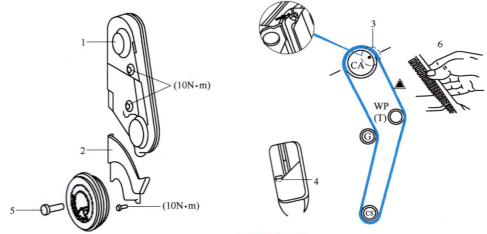

图 3-42 正时带配气机构

1—上正时皮带罩；2—下正时皮带罩；3，4—正时标记；5—曲轴皮带轮螺栓；6—皮带张紧度检查

 任务实施2

气门传动组的检修

1. 凸轮轴的检修

凸轮轴的常见损伤有凸轮轴弯曲变形、凸轮磨损、凸轮轴轴颈磨损、凸轮轴轴向间隙过大等。这些损伤会使气门的最大开度和充气效率降低，配气相位失准，从而影响发动机的动力性和经济性。

① 凸轮轴弯曲变形的检测。若凸轮轴弯曲变形，则可用其两端轴颈外圆或两端中心孔作为基准，测量中间轴颈的径向圆跳动误差。测量方法：用V形架将凸轮轴水平支撑在平台上；将百分表固定在磁性表座上，使表头紧贴在中间轴颈的测量表面上，并对百分表进行预压、校零；缓慢转动凸轮轴一周，百分表指针所指示的最大读数与最小读数之差即为凸轮轴的径向圆跳动误差，数值除以2就是凸轮轴的弯曲值，如图 3-43 所示。

若凸轮轴的径向圆跳动误差超过极限值，则可对其进行冷压校正，必要时应更换凸轮轴。

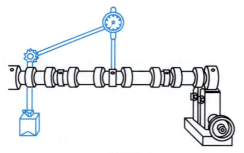

图 3-43 凸轮轴弯曲度检测

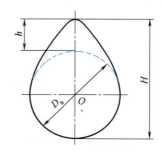

图 3-44 凸轮轮廓

② 凸轮磨损的检修。凸轮的磨损使气门的升程规律改变和最大升程减小，凸轮的最大升程减小值是凸轮检验分类的主要依据。

凸轮磨损用凸轮轮廓磨损来判定，凸轮轮廓的磨损可通过测量凸轮的高度 H 或升程 h 来确定，如图 3-44 所示。凸轮轮廓的磨损是不均匀的，一般凸轮顶尖附近的磨损较为严重。凸轮高度可用外径千分尺或游标卡尺测量，凸轮升程为凸轮高度与基圆直径之差。若凸轮高度或升程小于极限值，则应更换凸轮轴。

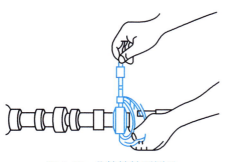

图 3-45 凸轮轴轴颈测量

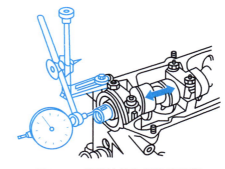

图 3-46 凸轮轴轴向间隙的检测

③ 凸轮轴轴颈磨损的检测。凸轮轴轴颈磨损可通过测量轴颈直径来确定，如图 3-45 所示。当凸轮轴轴颈的圆度误差大于 0.015mm，各轴颈的同轴度误差超过 0.05mm 时，应按修理尺寸法进行校正并修磨凸轮轴。修磨后轴颈的圆度误差不得超过 0.005mm，以两端轴颈的公共轴线为基准，中间任一轴颈的径向圆跳动误差不得超过 0.025mm，正时齿轮轴颈与止推端面的径向圆跳动误差不得超过 0.03mm。

④ 凸轮轴轴向间隙的检测。凸轮轴轴向间隙过大，凸轮轴易产生轴向窜动；凸轮轴轴向间隙过小，凸轮轴运转将受阻。

凸轮轴轴向间隙的检测方法：在气缸盖上安装凸轮轴，将百分表安装在磁性表座上，将磁性表座安装在气缸体的合适位置上；将百分表表头紧贴凸轮轴端部，并对百分表进行预压、校零；轴向（前后）往复撬动凸轮轴，同时观察百分表的偏摆量，其数值即为凸轮轴轴向间隙。如图 3-46 所示。若凸轮轴轴向间隙超过极限值，则应更换凸轮轴。

2. 挺柱的检修

（1）普通挺柱的检修

普通挺柱的主要耗损是挺柱底部出现剥落、裂纹、擦伤划痕和挺柱与导孔配合松旷等。

① 外观的检测。目测挺柱底部是否磨损，有无环形光环、拉伤、拉毛、疲劳剥落、斑点等。若挺柱底部出现擦伤划痕，应更换；若挺柱底部出现环形光环，则说明磨损不均匀，应尽早更换；若挺柱底部出现疲劳剥落、斑点，则应立即更换。

② 挺柱与挺柱导孔配合间隙的检测。一般应为 0.03～0.10mm。如超过 0.12mm，应视情况更换挺柱或导孔支架。装有衬套的结构可更换衬套。

（2）液力挺柱的检修

液力挺柱常见损坏是工作面磨损或损伤、内部配合表面磨损等。液力挺柱内部配合表面磨损会导致其密封不良。检测时，除按普通挺柱的检测项目和方法对液力挺柱进行检测外，还需对液力挺柱的密封性进行检测。

液力挺柱密封性的检测方法如图 3-47 所示，具体检测步骤如下：①将液力挺柱装入油杯，并在油杯中加入试验油，使液力挺柱完全浸没在试验油中。②用检验仪上的压头压住液力挺柱柱塞（或液压缸），反复把重臂提起再放下，使挺柱体中的柱塞（或液压缸）上下往复运动多次，

图 3-47 液力挺柱密封性检测方法

以便排除液力挺柱内的空气,直到油杯中无气泡冒出,再提起重臂,使柱塞(或液压缸)自由升起到正常位置,如图 3-47 所示。③将重臂轻轻落下,在重臂作用下,液力挺柱会逐渐缩短,检验仪指针可在刻度盘上指示出液力挺柱尺寸的变化量。④顺时针转动检验仪上的手柄,使油杯旋转,转速为 30r/min。⑤当检验仪指针指到刻度盘上的"START"标记时,按下秒表,记录液力挺柱缩短一定尺寸所需的时间。不符合规定时间要求的液力挺柱应更换。

3. 推杆的检测

气门推杆一般都是空心细长杆,推杆的常见损伤是端头磨损或杆身弯曲变形。推杆杆身的弯曲变形可通过在平板上来回滚动推杆并用厚薄规测量推杆与平板之间的间隙来衡量。若推杆杆身的弯曲变形超过极限值,则应校正或更换。杆身应平直,不得有锈蚀和裂纹,上端凹球端面和下端凸球端面若磨损严重或有损伤,则应更换。

4. 摇臂轴和摇臂的修理

摇臂与摇臂轴的检测主要包括以下几个方面。

① 摇臂头部应光洁无损。

② 若摇臂与摇臂轴的配合间隙超过规定值,则应更换摇臂衬套,并按摇臂轴的尺寸进行铰削或镗削修理。摇臂与摇臂轴配合间隙的检测如图 3-48 所示。

③ 摇臂上调节螺钉的螺纹孔损坏时,一般应更换。

④ 摇臂轴弯曲时,应冷压校直,使其直线度误差在 100mm 长度上不大于 0.03mm。

⑤ 摇臂轴轴颈的磨损量大于 0.02mm 或摇臂轴与摇臂轴承孔的配合间隙超过极限值时,应刷镀修复或更换摇臂轴。

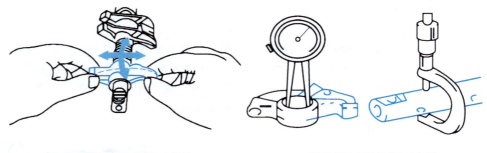

(a) 检查摇臂与摇臂轴的配合情况　　(b) 测量摇臂与摇臂轴的配合间隙

图 3-48　摇臂与摇臂轴配合间隙的检测

5. 正时传动装置的检测

(1) 正时链条的检测

检测正时链条时,应测量全链条的长度。测量长度时,应对正时链条施加一定的拉力,拉紧后再进行测量。若长度超过极限值,应更换正时链条。

(2) 正时齿轮的检测

检测正时齿轮时,将正时链条分别包住凸轮轴正时齿轮和曲轴正时齿轮,用游标卡尺测量其直径。多次测量后,取其最小值。若直径小于极限值,则应更换正时齿轮。例如,丰田 2Y、3Y 发动机最小凸轮轴正时齿轮的极限直径为 114mm,最小曲轴正时齿轮的极限直径为 59mm。

（3）正时带传动装置的检测

① 正时传动带外观的检测。先检测正时传动带表面是否粘有油污、冷却液等，若有，则应及时清理干净；再检测正时传动带表面是否有裂纹或纤维断裂等，若有，则应及时更换。

② 正时传动带张紧度的检测。检测正时传动带张紧度时，用手指捏住正时齿轮和中间齿轮之间的正时传动带，以刚好能转 90°为宜，如图 3-49 所示。将曲轴转 2～3 圈后，再次检查。

③ 张紧器的检测。张紧器的常见故障有滚轮轴承卡死、导向轮轴承卡死及漏油等。在日常维护中，可以通过检测张紧器是否有异响或漏油的痕迹来判断其好坏。

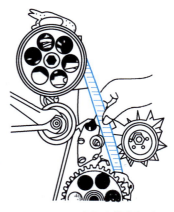

图 3-49　正时齿形带张紧度

任务四　可变进气系统

任务引入

小军准备买一辆小轿车，他去汽车 4S 店进行咨询，有的销售员对他说现在的汽车很多采用涡轮增压系统和可变进气系统等来增加发动机进气量，以此来保证汽车动力性。他对可变进气系统很感兴趣，回家后就上网查阅了大量信息，了解汽车可变进气系统的功能、类型等，感觉具有可变进气系统的汽车发动机控制非常先进，性能更加优良，于是他购买了一辆具有可变进气系统的轿车。

本任务要求学生了解可变进气系统的类型、功能及工作原理等，熟悉现代汽车发动机中常用的可变进气系统。

知识准备

当发动机高速运转时，需要更多的可燃混合气，这就需要增加气门升程或延长气门打开时间，以满足提高发动机动力性的要求；反之，当发动机低速运转时，需要较少的可燃混合气时，通过减小气门升程或缩短气门打开时间来实现，以满足节省燃料的目的。但是，传统发动机的气门升程和配气相位是固定不变的，不管发动机转速如何变化，进气行程吸入的都是同样数量的可燃混合气，这对提高发动机的动力性和经济性都是不利的。

20 世纪 90 年代初，日本本田公司推出了一种既可改变气门正时，又能改变气门升程的控制系统，即 VTEC 系统（variable valve timing and lift electronic control system）。该系统可以解决发动机高速动力性和中小负荷经济性的矛盾。

一、可变气门控制机构

现在的汽车可变气门控制机构分为分段可变气门控制机构和连续可变气门控制机构。

1. 分段可变气门控制机构

下面以本田发动机 VTEC 系统为例，介绍通过改变凸轮轴的凸轮来改变配气相位和气门升程的结构原理。本田发动机 VTEC 系统由发动机 ECU 控制，ECU 接受转速、进气压力、车速、水温等传感器的信号，并经中央处理器处理，将信号传给电磁阀调节摇臂活塞液压系统，使发动机在不同的转速工况下对凸轮轴进行不同的控制，影响进气门的开度和时间。

(1) VTEC系统的基本结构

图3-50所示为本田F23A发动机的VTEC系统的结构，主要由凸轮轴、气门、摇臂和同步活塞等组成。凸轮轴对应有5个凸轮参与工作。其中有2个排气凸轮，与常规凸轮相同；3个进气凸轮，与常规凸轮不同。

3个进气凸轮分别驱动3个摇臂。摇臂如图3-51所示。主摇臂对应的主凸轮有较大的进气提前角和较大的气门升程；辅助摇臂对应的辅助凸轮进气提前角和气门升程较小；中间摇臂对应的中间进气凸轮有最大的进气提前角和气门升程。在3个摇臂内装有液压控制的同步活塞和正时活塞等。

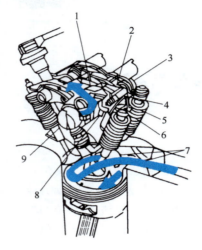

图3-50　VTEC系统的结构
1—正时板；2—中间摇臂；3—辅助摇臂；4—同步活塞B；5—同步活塞A；6—正时活塞；7—进气门；8—主摇臂；9—凸轮轴

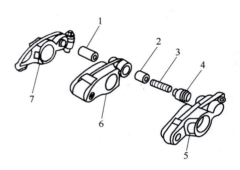

图3-51　摇臂组件
1—同步活塞B；2—同步活塞A；3—正时活塞弹簧；4—正时活塞；5—主摇臂；6—中间摇臂；7—辅助摇臂

(2) VTEC系统的工作原理

发动机低速工作（图3-52），VTEC系统的油道内没有机油压力时，正时活塞、同步活塞和止推活塞在复位弹簧的作用下处于最左端，正时板卡入正时活塞中，使其不能移动，此时正时活塞和同步活塞处于主摇臂内和中间摇臂内，止推活塞处于辅助摇臂内，3个摇臂处于独立工作状态，主凸轮推动主摇臂，辅助凸轮推动辅助摇臂，推动所控制的两个气门工作。主凸轮控制的气门开度大，辅助气门控制的气门开度小，中间凸轮不参与工作，对气门动作没影响，气门的工作和普通的发动机相似，只是两进气门开度不同。

当发动机转速达到某一设定的高速时，转速、进气压力、车速、水温等传感器将信号输送给ECU，经过简单的逻辑运算，将信号传给VTEC系统的电磁阀，电磁阀打开，压力机油通过摇臂轴上的油孔进入正时活塞，如图3-53所示，正时板移出，液压油推动正时活塞右移，使3个摇臂锁成一体，由于中间凸轮最大，这时摇臂由中间凸轮驱动，气门开启时间延长，升程增加，发动机功率和转矩提高。当发动机转速低于某一转速时，VTEC系统的电磁阀断电，切断油路，油压降低，活塞在复位弹簧的作用下复位，3个摇臂彼此独立的工作。

(3) VTEC系统的控制

VTEC 系统如图 3-54 所示，发动机控制单元 ECU 根据发动机转速传感器、发动机负荷传感器、车速传感器和水温传感器等的信号进行逻辑运算，同时给电磁阀信号，通过电磁阀调节摇臂活塞液压系统，使发动机在不同的转速（高速或低速）下，进气门的开度与升程处于较理想的状态。压力开关的作用是给 ECU 反馈电磁阀工作的信号，以便对系统的工作状态进行监控。

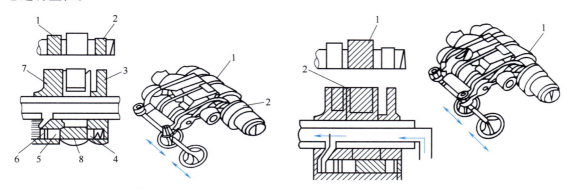

图 3-52　VTEC 系统的工作原理（低速时）
1—主凸轮；2—辅助凸轮；3—辅助摇臂；4—止推活塞；
5—同步活塞 A；6—正时活塞；7—主摇臂；8—同步活塞 B

图 3-53　VTEC 系统的工作原理（高速时）
1—中间凸轮；2—中间摇臂

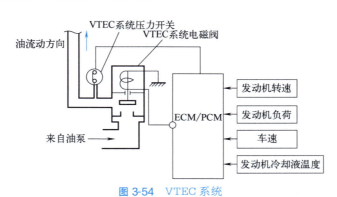

图 3-54　VTEC 系统

2. 连续可变气门控制机构

连续可变气门控制机构分为连续可变气门升程控制机构和连续可变配气相位控制机构。

（1）连续可变气门升程控制机构

德国宝马汽车公司开发的连续可变气门升程控制机构如图 3-55 所示。

宝马轿车发动机连续可变气门升程控制机构结构与工作原理分别如图 3-56 和图 3-57 所示。

连续可变气门升程控制机构的凸轮轴 1 不直接驱动进气门 6。可变气门伺服电动机 7 控制偏心轴 2，使偏心轴以其支点摆动。偏心轴摆动时，通过控制异形中间臂 3 带动气门摇臂 4，从而打开进气门。需要指出的是，异形中间臂的运动轨迹还受凸轮轴运动的影响。

发动机工作时，电控单元根据传感器传来的信息，使可变气门伺服电动机做适当的运转，通过偏心轴、异形中间臂、凸轮轴和气门摇臂对气门的升程进行无级调节。该机构能使气门升程在最大升程到最小升程之间连续变化。

这种连续可变气门升程控制机构若和连续可变正时齿轮控制机构配合使用，可使发动机的配气相位和气门升程都能在一定范围内连续改变。

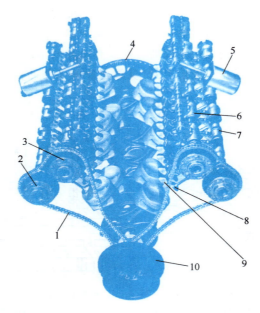

图 3-55　宝马轿车发动机连续可变气门升程控制机构

1—正时链条；2—排气凸轮轴链轮；3—进气凸轮轴链轮；4—飞轮；5—可变气门伺服电动机；
6—进气凸轮轴；7—排气凸轮轴；8—排气门；9—进气门；10—曲轴带轮

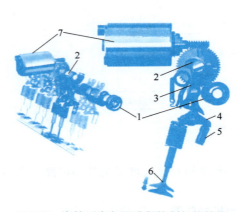

图 3-56　连续可变气门升程控制机构结构

1—凸轮轴；2—偏心轴；3—异形中间臂；4—气门摇臂；
5—液力挺柱；6—进气门；7—可变气门伺服电动机

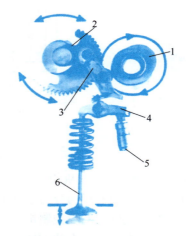

图 3-57　连续可变气门升程控制机构工作原理

1—凸轮轴；2—偏心轴；3—异形中间臂；4—气门摇臂；
5—液力挺柱；6—进气门

(2) 连续可变配气相位控制机构

目前连续可变配气相位控制机构是通过改变曲轴和凸轮轴一个相应角度，从而改变凸轮轴所决定的所有配气相位，实现配气相位连续可变。奥迪 V6 发动机正时机构是通过采用可变正时齿轮控制器来控制配气相位的。可变正时齿轮控制器装在凸轮轴前端的凸轮轴正时链轮内。该机构利用发动机润滑系统的机油压力，使凸轮轴与正时链轮之间的相对角度发生连续的变化，达到连续可变配气相位控制的目的。

可变正时齿轮控制器外壳 5（图 3-58）与正时链轮 2 结合为一体，壳体中有一呈十字形的叶片式转子 3 和进气凸轮轴 4 连接。转子的每片叶片与壳体的内腔之间形成两个封闭的油压室，由电磁阀控制的发动机润滑系统有一定压力的机油通过凸轮轴上的油道进入或流出油压室，从而改变转子与壳体之间的相对角度，使凸轮轴决定的配气相位发生变化。

电控单元控制电磁阀内的滑阀向左移动时 [图 3-59（a）]，进入压力室的机油使叶片式转子 1 相对于壳体沿顺时针方向旋转，使配气相位提前；反之，电磁阀内的滑阀向右移动时 [图 3-59（b）]，进入压力室的机油使叶片式转子相对于壳体沿逆时针方向旋转，使配气相位延迟。

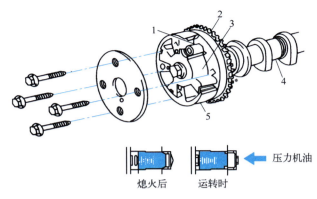

图 3-58 可变正时齿轮控制器结构
1—锁销；2—正时链轮；3—叶片式转子；4—进气凸轮轴；
5—可变正时齿轮控制器外壳

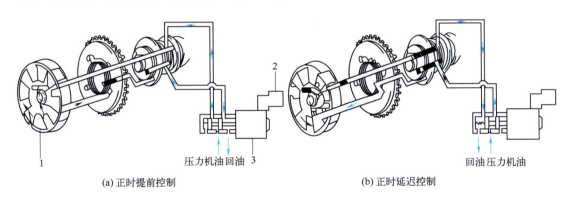

(a) 正时提前控制　　　　　　　　(b) 正时延迟控制

图 3-59 可变齿轮控制器工作原理
1—叶片式转子；2—发动机电控单元；3—电磁阀

锁销 1（图 3-58）在发动机熄火后没有机油压力时，自动将转子和壳体相互连接在一起，使发动机在启动时其配气相位能保持在某一固定值，以防因启动时机油压力不足导致气门正时失去控制。

二、多气门分段工作进气系统

丰田 2E 型 1.3L 顶置凸轮轴驱动的汽油机采用的是 3 气门（2 进、1 排）分段参加工作的可变进气系统，如图 3-60 所示。2 个进气门有主、副之分，在主进气门处配合设置了螺旋进气道，以便主气门工作时形成涡流，提高充气系数。该结构工作过程分低速中小负荷和高速大负荷两段进行，因此，也称多气门分段工作进气系统。

低速中小负荷时，凸轮仅打开主进气门，配合螺旋进气道使气流产生强烈的旋流，促进了燃料的雾化及燃料与空气的混合和燃烧。再加上双挤流燃烧室和可变喉管化油器，更进一步地改善了混合和燃烧。

当发动机在高速大负荷下工作时，主、副进气门同时被打开，进气通道面积大大增加，同时进气涡流消失，进气阻力很小，充气量增加，从而获得了良好的动力性。

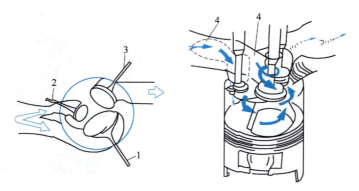

图 3-60 多气门分段工作进气系统工作原理
1—主进气门；2—副进气门；3—排气门；4—螺旋进气道

三、双进气管分段工作进气系统

双进气管分段工作进气系统是利用进气管通道面积的变化形成可变系统来改善可燃混合气的混合和燃烧状况，其工作原理如图 3-61 所示。

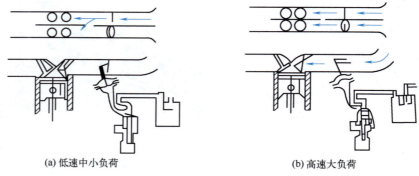

(a) 低速中小负荷　　　　　　　　　(b) 高速大负荷

图 3-61 双进气管分段工作原理

发动机在低速中小负荷工况工作时，由真空控制的主进气管关闭，仅副进气管打开［图 3-61 (a)］。由于进气阻力增加，使空气流速加快，改善了燃料在进气管道中的雾化、蒸发、混合与燃烧状况。

发动机在高速大负荷工况工作时，主、副进气管均打开［图 3-61 (b)］，增加了进气道面积，减小了进气阻力，使充气效率增加，大大提高了发动机的动力性。

四、进气管长度及面积可变进气系统

1. 进气管长度及面积可变进气系统的工作原理

进气管长度及面积可变进气系统是根据发动机转速的变化而自动改变进气管有效长度的进气系统。长度及面积的改变由转换阀完成，如图 3-62 所示。其工作过程分为低速中小负荷和高速大负荷。

中小负荷工作时，发动机控制电脑指令转换阀关闭，空气沿弯曲而细长的进气管进入气缸，增强了气流的惯性和进气速度，提高了充气量。采用长而细的进气管以保证

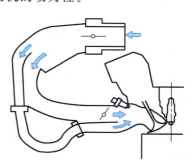

图 3-62 进气管长度及面积可变进气系统的工作原理

经济性和低速稳定性，如图 3-62 所示。

高速大负荷工作时，转换阀打开，空气直接进入短而粗的进气管，进气阻力小，增大了进气量。采用短而粗的进气管以保证获得高动力性，如图 3-62 所示。

2. 进气管面积可变进气系统

日本本田 ACCORD 等部分轿车的发动机上采用了进气管面积可变进气系统。控制系统主要由真空罐、真空电磁阀、ECU、膜片真空气室、动力阀等组成，如图 3-63 所示。

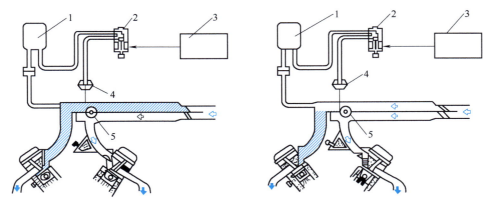

图 3-63 进气管面积可变进气系统
1—真空罐；2—真空电磁阀；3—ECU；4—膜片真空气室；5—动力阀

控制进气道空气流通截面大小的动力阀安装在进气管上，动力阀的开闭由膜片真空气室控制，ECU 根据各传感器信号通过真空电磁阀（VSV 阀）控制真空罐与膜片真空气室的真空通道。发动机小负荷运转时，进气量较少，ECU 断开真空电磁阀搭铁回路，真空罐中的真空度不能进入膜片真空气室，动力阀处于关闭位置，进气通道变小。当发动机大负荷运转时，进气量较多，ECU 接通真空电磁阀搭铁回路，真空罐中的真空度经真空电磁阀进入膜片真空气室，动力阀开启，进气通道变大。动力阀控制系统的主要控制信号有发动机转速、温度、空气流量等。

因此，该系统在进气量较少的低速、小负荷工况时，使进气道空气流通截面减小，可提高进气流速，增大进气流惯性以提高发动机的充气效率；此外，随进气流流速提高，也可增加气缸内的涡流强度，有利于低速小负荷工况下的燃烧和热效率的提高，改善发动机的低速性能。而在进气量较大的高速、大负荷工况下，适当增大进气道空气流通截面，不仅可以减小进气阻力，对由于进气流速过高而导致的燃烧室内气流扰动也可起到抑制作用，有助于改善发动机的高速性能。

 任务实施

可变进气系统认识及检查

1. 认识可变进气系统

结合实训室实训车辆或台架等，认识实训车辆或台架上的可变进气系统，完成任务工单。

2. 可变进气系统检查

① 进气歧管切换阀故障检测。打开进气歧管切换阀端盖，将听诊器听力棒抵住进气歧管切换阀处，启动发动机，连续反复地踩加速踏板，大众车系待发动机转速达到 4000r/min

前放松加速踏板,听进气歧管切换阀是否能正常工作,转速在 3200r/min 左右时能听到"咔"声为合适,否则应更换进气歧管切换阀。

② 可变进气歧管切换阀破损故障检测。发动机加速时故障灯被点亮,动力明显不足;更换可变进气歧管切换阀总成可排除故障。

③ 电磁阀故障检测。发动机加速不良,没有最高车速。当到达可变进气通道真空电磁阀开启的发动机转速时,用听诊器听力棒(或螺钉旋具)贴近电磁阀,如果有"咔"声,但很弱,说明进气歧管切换阀可以开启,但开启角度不够,造成充气效率不足。更换电磁阀可排除故障。

④ 可变进气通道真空电磁阀短路故障诊断。当到达可变进气通道真空电磁阀开启的发动机转速时,用螺钉旋具贴近电磁阀,如果听不到"咔"声,则更换电磁阀可排除故障。

⑤ 限压阀故障检测。润滑系统限压阀卡滞在不泄油一侧,导致油压过高;卡滞在泄油一侧,导致油压过低。油道堵塞、液压控制执行器卡滞、油道泄漏均会造成可变正时系统发生故障,而且诊断仪无法查到。

任务五　配气机构常见故障诊断与排除

任务引入

小徐在一家汽车 4S 店工作,一天遇到一辆大众朗逸事故车,该车行驶里程约 33000km,配置了 CDE 发动机。该车因事故更换过发动机气缸体,但气缸盖上所有附件均未拆装过,热车时,该车出现"嗒、嗒"异响。该车以前从未发生过这种故障,发生事故并更换发动机气缸体后,除例行的维护保养外,发动机没有进行过任何修理。

小徐启动车辆,发动机怠速运转时,"嗒、嗒"响声较为明显,而中速及以上时,响声消失;对发动机进行断火试验时,响声基本上无变化。小徐基本确定故障为液力挺柱异响,他通过机油压力灯未报警及机油检查,排除了机油压力不足及机油质量问题。然后小徐对发动机进行了转速试验。先使发动机运转至正常工作温度,然后提高发动机转速至 2500r/min,并使发动机运转 2min,发现液力挺柱有异响。拆下气缸盖,转动曲轴,检测凸轮与各液力挺柱的工作表面,发现没有磨损;再用楔形木棒压下液力挺柱,异响没有消除。因此,可诊断为液力挺柱内部损坏。更换液力挺柱后,启动发动机,异响消失,故障排除。

本任务要求学生了解配气机构的常见故障,掌握配气机构常见故障的诊断与排除方法。

知识准备

配气机构的常见故障主要有气门脚异响、气门弹簧座异响、气门弹簧异响、凸轮轴轴承异响、正时齿轮异响、液力挺柱异响等。

一、气门脚异响

1. 故障现象

① 发动机在任何转速下均发出连续且有节奏的"嗒、嗒"的敲击声。

② 低速和怠速时,响声较为清晰;高速时,响声较为杂乱。

③ 发动机温度变化时,响声无变化。

2. 故障原因
① 气门间隙过大。
② 气门杆与气门导管磨损严重或导管积炭过多而咬住气门。
③ 气门弹簧弹力过弱或折断，不等距弹簧方向装配有误。
④ 凸轮轴凸轮磨损过甚，凸轮顶部与挺柱底部接触时有跳跃运动。

3. 故障诊断与排除
① 确认故障。在发动机气门装置部位听，有连续且有节奏的"嗒、嗒"的敲击声。对发动机进行断火试验时响声无变化，发动机温度发生变化时响声也无变化，说明是气门脚异响。

② 确认气门脚异响位置。拆下气门室罩盖，在发动机怠速运转时，将推杆提起或在气门间隙处插入厚薄规，对气门逐个进行试验。当厚薄规插入某个气门间隙中，响声消失或减弱时，说明是该气门脚异响。

③ 确认故障具体原因。若厚薄规插入某个气门间隙中，响声消失或减弱，说明故障是该气门间隙过大所致。若观察发现气门杆尾部与摇臂或调节螺钉始终有一定间隙，说明故障是气门杆与气门导管磨损严重或导管积炭过多而咬住气门所致。

二、气门弹簧座异响

1. 故障现象
① 气门弹簧座异响一般为时有时无的"嗒、嗒"的金属敲击声，带有破碎声音，发响很突然。
② 单缸断火试验响声不变化，有时可能更明显。
③ 发动机中速时响声清晰，高速时变得杂乱无章。
④ 发动机低温启动时，响声容易出现。异响出现时，伴有个别气缸不工作，发动机动力下降明显。异响消失时，气缸又恢复工作。

2. 故障原因
① 装配气门弹簧座时，过盈量选配过小，受热后在冲击振动作用下松动，与气缸盖轴承孔相碰撞而发响。
② 气门弹簧座材料选择不当，因热膨胀或受热后产生变形而松脱发响。

3. 故障诊断与排除
① 气门弹簧座异响是突发性的，经检测，若气门脚和气门弹簧无故障不发响，则可诊断为气门弹簧座发响。
② 利用逐缸断火法听响声有何变化，找出故障气缸，如有发响且气缸工作不良，说明气门弹簧座发响。

三、气门弹簧异响

1. 故障现象
① 发动机怠速运转时有较明显的"嚓、嚓"声，若是弹簧折断后发响，响声是连续而杂乱的金属敲击声。
② 发响的气缸工作不良。

2. 故障原因
① 弹簧弹力太弱、生锈、弹簧圈间积炭或胶质物太多，使压缩与伸张阻力增大。

② 弹簧硬度过高或弹簧的疲劳超过极限。

③ 不等距弹簧方向装反（以簧距较小一端靠气缸盖或气缸体安装），使惯性力和振动力大大增加，导致弹簧折断。

3. 故障诊断与排除

① 拆下气门室罩（盖），用起子撬动气门弹簧或观察气门弹簧有无折断。

② 对某缸断火试验时响声加重，或原来没有异响反而出现异响，则为断火缸气门弹簧有故障或折断。

③ 用起子撬住气门弹簧，响声消失或减弱，则该气门弹簧异响。

四、凸轮轴轴承异响

1. 故障现象

① 在发动机上部发出有节奏、较钝重的"嗒、嗒"的敲击声。

② 发动机怠速或中速时，响声明显；高速时，响声杂乱或消失。

③ 发动机发出异响时，伴有机体振动现象。

④ 发动机温度变化时，响声无变化。

2. 故障原因

① 凸轮轴轴向间隙过大。

② 凸轮轴和轴承配合间隙过大。

3. 故障诊断与排除

① 确认故障。发动机发响部位在凸轮轴一侧，怠速时响声为沉闷的"嗒、嗒"的敲击声；中速时，响声转变为明显的敲击声；高速时，响声减弱或消失；发动机温度发生变化时，响声无变化；对发动机进行单缸断火试验时，响声无变化。以上说明是凸轮轴轴承异响。

② 确认凸轮轴轴承异响的位置。将发动机置于响声最明显的转速上运转，用听诊器或金属棒触及气缸体外部各道凸轮轴轴承附近，若某处响声最大并伴有振动，则说明该处凸轮轴轴承异响。

③ 确认故障具体原因。发动机怠速或中速运转时，响声沉闷，若稍提高转速，则发出响亮而连续的"嗒、嗒"的敲击声，再提高转速，响声杂乱或消失，说明故障是凸轮轴轴向间隙过大所致。发动机发响时，机体伴有振动现象，说明故障是凸轮轴和轴承配合间隙过大所致。

五、正时齿轮异响

1. 故障现象

① 发动机怠速时，其前部发出连续、有节奏的响声；中速时，响声更明显；高速时，响声变得杂乱且伴有破碎声。

② 发动机转速越高，响声越大，并伴有正时齿轮室盖振动的现象，严重时发动机不能启动。

③ 发动机温度发生变化时，响声无变化。

2. 故障原因

① 曲轴和凸轮轴之间距离改变，使正时齿轮啮合间隙过大或过小。

② 曲轴和凸轮轴轴心线不平行，半圆键过高，齿轮磨损等，使正时齿轮啮合不均匀。

③ 更换曲轴和凸轮轴轴承后，改变了齿轮啮合位置。

④ 凸轮轴轴向间隙过大，正时齿轮固定螺母松动，使齿轮发生轴向位移，或个别齿轮损坏。

3. 故障诊断与排除

① 发动机怠速运转时发出有节奏的"格、格"声，响声随转速的提高而加大，则为正时齿轮啮合不均所致。

② 发动机怠速运转时发出轻微的"嘎啦、嘎啦"声，当提高转速时响声消失或变得杂乱，当突然急加速时响声又出现，严重时正时齿轮室盖有振动感，则诊断为正时齿轮啮合间隙过大。

③ 发动机怠速运转时发出有节奏而且较清晰的"铿、铿"的金属撞击声，随转速的升高而加大，此时若发动机不易启动，则可诊断为正时齿轮轮齿有损坏而发响。

④ 发动机大修或维护更换正时齿轮后出现"嗷、嗷"的连续挤压声，发动机转速越高，响声越大，急加速时响声尤为明显，则为正时齿轮啮合间隙过小所致。

⑤ 变换发动机转速时，如突然加速到某一高速时发出一种较强且紊乱的"咯啦啦、咯啦啦"声，急减速时同样出现，发响时间很短暂，然后又恢复正常，则为凸轮轴正时齿轮固定螺母松动，造成凸轮轴正时齿轮前后来回窜动而发响。

六、液力挺柱异响

1. 故障现象

液力挺柱的主要故障是发出中度响亮的"嗒、嗒"的金属敲击异响声，响声具有间歇性且时有时无。

2. 故障原因

凸轮与挺柱工作面磨损，油缸内外圆柱面和柱塞外圆柱面磨损，球阀磨损关闭不严，气缸盖主油道或量油孔及斜油孔堵塞，机油压力过低或机油过脏，机油产生过多泡沫等。

3. 故障诊断与排除

发动机怠速运转时，响声明显，中速以上运转时响声减弱或消失，对发动机进行单缸断火试验时，响声无变化，则说明是液力挺柱异响。改变发动机转速，用听诊器察听响声的变化，若某处响声最大，说明是该处液力挺柱异响。

① 启动发动机，观察机油压力，若出现不规则的噪声，说明是机油压力过低所致。注意：冷车启动的几秒内，液力挺柱出现短暂的、不规则的噪声属正常现象，因为机油压力的建立需要一定时间。

② 将机油捻在大拇指与食指之间反复磨搓，若感到手指之间有较大的摩擦感，则表明机油内杂质较多，不能再用，应更换新机油。

③ 若机油压力及机油质量均正常，让发动机运转至正常工作温度，然后提高发动机转速至2500r/min，并使发动机运转2min，察听液力挺柱有无异响。若液力挺柱有异响，可拆下气缸盖，转动曲轴，逐个检测凸轮与各液力挺柱的工作表面是否磨损过度，然后使待检测凸轮向上，用楔形木棒或塑料棒压下液力挺柱，注意勿损伤液力挺柱的工作表面，若异响没有消除，说明故障是液力挺柱内部损坏所致。

④ 对于拆下的液力挺柱，可用手指捏住液力挺柱的上、下端面并用力按压，如有弹性，则说明该液力挺柱已失效，应更换。

任务实施

液力挺柱异响故障诊断与排除

1. 情境描述

小王在一家汽车4S店工作，遇到一辆雪佛兰乐风1.6L轿车，行驶里程3230km。该车发动机热车急速时，有时发出"嗒、嗒"的响声，过几分钟声音又自行消失，之后反复出现。

2. 故障诊断与排除

① 试车发出的"嗒、嗒"声是典型的液力挺柱失效后产生的声音，也就是俗称的气门响。检查发现发动机没有漏油现象，机油油量和油质正常，热车急速时机油压力为150kPa，2000r/min时为300kPa，维修手册上的标准是急速时的最低机油压力应达到250kPa。

分析可能是发动机装配时密封胶过多，残余的胶将机油泵集滤器口部分堵塞，导致气缸盖上的液力挺柱供油不足，发出"嗒、嗒"的异响。经授权拆下油底壳检查，未发现残胶堵塞集滤器现象，各缸连杆轴承晃动时间隙正常。

② 又测量了另一辆1.6L乐风轿车热车急速时机油压力是100kPa，2000r/min时为300kPa，这说明此车机油压力无异常。

③ 用听诊器仔细比对，发现异响是1缸的排气门发出来的，拆下气门室盖后检查，1缸两个排气门的液力挺柱按压时都有不同程度的下沉量，前面的一个有1mm左右，后面的一个有2mm左右，而其他缸都几乎感觉不到下沉。分析可能是1缸的两个排气门液力挺柱失效。

但更换1缸的两个排气门液力挺柱后运转了一会儿，声音又出现了，听着还是1缸排气门在响。怀疑可能是气缸盖油道有问题。

④ 综合分析可知：a. 机油压力不低；b. 机油泵集滤器不堵；c. 其他缸正常，始终未出现异常，只有1缸的排气门液力挺柱失效、异响；d. 机油经机油泵加压后，经缸体主油道向上通往气缸盖的油道，在2缸和3缸之间与进气凸轮轴纵向油道相通，再经气缸盖中央的一根横向油道到达排气凸轮轴纵向机油油道，而1缸排气门液力挺柱位于排气凸轮轴机油油道末端。

所以综合分析异响产生的原因包括：a. 1缸因油道堵塞或加工不彻底引起供油不足，因为挺柱工作时是在不断转动的，当进油孔对着油道孔时就会充注得好一些，不响；而转到其他位置时，充注不足产生异响。b. 1缸液力挺柱的座孔与液力挺柱的间隙过大，泄压，导致1缸液力挺柱有时得不到足够压力的机油充注而产生异响。

⑤ 决定更换气缸盖，但是和其他车互换气缸盖后，异响仍未消失。分析故障原因可能是发动机气缸体内部机油油道不畅或机油泵泵油量不足。

⑥ 更换机油泵后，异响消失，故障排除。

3. 故障分析总结

更换机油泵后，异响消失，故障排除，说明机油泵虽然泵油压力不低，但是泵油量不足，导致位于排气凸轮轴机油油道末端的1缸排气门液力挺柱因机油充注不足产生异响。

思考与练习

一、填空题

1. 根据_____不同，配气机构的布置形式分为_____和_____两种。
2. 顶置式气门配气机构的凸轮轴有_____、_____、_____三种布置形式。
3. 顶置式气门配气机构的气门传动组由_____、_____、_____、_____等组成。
4. 可变进气系统的主要目的是_____。
5. 气门弹簧座一般是通过_____或_____固定在气门杆尾端的。
6. 顶置式气门配气机构的挺柱一般是_____或_____式的。

7. 摇臂通过_____空套在_____上，并用_____防止其轴向窜动。
8. 奥迪100型轿车发动机挺柱为_____，与摇臂间__间隙。所以____调整间隙。
9. 曲轴与凸轮轴间的正时传动方式有_____、_____、_____三种形式。
10. 采用双气门弹簧时，两个弹簧的旋向必须相_____。

二、解释术语
1. 充气效率。
2. 气门间隙。
3. 配气相位。
4. 气门重叠。
5. 气门锥角。

三、判断题
1. 采用顶置式气门时，充气效率可能大于1。　　　　　　　　　　　　（　）
2. 装用液力挺柱的配气机构不需要调整气门间隙。　　　　　　　　　（　）
3. 气门间隙是指气门与气门座之间的间隙。　　　　　　　　　　　　（　）
4. 装配正时皮带时，只要安装到皮带轮上，并按照规定张紧力张紧即可。（　）
5. 进气门的头部直径通常要比排气门的头部大，而气门锥角有时比排气门的小。
　　　　　　　　　　　　　　　　　　　　　　　　　　　　　　　（　）
6. 凸轮轴与曲轴的转速之比是2∶1。　　　　　　　　　　　　　　　（　）
7. CA1092型汽车发动机凸轮轴的轴向间隙可通过改变隔圈的厚度进行调整，其间隙的大小等于隔圈厚度减去止推凸缘的厚度。　　　　　　　　　　　　　　　　（　）
8. 挺柱在工作时，既有上下往复运动，又有旋转运动。　　　　　　　（　）
9. 正时齿轮装配时，必须使正时标记对准。　　　　　　　　　　　　（　）
10. 可变配气相位的实质是根据发动机转速的变化改变进气门的升程。（　）

四、选择题
1. 四冲程四缸发动机，各同名凸轮之间的相对位置夹角应当是（　　）。
   A. 120°　　　　　B. 90°　　　　　C. 60°　　　　　D. 30°
2. 四冲程发动机曲轴，当其转速为3000r/min时，则同一气缸的进气门，在1min时间内开闭次数应该是（　　）次。
   A. 3000　　　　　B. 1500　　　　　C. 750
3. 顶置式气门的气门间隙的调整部位在（　　）。
   A. 挺柱上　　　　B. 推杆上　　　　C. 摇臂上
4. 安装不等距气门弹簧时，向着气缸体或气缸盖的一端应该是（　　）。
   A. 螺距小的　　　B. 螺距大的　　　C. 无所谓
5. 曲轴正时齿轮与凸轮轴正时齿轮的传动比是（　　）。
   A. 1∶1　　　　　B. 1∶2　　　　　C. 2∶1
6. 若气门间隙过大，则气门开启量（　　）。
   A. 不变　　　　　B. 变小　　　　　C. 变大
7. 摇臂的两端臂长是（　　）。
   A. 等臂的　　　　B. 靠气门端较长　　C. 靠推杆端较长
8. CA6102型发动机由曲轴到凸轮轴的传动方式是（　　）。
   A. 正时齿轮传动　　B. 链传动　　　　C. 齿形带传动

9. 气门的升程取决于（　　）。
A. 凸轮轴转速　　　　　　　　B. 凸轮轮廓的形状
C. 气门锥角　　　　　　　　　D. 配气相位

10. 四气门式发动机的进气门头部直径一般比排气门（　　）。
A. 小　　　　　　　　　　　　B. 有时大，有时小
C. 大　　　　　　　　　　　　D. 相同

五、简答题

1. 配气机构的作用是什么？
2. 气门导管的作用是什么？
3. 现代汽车发动机为何采用顶置式气门配气机构？
4. 为什么有的配气机构中采用两个套装的气门弹簧？
5. 为什么要预留气门间隙？气门间隙过大、过小为什么都不好？
6. 气门为什么要早开迟闭？
7. CA6102 型发动机两个正时齿轮的材料不一样，且采用斜齿轮，这是为什么？
8. 绘出一种较熟悉的发动机配气相位图，就图说明：
① 进、排气门打开的时间对应多少曲轴转角；
② 进、排气门进气提前角和排气迟后角分别是多少曲轴转角；
③ 气门重叠角是多少曲轴转角；
④ 气门的开、闭时刻相对于上、下止点来说有什么规律。
9. 气门弹簧起什么作用？为什么在装配气门弹簧时要预先压缩？
10. 简述 VTEC 系统的结构与工作原理。

【汽车文化传承】

老骥伏枥　一生为车

黄正夏起初进入汽车行业，是一种缘分；再次选择汽车，是一种使命；退休后又致力于新能源汽车，则是一种信仰。

1954 年中央决定筹建第二汽车制造厂（简称二汽）时，时年 33 岁的黄正夏被调到二汽出任二汽筹备处副主任、副厂长。随后传出二汽下马的消息，黄正夏去了国家科学技术委员会工作。1973 年听到二汽上马的消息，黄正夏主动向中央打报告请求回到二汽工作。1978 年被任命为二汽厂长。

1980 年，中央为了统筹全局，决定让二汽"停缓建"。国家经济委员会等三个部门联合发文指示以后不再向二汽投资，只发工人基本工资和设备维修费。黄正夏三次上书中央，请求"不要国家投资、只要政策，自筹资金建二汽"，得到中央首肯。政策就是坚持生产，把利润先留下谋发展。

从 1980 年到 1985 年的短短 6 年时间，二汽实现 10 万辆的生产目标，比预计提前两年多，向国家缴税 4.9 亿元，增加固定资产 3.9 亿元。同时，建成了当时亚洲规模最大的试车场，能测试从重卡到小轿车等各种车型。

1986 年黄正夏从二汽退休。1992 年起黄正夏任全国电动车辆专业委员会顾问、湖北省发展电动汽车领导小组顾问，开始为新能源汽车奉献余热。2004 年 6 月，83 岁的黄正夏致函国务院建议建立武汉都市圈"氢能、燃料电池、氢动汽车工程项目试验示范基地"。

黄正夏一生为车，老骥伏枥，为我国汽车业的发展贡献了自己的一生。

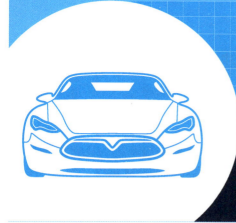

项目四

电控汽油机燃料供给系统的构造与检修

 项目描述

燃料供给系统为发动机的运转提供条件,是决定发动机性能好坏的重要系统。电控汽油机燃料供给系统不仅可以准确控制可燃混合气的质量,还能降低废气排放量和燃油消耗量,同时又能增大发动机的功率,对发动机的正常运行起着重要作用。本项目主要介绍电控汽油机燃料供给系统各组成部分的作用、组成及工作原理,并对常见故障进行诊断与排除。

 学习目标

知识目标:
1. 掌握汽油机燃料供给系统的作用和组成;
2. 掌握汽油机不同工况对可燃混合气成分的要求;
3. 掌握汽油喷射控制系统的分类、组成及工作原理;
4. 掌握空气供给系统的组成、分类及主要部件的结构组成和工作原理等;
5. 掌握燃料供给系统的组成、分类及主要部件的结构组成和工作原理等;
6. 熟悉电子控制系统的控制过程及主要元器件功能、结构和工作原理;
7. 掌握电控汽油机排气系统的组成及功能、结构和工作原理;
8. 熟悉电控汽油喷射系统常见故障的现象和原因。

技能目标:
1. 能够正确使用拆装工具、量具完成电控汽油机燃料供给系统的拆装与检测;
2. 能够正确使用万用表、示波器等常规检测设备对电控发动机主要部件进行检修;
3. 能够正确使用故障诊断仪对电控发动机进行故障诊断与排除;
4. 能够使用各种诊断检测设备对电控汽油喷射系统的常见故障进行诊断与排除。

素质目标:
1. 树立绿色环保、节能低碳的生态文明理念;
2. 培养重视实践、团结协作的职业素养;
3. 恪守职业道德,弘扬奉献精神。

任务一　认识电控汽油机燃料供给系统

 任务引入

在过去几十年里，发动机主要的机械机构变化不大，但燃料供给系统的变化却是巨大的。最早的燃料供给系统是化油器，由于它完全是靠空气的流速决定油量供给，因此精度难以达到要求，燃油利用率较低，而且不够环保，我国于1997年明令淘汰化油器，目前市面上的汽油机都是采用电控燃料供给系统。那么现在的电控汽油机燃料供给系统有哪些类型及组成呢？它又有哪些优点呢？

本任务要求学生掌握汽车汽油机燃料供给系统的功能，汽油的使用性能指标，可燃混合气成分对发动机性能的影响及发动机各工况对可燃混合气的要求，电控汽油喷射系统的优点、组成及类型等，能够识别电控汽油喷射系统的类型、组成及零部件。

 知识准备

汽油机所用的燃料是汽油。汽油在燃烧前一般需先雾化和蒸发，并按一定的比例与空气混合形成均匀的混合气。汽油与空气混合并处于能够着火燃烧的浓度界限范围内的混合气称为可燃混合气。可燃混合气中汽油含量的多少称为可燃混合气浓度。

汽油机燃料供给系统的功能是根据发动机各种不同工况的要求，配制出一定数量和浓度的可燃混合气并将其供入气缸，使之在临近压缩终了时点火燃烧而膨胀做功，最后将燃烧后的废气排入大气。

汽油机燃料供给系统有化油器式燃料供给系统和电控汽油喷射式燃料供给系统两大类。化油器式燃料供给系统已经退出历史舞台，目前汽车上广泛采用电控汽油喷射式燃料供给系统（简称电控汽油喷射系统）。

一、汽油

汽油是汽油机的主要燃料，必要时，也可用酒精、甲醇或天然气、液化石油气等作为汽油机的代用燃料。

汽油是由石油提炼出来的一种密度小而易挥发的液体燃料，由多种碳氢化合物组成，其主要化学成分是碳（C）和氢（H）。按提炼方法不同，汽油可分为直馏汽油和裂化汽油等，现在使用较多的是催化裂化汽油。

汽油的使用性能指标主要是蒸发性和抗爆性。它们对发动机性能有很大的影响。

1. 汽油的蒸发性

汽油的蒸发性过高，气温高时易在油路中产生"气阻"。因此，在国产汽油质量指标中规定了夏季与冬季不同要求的饱和蒸气压力。蒸发性过低的汽油易滞留在气缸壁上，燃油消耗量不仅会增加，还会稀释机油，致使气缸壁磨损加剧，缩短发动机使用寿命。

汽油的蒸发性可以通过燃料的蒸馏试验来测定。将汽油加热，分别测定蒸发10%、50%、90%馏分时的温度及终馏温度（分别称为10%馏出温度、50%馏出温度、90%馏出温度及终馏点）。

2. 汽油的抗爆性

汽油的抗爆性是指汽油在发动机气缸中燃烧时，避免产生爆燃的能力，亦即抗自燃能力，它是汽油的一项主要性能指标。

爆燃是汽油机的一种异常燃烧现象，会引起发动机过热、排气冒烟、油耗增大和功率下降等不良后果，还会伴随敲缸，甚至损坏机件。发动机选择抗爆性较好的汽油，就可能采用较高的压缩比而不至于发生爆燃。汽油抗爆性的好坏程度一般用辛烷值表示。辛烷值越高，汽油的抗爆性越好。

汽油辛烷值常用的测定方法有马达法和研究法。用马达法测定的辛烷值称为马达法辛烷值（MON）；用研究法测定的辛烷值称为研究法辛烷值（RON）。同一种汽油的 RON 比其 MON 高 6~10 个单位。

汽油的辛烷值常用对比试验来测定。在一台专用可变压缩比的单缸试验发动机上，先用被测汽油作为燃料，使发动机在一定的条件下运转。试验中逐步提高试验发动机的压缩比，直到试验发动机产生标准强度的爆燃为止。然后，在该压缩比下，换用由一定比例的异辛烷和正庚烷混合而成的标准燃料。异辛烷是一种抗爆燃能力很强的碳氢化合物，规定其辛烷值为 100，正庚烷是一种抗爆燃能力极弱的碳氢化合物，规定其辛烷值为 0。使发动机在相同的条件下运转，改变标准燃料中异辛烷和正庚烷的比例，直到单缸试验机也产生前述标准强度的爆燃时为止。这样，最后一种标准燃料中异辛烷含量的体积百分数即为被测汽油的辛烷值。

我国车用汽油分类以辛烷值为基础，汽油牌号用研究法辛烷值表示，如 92 号、95 号、98 号。

选用汽油牌号时，应根据汽车使用说明书推荐的辛烷值范围去选择相应牌号的汽油，并注意说明书上要求的辛烷值是马达法辛烷值还是研究法辛烷值。汽油机还可以按其压缩比选择汽油辛烷值。一般来说，压缩比高的汽油机应选用辛烷值高的汽油；反之，选辛烷值低的汽油。

二、可燃混合气成分与要求

1. 可燃混合气成分

可燃混合气是指空气与燃料的混合物，其成分对发动机的动力性、经济性和排放性等都有很大的影响。可燃混合气成分通常有两种表示方法。

① 空燃比 A/F。实际吸入发动机中的空气质量与燃料质量的比值称为空燃比，用符号 A/F 表示（多被欧美国家采用）。空燃比亦即燃烧 1kg 燃料实际供给的空气量。

理论上，1kg 汽油完全燃烧需 14.7kg 空气。故对汽油机而言，将空燃比为 14.7 的可燃混合气称为理论混合气。若空燃比小于 14.7，则说明汽油有余，称为浓混合气；若空燃比大于 14.7，则说明空气有余，称为稀混合气。应当指出：不同燃料的理论空燃比数值是不同的。

② 过量空气系数。燃烧 1kg 燃料实际供给的空气质量与理论上 1kg 燃料完全燃烧所需的空气质量之比称为过量空气系数，用符号 Φ_a 表示。

根据上述定义，$\Phi_a=1$ 的可燃混合气即为理论混合气；$\Phi_a<1$ 为浓混合气；$\Phi_a>1$ 则为稀混合气。

2. 可燃混合气浓度对发动机性能的影响

经济混合气是指对应于燃料消耗率最低时的可燃混合气。经济混合气的过量空气系数一般为 $\Phi_a=1.05$~1.15。然而空气过量后，因燃烧速度减小、热损失增加而使平均有效压力和发动机的功率略有下降。若混合气过稀（$\Phi_a \geqslant 1.15$），会因燃烧速度的进一步减小而造成加速性能变坏，发动机输出功率下降，甚至会出现进气管回火现象，因此，不能对发动机供给这种过稀的混合气。

功率混合气是指发动机输出功率最大时的可燃混合气。不同的汽油机，功率混合气的过量空气系数一般为 $\Phi_a = 0.85 \sim 0.95$。但这时因混合气中空气含量不足，致使其燃烧不完全，经济性较差。若混合气过浓（$\Phi_a < 0.85$），会因为燃烧不完全而产生大量的一氧化碳，在高温高压的作用下析出游离的炭粒，导致燃烧室积炭，还会发生排气管放炮现象及冒黑烟。此外，因这种混合气的燃烧速度较慢而造成功率下降，燃油消耗率显著增大。

试验表明：当可燃混合气太稀（$\Phi_a \geqslant 1.4$）以及太浓（$\Phi_a \leqslant 0.4$）时，虽能点燃，但火焰无法传播，导致发动机运转不稳定，直至熄火，故将此时的 Φ_a 值分别称为火焰传播下限和火焰传播上限。当 $\Phi_a = 1.11$ 时，燃油消耗率最低，发动机经济性最好；而当 $\Phi_a = 0.88$ 时，发动机输出的功率最大，发动机动力性最好。

为兼顾发动机的动力性和经济性，可燃混合气的过量空气系数在 $\Phi_a = 0.88 \sim 1.11$ 范围内最有利。事实上，汽油机工作时过量空气系数是以功率为主、以经济性为主，还是将排放控制放在首位，应根据汽车及汽油机各工况的需要而定。

3. 发动机各工况对可燃混合气浓度的要求

发动机工况是发动机工作情况的简称，由转速和负荷两个因素决定。发动机的负荷是指汽车施加给发动机的阻力矩（转矩），即发动机为平衡阻力矩而应输出的转矩。由于发动机的转矩随节气门的开度而变化，所以也可用节气门的开度代表负荷的大小。负荷多用百分数来表示。

汽车在行驶过程中，载荷、车速、路况等经常变化，因此相对于固定动力的发动机而言，汽车发动机工作时有以下特点：①工况变化范围大，负荷可以从0变化到100%，转速可以从最低稳定转速变化到最高转速；②在汽车行驶的大部分时间内，发动机处在中等负荷工况。

车用汽油机在不同工况下对可燃混合气的成分有不同的要求，分述如下。

① 冷启动。发动机冷启动时转速极低（$50 \sim 100 \text{r/min}$），为了顺利启动，要求供给极浓混合气（$\Phi_a = 0.2 \sim 0.6$）。此时气缸内温度低，汽油大部分未被汽化，所以要在气缸内获得适当 Φ_a 的可燃混合气，就必须供给过量的汽油。

② 怠速及小负荷。怠速是指发动机对外无功率输出，做功行程产生的动力用以克服发动机的内部阻力，使发动机保持最低转速稳定运转。为了减少怠速排气中的有害成分，宜采用较高的怠速运转，现在汽油机怠速转速一般为 $800 \sim 900 \text{r/min}$。此时，节气门处于接近关闭位置，吸入的空气量极少，且汽油雾化蒸发不良，并有废气稀释，为保证这种品质不良的混合气能正常燃烧，应提供较浓的可燃混合气（$\Phi_a = 0.6 \sim 0.8$）。节气门略开大进入小负荷时，由于进入的空气量略有增加，可燃混合气的品质逐渐改善，因而可燃混合气浓度可以减小，此时 $\Phi_a = 0.7 \sim 0.9$。

③ 加速。节气门开度突然加大，吸入气缸的空气量立刻增加，而汽油因其惯性大而在原地基本不动，再加上雾化汽油的颗粒大，跟不上气流流动，使之一部分附着在进气管内壁上。因此，气缸内的可燃混合气在加速的瞬间变稀，不易点燃。为改善车用汽油机的加速性能，燃料供给系统应能在节气门突然开大时及时地自动增加供油量，补偿可燃混合气的瞬间变稀。

④ 大负荷及全负荷。发动机节气门从接近全开到全开。此时，要求发动机供给功率混合气（$\Phi_a = 0.85 \sim 0.95$），使发动机输出最大功率。

⑤ 中等负荷。此时节气门的开度为 30%～85%，是车用汽油机最常用的工况。为满足经济性的要求，应供给 $\Phi_a=0.9～1.1$ 的可燃混合气（其中主要是 $\Phi_a>1$ 的稀混合气）。

三、电控汽油喷射系统

1. 电控汽油喷射系统的优点

电控汽油喷射（EFI）系统（electronic fuel injection System）是利用喷油器将一定数量的汽油直接喷入气缸或进气道管内的汽油机燃料供给装置，以电控单元 ECU（electronic control unit）为控制中心，根据空气流量和发动机转速来决定基本喷油量，并利用安装在发动机上的各种传感器测出发动机的各种运行参数，再按照电控单元中预存的控制程序进行修正，精确地控制喷油器的喷油量，使发动机在各种工况下都能获得最佳的可燃混合气。

汽车发动机的工况是多变的，只有电子控制技术的灵活性和电脑强有力的综合处理功能，才能使汽车发动机在各种工况下都实现全面优化，从而提高发动机性能。

① 提高发动机的动力性。在汽油机上，电控汽油喷射系统取代了传统的化油器，减小了进气系统的进气阻力，部分发动机还采用了进气控制系统等，提高了充气效率，而且电控系统可保证进入气缸中的空气得到充分的利用，从而提高发动机的动力性。

② 提高发动机的燃油经济性。通过电控系统来精确地控制各种工况下发动机所需的混合气浓度，使燃烧更为充分，从而提高发动机的燃油经济性。

③ 降低排放污染。电控系统对发动机在各种工况和环境中运行进行优化控制，提高了燃烧质量，同时各种排放控制系统在汽车上的应用使发动机的排放污染大大降低。

④ 改善发动机的加速和减速性能。在加速或减速的过渡工况下，电控单元的高速处理功能使控制系统能够迅速响应，使汽车加速或减速反应更灵敏。

⑤ 改善发动机的启动性能。在发动机启动和暖机过程中，控制系统能根据发动机温度的变化对进气量和供油量进行精确控制，从而保证发动机顺利启动和平稳经过暖机过程，可明显改善发动机的低温启动性能和热机运转性能。

⑥ 发动机故障发生率大大降低。自诊断与报警系统的应用，提高了故障诊断的速度和准确性，缩短了汽车因发动机故障而停驶的时间。

2. 电控汽油喷射系统的组成

电控汽油喷射系统形式多样，但其组成基本相同，都是由三个子系统组成，即空气供给系统、燃油供给系统和电子控制系统，如图 4-1 所示。

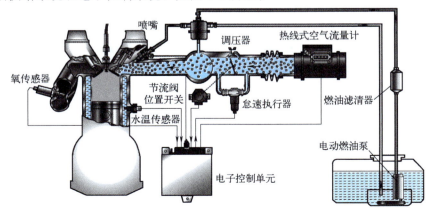

图 4-1 电控汽油喷射系统的组成

① 空气供给系统。空气供给系统的功用是为发动机提供清洁的空气并控制发动机正常工作时的供气量，主要由空气滤清器、空气流量计、节气门体、进气歧管等组成。

空气经空气滤清器后，用空气流量计测量，通过节气门体进入进气总管，再分配到各进气歧管。在进气歧管内，从喷油器喷出的汽油和空气混合后被吸入气缸内燃烧。驾驶员通过操纵节气门的开度来控制每个工作循环的进气量，发动机怠速时节气门几乎处于关闭状态，空气流量由怠速控制阀来控制，保证冷启动和暖车时加大空气量，实现快怠速转速。正常怠速后恢复怠速空气量。

② 燃油供给系统。燃油供给系统的功用是供给喷油器一定压力的燃油，喷油器则根据电脑指令喷油，主要由燃油箱、电动燃油泵、燃油滤清器、燃油压力调节器、油轨及喷嘴等组成。

电动燃油泵抽吸燃油箱内的汽油，经燃油滤清器过滤后，由燃油压力调节器调压，然后经油轨配送给各个喷油器，喷油器根据 ECU 发出的指令将适量的汽油喷入各进气歧管或气缸。

③ 电子控制系统。电子控制系统的功用是根据各种传感器的信号，由 ECU 进行综合分析和处理，通过执行器控制喷油量等，使发动机具有最佳性能。该系统还具有故障自诊断功能，可保存故障代码，并通过故障指示灯或解码仪等输出故障代码。从控制原理来看，电子控制系统由传感器、ECU 和执行器三大部分组成。

3. 电控汽油喷射系统的类型

① 按喷射位置不同，电控汽油喷射系统可分为气缸外（进气管）喷射和气缸内直接喷射两种类型。

气缸内直接喷射技术是近年来研究和开发的发动机新技术，它是将喷油器安装在气缸盖上，把燃油直接喷入气缸内，配合气缸内组织的气体流动形成可燃混合气，容易实现分层燃烧和稀混合气燃烧，可进一步提高汽油机的经济性和排放性。

目前汽车上应用的电控汽油喷射系统一般都是气缸外喷射，且喷射位置是进气管，故也称为进气管喷射。气缸外喷射系统按喷油器的数量不同，又可分为单点喷射（SPI）系统和多点喷射（MPI）系统，如图 4-2 所示。

a. 单点喷射（SPI）系统。如图 4-2（a）所示，在节气门上方装一个中央喷射装置，用 1～2 个喷油器将燃油喷射在节气门的前方，燃油喷入后随空气流入进气歧管内，再进入气缸。单点喷射又称节气门体喷射（TBI）或中央喷射（CFI），结构简单，工作可靠，对发动机本身的改动量小，成本低，安装性好。

b. 多点喷射（MPI）系统。如图 4-2（b）所示，每个气缸进气门处均设一个喷油器，由电子控制单元控制喷油，因此多点喷射又称多气门喷射。多点喷射可保证各缸混合气的均匀和空燃比的一致性，现在多缸发动机多采用此系统。

② 按喷射方式不同，可分为连续喷射和间歇喷射。

连续喷射是在发动机整个工作过程中不间断喷油，且大部分汽油是在进气门关闭时喷射的，因此大部分汽油在进气道内蒸发。此种方式不考虑各缸工作顺序和喷油时刻，控制简单。

间歇喷射是在发动机整个工作过程

(a) 单点喷射

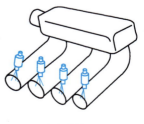
(b) 多点喷射

图 4-2　喷油器喷射位置

中，汽油间歇地喷入进气道内，目前应用广泛。采用间歇喷射的多点电控汽油喷射系统中，按各缸喷油的喷射顺序又可分为同时喷射、分组喷射和顺序喷射，如图 4-3 所示。

a. 同时喷射。将各气缸的喷油器并联，所有喷油器由电脑的同一个指令控制，同时喷油，同时断油，如图 4-3（a）所示。

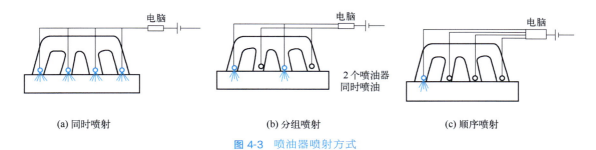

(a) 同时喷射　　(b) 分组喷射　　(c) 顺序喷射

图 4-3　喷油器喷射方式

b. 分组喷射。将各气缸的喷油器分成几组，同一组喷油器同时喷油或断油，如图 4-3（b）所示。

c. 顺序喷射。喷油器由电脑分别控制，按发动机各气缸的工作顺序喷油，如图 4-3（c）所示。

现在多缸发动机电控汽油喷射系统多采用分组喷射或顺序喷射。

③ 按空气量的计量方式不同，可以分为 D 型和 L 型。

a. D 型电控汽油喷射系统。利用进气歧管绝对压力传感器检测进气歧管绝对压力，电脑根据进气歧管绝对压力和发动机转速计算出发动机进气量，再产生与之相对应的喷油脉冲，控制喷油器喷射适量的汽油，如图 4-4 所示。

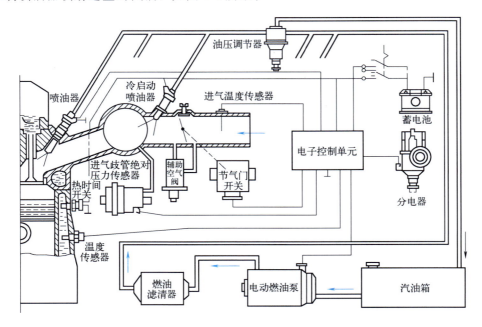

图 4-4　D 型电控汽油喷射系统

b. L 型电控汽油喷射系统。利用空气流量计直接测量发动机的进气量，电脑不必进行推算，可根据空气流量计信号和发动机转速信号计算与该进气量相应的喷油量。由于消除了推算进气量误差的影响，L 型测量的准确度比 D 型高，故对混合气浓度的控制更加精确。

④ 按有无反馈信号分为开环控制系统和闭环控制系统。

a. 开环控制系统（无氧传感器）。将通过实验室确定的发动机各工况的最佳供油参数预先存入电脑。在发动机工作时，电脑根据系统中各传感器的输入信号，判断自身的工况，并计算出最佳喷油量。其精度直接依赖于所设定的基准数据和喷油器调整标定的精度。当工况超出预定范围时，不能实现最佳控制。

b. 闭环控制系统（有氧传感器）。在系统中，发动机排气管上加装了氧传感器，根据排气中含氧量的变化，判断实际进入气缸的混合气空燃比，再通过电脑与设定的目标空燃比进行比较，并根据误差修正喷油量。在运行过程中，控制系统不断进行测试和调整，使实际空燃比保持在最佳值附近，达到最佳控制的目的。

闭环控制系统可达到较高的空燃比控制精度，并可消除因产品差异和磨损等引起的性能变化，工作稳定性好，抗干扰能力强。但是，为了使排气净化达到最佳效果，只能运行在理论空燃比 14.7 附近。对启动、暖机、怠速、加速、满负荷等特殊工况，仍需采用开环控制，使喷油器按预先设定的浓混合气配比工作，以满足发动机特殊工况的要求，所以目前普遍采用开环和闭环相结合的控制方案。

 任务实施

电控汽油机燃料供给系统的认识

① 电控汽油喷射系统类型。

a. 按喷射位置不同，电控汽油喷射系统可分为气缸外（进气管）喷射和气缸内直接喷射两种类型。气缸外喷射按喷油器的数量不同，又可分为单点喷射（SPI）系统和多点喷射（MPI）系统。

b. 按喷射方式不同，可分为连续喷射和间歇喷射。间歇喷射又可分为同时喷射、分组喷射和顺序喷射。

c. 按空气量的计量方式不同，可以分为 D 型和 L 型。

d. 按有无反馈信号分为开环控制系统和闭环控制系统。

请结合实训室实训车辆和台架，查看哪些发动机是电控汽油机，并记录其型号、类型。

② 结合已学知识，并查阅有关资料等，说明图 4-5 所示电控汽油机类型，并将其组成部件名称填入表 4-1。

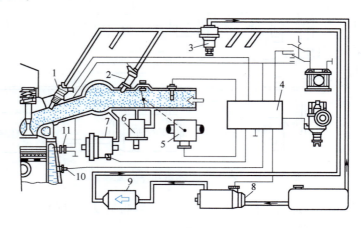

图 4-5　电控汽油机

项目四 电控汽油机燃料供给系统的构造与检修

表 4-1 电控汽油机组成部件

电控汽油喷射系统类型：

1.	2.	3.	4.	5.	6.
7.	8.	9.	10.	11.	

③ 电控汽油喷射系统由空气供给系统、燃油供给系统和电子控制系统三个子系统组成，试将图 4-5 所示 11 个元器件分到三个子系统中（表 4-2）。

表 4-2 电控汽油喷射系统

空气供给系统	燃油供给系统	电子控制系统:传感器	电子控制系统:ECU	电子控制系统:执行器

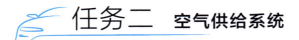

任务二　空气供给系统

 任务引入

客户李先生的别克威朗轿车已经行驶了 5000km，他开车来到别克 4S 店进行维护。服务顾问在询问车况并检查车辆后将车辆交给维修技师，维修技师根据维护手册的要求对此车进行 5000km 维护，其中要进行发动机空气滤芯的更换。下面将学习电控汽油喷射系统的空气供给系统的相关知识并按流程进行空气滤芯的更换。

本任务要求学生掌握电控汽油喷射系统的空气供给系统的组成及主要部件的结构、组成、工作原理等，能够进行主要部件的拆装检测。

 知识准备

一、空气供给系统的组成和功用

电控汽油喷射系统的空气供给系统基本相同，主要组成包括空气滤清器、进气管、节气门体、进气总管、进气歧管等，如图 4-6 所示。怠速控制系统的怠速控制阀和控制系统的进气温度传感器、节气门位置传感器、进气管绝对压力传感器（D 型）或空气流量计（L 型）也安装在空气供给系统中。在部分电控汽油喷射发动机的空气供给系统中，还装有其他系统（如可变进气控制系统等）的元件。

空气供给系统的功用是为发动机提供清洁的空气并控制发动机正常工作时的进气量。进气系统的工作原理如图 4-7 所示。发动机工作时，空气经空气滤清器过滤后，通过空气流量计（L 型）、节气门体进入进气总管，再通过进气歧管分配给各缸。节气门体中设有节气门，用以控制进入发动机的空气量，从而控制发动机的输出功率（负荷）。在节气门体的外部或内部设有与主进气道并联的旁通怠速进气通道，并由怠速控制阀控制怠速时的进气量。

在 L 型电控汽油喷射系统中［图 4-7（a）］，流经怠速控制阀的空气首先经过空气流量计测量。而在 D 型汽油喷射系统中［图 4-7（b）］，进气管绝对压力传感器测量的是进气总管内的绝对压力，流经怠速控制阀的空气也在检测范围内。怠速控制阀由 ECU 直接控制。

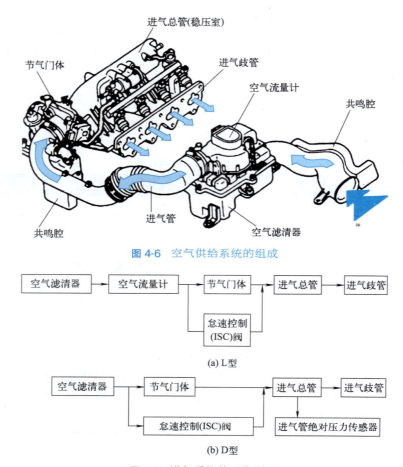

图 4-6 空气供给系统的组成

```
空气滤清器 → 空气流量计 → 节气门体 → 进气总管 → 进气歧管
                              ↑
                         怠速控制
                         (ISC)阀
```

(a) L型

```
空气滤清器 → 节气门体 → 进气总管 → 进气歧管
              ↓           ↓
         怠速控制(ISC)阀  进气管绝对压力传感器
```

(b) D型

图 4-7 进气系统的工作原理

二、空气供给系统的主要部件

1. 空气滤清器

空气滤清器由滤芯和壳体组成,其中,壳体又分为上壳体和下壳体。它主要用于清除空气中的微粒杂质,以减少气缸、活塞和活塞环的磨损。

按结构不同,分为干式空气滤清器和湿式空气滤清器。目前汽油发动机中广泛采用干式空气滤清器。干式空气滤清器内部装有一个滤芯,当外部空气进入发动机时,滤芯可以过滤掉空气中的灰尘及其他颗粒,如图4-8所示。干式空气滤清器用折叠状的滤纸作滤芯,具有结构简单、体积小、质量轻、保养方便等优点。干式空气滤清器的滤芯必须定期清洁或更换。

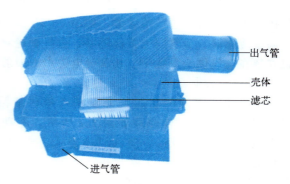

图 4-8 空气滤清器的结构组成

2. 节气门体

节气门体安装在进气管中,用以控制发动机正常工况下的进气量。节气门体有拉索式节气门体和电子节气门体等形式。目前很多发动机已经不再采用拉索式节气门体，而是采用电子节气门体。

早期的拉索式节气门体主要由节气门和怠速空气道等组成。由于电控汽油喷射发动机怠速运转时，一般将节气门完全关闭，所以专门设有怠速空气道，以供给发动机怠速时所需的空气。怠速空气道由 ECU 通过怠速控制阀控制，如图 4-9 所示。现在的电子节气门体主要由节气门、节气门驱动电动机等组成，用于控制进入气缸的空气量，如图 4-10 所示。

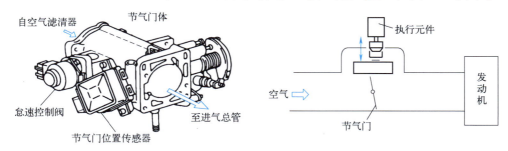

图 4-9　拉索式节气门体的结构及原理

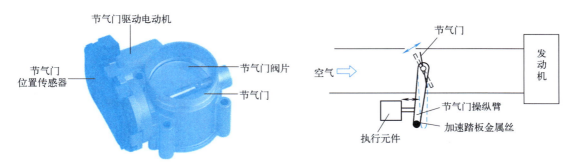

图 4-10　电子节气门体的结构及原理

3. 进气总管和进气歧管

进气总管是指空气滤清器至进气歧管之间的管道。在电控汽油喷射式发动机的进气总管上，装有空气流量计（或进气压力传感器），以便对进入气缸的空气进行计量。

为了提高发动机的充气效率，通常按有效利用进气压力的原理设计进气总管的长度、形状和结构，进气总管上常附有各种形状的气室。如进气总管上设有共鸣腔，其目的是充分利用进气总管内的空气动力效应增加各种工况下的充气量，以提高发动机的动力性。进气歧管是进气总管后向各气缸分配空气的支管。电控汽油喷射式发动机进气总管和进气歧管的结构如图 4-11 所示。

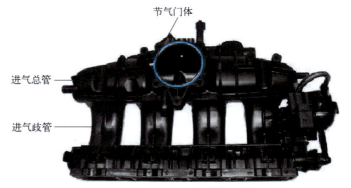

图 4-11　电控汽油喷射式发动机进气总管和进气歧管的结构

进气歧管一般由铸铁或铝合金铸造，轿车发动机多用铝合金制造，现代汽车也用工程塑料制造。进气歧管用螺栓固定在气缸体或气缸盖上，其结合面处装有衬垫，以防止漏气。

任务实施

空气供给系统的拆装与检修

1. 空气滤清器的拆装与检修

干式空气滤清器需定期检测清洁，按时更换。检测空气滤清器时，如果发现滤芯过脏甚至堵塞，应及时清洗或更换，否则会影响发动机的正常工作。更换滤芯时需要注意以下几点。

① 断开空气滤清器进、出气管时，必须立即对断开的管路或接口处做防护处理，以免进入杂物。

② 安装新的滤芯时，应确认空气滤清器壳体内无杂物，并确保滤芯安装到位。

③ 安装空气滤清器进、出气管前，应确保管路或接口处无杂物；安装完成后，应确保管路接口处连接牢固。

2. 节气门体的拆装与检修

对节气门体进行检测时，主要查看节气门和节气门阀片上是否有沉积物；怠速时，查看节气门是否关闭严密。若有问题，应及时拆卸、清洗并维修节气门体。具体操作步骤如下。

① 踩下加速踏板，查看节气门阀片是否能平滑转动。

② 拆卸节气门体，将专用节气门清洗剂喷在软布上，以清洁主流道的污垢。

③ 用手扳开节气门阀片，清洁被节气门阀片边缘遮挡而无法清洁到的部分。

④ 清洁节气门阀片端面的污垢，并使用软布对其反复擦拭。

注意：严禁使用硬物进行刮除，因为硬物会对主流道表面造成物理损伤，使怠速流量发生变化。

⑤ 查看节气门阀片关闭是否严密，螺栓是否紧固。

⑥ 安装节气门体后，正常启动发动机，查看节气门体是否正常工作。

注意：切勿将节气门体浸泡在清洗溶液中，这样会使液体进入其内部并损坏传感器；使用超声波清洗将会快速损坏节气门体。绝对不允许用砂纸或刮刀等清理积垢和结胶，以免损伤节气门体内腔，导致节气门关闭不严或改变怠速空气道尺寸，影响发动机正常工作。

3. 进气系统检测

检查进气系统各连接部位，应连接可靠，密封垫应完好，无漏气。

如果进一步检测，可采用进气真空度检测法来检测进气系统是否有漏气故障。

任务三　燃油供给系统

 任务引入

客户李先生的别克威朗轿车已经行驶了50000km，他开车来到别克4S店进行维护。服务顾问在询问车况并检查车辆后将车辆交给维修技师，维修技师根据维护手册的要求对此车进行50000km维护，其中主要是燃油供给系统的清洗维护保养及燃油滤清器的更换。下面将学习燃油供给系统的相关知识并按流程进行燃油供给系统的清洗维护保养。

本任务要求学生掌握电控汽油喷射系统的燃油供给系统的功能、组成及主要部件的结构、组成、工作原理等，能够正确使用拆装、检测等工具、设备进行燃油供给系统的清洗维护保养和主要部件的拆装检测。

 知识准备

一、燃油供给系统的功能和组成

燃油供给系统的功能是储存并滤清燃油，根据发动机各工况要求向发动机供给清洁的、具有适当压力并经过精确计量的燃油。

燃油供给系统主要由燃油箱、燃油泵、燃油滤清器、燃油分配管（油轨）、燃油压力调节器和喷油器等组成（图4-12）。发动机工作时，燃油泵将燃油从燃油箱中吸出，经过燃油滤清器，流入燃油分配管，然后由燃油分配管送至喷油器，喷油器根据电子控制系统指令进行喷油。燃油压力调节器可对燃油压力进行调节，并使多余的燃油流回燃油箱。某些发动机的燃油输送通道中还配有燃油压力脉动阻尼器（位于燃油分配管一侧），用于削弱燃油脉动现象。

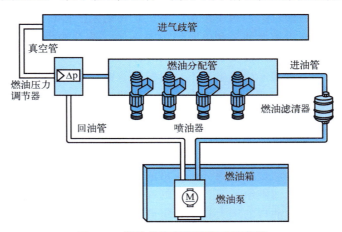

图 4-12　燃油供给系统的组成示意图

二、燃油供给系统的主要部件

1. 燃油箱

燃油箱一般由防腐金属或聚乙烯制成，用来存储燃油。燃油箱的数目、容量、外形及安装位置都随车型的不同而不同，一般安装在底盘后部靠近后桥的位置。燃油箱内设有隔板，其作用是防止燃油在燃油箱内四处晃动和飞溅。当汽车进行快速起步、急停车及转弯等操作时，隔板有助于限制燃油流动。

轿车燃油箱多为聚乙烯制成，设有油面传感器、输油管、加油管及燃油箱盖等。油面传感器用来检测燃油箱内的燃油量。当燃油量过低时，仪表盘上的燃油量报警灯会点亮报警。如图4-13所示。

燃油箱盖上装有空气阀和蒸气阀（图4-14），以防止油箱内的气压过高或过低。当燃油箱燃油减少、压力降低到0.098MPa时空气阀开启进气，空气进入燃油箱，使燃油泵能够正常供油。当燃油箱燃油蒸气过多、压力大于0.11MPa时蒸气阀开启排气，以保持燃油箱内压力正常。现代汽车上的汽油机都装有燃油蒸发控制系统，替代了蒸气阀，故燃油箱盖只装有空气阀。

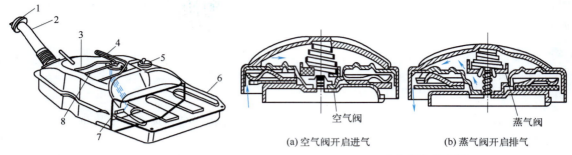

图 4-13 轿车燃油箱的结构

1—燃油箱盖；2—加油管；3—燃油管；
4—输油管；5—油面传感器；6—燃油
箱体；7—浮子；8—回油管

图 4-14 空气阀和蒸气阀

燃油泵工作原理

2. 燃油泵

燃油泵的作用是将燃油从燃油箱中泵出，并以足够的泵油量和泵油压力供油。

汽油机燃油泵可分为机械燃油泵和电动燃油泵两类。按结构类型分为滚柱式、涡轮式、转子式和侧槽式等。电动燃油泵按安装位置不同可分为内置式与外置式两种。内置式安装在燃油箱中，具有噪声小、不易产生气阻、不易泄漏、管路安装简单等特点。外置式串接在燃油箱外部的输油管路中，易布置、安装自由度大，但噪声大，易产生气阻。与外置式相比，内置式不易产生气阻和燃油泄漏，目前电控汽油喷射系统大多采用内置式电动燃油泵。

电动燃油泵基本结构由直流电动机、燃油泵、溢流阀（限压阀）、止回阀、外壳和滤网等组成。图 4-15 所示为涡轮式电动燃油泵的结构，工作时，电动机带动涡轮泵旋转，将燃油从进油口吸入，燃油经电动燃油泵内部，从出油口泵出。止回阀用于在电动燃油泵不工作时阻止燃油回流，以保持燃油供给系统有一定的残余压力，以便于下次启动。溢流阀是为了防止油压过高，当燃油泵出油口的压力超过一定值时，溢流阀自动打开泄压，从而保护电动机。滤网安装在电动燃油泵进油口处，用于过滤大颗粒杂质。这种泵由于涡轮与泵壳不直接接触，故噪声小、振动小、磨损小、可靠性高、油压脉动小，使用寿命长，应用广泛。

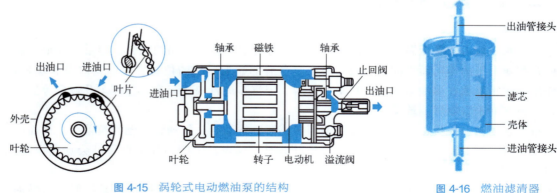

图 4-15 涡轮式电动燃油泵的结构

图 4-16 燃油滤清器

现在的电控汽油机的电动燃油泵一般都通过电控单元（ECU）来控制，可以实现如下全部或部分控制功能。

预运转功能：当点火开关打开而不启动发动机时，燃油泵能预先运转 3~5s，向油管中预充燃油，以保证发动机顺利启动。

启动运转功能：在发动机启动过程中，燃油泵能同时运转，以保证启动供油。

恒速运转功能：在发动机正常运转过程中，燃油泵能始终恒速运转，保证正常的泵油压力和泵油量。

变速运转功能：根据发动机工况的变化控制燃油泵高、低速运转变换。发动机高速大负荷工况下耗油较多时，燃油泵以高速运转；发动机在低速中小负荷工况时，燃油泵低速运转，以减少不必要的燃油、泵磨损和电能消耗。

自动停转保护功能：发动机熄火后，即使点火开关仍处于接通状态，燃油泵也能自动停转。这一功能可防止汽车因碰撞等事故造成油管破裂时的燃油大量外溢，从而避免因点火开关处于接通位置引发火灾。

3. 燃油滤清器

燃油滤清器一般装在燃油箱与燃油分配管之间，主要用于过滤燃油中的杂质，防止堵塞喷油器等部件，减少系统的机械磨损，确保发动机的正常工作。

现在发动机燃油滤清器一般采用纸质滤芯，外壳为密封式铁壳，有一定的耐压能力，使用寿命较长，结构如图4-16所示。燃油滤清器为一次性使用零件，一般每行驶30000～40000km，或每两个二级维护作业周期时，应更换一次燃油滤清器。若使用的燃油中含有较多杂质，应缩短更换周期。在安装燃油滤清器时，应注意其安装方向。

4. 燃油分配管

燃油分配管又称燃油导轨或油轨，主要用于将燃油均匀、等压地输送至各喷油器。另外，其还具有储油储压、减缓油压脉动的作用。燃油分配管截面积一般较大，其容积相对于发动机喷油量来说要大得多，可以防止喷油时燃油压力脉动，保证各缸喷油器的喷油量尽可能一致。

燃油分配管及其上的喷油器组成燃油分配管总成。有的燃油分配管上还安装有燃油压力测试口，以便检测燃油供给系统的压力，如图4-17所示。

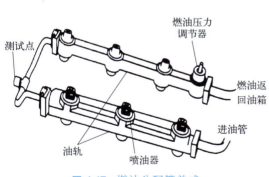

图4-17 燃油分配管总成

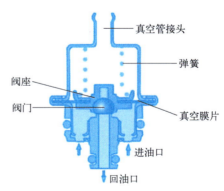

图4-18 燃油压力调节器的结构

5. 燃油压力调节器

燃油压力调节器一般安装在燃油分配管端，用于保证燃油管路与进气歧管之间的压力差值恒定。这样喷油器的喷油量就只与喷油时间有关，发动机电子控制单元（ECU）可以直接通过控制喷油时间来控制喷油量。

燃油压力调节器的结构如图4-18所示。金属壳内有一膜片，膜片将内腔分成两部分：上腔为真空气室，弹簧紧压在膜片上，使回油阀关闭；下腔通往燃油分配管和燃油箱。当燃油压力超过调定值时，膜片下方的燃油推动膜片向上并压缩弹簧，打开回油阀，超压的燃油

燃油压力调节器

流回燃油箱，以保持一定的燃油压力。上腔有一个通气管通进气歧管，这样燃油系统的压力就取决于进气歧管的绝对压力，在节气门处于不同开度时，通过喷油器的压降始终是相同的。

节气门开度变小或发动机转速升高时，进气管真空度变大，膜片克服弹簧弹力向上拱曲度增大，回油阀开度加大，燃油流回燃油箱的较多，系统压力下降。节气门开度变大或发动机转速降低时，进气管真空度变小，膜片克服弹簧弹力向上拱曲度减小，回油阀开度减小，燃油流回燃油箱的较少，系统压力升高。

燃油供给装置的压力与进气管压力之差由弹簧的弹力决定。调节弹簧预紧力即可调节两者之差，达到改变喷油压力的目的。

6. 喷油器

喷油器又称喷油嘴，一般安装在燃油分配管上，它是电控汽油喷射系统中一个重要的执行器。电控喷油器可以根据电子控制模块（ECM）发射的喷油脉冲信号精确地计算出燃油喷射量，并将燃油雾化后准时定量地喷入气门附近的进气歧管中。

喷油器按阻值可分为高阻抗（13～18Ω）和低阻抗（2～3Ω）两类，按结构分为轴针式、球阀式、片阀式。目前常用的是高阻抗轴针式喷油器。此外，喷油器按驱动方式不同，又分为电压驱动式和电流驱动式两种。

喷油器的结构如图4-19所示。喷油器体内有一个电磁线圈3，喷油器头部的针阀6与衔铁5结合成一体。当电控单元送来电流信号时，电磁线圈通电励磁，产生电磁力，将衔铁与针阀吸起，燃油通过精确设计的轴针7的头部环形间隙喷出，在喷油器头部前端将燃油粉碎雾化，与空气混合，并在发动机进气行程中被吸入气缸。当电磁线圈不通电时，磁力消失，弹簧将衔铁和针阀下压，关闭喷孔，停止喷油。电控单元利用电脉冲的宽度来控制喷油器每次打开喷油的时间，从而控制喷油量。

一般喷油器每次打开喷油的时间为2～10ms，针阀升程为0.5mm左右。喷油持续时间越长，喷油量就越大。

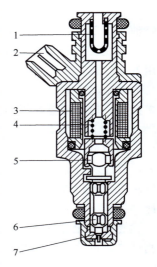

图4-19 喷油器的结构

1—燃油滤网；2—电线插头；3—电磁线圈；4—弹簧；5—衔铁；6—针阀；7—轴针

 任务实施1

燃油供给系统的清洗维护

1. 燃油供给系统不清洗维护的危害

① 积炭和沉积物会堵塞喷油嘴针阀、阀孔，影响喷射系统精密部件的性能，导致喷油不畅、雾化不良、动力性能下降等。

② 积炭和沉积物会致使进气阀门关闭不严，气缸压力下降甚至回火，导致发动机怠速不稳，油耗增大并伴随尾气排放恶化。在活塞顶和气缸盖等部位的积炭，容易使燃烧室局部过热、汽油预热而引起发动机爆震等故障。这些故障都会缩短发动机的使用寿命。

2. 燃油供给系统清洗维护保养方法

① 燃油供给系统定期加入高品质燃油清洁剂（一般20000km使用一次）。它可以在车辆行驶过程中有效地清除燃烧室、进排气门、喷油器及燃油管路的胶质、积炭和沉积物等，保持燃油供给系统各部位清洁。它还可以分解燃油中的水分，提高燃油标号，降低有害物质

排放。尤其是在加入劣质燃油后应立即使用。

② 燃油供给系统定期使用汽油机燃油供给系统免拆清洗设备进行燃油供给系统的全面清洗维护保养（一般 50000km 必须清洗一次），从而有效恢复发动机性能。

③ 定期使用高品质喷油器清洁剂和专用设备清洗喷油器（一般 20000km 清洗一次）。可清除喷油器的积炭，消除发动机抖动、迟滞、雾化不良、加速不良等问题，使油气混合比更精确。可恢复动力、节省燃油、减少有害气体排放，且对喷油器、氧传感器和三元催化器无伤害。

④ 定期使用高品质节气门或进气系统清洗剂清洗节气门体（20000km 清洗一次）。

3. 燃油供给系统清洗

① 添加高品质燃油供给系统清洁剂。驾驶员可自行操作的最简便的方法，是在燃油箱中添加燃油清洁剂，这种方法适合行驶里程较短、积炭情况较轻的车辆，且应严格按照使用说明进行添加。

② 最常用的方法俗称"打吊瓶"。a. 打开燃油箱盖，取出滤网筒，用软管抽出燃油箱内的大部分燃油，留下 10～15cm 深的燃油，并加入 80mL 燃油清洗剂，装上滤网筒并盖上燃油箱盖。b. 拆开发动机进、回油管，将发动机进油管和回油管与免拆清洗机进油管和回油管相连接，并用专用接口连接，形成回路。c. 按免拆清洗机储油罐的刻度或发动机缸数（每缸 100mL 汽油），将燃油加入清洗机储油罐中，并加入 100mL 燃油清洗剂。根据车型调整压力，一般电喷车调整 0.2～0.3MPa。d. 启动发动机，检查进、回油管是否漏油，怠速下清洗 15～20min，每 3～5min 加大一次油门，使清洗掉的积炭和水分从排气管排出。e. 拆开免拆清洗机与发动机进、回油管，恢复汽车油路，启动汽车检查油管是否漏油。f. 打开燃油箱盖并取出滤网筒；用细软的气管接通气泵，将软管由油箱口插入燃油箱底部，以 3kg/cm 的气压吹扫，使燃油箱底部积存的各种杂质被翻腾的汽油清洗掉。在进行清洗时，最好用干净布挡在燃油箱口上，并不断地移动软管吹扫位置。g. 当确认燃油箱底部的杂质等被吹洗干净后，立即放出燃油箱中的全部油。特别提醒：燃油箱中放出的油必须经过滤沉淀后才能加入燃油箱。h. 更换燃油滤清器，加入汽油，启动发动机路试。

此种方法清洗效果较为明显，且可同时清洗油路和气路，较为方便。

③ 使用专业的免拆清洗机。将发动机进、回油管与清洗机进、回油管相连接，使其形成完整的回路，按操作规程操作即可。该方法对燃油供给系统及喷油嘴进行较为彻底的清洗，效果明显且方便快捷。

④ 拆卸燃油供给系统进行清洗。该方法十分麻烦，不仅耗时长，且对维修人员的技术要求也非常高，但清洗效果也是最好的。此种方法适合行驶里程大于 100000km，且油路堵塞十分严重的车辆。若平日注重清洁保养燃油供给系统，则无需使用该燃油供给系统的清洗保养方法。

⑤ 喷油器清洗。需拆下喷油器放入燃油或清洗油中清洗外部油污，用软布擦拭干净。然后将清洗支架放入超声波清洗机清洗槽中，把喷油器装在清洗支架上，在超声波清洗机清洗槽中倒入专用喷油器清洗剂。打开超声波清洗机电源，按下"超声波清洗"键，设置清洗时间为 10min，对喷油器进行清洗。

通常有经验的维修人员手工清洗比机械清洗清洗得更为干净。

注意：清洗后组装时，应更换喷油器的密封圈。

⑥ 节气门体及附件清洗。可用强力喷雾型高效化油器清洗剂对空气流量传感器、节气门、怠速步进电动机及怠速控制阀和进气歧管进行清洗。清洗前需先拆下所要清洗的总成，清洗剂

用前要用力摇匀，接上加长喷管，使用加长喷管进行移动清洗。将积炭、胶质、清漆全部清洗掉。晾干装好后，经过反复几次启动，或试车使ECU重新学习后，故障便可完全排除。

 任务实施2

燃油供给系统的检测

1. 燃油供给系统燃油压力检测

注意事项：①燃油压力的检测必须在通风良好的环境中操作。②在接燃油压力表之前最好拆下蓄电池负极和泄掉燃油压力，同时在车前1m范围内放两个灭火器。③确保燃油压力表接好，试着车几秒检查压力表各接头有无泄漏，如有，更换接头重新接上燃油压力表，确定没泄漏燃油的情况下才能检测燃油压力。

操作步骤及要点：①释放燃油供给系统油压，拆下蓄电池负极电缆、输油管与燃油分配器的接头，用专用接头把燃油压力表连接到输油管上。②安装蓄电池负极电缆，打开点火开关，启动发动机，保持怠速状态，标准的燃油压力值为380～420kPa。说明：如果测量值未达标，则说明燃油泵性能不良，会引起发动机动力不足等故障，此时应更换燃油泵。③拔掉燃油压力调节器上的真空管，燃油压力值应上升到450kPa。说明：正常则说明燃油压力调节器性能正常，否则更换燃油压力调节器；不同车辆压力有所不同。④关闭发动机10min后，燃油的保持压力为300kPa，此为燃油残压，热机为300kPa，冷机为220kPa。说明：燃油残压低于标准值，应分别检查燃油泵的出油止回阀、喷油器和燃油压力调节器回油孔的密封性，可以用排除法检测。先用钳子夹住燃油压力表进油口处，重做一次残压检测。如此次残压正常，说明燃油泵出油止回阀和燃油压力表前的管路密封不良。如燃油压力依然低于标准值，说明燃油泵出油止回阀和燃油压力表前的管路密封良好。用钳子夹住燃油压力调节器的回油管，重做一次残压检测。如此次残压正常，说明燃油压力调节器回油阀损坏。如燃油压力依然低于标准值，则说明喷油器有泄漏。

2. 燃油泵的检测

① 就车检测燃油泵是否工作的方法：a. 在发动机未启动的情况下，先打开燃油箱盖，再打开点火开关，在燃油箱口处仔细听有无燃油泵运转的声音。如果能听到燃油泵运转的声音，且声音在3～5s后又消失，则说明燃油泵工作正常。b. 如果在燃油箱口处无法听到燃油泵运转的声音，则可以在打开点火开关或接通启起动机后，在发动机上方听是否有"嘶、嘶"的燃油流动声。如果有"嘶、嘶"的燃油流动声，则说明燃油泵工作正常。c. 拆下发动机进油管，并打开点火开关或接通启动机，此时如果进油管内有大量燃油流出，则说明燃油泵工作正常。

② 燃油泵拆下后的检测方法：a. 使用数字万用表测量燃油泵两接线柱之间的电阻，正常情况下的电阻值应为2～3Ω。如果电阻值不符合要求，则应及时更换燃油泵。b. 将蓄电池接在燃油泵的两接线柱上，如果能听到燃油泵转子高速转动的声音，则说明其工作正常。c. 将燃油泵浸入装满燃油的油桶中，用专用导线将其与蓄电池接通；接通后，若燃油泵出油口有大量高压燃油泵出，则说明其工作正常。

注意事项：检测时应注意安全，保持通风良好，确保燃油泵接线连接牢固，并且使蓄电池远离燃油泵，最好使用非可燃性的专用检测液。

3. 燃油压力调节器的检测

燃油压力调节器的主要故障包括油压调节不当、阀门关闭不严及真空膜片破裂等。

① 经验法检测。如发现如下异常问题，则应及时更换燃油压力调节器。

a. 油压调节不当会引起油压过高或过低。油压过高会导致发动机油耗增加、怠速不稳、排气管冒黑烟等故障；油压过低会导致发动机动力不足、启动困难等故障。

b. 阀门关闭不严会使燃油管路中的压力过低，从而影响发动机的启动性能。

c. 真空膜片破裂会使燃油泄漏到进气管中，从而导致油耗过高、排气管冒黑烟、发动机启动困难等故障。

② 真空泵检测燃油压力调节器。采用燃油供给系统燃油压力检测方法，连接燃油压力表。启动发动机，打开燃油压力表（测试仪）的截止阀，加大节气门开度，使燃油压力上升到400kPa。关闭点火开关，拔下燃油压力调节器上的真空管，连接手动真空泵。启动发动机，怠速运转时，用手动真空泵向燃油压力调节器施加不同的真空度，燃油压力表应随真空度变化而变化。真空度高，燃油压力降低，真空度低，燃油压力上升，说明燃油压力调节器正常。否则，说明燃油压力调节器损坏。

4. 喷油器的检测

① 测听喷油器的工作声音。测听喷油器的工作声音前，应先启动发动机热车，使其保持怠速运转，再用旋具或听诊器测听各气缸喷油器的工作声音。

发动机运转时，若听到喷油器有节奏地发出"嗒、嗒"声，则说明喷油器工作正常；若各气缸喷油器的工作声音都清脆均匀，则说明各喷油器均工作正常。

如果发现某气缸的喷油器工作声音很小，则说明该喷油器存在异常，可能是针阀卡滞，此时应做进一步检测。

如果没有听见某气缸喷油器的工作声音，则说明该喷油器不工作。此时，应检测喷油器的控制线路或测量喷油器的电磁线圈电阻，若其控制线路及电磁线圈正常，则说明喷油器针阀已经卡死，应更换喷油器。

② 断缸检测。进行断缸检测时，应先启动发动机热车，使其保持怠速运转，再依次拔出各气缸喷油器的线束插头，使喷油器停止喷油，然后通过观察发动机工作状态有无变化来判断喷油器的工作性能是否正常。

若发动机转速明显下降，则说明该喷油器工作正常；若发动机转速无明显变化，则说明该喷油器不工作或工作不良，此时应做进一步检测。

③ 检测喷油器的电磁线圈电阻。拔下喷油器的线束插头，用万用表欧姆挡位测量喷油器两接线柱之间的电磁线圈电阻，正常情况下电阻应为 $12\sim16\Omega$（高阻抗型）或 $3\sim5\Omega$（低阻抗型）。若电阻不符合要求，则应及时更换喷油器。

④ 喷油器喷油质量检测。喷油器可分为单孔和多孔（两孔或四孔）两种。喷油器最主要的检测是喷油量和滴漏的检测，通常在喷油嘴试验台上测试30s的喷油量、有无滴漏、喷射角度。

a. 30s的喷油量应符合厂家规定，如大部分厂家规定30s喷油量为 $85\sim95mL$。个别气缸喷油量过少说明喷油器卡滞，会造成第一次启动困难。个别喷油器卡滞不喷油，会造成加速不良，需更换卡滞的喷油器。所有气缸喷油量都过少，说明燃油滤清器堵塞。燃油滤清器堵塞不会降低燃油压力，但会明显降低供油量。

b. 30s喷油时间内各喷油器不得有滴漏现象发生。哪个喷油嘴有滴漏现象，就必须更换。滴漏是不受ECU控制的额外供油，会造成混合气过浓，严重时会造成该气缸缺火。滴漏不仅造成发动机抖动，油耗增加，三元催化转化器堵塞，而且废气如果在三元催化转化器内燃烧，还能烧坏转化器。

c. 喷射角度主要指喷射油雾的角度。喷射压力低，雾化不好，喷油器节流，会造成加速缓慢，尾气中CO增加。

在做外观检查时,滴漏的喷油器的喷嘴通常发黑。要保证喷油器的正常工作状态,每20000~40000km应清洗一次。

任务四 电子控制系统

任务引入

小张是一名汽车维修人员,他的朋友在遇到汽车故障时都会找他。近日,小张的一位朋友向小张诉苦,说自己的爱车在启动时,需要很长时间才能启动,而且启动后很容易熄火。小张用汽车故障诊断仪检测了发动机数据,发现空气流量计信号过弱。该信号过弱可能是空气流量计本身故障导致的,也可能是进气系统漏气或三元催化转换器堵塞等导致的。经过进一步检查,发现空气流量计本身出了故障。更换空气流量计后,故障排除。

本任务要求学生熟悉电子控制系统的组成、功能,掌握电子控制系统主要传感器的功能、结构及工作原理,熟悉燃油喷射控制和怠速控制,能够正确使用万用表、示波器和诊断仪等检测设备,能够进行电子控制系统的主要元器件的检测和怠速控制调整。

知识准备

一、电子控制系统的功能和组成

电子控制系统的功能是根据各种传感器的信号,由电控单元ECU进行综合分析和处理,通过执行装置控制喷油量等,使发动机具有最佳性能。该系统还具有故障自诊断功能。电子控制系统由传感器、电子控制单元(ECU)和执行器组成,如图4-20所示。

传感器是一种将物理信息转换成电信号的装置,主要用于接收信号,并将信号传递至ECU。其主要包括空气流量传感器、进气歧管绝对压力传感器、凸轮轴/曲轴位置传感器、节气门位置传感器、进气温度传感器、冷却液温度传感器和氧气传感器等。

电子控制单元接收传感器的信号,并发出控制指令,从而实现相应的控制功能。它是以微处理器为核心的计算机控制装置,包括硬件和软件两部分。硬件部分由微处理器、输入电路和输出电路等构成;软件部分包括ECU运行所需的各种程序、基本数据和一些工况修正系数等。

执行器主要用于接收ECU发出的各种控制指令,并进行必要的动作,从而实现相应的功能。电子控制系统的执行器包括喷油器、节气门控制部件、点火线圈、电动燃油泵和故障指示灯等。

二、电子控制系统的主要传感器

1. 空气流量传感器

空气流量传感器(AFS)又称空气流量计,一般安装在空气滤清器的后部、节气门体的前部,主要用于测量发动机的进气量,并将信号传递至ECU,作为确定基本喷油量的重要信号之一。

空气流量传感器包括叶片式、量心式、卡门旋涡式、热线式和热膜式等类型。其中,叶片式、量心式和卡门旋涡式空气流量传感器均为体积流量型,而热线式和热膜式空气流量传感器则为质量流量型。

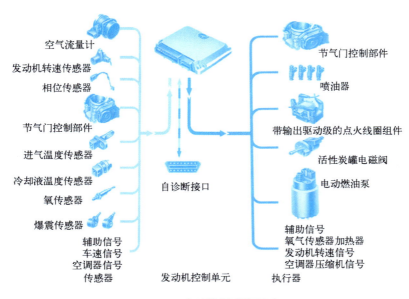

图 4-20 电子控制系统组成

（1）卡门旋涡式空气流量传感器

在进气管道正中间设有一流线型或三角形的涡流发生器，当空气流经该涡流发生器时，在其后部的气流中会不断产生一列不对称但却十分规则的被称为卡门涡流的空气涡流。根据卡门涡流理论，这个旋涡行列紊乱地依次沿气流流动方向移动，其移动的速度与空气流速成正比，即在单位时间内通过涡流发生器后方某点的旋涡数量与空气流速成正比。因此，通过测量单位时间内旋涡的数量就可计算出空气流速和流量。卡门旋涡式空气流量传感器有反光镜检出式和超声波检出式两种类型。

图 4-21 所示为反光镜检出式卡门旋涡式空气流量传感器的结构。传感器内有一只发光二极管和一只光敏晶体管及金属簧片、涡流发生器等。发光二极管发出的光束被一片反光镜反射到光敏晶体管上，使光敏晶体管导通。反光镜安装在一片很薄的金属簧片上。金属簧片在进气气流旋涡的压力作用下产生振动，其振动频率与单位时间内产生的旋涡数量相同。由于反光镜随簧片一同振动，因此被反射的光束也以相同的频率变化，致使光敏晶体管也随光束以同样的频率导通、截止。ECU 根据光敏晶体管导通、截止的频率，即 0V 和 5V 交替变化的方波信号，计算出进气量。

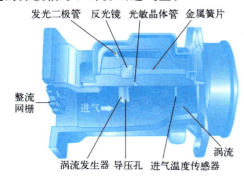

图 4-21 卡门旋涡式空气流量传感器

图 4-22 热膜式空气流量传感器

（2）热膜式空气流量传感器

热膜式空气流量传感器主要由线束插座、混合电路盒、热膜、金属滤网、导流格栅等组成，如图4-22所示。其中，热膜是由发热金属铂固定在薄的树脂膜上构成，与混合电路盒等电路共同构成惠斯通电桥电路；为消除温度的影响，电桥内设有温度补充电阻。热膜式空气流量传感器测量误差小，结构简单，抗污能力强，价格便宜，在现在汽车发动机中应用广泛。

发动机启动后，空气流流经热膜使其热量散失，温度降低，此时为保持热膜温度恒定，维持电桥平衡，与热膜相连的电桥将改变电流。当空气流的流量发生变化时，流经热膜的电流也会发生相应的变化，致使同桥精密电阻的电压发生变化（输出电压），ECU通过精密电阻输出线性电压（一般1～5V）来计算进气量。

2. 进气歧管绝对压力传感器

进气歧管绝对压力传感器（MAP）安装于节气门体后，与进气总管（动力腔）相连，用于测量进气歧管内空气的绝对压力，并将其转变为电压信号输送到发动机ECU，ECU据此信号和发动机转速信号确定实际进气量，作为确定喷油器基本喷油量的依据。

根据检测原理的不同，进气歧管绝对压力传感器可分为压敏电阻式、电容式、膜盒式和表面弹性波式等类型。其中，压敏电阻式进气歧管绝对压力传感器因尺寸小、精度高、成本低、响应性好及抗振性好等优点而被广泛应用。

压敏电阻式进气歧管绝对压力传感器由硅膜片、集成电路、滤清器、真空室和壳体等组成，如图4-23（a）、（b）所示。硅膜片是压力转换元件，它是利用半导体的压电效应制成的，即变电阻元件。硅膜片的一面是真空室，另一面是进气总管导入的进气压力。集成电路是信号放大装置，它的端头与ECU连接。

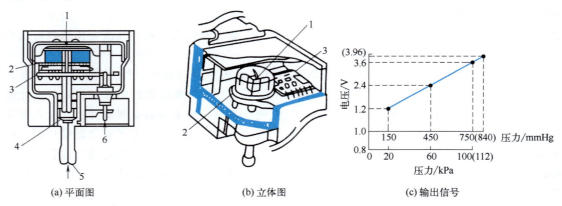

图4-23 压敏电阻式进气歧管绝对压力传感器
1—硅膜片；2—真空室；3—集成电路；4—滤清器；5—进气端；6—接线端

发动机工作时，从进气总管来的空气经传感器的滤清器滤清后作用在硅膜片上，硅膜片产生变形；由于进气流量对应着相应的进气压力，故进气流量越大，进气总管压力就越高，硅膜片变形也就越大。硅膜片的变形使扩散在硅膜片上的电阻的阻值改变，导致电桥输出的电压发生变化。传感器上的集成电路将电压信号放大处理后，送到电控单元，此信号成为电控单元计算进入气缸空气量的主要依据，如图4-23（c）所示。

3. 凸轮轴/曲轴位置传感器

凸轮轴位置传感器和曲轴位置传感器统称为相位传感器，主要用于测量凸轮轴位置和转角、曲轴转角或发动机转速,并将信号传递至ECU,作为燃油喷射和点火控制的主控信号之一。

凸轮轴位置传感器又称判缸传感器CIS（cylinder identification sensor,CIS）,为了区别于曲轴位置传感器（CPS）,凸轮轴位置传感器一般都用CIS表示。凸轮轴位置传感器的功用是采集凸轮轴的位置信号,并输入电控单元,以便电控单元识别出1缸压缩上止点,从而进行顺序喷油控制、点火时刻控制和爆震选择控制。此外,凸轮轴位置信号还用于发动机启动时识别出第一次点火时刻。因为凸轮轴位置传感器能够识别出是哪一缸到达上止点,所以称为判缸传感器。

凸轮轴/曲轴位置传感器的作用及工作原理基本相同。按照工作原理的不同,凸轮轴/曲轴位置传感器可分为磁电感应式、霍尔效应式和光电式等。它们可安装到一起,也可分开安装,但都必须安装在与曲轴有精确传动关系的位置上,如曲轴前端、凸轮轴前后端、飞轮或分电器处。现在汽车发动机上广泛应用的是磁电感应式、霍尔效应式两种,这两种类型的传感器的工作原理和特点如下。

(1) 磁电感应式传感器的工作原理和特点

磁电感应式传感器的工作原理如图4-24所示。传感器是由信号轮1、永久磁铁和铁芯组成的感应头2及感应线圈3组成,感应头的端部与信号轮齿顶之间具有1mm左右的间隙。信号轮旋转时,每当信号轮轮齿接近和离开感应头时,通过感应线圈的磁通量将随着齿形的凹凸产生相应的变化,从而在感应线圈上感应出交流信号。信号轮转过一圈,在感应线圈的输出端将产生与信号轮齿数相同个数的交流信号,ECU根据输出信号的个数、周期及与发动机转速的关系,就能计算出发动机转速和曲轴转角。磁电感应式传感器具有结构简单、价格便宜的优点,但也存在输出电压随发动机转速波动的不足。

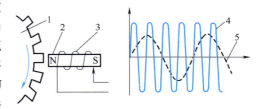

图4-24 磁电感应式传感器的工作原理
1—信号轮；2—感应头；3—感应线圈；4—高速时的输出信号；5—低速时的输出信号

(2) 霍尔效应式传感器的工作原理和特点

霍尔效应原理指出：在磁场中,当电流以垂直于磁场方向流过置于磁场中的霍尔半导体基片时,在与电流和磁场垂直的霍尔基片两个横向侧面上,将产生一个与电流和磁场强度成正比的电位差,称为霍尔电压,如图4-25所示。霍尔电压与霍尔半导体材料的特性、基片厚度、通过电流的大小及磁场强度等因素有关。

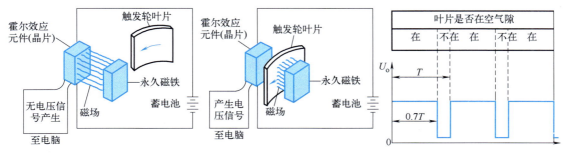

图4-25 霍尔效应式传感器工作原理

利用霍尔效应原理制成的霍尔效应式传感器的基本结构如图4-25所示。传感器由带有叶片或触发轮齿的信号轮（叶轮）和包括永久磁铁及由霍尔效应元件集成的霍尔信号发生器组成，其产生如图 4-25 所示的脉冲信号。霍尔效应式传感器具有输出电压不受发动机转速高低影响的优点，但由于叶片或触发轮齿数量受自身结构的限制，存在分度较粗的不足。

4. 节气门位置传感器

节气门位置传感器的功用是将节气门开度的大小转变为电信号送到 ECU，ECU 根据此信号判别发动机的工况，并根据发动机不同工况对混合气浓度的需求来修正喷油器的喷油量。节气门位置传感器有线性式、开关式和组合式三种，现在汽车发动机大多采用线性式或组合式。

图 4-26 所示为组合式节气门位置传感器的结构和电路原理，其由线性电位计（可变电阻器）、滑动触头、节气门轴、壳体、4 个接线端子等构成。传感器滑动触点可在可变电阻器上滑动，利用电阻值的变化测得与节气门开度对应的电压信号，如图 4-26 所示；怠速触点用于检测节气门全关闭的状态，以提供准确的怠速信号。

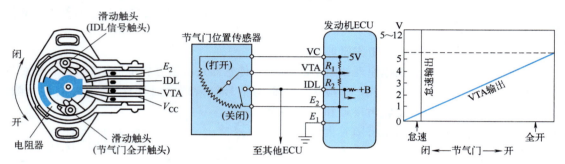

图 4-26　组合式节气门位置传感器的结构和电路原理

5. 温度传感器

温度传感器的功用就是检测发动机冷却液温度、进气温度和排气温度信号，并将这些信号传送给 ECU。ECU 根据这些温度信号修正喷油量和点火时间，从而获得浓度较为合适的混合气和最佳点火提前角。按其功用不同分为进气温度传感器（ATS）和冷却液温度传感器（CTS）等。

温度传感器

冷却液温度传感器安装在发动机冷却液通道上，与发动机冷却液直接接触，用于测量冷却液温度，并将其转变为电压信号传递给发动机电控单元，用于修正喷油量和点火时刻。

进气温度传感器通常安装在空气流量传感器（进气歧管绝对压力传感器）内或空气滤清器之后的进气管上，用于测量发动机进气温度，并将其转变为电压信号传递给发动机电控单元，用于修正喷油量和点火时刻。

汽车发动机上普遍采用的是热敏电阻式温度传感器。热敏电阻式进气温度传感器的结构形式如图 4-27（a）所示，先将热敏电阻材料制作成药片形状，然后在药片的两个端面各引出一个电极并连接到传感器插座上，分别与 ECU 插座上的相应端子连接，以便可靠传递信号，如图 4-27（c）所示。

这种热敏电阻式温度传感器是利用半导体的电阻值随温度变化而变化的特性制成的。其突出优点是灵敏度高、响应特性好、结构简单、成本低廉；缺点是温度高时线性差，仅限于在 300℃ 以内使用。

汽车上的冷却液温度传感器和进气温度传感器普遍采用负温度系数热敏电阻，输出特性如图 4-27（b）所示，热敏电阻相当于一只可变电阻，当传感器温度升高时，输出阻值减小；反之，当传感器温度降低时，输出阻值增大。

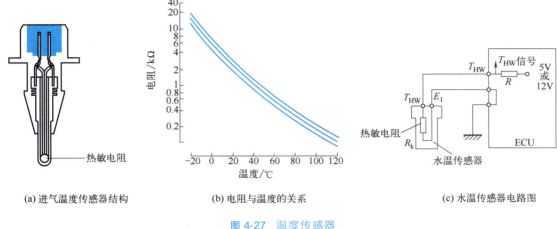

图 4-27 温度传感器

6. 氧传感器

氧传感器包括前氧传感器（窄型氧传感器）和后氧传感器［宽型氧传感器/空燃比（A/F）传感器］两种。氧传感器一般安装在排气管上，前氧传感器安装在催化转换器前，后氧传感器安装在催化转换器后，主要用于测量排气气流中的氧含量，并将测量结果转换成模拟电压信号发送至 ECU。

ECU 根据前氧传感器的输出信号修正喷油量，实现对混合气空燃比的闭环控制，将空燃比控制在理想空燃比 14.7 附近，使发动机能够得到最佳浓度的混合气，从而降低有害气体的排放量。将后氧传感器的输出信号与前氧传感器的输出信号对比，可以检测催化转换器是否正常工作。

目前汽车采用的前氧传感器有氧化钛式和氧化锆式两种。前氧传感器按是否加热，可分为加热型与非加热型两种。按照氧传感器后面线的数量划分，可以分为1线、2线、3线、4线、5线和6线，现在前氧传感器应用最多的是4线，后氧传感器多采用5线或6线。

（1）氧化锆式氧传感器

现代汽车上常用的前氧传感器是氧化锆式氧传感器，其结构如图 4-28 所示，主要由钢质护管、二氧化锆制成的陶瓷管（锆管）、电极引线等组成。锆管内、外表面都喷涂有一层铂膜作为电极，并与传感器信号输出端子相连接。锆管内表面通大气，外表面通排气管。二氧化锆固体电解质陶瓷属于多孔性材料，氧离子在其内部能够扩散和渗透。当氧离子在锆管中扩散时，锆管内外表面之间的电位差将随氧离子浓度差的变化而变化，因此，锆管相当于一个可变电压的化学微电池，传感器的信号源相当于一个随氧离子浓度变化的可变电压电源。

在 400℃ 以上的高温时，氧气发生电离，若锆管内、外表面接触的气体中存在氧的浓度差别，则在固体电解质（二氧化锆元件）内部，氧离子从大气一侧向排气管一侧扩散，形成微电池，锆管内、外表面的两个铂电极之间将产生电压。当供给发动机的可燃混合气浓（即空燃比小于 14.7）时，排气管中氧离子含量较低，锆管内、外表面的氧离子浓度差较大，锆管两个铂膜电极之间的电位差较高，约为 0.9V，如图 4-29 所示。当供给发动机的可燃混合气稀时，由于排气管中氧离子含量较高，锆管内、外表面之间的氧离子浓度差较小，锆管两个铂膜电极之间的电位差较低，约为 0.1V，如图 4-29 所示。

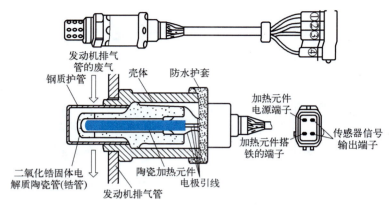

图 4-28 氧化锆式氧传感器的结构

由于氧化锆只有在 400℃ 以上的高温中才能正常工作，所以将其安装在温度较高的排气管上。同时，为了使氧传感器迅速达到工作温度而投入工作，常采用热敏电阻式加热器对锆管进行加热。加热器由汽车电源（12～14V）供电，由发动机的 ECU 控制，一般通电 30s 便可达到工作温度。正热敏电阻式加热器的电阻随温度升高而变大。

（2）氧化钛式氧传感器

氧化钛式氧传感器因其结构简单、造价便宜、抗腐蚀、抗污染能力强等优点曾得到广泛的应用。其结构如图 4-30 所示，主要由二氧化钛元件、引线、保护外壳和接线端子等组成。

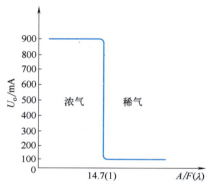

图 4-29 氧化锆氧传感器电压特性

氧化钛式氧传感器是利用电阻的变化来判别含氧量。对氧气敏感、易于还原的导体材料氧化钛与氧气接触时发生氧化-还原反应，使晶格结构发生变化，从而导致电阻值变化。它是一种电阻型气敏传感器，就像冷却液温度传感器一样，有电阻高低的变化。只要供给一参考电压，即可由电压得知当时混合气的状况。近年来的车型为了使氧化钛式氧传感器有与氧化锆式氧传感器相同的变化，将参考电压改成 1V，所以其信号电压也在 0～1V 的范围内。混合气稀，尾气中氧的含量高，则氧化钛式氧传感器呈现高电阻的状态，此时 1V 电源电压经氧传感器电阻降压，返回 ECU 的输出电压信号低于 0.45V；混合气浓，尾气中氧的含量低，则氧化钛式氧传感器因缺氧而形成低电阻的状态，此时 1V 电源电压经氧传感器电阻降压，返回 ECU 的信号电压高于 0.45V，如图 4-31 所示。

同理，为了使氧化钛式氧传感器能迅速达到它的工作温度（300℃），在氧传感器内部有热敏电阻加热器进行加热，所以目前的氧化钛式氧传感器大部分都为 4 线式。氧化钛式氧传感器应用范围很小，其占比为车上氧传感器使用数量的 1%。

（3）空燃比传感器（宽型氧传感器）

氧传感器在理论空燃比的附近，输出电压常会急剧变化。一旦超出此范围，其反应性能降低，信号电压变化微弱。当发动机需要做稀混合（缸内直喷发动机等）或浓混合控制时，这种传感器就无法胜任了。和氧传感器相同，空燃比（A/F）传感器也能探测排气管中的氧浓度，相比而言，空燃比传感器能检测的空燃比范围大（$0.7 < \Phi_a < 4$），且探测精度高，

所以被称为宽型或宽比氧传感器。用空燃比传感器参与闭环控制，喷油脉宽修正将更加精确。在采用双氧传感器的排放系统中，前氧传感器采用加热型的氧化锆式氧传感器，后氧传感器采用空燃比传感器。

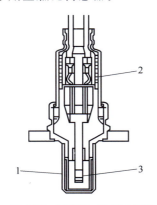

图 4-30　氧化钛式氧传感器
1—保护外壳；2—引线；3—二氧化钛元件

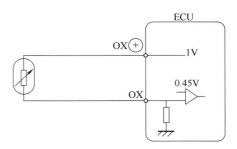

图 4-31　氧化钛式氧传感器电路原理

以 BOSCH 公司生产的空燃比传感器为例，它是 6 线平面型氧化锆式氧传感器，内有两组传感元件，读取氧含量的方式与常规的锆管一样。该种氧传感器选用层状陶瓷氧化锆，采用筛网-印刷技术将电极、导电陶瓷层、绝缘介质和加热器等都集成在一起，厚度仅有 1.5mm，这样的传感器体积小、重量轻、不容易被污染。

氧化锆式氧传感器有一特性，就是当氧离子移动时会产生电动势。空燃比传感器采用反向方法，将电压施加于氧化锆组件上，造成氧离子的移动，据此可由发动机电控单元控制生成所需要的比例值。该传感器利用了限流原理和氧浓差电池原理，传感器分成两部分：一部分传感器为泵电池；另一部分传感器为氧浓差电池。两部分传感器中间隔了一个扩散通道，如图 4-32 所示。

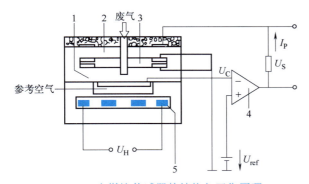

图 4-32　空燃比传感器的结构与工作原理
1—氧浓差电池感应室；2—泵电池加压室；
3—扩散通道；4—控制电路；5—加热器

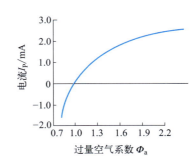

图 4-33　泵送电流与过量空气系数对应关系

感应室两侧的电极，上面一侧的电极暴露在扩散通道的废气中作为信号端，下面一侧的电极暴露在参考空气中作参考电极（搭铁）。在氧浓差效应作用下，参考信号电压 U_C 与传统氧传感器一样，会随废气中氧的含量的变化而变化。ECU 通过改变泵送电流 I_P 的大小及方向使感应室的参考信号电压 U_C 保持在 0.45V，从而得到 I_P 与 Φ_a 值相对应的图，如图 4-33 所示。

当混合气浓时，ECU 通过控制流往加压室上面一侧电极的电流 I_P 来限制加压室两侧电极的电压，改变氧离子的流向，从而调整扩散通道内的含氧量，使参考信号电压 U_C 维持在 0.45V。当混合气变浓时，废气中氧的含量低，信号电压 U_C 增加，于是 ECU 降低泵送电流 I_P，体现在控制电压甚至为负电压值，以降低扩散通道内的含氧量，使之与废气的含氧量接近，信号电压降低，趋近于 0.45V；当混合气变稀时，则 ECU 提高泵送电流 I_P，体现在控制电压较高或为正电压值，以增加扩散通道内的含氧量，使之与废气的含氧量接近，信号电压增加，趋近于 0.45V。

丰田公司空燃比传感器与 BOSCH 公司的不同，其电路原理如图 4-34 所示。该空燃比传感器输出信号电压在 3.3V 上下波动，见表 4-3。

空燃比传感器上也配有加热器，其工作温度为 650℃，在排气温度低时用来保持探测性能，但是，空燃比传感器的加热器比氧传感器的加热器需耗用大得多的电流，故其 10s 内即可进入正常工作温度范围内。

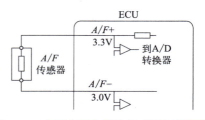

图 4-34　丰田公司空燃比传感器电路原理

表 4-3　丰田公司 A/F 传感器信号电压趋势

废气氧含量	泵送电流方向	信号电压/V	混合气
氧含量低	负方向	<3.3	浓
理论空燃比	0	3.3	14.7∶1
氧含量高	正方向	>3.3	稀

三、电控汽油喷射控制

电控汽油喷射控制主要有喷油正时控制、喷油量控制、断油控制和燃油泵控制。

1. 喷油正时控制

喷油正时就是指喷油器何时喷油，其控制目标一般是在进气行程开始前要喷油结束。

喷油器的喷油可分为同步喷油和异步喷油两种类型。"同步"是指根据发动机各缸工作循环，在既定的曲轴位置进行喷油。同步喷油有规律性。异步喷油与发动机的工作不同步，无规律性，它是在同步喷油的基础上，为改善发动机的性能额外增加的喷油，主要有启动异步喷油和加速异步喷油。

（1）同步喷油正时控制

在多点汽油喷射系统中，汽油喷射可分为同时喷射、分组喷射和顺序喷射三种。目前普遍采用顺序喷射，下面分析顺序喷射正时控制。

顺序喷射就是各缸喷油器按照一定的顺序（发动机做功顺序）喷油。顺序喷射的控制电路如图 4-35 所示。在顺序喷射系统中，发动机工作一个循环，各缸喷油器轮流喷油一次，按特定的顺序依次进行喷射。

实现顺序喷射的一个关键问题是需要知道活塞即将到达排气行程上止点的是哪一个气缸。为此，ECU 需要一个气缸判别信号（G 信号）。ECU 根据凸轮轴位置传感器信号（G 信号）、曲轴位置传感器信号（Ne 信号）和发动机的做功顺序，确定各缸工作位置。当确定某缸活塞运行至排气行程上止点前某一位置时，ECU 输出喷油控制信号，接通喷油器电磁线圈电路，该缸即开始喷油。顺序喷射能保证各缸喷油均在最佳时刻，已普遍采用。

（2）异步喷油正时控制

① 启动异步喷油正时控制。在部分电控汽油喷射系统中，为改善发动机的启动性能，

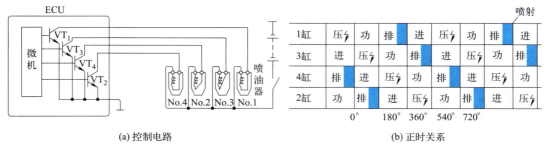

图 4-35 顺序喷射正时控制

在发动机启动时,除同步喷油外,再增加一次异步喷油。具有启动异步喷油功能的电控汽油喷射系统,在启动开关(STA)处于接通状态时,ECU 接收到第一个凸轮轴位置传感器信号(G 信号)后,接收到第一个曲轴位置传感器信号(Ne 信号)时,开始进行启动时的异步喷油。

② 加速异步喷油正时控制。发动机由怠速工况向汽车起步工况过渡时,由于燃油惯性等原因,会出现混合气稀的现象。为了改善起步加速性能,ECU 在节气门位置传感器中怠速触点输送的怠速信号(IDL 信号)从接通到断开时,增加一次固定量的喷油。在有些电控汽油喷射系统中,ECU 接收到的 IDL 信号从接通到断开后,检测到第一个 Ne 信号时,增加一次固定量的喷油;有些发动机的电控汽油喷射系统,为使发动机加速更灵敏,当节气门迅速开启或进气量突然增加(急加速)时,在同步喷射的基础上再增加异步喷射。

2. 喷油量控制

喷油量控制是电控汽油喷射系统最主要的控制功能之一,其目的是使发动机在各种运行工况下,都能获得最佳的混合气浓度,以提高发动机的经济性和降低排放污染。当喷油器的结构和喷油压差一定时,喷油量的多少就取决于喷油时间。在汽油机电控汽油喷射系统中,喷油量的控制是通过对喷油器喷油时间的控制来实现的。

喷油量控制可分为同步喷油量控制和异步喷油量控制。同步喷油量控制又分为发动机启动时的喷油量控制和发动机启动后的喷油量控制,两者的控制模式有所不同。

(1)启动时的同步喷油量控制

发动机启动时转速较低,且转速波动较大,在这种情况下,无论是空气流量计还是进气歧管绝对压力传感器,都不能精确计量进气量。因此,在启动时,ECU 按特定程序对喷油量进行控制,如图 4-36 所示。启动时,ECU 首先根据点火开关、曲轴位置传感器和节气门位置传感器提供的信号,判定发动机是否处于启动工况,以便决定是否按启动程序控制喷油,然后根据冷却液温度传感器信号确定基本喷油量,最后用进气温度和蓄电池电压等参数进行修正,得到启动时的喷油量。

冷却液温度与喷油量的关系是温度越低,喷油量越大;温度越高,喷油量越小。

(2)启动后的同步喷油量控制

在发动机启动后进入正常运转工况下,喷油器的总喷油量由基本喷油量、喷油修正量和喷油增量三部分组成,如图 4-37 所示。

基本喷油量由进气量传感器(空气流量计或进气歧管绝对压力传感器)和发动机转速传感器(曲轴位置传感器)的信号计算确定;喷油修正量由与进气量有关的进气温度、大气压力、氧等传感器信号和蓄电池电压信号计算确定;喷油增量由反映发动机工况的点火开关信号、冷却液温度和节气门位置等传感器信号计算确定。

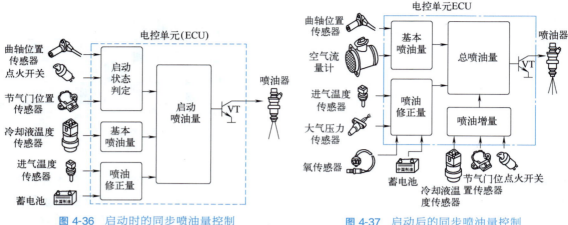

图 4-36 启动时的同步喷油量控制　　图 4-37 启动后的同步喷油量控制

(3) 异步喷油量控制

发动机启动或加速时的异步喷油量一般是固定的，即各缸喷油器以一个固定的喷油持续时间，同时向各缸增加一次喷油。

3. 断油控制

① 减速断油控制。汽车行驶中，驾驶员快收加速踏板使汽车减速时，ECU 将会切断汽油喷射控制电路，停止喷油，以降低碳氢化合物及 CO 的排放量。当发动机转速降至设定转速时又恢复正常喷油。

② 限速断油控制。发动机加速时，发动机转速超过安全转速或汽车车速超过设定的最高车速时，ECU 将切断汽油喷射控制电路，停止喷油，防止超速。

4. 燃油泵控制

当点火开关打开或发动机熄火后，电控汽油喷射系统中的燃油泵一般预先或延迟工作 2~3s，以保证汽油喷射系统必需的油压。在发动机启动过程和运转过程中，燃油泵应保持正常工作。打开点火开关但不启动发动机，或关闭点火开关后，应适时切断燃油泵控制电路，使燃油泵停止工作。

部分电控汽油喷射系统中装用的电动燃油泵有高、低两个转速挡，发动机工作时，电控汽油喷射系统根据汽油机的转速和负荷来控制燃油泵以高速或低速运转。发动机高速、大负荷工况下耗油较多时，燃油泵以高速运转；发动机在低速、中小负荷工况工作时，燃油泵以低速运转，以减少不必要的燃油泵磨损和电能消耗。

四、怠速控制

怠速控制的目的是在保证发动机排放要求且运转稳定的前提下，尽量使发动机的怠速转速保持最低，以降低怠速时的燃油消耗量。电控汽油喷射式汽油机在怠速工况时，空气通过节气门缝隙或旁通节气门的怠速空气道进入发动机，并由空气流量计（或进气歧管绝对压力传感器）对进气量进行检测，电控汽油喷射系统（EFI）则根据各传感器信号控制喷油量，保证发动机的怠速运转。即怠速控制是电控单元通过怠速控制系统来实现的。

(一) 怠速控制系统的组成

怠速控制系统主要由传感器、ECU 和执行元件（怠速控制装置）三部分组成。怠速控制系统的组成如图 4-38 所示，由各种传感器与信号控制开关、电子控制单元（ECU）、怠速控制阀和旁通空气道等组成。也有采用节气门直接控制怠速的方式，无需旁通气道，如桑塔纳 2000GSi 轿车的 AJR 发动机等。

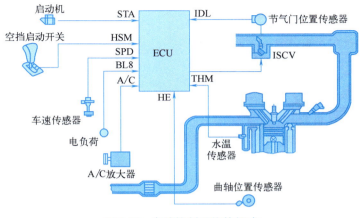

图 4-38　怠速控制系统的组成

怠速控制主要是发动机负荷变化控制和电器负荷变化控制。怠速控制的实质是控制怠速时的进气量。当发动机怠速负荷增大时，ECU 控制怠速控制阀使进气量增大，从而使怠速转速提高，防止发动机运转不稳或熄火；当发动机怠速负荷减小时，ECU 控制怠速控制阀使进气量减少，从而使怠速转速降低，以免怠速转速过高。怠速时的喷油量则由 ECU 根据预先设定的怠速空燃比和实际进气量计算确定。

（二）怠速控制系统的类型

怠速控制阀是通过控制进入气缸的空气量来调整发动机怠速的。按照其控制方式可将怠速控制分为直接控制节气门最小开度的节气门直动式和控制节气门旁通气道截面积的旁通道式两种类型，如图 4-39 所示。

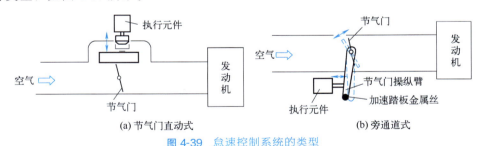

图 4-39　怠速控制系统的类型

（三）怠速控制装置

1. 节气门直动式怠速控制装置

节气门直动式怠速控制装置是通过控制节气门的开度调节空气流通面积来控制进气量，从而实现怠速控制的。如图 4-40 所示的节气门直动式怠速控制装置，是曾经在电控汽油机上应用较多的一种结构形式。它主要由怠速开关、节气门定位电位计（怠速节气门位置传感器）、节气门电位计（节气门位置传感器）、节气门定位器（怠速控制电动机）及减速齿轮机构、丝杠机构和传动轴等组成，电路原理如图 4-41 所示。近年来随着电控汽油机上的电子油门和电子节气门的普及，怠速控制也由电子节气门来控制实现，其工作原理就是节气门直动式怠速控制。

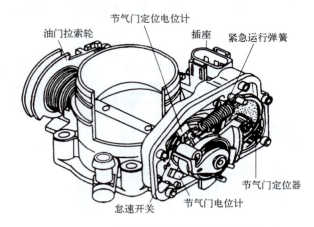

图 4-40　节气门直动式怠速控制装置

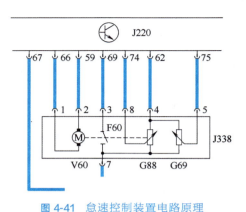

图 4-41　怠速控制装置电路原理

J220—发动机 ECU；V60—怠速控制电动机；
F60—怠速开关；G88—节气门定位电位计；
G69—节气门电位计

① 节气门定位电位计。节气门定位电位计（怠速节气门位置传感器）安装在节气门体上，它是可变电阻式传感器，与节气门定位计连接在一起，将怠速时节气门的开度、节气门定位器的位置信号转化为电信号输送到 ECU。

② 节气门电位计。节气门电位计（节气门位置传感器）也是可变电阻式传感器，直接与节气门轴相连，与加速踏板联动，将节气门开度信号输送给 ECU，作为 ECU 判断发动机运转工况和负荷的依据。

③ 节气门定位器。节气门定位器起着控制怠速的作用，能适当开大或关小节气门，是永磁式步进电动机。当电动机旋转时，通过减速齿轮机构带动节气门轴转动。

④ 怠速开关。怠速开关与节气门电位计一起装在节气门轴上，为一联动触点，用以向发动机 ECU 提供节气门位置信号。

⑤ 怠速控制过程。当发动机怠速工作时（F60 闭合），节气门定位电位计将其阻值变化转化为电信号输入 ECU，ECU 根据该传感器信号确定节气门的位置，控制节气门定位器，通过电动机微量调节节气门的开度来调节发动机的怠速转速。

2. 旁通气道式怠速控制装置

旁通气道式怠速控制机构是通过怠速控制阀来改变旁通气道的面积，实现怠速转速的控制。怠速控制阀有多种形式，其工作原理不同，结构上也有很大差异。常见的怠速控制阀有步进电动机式、旋转滑阀式和电磁式三种。

（1）步进电动机式怠速控制阀

步进电动机式怠速控制阀的结构如图 4-42 所示。步进电动机由转子和定子构成，螺杆机构将步进电动机的旋转运动转变为阀杆的直线运动，控制阀与螺杆制成一体。步进电动机怠速（锥面）控制阀安装在节气门体上，控制阀伸入设在怠速空气道内的阀座处，发动机怠速运转时，ECU 根据各传感器的信号，控制步进电动机的正反转和转动量，以调节控制阀与阀座之间的间隙，从而改变怠速空气道的流通截面，控制发动机怠速工况下的空气供给量。

步进电动机定子上按一定规律绕有 4 个励磁线圈，ECU 控制步进电动机工作时，给 4 个励磁线圈输送的是脉冲电压，线圈的通电顺序（相位）不同，步进电动机的转动方向就不同，当按一定顺序输入一定数量的脉冲时，步进电动机就向某一方向转过一定的角度，步进电动机的转动量取决于输入脉冲的数量。因此，ECU通过对定子线圈通电顺序和输入脉冲数量的控制，即可改变步进电动机式怠速控制阀的位置（即开度），从而控制怠速空气量。由于给步进电动机每输入一定量的脉冲转子只转过一定的角度，其转动是不连续的，所以称为步进电动机。

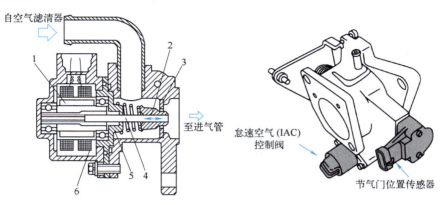

图4-42 步进电动机式怠速控制阀

1—步进电动机转子；2—锥面控制阀；3—阀座；4—螺杆；5—挡板；6—励磁线圈

（2）旋转滑阀式怠速控制阀

旋转滑阀式怠速控制阀由永久磁铁转子3、电枢4、旋转滑阀6、复位弹簧和电刷等组成，如图4-43所示。旋转滑阀与电枢轴固连，随电枢轴一起转动，改变旁通气道截面的大小，调节怠速时的空气量。其接线图如图4-44所示，永久磁铁转子安装在装置壳体上，形成固定的磁场。电枢位于永久磁铁的磁场中，电枢铁芯上缠有两组绕向相反的电磁线圈L_1和L_2，当线圈L_1通电时，电枢带动旋转滑阀顺时针偏转，空气旁通气道截面变小。当线圈L_2通电时，电枢带动旋转滑阀逆时针偏转，空气旁通气道截面变大。L_1和L_2的两端与电刷滑环相连，经电刷引出与ECU相连接。

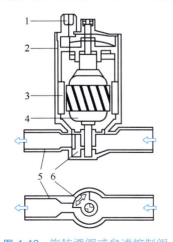

图4-43 旋转滑阀式怠速控制阀

1—电接头；2—外壳；3—永久磁铁转子；4—电枢；
5—旁通气道；6—旋转滑阀

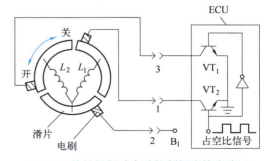

图4-44 旋转滑阀式怠速控制阀连接电路图

电枢轴上的电刷滑环与电动机换向器结构类似，它由三段滑片围合而成，分别与一个电刷相接触。电磁线圈L_1和L_2的两端分别焊接在相应的滑片上。当点火开关打开时，怠速控制阀接线插头"2"上即受蓄电池电压,电磁线圈 L_1 和 L_2 是否通电,由 ECU 控制两线圈的搭铁三极管 VT_1 和 VT_2 的通断决定。由于占空比(一个脉冲周期高电平的时间与一个脉冲周期所经历的时间之比)控制信号和三极管 VT_1 的基极之间接有反向器,所以三极管 VT_1 和 VT_2 集电极输出相位相反,使两个电磁线圈总是交替地通过电流,又因两组线圈绕向相反,致使电枢上交替地产生方向相反的电磁力矩。由于电磁力矩交变的频率(约 250Hz)较高,且电枢转动具有一定的惯性,所以旋转滑阀根据控制信号的占空比摆到一定的角度即处于稳定状态。当占空比为 50% 时,线圈 L_1 和 L_2 的平均通电时间相等,两者产生的电磁力矩抵消,电枢轴停止偏转。当占空比小于 50% 时,线圈 L_1 的平均通电时间长,其合成电磁力矩使电枢带动旋转滑阀顺时针偏转,空气旁通气道截面变小,急速降低;反之,当占空比大于 50% 时,空气旁通气道截面变大,急速升高。占空比的范围为 18%(旋转滑阀关闭)至 82%(旋转滑阀达到最大开度),滑阀的最大偏转角度限制在 90° 以内。对旋转滑阀式急速控制阀,滑阀的偏转角度由两组线圈的通电时间比例,即由控制脉冲的占空比确定。

(3) 电磁式急速控制阀

现在汽车常用的电磁式急速控制阀的控制方式是占空比控制。ECU 通过控制急速控制阀的占空比变化的急速控制信号来调整电磁阀的开闭比率,实现急速的控制。占空比(脉冲)电磁式急速控制阀的控制电路图如图 4-45 所示。

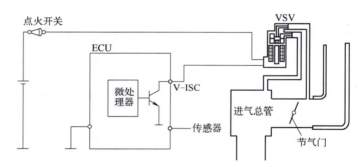

图 4-45 占空比(脉冲)电磁式急速控制阀的控制电路图

(四)急速控制内容

电子控制系统对发动机的控制与急速控制系统对发动机的控制的原理和内容基本相同,仅因其特性而略有不同。下面以步进电动机式急速控制装置为例进行说明,其主要控制内容如下。

1. 启动初始位置设定

为了保证急速控制阀在发动机再启动时处于全开位置,在发动机点火开关关闭后,主继电器继续保持接通状态,ECU 控制步进电动机转动使急速控制阀开至最大位置(即 125 步级),为下次启动做好准备,然后主继电器才断电。

2. 启动后控制

由于发动机启动前 ECU 已经把急速控制阀的初始位置预置在最大开度位置,当发动机启动后,若急速控制阀仍保持全开,则会引起发动机转速过高。为了避免出现这种情况,在启动过程中,当发动机转速达到由冷却液温度确定的对应转速时,ECU 控制步进电动机转动,使急速控制阀逐渐关小到与冷却液温度相对应的开度。

3. 暖机控制

暖机过程中,ECU 控制步进电动机转动,使急速控制阀从启动后的开度逐渐关小,当冷却液温达到70℃时，暖机控制结束，怠速控制阀达到正常的怠速开度。

4. 反馈控制

当发动机在怠速工况运转时，如果发动机的实际转速与预置的目标转速的差值超过规定值（如20r/min），ECU即控制步进电动机转动，通过怠速控制阀增减旁通空气量，使发动机实际转速与目标转速差小于规定值。目标转速与发动机怠速工况时的负荷有关，对应于空挡启动开关是否接通、空调是否使用、用电器增加等不同情况，都有不同的目标转速。

5. 发动机转速变化的预控制

发动机处于怠速工况时，空调开关、空挡启动开关等接通或者断开，都会即时引起发动机怠速负荷变化，产生较大的怠速波动。为了减小负荷变化对怠速的影响，ECU在收到以上开关量信号后，在发动机转速变化出现前，就控制步进电动机转动，预先把怠速控制阀开大或关小一个固定的值，以提高发动机的怠速稳定性。

6. 学习控制

由于发动机的性能在使用过程中会发生变化，即使怠速控制阀的位置没有变化，但实际的怠速也会偏离原来的初始数值。出现这种情况的时候，ECU除采用反馈控制使怠速达到目标值外，同时将此时步进电动机转过的步数储存在备用储存器中，供以后怠速控制时调用。

 任务实施1

电子控制系统主要元件的检测

1. 连接器的拆装与检查

① 连接器的拆卸。导线连接器都带有锁紧卡环或卡锁，拆下连接器前应先将卡环松开或按下锁扣，使用时间较久的连接器可能已老化，拆卸时应特别小心防止弄断卡锁。

② 连接器的装配。安装时若是卡锁则直接将连接器推到底；若是卡环，则在安装连接器后将弹簧钢丝卡环装好。

③ 连接器的检查。连接器的常见故障是松脱、连接器端脏污或连接器线束端后面的导线拉伸而断路等。导线在中间折断是很少见的，大多是在连接器处断开，因此应仔细检查连接器线束端的导线，连接器端子锈蚀、外界脏物进入端子或连接器插头与插座之间接触压力降低都会使连接器接触不良。因此检查连接器时应先脱开连接器，检查连接器端子上有无松脱或脏污、端子片是否松动或损坏、端子固定是否牢靠。轻轻拉动时端子应无松动，若接触压力低，可用小起子将弹簧钢片夹紧。

在用万用表电压挡或电阻挡检查接头时，若是防水型接头，应仔细取出防水橡胶，然后将测试棒（测试转接接头）插进线束端的接头里；若接头已拆下，还可从接头无线束的前端插入。

2. 电子控制系统元件的检测

虽然传感器有很多种，产生的故障形式也不尽相同，但是它们都有一个共同的特点，那就是它们测定的信息最终都要转变成电信号才能被汽车电脑识别，因此我们在维修过程中主要是通过检测它们输出的电信号来判断其是否存在故障。这些电信号通常是根据自身电流通断、电阻变化来输出可变信号，其输出信号主要是电压信号、波形信号和电流信号。

电压信号：如节气门位置传感器、温度传感器、进气歧管绝对压力传感器、空气流量传感器、氧传感器等，它们将随被检测参数的变化输出与之相对应的可变电压信号。

波形信号：如磁电式曲轴位置传感器、爆震传感器等，它们将随被检测参数的变化输出与之相对应的电压或电流波形信号。

熟练掌握了汽车传感器的输出信号特征后，在汽车故障检测过程中，我们就可以用测试灯、诊断仪、万用表、示波器对传感器进行通断、工作电压及电压或电流波形检测，并与传感器的正常参数进行比较，从而判断传感器的技术状况，进一步排除汽车故障。

汽车运行状态（动态）检测传感器等电子元件的数据流、波形、动态电压、动作执行（执行元件）等，能直观地判定元件信号是否良好；汽车静态 ON 位检测元件的工作电压、搭铁、信号静态电压及故障码，可初步判断元件及线路是否良好等；汽车静态 OFF 位检测电阻型元件的电阻、搭铁、断路等。常用检测方法如下。

① 故障码检测法。利用诊断仪（解码器）在 ON 位读取故障码（历史码）后再清故障码，再读故障码（当前码）。故障码的含义说明需弄清楚：是传感器或执行器自身故障还是线路故障；线路故障要分清是短路还是断路，是与电源短路或断路，还是与接地短路或断路等。

故障码只能判断故障大致方向和部位，电子元件的检测和排查需进一步检测来判断。因为可能是其他系统故障引起该传感器工作不良而使故障灯点亮，也可能是该传感器线路、接头及自身脏污等引起信号不良而使故障灯点亮。

② 数据流分析法。当读不出故障码但车辆依旧有故障症状时，要利用解码器读数据流来对传感器和执行器进行深入分析和判断。

数据流就是电控系统中的一些主要传感器和执行器的当前工作参数值（如发动机转速、蓄电池电压、空气流量、喷油时间、节气门开度、点火提前角、水温等）。维修过程中，可以通过阅读数据流来分析、发现故障所在，特别是当电控系统无故障码可供参考时，数据流分析就更加重要。每个传感器和执行器在一定条件下的工作参数值是有一定标准范围的，可以通过实际值与标准值的比较来判断某传感器和执行器是否存在异常。

③ 测试灯检测法。汽车专用的测试灯主要用于检查传感器、电控元件本体或连接电路的通、断及传感器、执行器的电压供给是否正常等。

④ 万用表检测法（数字万用表）。

a. 电阻检测法。电阻检测法主要用于检测可变电阻、电位计传感器、磁电式传感器，及检测喷油器、怠速阀等中电阻元器件；对于半导体元件，一般要与标准元件的测量值对比才能得出结论。如磁电式曲轴位置传感器，可以用数字万用表测其电阻值，一般在室温时，电阻在 600~2300Ω 范围内为正常。电阻太小为线圈短路；电阻过大为连接不良；电阻无穷大为断路；线圈与外壳导通为搭铁。

b. 电压检测法。对于有源传感器，由于工作时自身可以产生电压，因此可以使用电压检测法来检测传感器工作是否正常。如氧传感器、磁电式凸轮轴/曲轴位置传感器、爆震传感器等。如 1r/s 转动磁电式曲轴传感器，用数字万用表交流 mV 挡测量对应端子间的电压为 70mV 以上；如测量值低于规定值，原因可能是传感器与轮齿的间隙过大或传感器本身有问题，需要更换新件。

c. 电流检测法。主要用于检测产生电流调制信号的新型的集成电路传感器（比较少见）。

⑤ 波形分析法。波形分析法主要采用解码器和示波器进行波形检测分析。示波器用来显示控制系统中输入、输出信号的电压波形，以供维修人员根据波形分析判断电控系统故障。

示波器检测是最准确、最直观的检测方法，可以将传感器的输出电流或电压以波形的形式显示出来，是传感器等电气元件检测的发展方向。几乎所有的传感器都可以通过波形分析进行故障判定。

⑥ 模拟检测法。模拟检测法就是在断开传感器连接，其他线路连接正常的情况下，用传感器模拟测试仪模拟汽车电脑的输入信号，代替传感器工作，依据故障现象的消失或存在来判断传感器好坏的方法。利用此法对电控系统传感器及线路故障进行诊断，可简化分析过程、缩短诊断时间、减少因盲目更换配件而带来的经济损失。

常用的具有传感器模拟测试功能的仪器有 ADD91 型信号模拟仪、电控系统分析仪 SKS3058 等。它们都可以模拟发动机控制系统各传感器的各类信号，如电压信号、频率信号、直流信号、占空比信号等。

⑦ 替代法。替代法就是对可疑传感器（执行器），通过试换的方法来查找故障，又称试换法。

替代法可确定故障部位或缩小故障范围，但不一定能确定故障原因。在检修传感器时，最好使用相同车型、相同年款、相同型号、相同规格的传感器暂时替代有疑问的传感器。替代后如故障现象未消失，说明该故障并不是因为传感器而引起，故障在其他部分。

使用替代法检验传感器的好坏，简单又直接，但要求维修人员有一定的维修经验和可以用来替换的正常的传感器。替换时需要注意两点：一是不能用不同输出特性的传感器来替代，容易引起错误判断；二是不要绝对地认为新的零件就是好的零件，最终导致误判，因为有的新零件本身就是坏的。

此外，执行器还可用诊断仪进行动作测试，查看其是否正常。

3. 典型传感器检测

下面以发动机热膜式空气流量计为例说明检测方法。传感器电路如图 4-46 所示。ECU（J220）上的端子 11 为电源线（+5V），端子 12 为信号负极线，端子 13 为信号正极线。

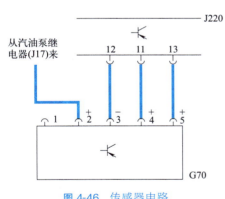

图 4-46　传感器电路

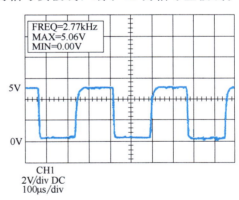

图 4-47　示波器波形

（1）万用表和试灯检测法

打开点火开关（ON），传感器 4 号端子应有 5V 电压；3 号端子应接地。如不符合上述情况，请将点火开关关闭（OFF），采用电阻检测法检测相应线路通断情况，导线电阻应小于 1Ω。

启动时，2 号端子接试灯应亮或达 12V。如电压为零，说明燃油泵继电器触点未闭合或电源线断路，需要检修燃油泵继电器、熔断器或电源线等，可采用 ON 位试灯法或 OFF 位电阻检测法。

将蓄电池正负极分别与传感器插座上的电源端子 2 和搭铁端子 3 连接，用可调电压电源 5V 接端子 4，用万用表直流电压挡测量信号输出端 5 的电压。用电吹风机（冷风挡）向传感器空气通道口吹气时，信号电压为 2.0～4.0V，风力大，电压大。如信号电压不变，说明传感器失效，应予更换新品。

(2) 示波器波形检测法

示波器波形如图4-47所示。观察波形脉冲大多数幅值满5V，还要看形状是否适当一致，矩形的拐角和垂直沿的一致性。波形上部左侧的拐角轻微有些圆滑是正常的，并不表明传感器损坏。观察传感器产生的在给定空气流量下的修正频率，如果脉冲波形伸长或缩短，或出现异常的尖峰和变圆的直角等，则表明信号出错。随着空气流量的增加，输出信号的频率也增加。

(3) 数据流检测法

用V.A.G1552检测空气流量计信号的操作如下：输入地址码01进入发动机测试，输入08读取测量数据组，输入组号02读取基本功能数据。显示区域4即为进气空气质量，其标准值为2.0～4.0g/s。若小于2.0g/s，说明进气系统有泄漏；若大于4.0g/s，说明发动机负荷太大。偏离标准值也可能是流量计或其线路故障。

其他检测方法在此不再一一说明，请加强实践练习，在实际检测中，灵活运用各种检测方法，可以快速检测电控系统电子元件及线路故障。

检测中，波形和数据流检测是最直接有效判断信号是否正常的方法。如果信号正常，说明电子元件和线路良好。如果信号不正常，需根据实践情况进行下一步检测。如果没有信号，说明线路断路、搭铁或元件损坏等，据此进行检测。如果信号过弱，可能是虚接、搭铁、元件有损伤、间隙不合适等，据此进行检测。

 任务实施2

怠速控制系统的检修与调整

1. 步进电动机式怠速控制阀的检测

下面以丰田皇冠3.0轿车2JZ-GE发动机为例分析其怠速控制阀的检测过程，其步进电动机式怠速控制阀控制电路图如图4-48所示。

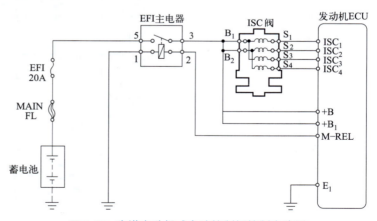

图4-48 步进电动机式怠速控制阀控制电路图

① 就车检测。

a. 在冷车状态启动后，暖机过程中，发动机的怠速转速应能达到规定的快怠速转速（通常为1500r/min）；热机后，怠速转速应能恢复正常（通常为750r/min）；暖机后打开空调开关时，发动机怠速转速应能上升到900r/min左右，否则，怠速控制系统有故障。

b. 当发动机熄火时，2～3s内在怠速阀附近能听到"嗡、嗡"响声。如果不响，应检查步进电动机式怠速控制阀和电脑。

c. 将点火开关置于"ON"位置，然后测量 ECU 的端子 ISC_1、ISC_2、ISC_3、ISC_4 与端子 E_1 间的电压，其值应为 9～14V，若无电压，则 ECU 有故障。

d. 拔下步进电动机的导线插接器，用万用表欧姆挡测量怠速控制阀 4 组绕组（即 B_1—S_1、B_1—S_3、B_2—S_2、B_2—S_4）的电阻值。其标准值应为 10～30Ω，若电阻值不正确，则应更换怠速控制阀。

② 车下检测。

a. 按正确步骤拆下节气门体（怠速控制阀和节气门为一体）。

b. 如图 4-49（a）所示，在怠速控制阀插接器的 B_1 和 B_2 端子上接蓄电池的正极，然后依次将 S_1、S_2、S_3、S_4 端子搭铁（接负极），此时阀门应逐渐关闭。若不能关闭，则应更换怠速控制阀。

c. 如图 4-49（b）所示，在怠速控制阀插接器的 B_1 和 B_2 端子上接蓄电池的正极，负极按顺序依次接通 S_4、S_3、S_2、S_1 端子，则控制阀应逐渐开启，否则应更换怠速控制阀。

③ 解码器数据流。步数，冷车 55 步；热车 52 步；A/C 接通 63 步。

④ 波形分析。S_4、S_3、S_2、S_1 端示波器检测为占空比方波。

⑤ 试灯法。S_4、S_3、S_2、S_1 端试灯闪烁。

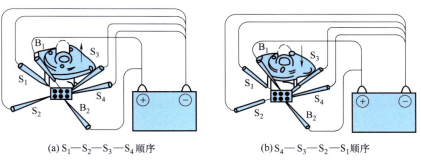

图 4-49　怠速控制阀插接器的端子接线顺序

2. 节气门直动式怠速控制阀的检测

图 4-50 是某车型节气门直动式怠速控制装置电路控制图。

（1）节气门直动式怠速控制装置电阻的检测

拔下 ECU 连接器，测量线束一侧 66 端子与 56 端子之间的电阻应为 5Ω，否则检查线路或怠速电动机；测量线束一侧 62 端子与 74 端子、62 端子与 75 端子之间的电阻，在节气门开度变化时，阻值连续变化；测量 69 端子与 67 端子之间电阻，在节气门打开和关闭情况下，应通断变化。不符合要求时检查 ECU 与节气门体之间的线路，线路正常的情况下更换节气门体。

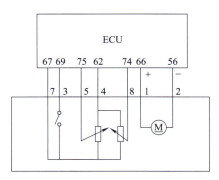

图 4-50　某车型节气门直动式怠速控制装置电路控制图

（2）节气门直动式怠速控制装置电压的检测

拔下怠速稳定控制装置连接器，点火开关置于"ON"位，测量线束侧插件 4 端子对地电压，应为 4.5～5.5V；测量线束一侧插件 3 端子的对地电压，应为 11V 以上，否则检查线路，线路正常时检查 ECU 电源电路，电源电路正常时则更换 ECU；测量线束一侧插件 7

端子的对地电阻,应接近0。如果不符合以上测量数据,必须检查线路,线路正常时就要更换ECU。

在怠速稳定控制装置连接器被拔下的情况下启动发动机,并将线束一侧插件3端子与7端子短接,水温升高后,测量线束一侧插件1端子与2端子之间的电压,应有12V的工作电压,否则检查线路,线路正常则更换ECU。

（3）数据块检测

用V.A.G1552或金奔腾诊断仪检测节气门电位计（即节气门位置传感器）信号电压和怠速触点开闭情况的操作如下。

输入"1"→"01"→"08"→"004",进入怠速稳定有关数据检测,显示如图4-51所示。

图4-51 怠速稳定有关数据检测

区域①：节气门开度,怠速时,0~5°正常,大于5°有故障。故障原因：节气门控制部件没有基本设定,节气门拉索调整不当,节气门控制部件损坏。

区域②：怠速空气质量测量值（空挡位置）,-1.70~1.70g/s为正常。

区域③：怠速空气质量测量值（自动变速器用,手动变速器总显示"0.00"）。

区域④：工作状态,Leerlauf表示怠速；其他显示表示怠速开关打开。

输入"1"→"01"→"04"→"098",进入节气门控制部件匹配检测,显示如图4-52所示。

图4-52 节气门控制部件匹配检测

区域①：节气门电位计（节气门位置传感器）电压,0~5V正常。

区域②：节气门定位电位计电压,0~5V正常。

区域③：工作状态,Leerlauf表示怠速；其他显示表示怠速开关打开。

区域④：匹配状态（ADP.i.o=自适应）。

（4）基本设定的条件

① 节气门转动灵活,不能有油泥沉积等现象。

② 节气门拉索调整适当。

③ 蓄电池电压正常,不能过低。

④ 节气门控制组件导线或插接器接触良好。

⑤ 在进行匹配操作时,水温要在80℃以上,不能启动发动机,不能关闭点火开关,也不能踩下加速踏板。

3. 怠速转速修正

（1）怠速步进电动机学习控制

怠速步进电动机的机件磨损后,电控单元原先控制的步进电动机步进数已经达不到控制要求,此时电控单元会根据曲轴转速传感器的信号反馈进行控制。

(2) 怠速转速修正的工作流程

怠速时有"隆、隆"的异常响声或振动等故障时,发动机电子控制系统允许对怠速转速做适量的修正。

① 做怠速转速修正时应具备的条件:a. 进气系统、燃烧室、排气系统没有泄漏。b. 发动机冷却液温度在85℃以上。c. 关闭包括空调、照明、音响在内的一切用电设备。d. 自动变速器换挡手柄位于空挡。e. 节气门位置传感器怠速输出电压符合厂家规定。

② 工作流程:以大众汽车为例,连接故障诊断仪,启动发动机,保持怠速,用地址"01"选定发动机电子控制系统的电控单元,按1和0键,选择"功能程序",按Q键确认。输入06589,按Q键确认。按1和0键选择频道号1,按Q键确认。用"↑""↓"箭头改变屏幕显示区域②中的允许转速,以10r/min的跃升幅度进行调节。调完后按Q键确认。屏幕上显示是否要存储修改值,按Q键确认存储修改值。按"—"键结束怠速转速修正,用06键结束输出。

怠速不许修正到超过厂家规定的转速范围,如四缸的大众发动机怠速转速范围为825~900r/min。

任务五　发动机排气系统与增压系统

任务引入

客户李先生的别克威朗轿车已经行驶了5000km,李先生开车来到别克4S店进行维护。服务顾问在询问车况并检查车辆后将车辆交给维修技师,维修技师根据维护手册的要求对此车进行5000km维护,其中要进行排气系统的检查。下面将学习排气系统的相关知识并按流程检查排气系统。

本任务要求学生掌握发动机排气系统功用、组成及主要部件的功能、结构,熟悉发动机排放控制系统的类型、功能、结构组成及工作原理,了解增压技术类型及涡轮增压系统主要组成部分、结构、功能及工作原理,能够进行排气系统检查和排放控制系统的检测。

知识准备

一、发动机排气系统

1. 排气系统概述

排气系统的功用是汇集各气缸的废气,减小排气噪声和消除废气中的火焰和火星,使废气安全地排入大气,并对废气中的有害物质进行排放控制。

排气系统主要包括排气歧管、排气管、消声器及排放控制系统,如图4-53所示。个别发动机还有排气涡轮增压装置。按照发动机排气管数目,可分为单排气系统和双排气系统。

直列型发动机在排气行程期间,气缸中的废气经排气门进入排气歧管,再由排气歧管进入排气管、催化转换器和消声器,最后由排气尾管排到大气中。这种排气系统称为单排气系统,如图4-53所示。

V形发动机有两个排气歧管。在大多数装配V形发动机的汽车上,仍采用单排气系统,即通过一个叉形管将两个排气歧管连接到一个排气管上。来自两个排气歧管的废气经同一个

发动机排气系统

排气管、同一个消声器和同一个排气尾管排出［图 4-54（a）］。但有些 V 形发动机采用两个单排气系统，即每个排气歧管各自都连接一个排气管、催化转换器、消声器和排气尾管［图 4-54（b）］。这种布置形式称为双排气系统。双排气系统降低了排气系统内的压力，使发动机排气更为顺畅，气缸中残余的废气较少，因而可以充入更多的空气与燃油混合，发动机的功率和转矩都相应地有所提高。

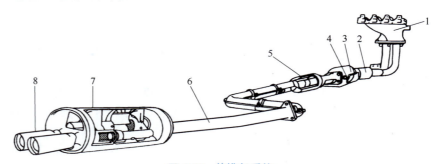

图 4-53　单排气系统
1—排气歧管；2—前排气管；3—催化转化器；4—排气温度传感器；
5—副消声器；6—后排气管；7—主消声器；8—排气尾管

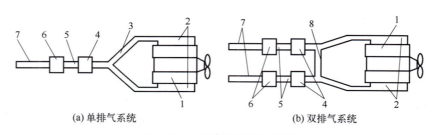

(a) 单排气系统　　　　　(b) 双排气系统

图 4-54　V 形发动机排气系统
1—发动机；2—排气歧管；3—叉形管；4—催化转化器；5—排气管；6—消声器；7—排气尾管；8—连通管

2. 排气歧管

一般排气歧管由铸铁或不锈钢制造，不锈钢排气歧管质量小，耐久性好，同时内壁光滑，排气阻力小。

为了不使各缸排气相互干扰及不出现排气倒流现象，并尽可能地利用惯性排气，应该将排气歧管做得尽可能长，而且各缸歧管应该相互独立，长度相等。图 4-55 所示的不锈钢排气歧管，其相互独立的各个歧管都很长，而且 1、4 缸排气歧管汇合在一起，2、3 缸汇合在一起，可以完全消除排气干扰现象。

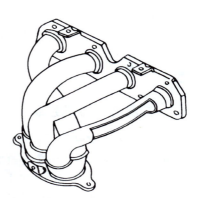

图 4-55　不锈钢排气歧管的结构

3. 消声器

发动机的排气压力为 0.3～0.5MPa，温度为 500～700℃，这表明废气有一定的能量。同时，由于排气的间歇性，在排气管内会引起排气压力的脉动。如果将发动机废气直接排放到大气中，势必会产生强烈的噪声。排气消声器的功用就是通过逐渐降低排气压力和衰减排气压力的脉动来消减排气噪声。

消声器用镀铝钢板或不锈钢板制造。通常消声器由共振室、膨胀室和一组多孔的管子构成。有的消声器还在内部充填耐热的吸声材料，吸声材料多为玻璃纤维或石棉。废气经多孔

消声器

的管子流入膨胀室和共振室,在此过程中废气不断改变流动方向,逐渐降低和衰减其排气压力和排气压力脉动,消耗能量,最终使排气噪声得到消减。图 4-56 所示为主消声器的结构,它包括外壳、内壳、内外隔板和进、出口管等。消声器外壳由双层钢板焊合而成,其间留有夹层,内壳为波纹状并与外壳的内壁形成排气通道。这种结构有利于声压的衰减和声波的漫射,可以增强消声的效果。

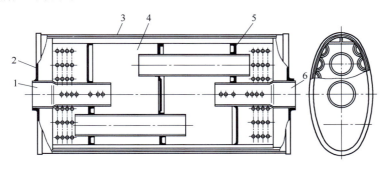

图 4-56 主消声器的结构
1—进口管;2—外隔板;3—外壳;4—内壳;5—内隔板;6—出口管

有时只靠消声器仍达不到汽车排气噪声的标准,这时便需在排气系统中装设类似于小型消声器的谐振器。谐振器与消声器串联,可以进一步降低噪声水平。

消声器一般安装在催化转换器与排气尾管中间且靠近汽车中心的位置。但有时由于空间的限制,常把消声器安装在汽车尾部。这时由于消声器温度较低,会有较多的水蒸气在消声器内凝结为水,使消声器生锈。

二、发动机排放控制系统

1. 概述

发动机工作时所排放的废气中含有一氧化碳(CO)、碳氢化合物(HC)、氮氧化物(NO_x)、微粒及硫化物等有害物质。CO 是一种无色有毒气体,吸入过多会阻碍血液对氧气的吸收和输送,会引起头痛、头晕,严重的会导致人死亡。HC 在光照下会产生光化学烟雾,降低大气能见度,使橡胶开裂,刺激人的眼睛和喉咙,且含有致癌物质 PAH。NO_x 对大气环境、植物生长乃至人的身体健康有极大的危害。NO 在大气层中与 O_3 反应,急速氧化成 NO_2,直接破坏大气层。此外,NO_2 是呈红褐色的有害气体,有强烈的刺激气味,对肺和心脏等有很强的损害作用。同时,NO_x 和 HC 一样也是形成光化学烟雾的主要物质之一。柴油机废气中的微粒尺寸比较小,可长期悬浮在大气中,不仅降低大气的可见度,而且易被吸入肺部,同时微粒中的可溶性有机成分具有致癌性。这些发动机排放的污染物主要来源于燃油箱的汽油蒸发、曲轴箱窜气和尾气排放等。它们危害人类健康、污染环境,必须加以控制。

汽油机的排放控制包括尾气排放控制、蒸发排放控制和曲轴箱排放控制。目前的尾气排放控制主要采用三元催化转换装置,对主要的三种有害气体排放物进行净化处理。此外,也有车辆装有排气再循环系统来降低 NO_x 排放,采用氧化催化装置或在废气中进行二次空气喷射来减少排气中的 CO 和 HC。

2. 三元催化转换器

三元催化转换器(TWC)是利用催化剂(铂、钯、铑)的作用将废气中的 CO、HC 和

三元催化转化器结构组成

NO_x 转换成对人体无害的气体的排气净化装置。

三元催化转换器可以同时减少 CO、HC 和 NO_x 的排放，它以废气中的 CO 和 HC 作为还原剂，把 NO_x 还原为氮气（N_2）和氧气（O_2），而 CO 和 HC 在还原反应中被氧化为 CO_2 和 H_2O。

三元催化转换器有两种结构：一种是颗粒型催化转换器，如图 4-57（a）所示。它由直径为 2~3mm 的多孔型陶瓷小球构成反应床，废气可以从反应床流过。另一种是整体型催化转换器，如图 4-57（b）所示。在它的外壳里有很多带蜂窝状小孔的陶瓷小球或陶瓷块，废气从蜂窝状小孔流过。陶瓷小球或陶瓷块均装在不锈钢外壳内，陶瓷小球或陶瓷块小孔表面有一层薄薄的铂、钯、铑的镀层。与颗粒型催化转换器相比，整体型催化转换器体积小，与废气接触的表面积大，排气阻力也较小。

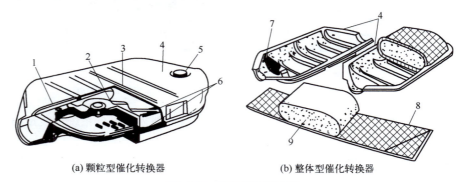

(a) 颗粒型催化转换器　　　(b) 整体型催化转换器

图 4-57　三元催化转换器

1—陶瓷小球保持架；2—内壳；3—隔热层；4—外壳；5—填料孔螺塞；
6—陶瓷小球；7—分流器；8—金属网；9—陶瓷块

TWC 催化转换效率受工作面积、工作温度（350~600℃为最佳工作温度）和空燃比的影响。其只有在理想空燃比 14.7∶1 附近很窄的混合气浓度范围内，才会对废气中三种有害气体具有非常高的净化效率。

三元催化转换器害怕混合气过浓，会造成积炭覆盖多孔陶瓷。混合气在 TWC 内燃烧，造成 TWC 温度过高甚至被烧红，燃油中含铅，以及冷却液进入燃烧室，都影响三元催化转换器的工作性能。

喷油脉宽过大，喷油压力过大，或喷油器滴油，均会造成混合气过浓。另外，汽车长期低速短距离行驶也都会造成混合气过浓和 TWC 内部积炭过多，积炭覆盖了多孔陶瓷上的铂、钯、铑，使催化转换的工作面积明显减小。点火错乱，混合气过浓，个别缸断火，点火能量不足，均会造成混合气在 TWC 内燃烧，有时 TWC 甚至被烧红，TWC 内部温度≥1000℃时就会被烧坏。上述情况都会使 TWC 的工作寿命明显降低。

某些汽车的三元催化转换器有一个热敏电阻温度传感器，如三元催化转换器温度过高，将导致仪表板上的故障指示灯点亮。使用含铅汽油，汽油中的铅炭覆盖在 TWC 上，会使之失效。进气歧管垫或气缸盖衬垫密封不良，会造成冷却液进入燃烧室，导致三元催化转换器损坏。

3. 排气再循环系统

高温、高压、高氧是产生 NO_x 的主要因素。大气中有 78% 的氮气和 21% 的氧气，当发动机燃烧温度达到 1371℃ 时，就会形成氮氧化物 NO_x。而在发动机做功的瞬间，燃烧室温度可达到 2000℃ 以上，由此可见，NO_x 根本不可能消除，我们只能在现有的条件下设法减

少 NO_x。

排气再循环（EGR）是指把发动机排出的部分废气送回进气歧管，并与新鲜混合气一起再次进入气缸。由于废气中含有大量的 CO_2，CO_2 不能燃烧却能吸收大量的热，使气缸中可燃混合气的燃烧温度降低，从而减少了 NO_x 的生成量。排气再循环是净化废气中 NO_x 的主要方法，其又称废气再循环。

在可燃混合气中掺入废气之后，可燃混合气的燃烧热值降低，致使发动机的有效功率下降。为了既能减少 NO_x 的排放，又能保持发动机的动力性，就必须根据发动机的工况对排气再循环的废气量加以控制。

EGR系统在发动机水温50℃以上、转速1500～4500r/min时工作。在怠速、暖机、大负荷和减速时，不参与工作。

在EGR系统中一个开启量受到ECU和进气歧管真空度控制的废气通道和进气歧管相通。排气再循环（EGR）系统见图4-58。通道上EGR阀负责控制排气再循环的废气量。EGR阀内有一膜片，膜片上方为封闭的真空室，负责控制废气量的锥形阀通过推杆和膜片相连。真空室真空度大时，阀开启量大，废气输送量大；真空度小时，阀开启量小，废气输送量小。真空度小于真空室弹簧张力时，EGR阀关闭，停止向进气歧管输送废气。

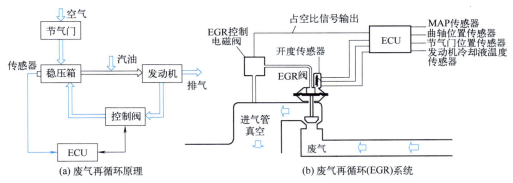

图 4-58　排气再循环（EGR）系统

EGR阀开启时的工作状况见图4-59。EGR阀真空室通过真空软管和受ECU控制的EGR控制电磁阀相连。该电磁阀是一个真空开关阀，只负责开启或关闭。通过ECU控制，EGR阀不仅能够打开或关闭，还能够保持打开与关闭之间的任何位置，这可以更精确地控制EGR阀，以改善发动机性能。EGR阀真空室真空度的大小是由进气歧管的真空度来决定的。EGR阀的开启由ECU根据发动机水温、转速、空气流量等信号来决定，开启量大小，

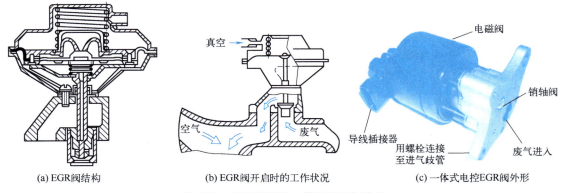

图 4-59　EGR阀结构、外形及工作状态

则受进气歧管真空度控制。

4. 汽油蒸发控制系统

汽油箱和管路中的汽油随时都在蒸发,如果不加以控制或回收,在发动机不工作时,汽油蒸气将逸入大气,造成环境污染。汽油蒸发控制系统的功用就是将这些汽油蒸气收集和储存在活性炭罐内,在发动机工作时再将其送入气缸内燃烧,消除 HC 从燃油箱向大气的排放。图 4-60 示出了典型的汽油蒸发控制系统的组成。

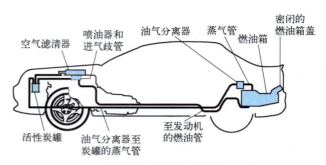

图 4-60 典型的汽油蒸发控制系统的组成

汽油蒸发控制系统如图 4-61 所示。活性炭罐 11 内填满活性炭,发动机不工作时,燃油箱 2 中的汽油蒸气经止回阀 3 和汽油蒸气管路 4 进入活性炭罐。汽油蒸气进入活性炭罐后被其中的活性炭吸附。

当燃油箱内由于燃油蒸发压力升高时,汽油蒸气通过止回阀进入活性炭罐上部。受 ECU 控制的炭罐电磁阀负责活性炭罐定量排放小孔的开启或关闭。在发动机水温≥75℃、发动机转速≥1500r/min 时,ECU 给炭罐电磁阀通电(图 4-62),炭罐电磁阀开启,排放控制阀上方的真空室真空度加大,定量排放小孔开启,吸附在活性炭上的汽油蒸气在 90s 左右就可全部被吸入进气道。然后,空气从活性炭罐下部进入,清洁活性炭,使其恢复吸附汽油蒸气的能力。

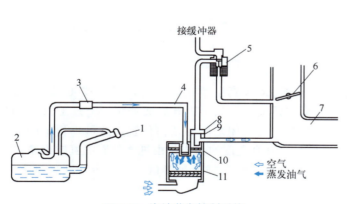

图 4-61 汽油蒸发控制系统

1—燃油箱盖;2—燃油箱;3—止回阀;4—汽油蒸气管路;
5—炭罐电磁阀;6—节气门;7—进气管;8—排放控制阀真空室;
9—排放控制阀;10—定量排放小孔;11—活性炭罐

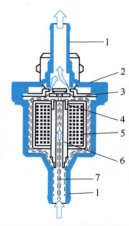

图 4-62 炭罐电磁阀结构

1—接口;2—密封法兰;3—衔铁;
4—弹簧;5—电磁线圈;6—阀芯;
7—气流通道

5. 曲轴箱强制通风系统

在汽油机工作时,由于活塞环开口间隙的存在,总会有一部分可燃混合气与燃烧过的废气由活塞经过活塞环窜到曲轴箱内。这部分气体含有汽油蒸气、水蒸气及酸性物质等,凝结后将使机油变稀、乳化、性能变差,也会使发动机零件受到腐蚀。如果曲轴箱密闭,则可燃混合气及废气会窜到曲轴箱使其内部的压力持续升高,导致机油从曲轴油封、曲轴箱衬垫等处渗出。因此,发动机上设置了曲轴箱通风装置以防止上述现象的出现。现代汽车发动机所

曲轴箱强制通风系统

采用的曲轴箱强制通风系统，既可以让曲轴箱通风，又可以对曲轴箱排出的气体进行净化，从而延长机油的使用寿命，防止发生机油泄漏等现象。

曲轴箱强制通风系统的组成如图 4-63 所示，主要由进气空气软管、曲轴箱强制通风阀（PCV 阀）、曲轴箱抽气通风软管和空气滤清器等组成。发动机工作时，进气管真空度作用在 PCV 阀上，该真空度使新鲜空气经空气滤清器、进气空气软管进入气缸盖罩内，再经气缸盖和机体上的孔道进入曲轴箱。在曲轴箱内新鲜空气和废气混合后经气缸盖罩、PCV 阀和曲轴箱抽气通风软管进入进气管，最后经进气门进入燃烧室被燃烧掉。

如果曲轴箱气体在发动机所有工况下不加控制地进入气缸燃烧，在某些工况下，曲轴箱气体将影响发动机工作的稳定性。因此，必须合理控制曲轴箱气体进入气缸的流量。PCV 阀的功用是根据发动机工况的变化自动调节进入气缸的曲轴箱气体的流量。

① 当发动机不工作时 [图 4-64（a）]，进气管没有真空，PCV 阀中的弹簧 3 将锥形阀 2 压在阀座 1 上，关闭了曲轴箱与进气管的通路。

② 发动机怠速或减速时 [图 4-64（b）]，进气管真空度很大，真空度克服弹簧力把锥形阀吸向右端，使锥形阀 2 与 PCV 阀体 4 之间只有很小的缝隙。PCV 阀开度虽小，但窜入曲轴箱的气体很少，足以使曲轴箱中的气体流出。

③ 当发动机在中等负荷和转速下工作时 [图 4-64（c）]，进气管的真空度比怠速时小，在弹簧的作用下锥形阀与阀体间的缝隙增大。较大的 PCV 阀开度，可以使窜入曲轴箱较多的气体被吸入进气管。

④ 发动机在大负荷工作时 [图 4-64（d）]，发动机节气门大开，进气管真空度较小，弹簧将锥形阀进一步向左推移，使 PCV 阀的开度更大，曲轴箱气体进入进气管的流量最大。只有 PCV 阀的开度很大时，才能使大量的曲轴箱气体全部流入进气管。

因此，当发动机在低速时，只有很少量的曲轴箱气体进入进气管。随着发动机转速和负荷的增加，越来越多的曲轴箱气体进入进气管。

进气管回火时，进气管压力增高，锥形阀落在阀座上，如同发动机不工作时一样，以防止回火进入曲轴箱而引起发动机爆炸。

当活塞或气缸磨损严重时，将有过多的气体窜入曲轴箱，这时即使 PCV 阀开度最大也不足以使这些气体都流入进气管。在这种情况下，曲轴箱压力会升高，部分曲轴箱气体经空气软管进入空气滤清器，再随同新鲜空气一起流入气缸，如图 4-63 所示。

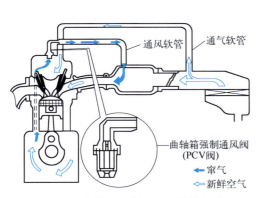

图 4-63 曲轴箱强制通风系统的组成

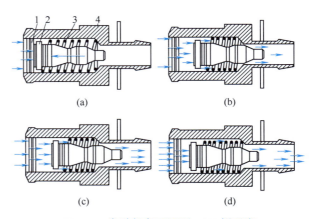

图 4-64 发动机各工况下 PCV 阀开度

1—阀座；2—锥形阀；3—弹簧；4—PCV 阀体

6. 二次空气喷射系统

二次空气喷射系统很早就用在汽车上来降低尾气中的 HC 和 CO 排放。其主要工作原理是在一定工况下,利用空气泵或其他装置将一定量的新鲜空气引入发动机排气管或三元催化转化器中,使废气中的 HC 和 CO 进一步燃烧、氧化,从而降低废气中的 HC 和 CO 的排放。这种装置较多地应用在汽油机上,在启动、加速等混合气偏浓的工况下起作用,通过增加废气中氧气的含量来提高三元催化转化器对 HC 和 CO 的净化效率。此外,当发动机刚启动时,二次空气喷射系统再次燃烧的热量还可以缩短氧传感器的加热时间,使三元催化转化器迅速达到工作温度,加快发动机控制系统进入空燃比闭环控制的过程。这种装置也可用于柴油机。

二次空气喷射系统

二次空气喷射系统新鲜空气的喷射位置可以布置在排气歧管的根部,即排气歧管与气缸体连接部位附近,这种布置方式使废气中的 HC 和 CO 只能在排气歧管处进行氧化反应;喷射位置也可以布置在气缸盖上排气门后的排气通道内,可以使排气中 HC 和 CO 的氧化反应更早地进行。

二次空气喷射系统分为空气泵喷射方式和排气管内压力脉动进气方式两种。空气泵喷射方式采用一个专门的空气泵对新鲜空气进行加压,然后将其供入排气管内。排气管内压力脉动进气方式采用逆向止回阀,通过排气管内的负压直接吸入新鲜空气。

空气泵喷射方式如图 4-65 所示,是利用空气泵按一定压力将一定量的空气喷入排气管内。空气泵 2 是由发动机曲轴驱动的,所以其供给的空气量与发动机转速成正比,而与发动机负荷无关。因此,为了满足发动机不同工况的要求,应控制最适合的二次空气量。为此设置二次空气控制阀 A11、二次空气控制阀 B12、溢流阀 10、止回阀 4 等空气流量控制阀。二次空气经空气泵滤清器 1、空气泵 2、止回阀 4、空气回流管 7 喷入排气管 3,或经二次空气控制阀 B12 喷入催化转化装置 13。当所供给的空气过多时,经二次空气控制阀 A11、溢流阀 10 流入空气滤清器 9 并随进气进入气缸。这种二次空气供给方式主要适用于要求二次空气量较多的六缸以上的大排量发动机。

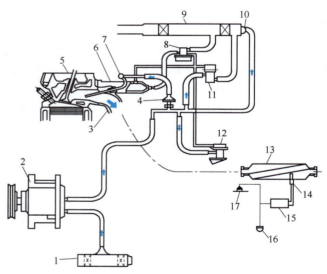

图 4-65 空气泵喷射方式

1—空气泵滤清器;2—空气泵;3—排气管;4—止回阀;5—气缸盖;
6—进气总管;7—空气回流管;8—AB 阀;9—空气滤清器;
10—溢流阀;11—二次空气控制阀 A;12—二次空气控制阀 B;
13—催化转化装置;14—排温传感器;15—开关单元;
16—警报装置;17—温度传感器

同空气泵喷射系统相比,排气管内压力脉动进气系统没有外加空气泵,而是依靠大气与排气管中排气压力的脉动产生的压力差使新鲜空气进入排气系统。因为在发动机工作时,进排气门会周期性地开启和关闭,于是在排气系统中就会产生正负交替的脉冲压力波。每次在排气门关闭的一小段周期内,排气歧管内的某一瞬间就会产生低于大气的压力,从而形成一个真空度,利用这个真空度,就可以使新鲜空气(经过滤清器)吸入排气管。因为排气系统中的低压脉冲持续时间随发动机转速的升高而缩短,所以排气管内压力脉动进气系统在发动机转速较低时,对排放的改善更为有效。这种系统的结构简单,降低了成本,减少了功率消耗。

三、发动机增压系统

1. 增压技术

进气增压是将空气在进入气缸之前提高压力,使空气密度升高从而最终增加进入气缸的空气量的技术。由于进气量增加,可相应地增加循环供油量,从而使发动机的最大功率升高,改善车辆的加速性。同时,增压还可以改善燃油经济性,是控制排放的有效技术手段。

根据驱动压气机的方式不同,增压技术可分为机械增压、排气涡轮增压、电机驱动增压和气波增压等类型。目前车用发动机广泛采用的是排气涡轮增压方式。

机械增压是一种通过发动机曲轴直接驱动压气机,以提高发动机进气压力的增压方式。其特点是能有效地提高发动机功率,与排气涡轮增压相比,其低速增压效果更好。另外,机械增压器与发动机容易匹配,结构也比较紧凑。但是,由于驱动增压器需消耗发动机功率,因此燃油消耗率比非增压发动机略高。

电机驱动增压是电动压气机与常规的排气涡轮增压器一起使用,在低负荷范围内可对发动机进行增压,而在高负荷时尽可能由常规涡轮增压器承担增压任务,此时电动压气机则借助自行调节的旁通阀来实现旁通功能。

气波增压是一种利用排气压力波使空气受到压缩,以提高进气压力的方式。系统内设有一个特殊形状的气波增压器转子,由发动机曲轴带轮经传动带驱动。在转子中,发动机排出的废气直接与空气接触,利用排气压力波使空气受到压缩,以提高进气压力。气波增压器结构简单,加工方便,工作温度不高,不需要耐热材料,也无须冷却。与涡轮增压相比,其低速转矩特性好;但是体积大,噪声高,安装位置受到一定的限制。目前,这种增压器只能在低速范围内使用。由于柴油机的最高转速比较低,因此多用于柴油机上。

2. 排气涡轮增压系统

排气涡轮增压是车用发动机最广泛采用的一种增压方式。将发动机排出的废气引入涡轮机,利用废气能量推动涡轮机旋转,由此驱动与涡轮同轴的压气机实现增压,排气涡轮增压器与发动机无机械联系。这种增压方式能有效地利用废气的能量进行增压,所以经济性比机械增压和非增压发动机都好,并可大幅度地降低有害气体的排放和噪声水平。但缺点是由于涡轮机是流体机械,而发动机是动力机械装置,因此此增压发动机低速时的转矩增加不多,而且在发动机工况发生变化时,瞬态响应特性较差,致使汽车加速性,特别是低速加速性较差。排气涡轮增压系统又常称为废气涡轮增压。

排气涡轮增压系统主要由涡轮增压器、中冷器、进气旁通阀、排气旁通阀和排气旁通阀控制装置等组成,如图 4-66 所示。

(1) 涡轮增压器的结构和工作原理

车用涡轮增压器由离心式压气机、涡轮机、中间体三部分组成(图 4-67)。增压器轴 5 通过两个浮动轴承 9 支承在中间体 14 内。中间体内有润滑和冷却轴承的油道,还有防止机油漏入压气机或涡轮机的密封装置等。

涡轮增压器是一种利用废气而不是发动机动力驱动压气机的装置,将发动机高速废气通过排气总管引入涡轮机,利用废气所包含的能量推动涡轮机叶轮快速转动(转速超过 10×

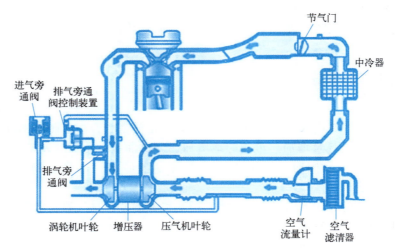

图 4-66 排气涡轮增压系统

10^4 r/min，最高可达 20×10^4 r/min)，并带动与其同轴安装的压气机叶轮工作，新鲜空气在压气机内增压后进入气缸。涡轮增压也称排气涡轮增压，涡轮增压器与发动机没有机械联系。

由于涡轮增压发动机的负荷明显高于非涡轮增压式发动机，所以内部需要有一些变化，包括强化活塞，使用不同的活塞环，以及确保轴承能够承受更大的负荷。但是，涡轮增压和非涡轮增压发动机都采用相同的压缩比及电子控制装置。

增压器轴承的结构是车用涡轮增压器可靠性的关键之一。现代车用涡轮增压器都采用浮动轴承（图4-68）。浮动轴承实际上是套在轴上的圆环。圆环与轴以及圆环与轴承座之间都有间隙，形成双层油膜。圆环浮在轴与轴承座之间，一般内层间隙为 0.05mm 左右，外层间隙大约 0.1mm。轴承壁厚 3~4.5mm，用锡铅青铜合金制造，轴承表面镀一层厚 0.005~0.008mm 的铅锡合金或金属铟。在增压器工作时，轴承在轴与轴承座之间转动。增压器工作时产生轴向推力，由设置在压气机一侧的推力轴承 1 承受。

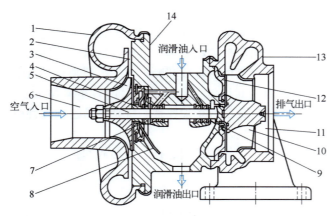

图 4-67 涡轮增压器结构

1—压气机蜗壳；2—无叶式扩压管；3—压气机叶轮；4—密封套；
5—增压器轴；6—进气道；7—推力轴承；8—挡油板；
9—浮动轴承；10—涡轮机叶轮；11—出气道；12—隔热板；
13—涡轮机蜗壳；14—中间体

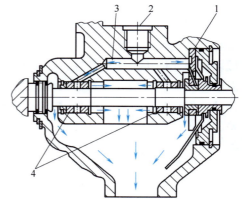

图 4-68 涡轮增压器轴承及润滑

1—推力轴承；2—润滑油入口；
3—润滑油道；4—浮动轴承

（2）增压压力的调节

在增压系统中都设有排气旁通阀，用以调节增压压力。排气旁通阀与涡轮增压器连通。排气旁通阀用于在涡轮增压器增压过高时旁通排气。增压过程压力过大会导致过分爆燃或发动机损坏，甚至毁掉发动机。排气旁通阀使废气绕过排气涡轮，使部分废气不经过涡轮机直接排放到大气中，此时，推动压气机涡轮的动力减少，从而达到控制增压压力及涡轮机转速的目的。

图 4-69 中展示的是位于排气管中典型的排气旁通阀。排气旁通阀关闭时，废气穿过排气涡轮。图中发动机处于涡轮增压状态。排气旁通阀打开时，废气绕过排气涡轮。

排气旁通阀是常闭的。它打开

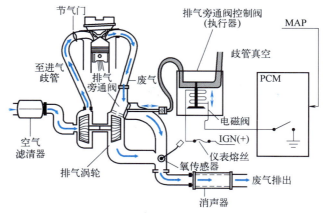

图 4-69　排气旁通阀及控制系统

时旁通排气，防止过度增压情况的出现。当在执行器上施加真空时，排气旁通阀打开。执行器由排气旁通阀控制阀控制，该阀由 ECU 控制脉动启闭（图 4-69）。在正常行驶条件下，控制电磁阀全时通电，这就是说排气通过排气涡轮。在急加速时，增压压力可能会升高。当增压升高时，其值被歧管绝对压力（MAP）传感器感检测到。ECU 则在增压值高于限定值时开启排气旁通阀控制阀。当排气旁通阀脉动启闭时，歧管压力减小。如果出现增压过大的情况，ECU 还将减少供油量。

（3）涡轮增压器的润滑及冷却

来自发动机润滑系统主油道的机油经增压器中间体上的机油进口 1 进入增压器，润滑和冷却增压器轴和轴承。然后，机油经中间体上的机油出口 2 返回发动机油底壳（图 4-70）。在增压器轴上装有油封，用来防止机油窜入压气机或涡轮机蜗壳内。如果油封损坏，将导致机油消耗量增加和排气管冒蓝烟。

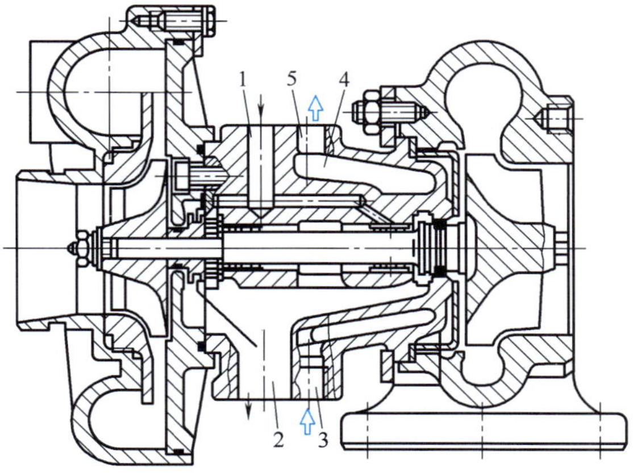

由于汽油机增压器的热负荷大，因此在增压器中间体的涡轮机侧设置冷却水套，并用软管与发动机的冷却系统连通。冷却液自中间体上的冷却液进口 3 流入中

图 4-70　增压器的润滑与冷却

1—机油进口；2—机油出口；3—冷却液进口；
4—冷却水套；5—冷却液出口

间体内的冷却水套 4，从冷却液出口 5 流回发动机冷却系统。冷却液在中间体的冷却水套中不断循环，使增压器轴和轴承得到冷却。

有些涡轮增压器在中间体内不设置冷却水套，只靠机油及空气对其进行冷却。当发动机大负荷或高转速工作时，如果立即停机，那么机油可能由于轴承温度太高而在轴承内燃烧。因此，这类涡轮增压发动机应该在停机之前，至少在急速下运转 1min。

（4）中冷器

中冷器就是一个热交换器，它交换空气间的热量，常用在排气涡轮增压发动机上。中冷器的目的是降低进气的温度。事实上,中冷器装在涡轮增压器和燃烧室之间,如图 4-66 所示。在工作过程中,当空气被涡轮增压器压缩增压后,它的温度升高。但是,经中冷器将压缩空气冷却后,空气的密度变大了,在给定的增压压力下,就会有更多的空气和燃油分子被压入燃烧室,其结果是使发动机输出功率增大。

任务实施1

排气系统的检查

将车辆举升后,在确认车辆已被可靠牢固地支撑后,戴上安全帽对排气系统进行检查作业。为避免被烫伤,在排气系统很烫时不要检查,应在排气系统冷却后进行。

① 检查各节之间的装配螺栓和螺母是否松动。

② 检查吊胶环是否磨损、损坏和硬化。

③ 检查隔热板安装螺母是否松动。

④ 检查插头之间的间隙是否漏气,是否生锈,以及焊缝处是否生锈和裂开。

⑤ 检查主消声器、副消声器、各节排气管等是否生锈或被严重腐蚀。检查时,从发动机处的排气歧管开始,用锤子或其他工具沿着排气系统轻敲,轻敲时发出低沉声音的部分可能是内部生锈或腐蚀,应立即拆卸进行进一步检查,如有必要,进行更换。表面生锈的部分可能从内至外都已被腐蚀,应立即更换。

⑥ 三元催化转化器在温度较高的情况下处理较浓的废气,随着时间的推移,三元催化转换装置将老化甚至失效,应仔细检查三元催化转化器是否有积炭迹象或是否有焦油渗漏。

⑦ 检查氧传感器的线束及其他线束是否离排气管太近,若有线束离排气管太近,应通过捆扎等方式让其尽量远离排气管。

任务实施2

排放控制系统的检测

三元催化转化器拆卸

1. 三元催化转换器的检测

① 尾气排放测试。用尾气分析仪做尾气排放检测时,如 CO、HC 和 NO_x 的含量都高,说明 TWC 很可能已经失效。

② 前后氧传感器输出电压和波形的对比。

③ 用红外线测温仪检测。在热机怠速状态下,举升汽车,用红外线测温仪检测 TWC 进气口和出气口的温度,如果温差不足 10℃,说明 TWC 内部堵塞严重,必须更换。

④ 根据车况分析。TWC 发生堵塞后,最初的不良反应是行驶无力,车速上不去和废气返流,最高车速为 200km/h 的汽车,TWC 内部堵塞后最高车速通常只有 130km/h。TWC 堵塞后,如不及时更换,最后会发展到启动困难(排气不畅)。

⑤ 用背压表检测三元催化转换器。可拆下氧传感器,连接背压表,排气管压力应小于 0.025MPa。如超过该值,说明 TWC 或消声器发生堵塞,应及时更换。

⑥ 因碰撞、振动等使三元催化反应器壳体或陶瓷载体破裂变形,也会降低催化反应作用。用橡皮锤敲击三元催化反应器外壳,若听到"哗啦、哗啦"掉东西的声响,说明其内部催化物质剥落或陶瓷蜂窝状载体破碎,需更换。

2. 废气再循环(EGR)系统的检测

① EGR 阀不良的故障现象。EGR 阀在启动、怠速、低速、急加速、减速和全负荷时应

关闭。例如，开启或关闭不严，会造成 EGR 控制电磁阀与底座密封不良，使 EGR 阀始终处于开启状态，导致急速不稳定，低速时喘振，低速加速时动力不足，急加速反应迟钝，向后坐车，急减速时过载熄火，冷启动时过载熄火。节气门全开或接近全开时，会造成发动机功率降低。

EGR 阀不开启故障：高急速负载做工况测试时，NO_x 含量高，加速时易产生爆燃。

② 检测方法。启动发动机，冷车、急速时拆下 EGR 阀上侧的真空软管，发动机水温在 50℃ 以下、发动机转速在 1500r/min 以下时，用手指堵住真空管应感觉不到真空吸力。否则，应更换 EGR 真空开关阀。在 EGR 阀上侧真空接口上接上真空表，在冷车、急速时，将真空加入 EGR 阀真空室，这时发动机应出现急速不稳、熄火。否则说明 EGR 阀损坏，应更换。

发动机水温在 40℃ 或以下时，用手动真空泵在 EGR 阀上侧的真空软管上加上真空后，如发动机转速不变，表明真空有泄漏。发动机水温在 80℃ 或以上，用手动真空泵加上真空 4.0kPa 时，发动机标准状态不变，表明可以保持真空；用手动真空泵加上真空 28kPa 时，发动机急速略有些不稳，表明可以保持真空。在维修实践中，EGR 阀不关闭，除真空阀和控制系统故障外，也有因积炭过多造成关闭不严的现象。因此，每隔 60000～80000km 应定期清洁 EGR 阀内的积炭。

3. 汽油蒸发控制系统的检测

① 系统故障诊断。如果炭罐电磁阀发生故障（如短路或断路），则会造成难以启动，加速不顺，还会造成急速不稳，尾气超标，油耗增加。

加油时加油口向外呛油。油箱未满，却加不进油，应重点检查炭罐电磁阀是否发生故障。电动燃油系统封闭的燃油管路，为加油方便，是由炭罐电磁阀控制的，从活性炭罐至油箱加油口有一个通风软管，在燃油箱加油口上侧有一重力阀。通过通风软管可以为油箱通风，如炭罐电磁阀发生故障，或通风软管堵塞，加油时会向外呛油。

活性炭罐的进气孔处的空气滤清器必须保持清洁，该处堵塞后，没有新鲜的空气冲刷活性炭，其对汽油蒸气的吸附能力就会逐渐丧失。电控汽油喷射发动机燃油箱盖上不仅没有空气阀，而且大部分也没有真空阀。活性炭罐进气口堵塞后，随着燃油箱内汽油减少，油箱内会产生很大的真空，燃油箱底部杂物被吸附上移，有可能堵塞集滤器，造成燃油泵烧蚀。

② 炭罐电磁阀的检测。由于炭罐电磁阀是在发动机水温 75℃ 以上，发动机转速 1500r/min 以上参与工作的，在发动机正常工作温度下，急速状态取下活性炭罐排放控制阀通向炭罐电磁阀的真空软管，用手指堵住真空软管，急速时无真空吸力为正常。踩加速踏板加速到 2000r/min，真空软管有吸力为正常。如不正常应更换。

炭罐电磁阀为两位两通常闭式电磁阀，没有通电时，对炭罐电磁阀吹气应不通气；通电后吹气应通气。如不正常应更换。

炭罐电磁阀自身是否有短路或断路，可用万用表欧姆挡检查端子间的电阻值，如大众汽车炭罐电磁阀规定阻值为 22～30Ω。如不在规定值内应更换。

炭罐电磁阀的故障会造成过多的燃油蒸气进入进气歧管，使混合气过浓，从而影响发动机的经济性和排放性。

4. 曲轴箱强制通风系统的检测

① 系统故障现象。PCV 阀如果卡滞在打开的位置，过量的空气流入进气歧管，使用 AFS（空气流量计）系统会使空燃比变小，会出现急速不稳和发动机过载熄火的故障。

PCV 阀或强制通风的软管堵塞，会造成急速不稳、急速熄火、急速过高的故障。还会造成曲轴箱压力过大而窜机油。部分机油窜入燃烧室，造成排气管冒蓝烟。机油在压力作用下，通过自然通风系统窜入空气滤清器。干式空气滤清器有了机油后，使进气受阻混合气变浓，尾气排放中 CO 的含量会明显增加。PCV 阀堵塞后窜入气缸内的可燃混合气不能及时排出，机油内会积累水分和油泥。混合气和水分在一起，还会产生酸性物质。在正常情况下，还可能出现密封的某些部位在压力作用下也能发生窜机油现象。

② 系统维护保养。发动机工作 60000~70000km 后，定期用化油器清洗剂清洁 PCV 阀，可延长 PCV 阀的使用寿命。

③ PCV 阀的检查方法。a. 将一根干净的软管接到 PCV 阀出气一侧，用力向进气一侧吹气。PCV 阀是止回阀，如通气应更换。b. 将进气一侧软管拆下，在发动机工作时，用手指封住进气一侧的进气孔。如感觉不到真空吸力，说明 PCV 阀或强制通风的软管堵塞，应清洗或更换。c. 拆下 PCV 阀，在耳边摇动。若听不到"喀"声，说明 PCV 阀发生卡滞，应更换。d. 用手指堵住 PCV 阀进气口，用五气分析仪测试。此时 CO 值应比堵住 PCV 阀进气口前略有增加，而 O_2 则应降低。否则说明 PCV 阀没有工作。e. 用夹子夹住 PCV 阀前端的真空软管，使 PCV 阀关闭，发动机转速应下降。如发动转速没下降，说明 PCV 阀卡滞在关闭状态，应更换。

 任务实施3

涡轮增压系统的检测

注意：涡轮增压发动机排气管在发动机舱中的位置较高，必须小心操作，避免意外碰到热排气管造成伤害。

修理涡轮增压器的相关问题有很多维修程序。一般维修程序如下。

① 检查排气旁通阀的开启是否自如。
② 检查压气机叶轮有无黏滞、拖拽及其他不良状况。
③ 检查壳体内部有无油污和灰尘，有则进行必要的清洁。
④ 检查压气机油封有无损坏或泄漏，视情况维修更换。
⑤ 按维修手册检查涡轮增压器主轴的径向及轴向间隙。
⑥ 检查径向滑动轴承间隙：利用磁力座表检查，超出规定值则更换。
⑦ 检查止推轴承的间隙：利用磁力座表检查，超出规定值则更换。
⑧ 检查压气机和涡轮叶片有无裂纹、断裂或叶片弯曲，视情况更换涡轮或压气机叶片。
⑨ 测试排气旁通阀增压压力值：一般可用真空检测仪，排气旁通阀在 28kPa 时开始移动，并在 103kPa 时达到全行程。具体参照维修手册数据。

任务六　电控汽油机燃料供给系统常见故障诊断与排除

 任务引入

小张一辆行驶 80000km 的大众朗逸轿车，启动后正常运转约 1min 就会出现抖动的现象，甚至熄火。维修人员经过诊断后，发现喷油器的喷油量不均匀，于是更换了喷油器。重新启动车辆并使其运转一段时间后，车辆无抖动现象，故障排除。

本任务要求学生熟悉电控汽油喷射系统故障的诊断基本原则、方法和流程，熟悉电控汽油机燃料供给系统的常见故障，掌握汽油机燃料供给系统常见故障的诊断与排除方法，能够进行电控汽油机燃料供给系统常见故障的诊断与排除操作。

 知识准备

一、电控汽油喷射系统故障诊断的基本方法与流程

1. 电控汽油喷射系统故障诊断的基本原则

电控发动机的电子控制系统是一个精密而复杂的系统，其故障的诊断也较为困难。而造成电控发动机不工作或工作不正常的原因可能是电子控制系统的问题，也有可能是电子控制系统外其他部分的问题，故障检查的难易程度也不一样。如果我们能够遵循故障诊断的一些基本原则，就可能以较为简单的方法准确而迅速地找出故障所在。电控汽油喷射系统故障诊断与排除的基本原则可概括为以下几点。

① 先外后内。在发动机出现故障时，先对电子控制系统以外的可能故障部位予以检查。这样可避免本来是一个与电子控制系统无关的故障，却对系统的传感器、电脑、执行器及线路等进行复杂且又费时费力的检查，即真正的故障可能是较容易找到却未能找到。

② 先简后繁。能以简单方法检查的可能故障部位先予以检查。例如直观诊断最为简单，我们可以用看、摸、听等直观检查方法将一些较为显露的故障迅速地找出来。

直观诊断未找出故障，需借助仪器仪表或其他专用工具来进行诊断时，也应对较容易检查的先予以检查。

③ 先熟后生。由于结构和使用环境等原因，发动机的某一故障现象可能是以某些总成或部件的故障最为常见，应先对这些常见故障部位进行检查。若未找出故障，再对其他不常见的可能故障部位予以检查。这样做往往可以迅速地找到故障部位，省时省力。

④ 代码优先。电子控制系统一般都有故障自诊断功能。当电控发动机运行时，故障自诊断系统监测到故障后，以代码的方式将该故障储存到电脑的存储器内，同时通过"检测发动机"等警告灯向驾驶员报警。这时可人工或用仪器读取故障码，并检查和排除故障码所指的故障部位。待故障代码所指的故障消除后，如果发动机故障现象还未消除，或者开始就无故障代码输出，则再对发动机可能的故障部位进行检查。

⑤ 先思后行。对发动机的故障现象先进行故障分析，了解可能的故障原因有哪些，然后再进行故障检查。这样可避免故障检查的盲目性，既不会对与故障现象无关的部位做无效的检查，又可避免对一些有关部位漏检而不能迅速排除故障。

⑥ 先备后用。电子控制系统一些部件性能的好坏，电气线路正常与否，常以其电压或电阻等参数来判断。如果没有这些数据资料，系统的故障检查将会很困难，往往只能采取新件替换的方法，此方法有时会造成维修费用猛增且费工费时。因此在检修车辆时，应准备好维修车型的有关检修数据资料。除从维修手册、专业书刊上收集整理这些检修数据资料外，另一个有效的途径是对无故障车辆系统的有关参数进行测量，并记录下来，作为日后检修同类型车辆的检测比较参数。如果平时注意做好这项工作，会给系统的故障检查带来方便。

特别注意：电控发动机的故障并非一定出在电子控制系统。如果发现发动机有故障，而故障警告灯并未点亮（未显示故障代码），大多数情况下，该故障可能与发动机电控系统无关。此时，就应该像发动机没有装电控系统那样，按照基本诊断程序对其进行故障检查。否则，可能遇到一个本来与电控系统无关的故障，却检查电控系统的传感器、执行器和电路

等，花费了很多时间，而真正的故障反而没有找到。

2. 电控汽油喷射系统故障诊断的基本方法

电控汽油喷射系统故障诊断按其诊断的深度可分为初步诊断和深入诊断。初步诊断是根据故障的现象，判断出故障产生原因的大致范围。深入诊断是根据初步诊断的结果对故障原因进行分析、查找，直到找出产生故障的具体部位。

电控汽油喷射系统故障诊断的基本方法包括：直观诊断、利用随车自诊断系统诊断、利用简单仪表诊断和利用专用诊断仪器诊断等。

① 直观诊断。直观诊断就是通过人的感觉器官对汽车故障现象进行看、问、听、试、嗅等，了解和掌握故障现象的特点，通过人的大脑的分析、判断得出结论的诊断方法。

② 利用随车自诊断系统诊断。随车自诊断系统可以对系统的故障进行自诊断，在电控发动机故障诊断中是一种简便快捷的诊断方法，但是其诊断的范围和深度远远满足不了实际中对故障诊断的要求，常常出现发动机运行不正常而故障诊断出的原因可能与发动机电控系统无关的现象。另外，由于随车自诊断系统的局限性，不可能设计出一种自诊断系统对电控系统所有可能产生的故障部位都进行诊断。因此，以直观诊断方法为主进行检查和判断的工作在任何时候对任何系统来说，都是不可替代的。

随车自诊断系统通常只能诊断与电控系统有关的电气装置或线路的故障，一般只能给出初步诊断结论，具体故障原因，还需要通过直接诊断和简单仪器进行深入诊断。

③ 利用简单仪表诊断。利用简单仪表诊断，就是利用以万用表和示波器为主的通用仪表，对电控发动机故障进行诊断的方法。

这种诊断方法的特点是诊断方法简单、设备费用低，主要用于对电控系统和电气装置的诊断。因此，这种诊断方法可用于对故障进行深入诊断。其缺点是对操作者的要求较高，在利用简单仪表诊断时，操作者必须对系统的结构和线路连接情况有相当详细的了解，才可能取得满意的诊断效果。

④ 利用专用诊断仪器诊断。采用专用诊断仪可大大提高对电子控制系统的诊断效率。但是由于专用诊断仪器成本较高，因此其一般适用于专业化的故障诊断和修理厂家。

3. 电控汽油喷射系统故障诊断的基本流程

电控汽油喷射系统故障诊断与排除可按照图4-71所示的一般流程进行。具体内容如下。

① 向车主或有关人员的咨询。了解故障的产生、发展的全过程，以及过去的故障状况、检修状况和车况等，从而为诊断提供线索，为进一步检查给出方向。

② 直观诊断。检查真空软管及管路是否破裂、老化和损坏。检查电控系统各电线线束的连接情况。检查电喷系统及相关器件是否有"四漏"现象。

③ 人工或用仪器读取并验证故障码。查清故障码表示的故障是否存在，即是否故障已排除而其故障码仍未清除。

④ 无故障码。对有明显故障征兆的，可用诊断仪、示波器、万用表等读取发动机有关数据进行数值、波形分析，并依据分析结果检查有关部件，视需要进行维修或更换。若无明显故障征兆，则采用症状模拟方法对故障进行分析，以进一步检查故障的原因。

⑤ 有故障码。根据故障码的内容检查并排除故障。

⑥ 重新启动发动机。验证故障是否已排除，若故障未排除，则继续检查故障原因。

二、电控汽油机燃料供给系统常见故障诊断与排除

电控汽油机燃料供给系统的常见故障包括发动机不能启动、发动机启动困难、急速不

稳、加速不良、动力不足等。

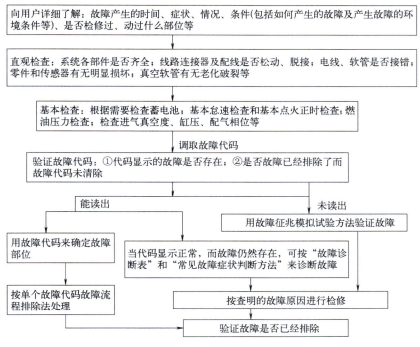

图 4-71　电控汽油喷射系统故障诊断一般流程

（一）发动机不能启动

发动机不能启动，且无着车征兆；或有着车征兆，但发动机不能启动。

1. 发动机不能启动，且无着车征兆

（1）故障现象

启动发动机时，启动机能带动发动机正常运转，但发动机不能启动，且无着车征兆。

（2）故障原因

① 燃油箱无油。

② 启动时节气门全开。

③ 电动燃油泵不工作。

④ 喷油器不工作。

⑤ 燃油压力过低。

（3）故障诊断与排除

① 检查燃油箱的存油情况。打开点火开关，如果燃油表指针不动或油量警告灯亮，则说明故障是燃油箱无油所致。

② 确认启动方法是否正确。发动机的启动控制系统要求在启动时不踩加速踏板。如果启动时将加速踏板完全踩下或反复踩下，会使启动控制系统的溢油消除功能起作用，导致喷油器不喷油，发动机不能启动。

③ 检查电动燃油泵。如果电动燃油泵不工作，则应检查熔断器、继电器及电动燃油泵控制电路等。如果电路正常，则说明故障是电动燃油泵不工作所致。

④ 检查喷油器。当发动机启动时，检查各喷油器是否工作。如果喷油器不工作，可用

万用表电压挡位在线束插头部位测量其供电电压。如果启动发动机时电压不正常，则说明喷油器控制系统或控制线路发生故障。对此，应检查喷油器电源熔断器和喷油器降压电阻是否烧断，喷油器与电源、喷油器与 ECU 等的接线是否良好。

⑤ 检查燃油压力。发动机未运转状态下的正常燃油压力应达到 300kPa 左右。如果燃油压力过低，应用包有软布的钳子夹住燃油压力调节器的回油管阻断回油通路。此时，如果油压迅速上升，说明燃油压力调节器漏油，应更换燃油压力调节器；如果油压上升缓慢或基本不上升，则说明油路堵塞或电动燃油泵发生故障。对此，应先拆检燃油滤清器，若发现堵塞，则应更换燃油滤清器；若燃油滤清器良好，则应更换电动燃油泵。

2. 有着车征兆，但发动机不能启动

（1）故障现象

发动机启动时，启动机能带动发动机正常运转，有轻微着车征兆，但不能启动。

（2）故障原因

① 冷却液温度传感器发生故障。

② 空气流量传感器发生故障。

③ 曲轴位置传感器发生故障。

④ 进气系统漏气。

⑤ 空气滤清器堵塞。

⑥ 燃油压力过低。

⑦ 喷油器漏油。

⑧ 喷油器控制系统发生故障。

（3）故障诊断与排除

① 用汽车故障诊断仪检查有无故障代码。若有故障代码，则应按故障代码查找相应的故障原因。会影响启动性能的部件主要有冷却液温度传感器、空气流量传感器、曲轴位置传感器等，应对照相应车型维修手册中的相关数据检测这几个传感器。

② 检查进气系统。急速时，检查进气管的真空度，如果真空度小于 66.7kPa，则说明进气系统漏气，应仔细查看进气管是否破裂，各处接头卡箍是否松脱。

③ 检查空气滤清器。如果发现滤芯过脏或堵塞，应清洗或更换滤芯。

④ 检查火花塞。如果火花塞表面只有少量潮湿的燃油，则说明喷油器喷油量太少，则应检查发动机启动时电动燃油泵是否工作。如果发动机能启动而电动燃油泵不工作，则应检查控制电路。如果发动机不能启动而电动燃油泵工作，则应检查燃油压力。如果燃油压力过低，应检查燃油滤清器、燃油压力调节器及电动燃油泵有无故障。若火花塞表面有大量潮湿燃油，说明气缸中已出现"呛油"现象，应检查喷油器是否漏油。

（二）发动机启动困难

（1）故障现象

发动机启动时，曲轴转速正常，但需较长时间才能启动。

（2）故障原因

① 进气系统漏气。

② 燃油压力过低。

③ 空气滤清器堵塞。

④ 急速控制装置发生故障。

⑤ 冷却液温度传感器发生故障。

⑥ 空气流量传感器发生故障。
⑦ 喷油器发生故障。
（3）故障诊断与排除
① 用汽车故障诊断仪检查有无故障代码。若有故障代码，则应按故障代码查找相应的故障原因。
② 检查进气系统。怠速时，检查进气管的真空度，如果真空度小于 66.7kPa，则说明进气系统漏气，应仔细查看进气管是否破裂，各处接头卡箍是否松脱。
③ 检查燃油压力。如果燃油压力过低，应检查燃油滤清器、燃油压力调节器及电动燃油泵有无故障。
④ 检查空气滤清器。如果发现滤芯过脏或堵塞，应清洗或更换滤芯。
⑤ 如果节气门在约 1/4 开度时发动机能正常启动，而节气门完全关闭时启动困难，应检查怠速控制装置是否正常。使发动机冷车怠速运转，拔下怠速控制线束插头，或用钳子夹住附加空气阀进气软管，如果发动机转速无变化，则说明怠速控制装置工作异常，应检查怠速控制装置及控制电路。
⑥ 检查冷却液温度传感器和空气流量传感器。拔下冷却液温度传感器和空气流量传感器线束插头，用万用表电压挡位测量冷却液温度传感器和空气流量传感器各接线端子之间的电阻。如果电阻值不符合标准，应予以更换。
⑦ 发动机在热车状态不宜启动，应检查关闭点火开关后燃油供给系统的保持压力是否正常。如果保持压力太低，应检查燃油压力调节器、电动燃油泵、喷油器等有无故障。

（三）怠速不稳

怠速不稳故障有 5 种情况：冷车怠速不稳，易熄火；热车怠速不稳或熄火；发动机怠速不稳，易熄火；热车怠速过高；怠速上下波动。

1. 冷车怠速不稳，易熄火

（1）故障现象
发动机冷车运转时怠速不稳，易熄火，热车后怠速恢复正常。
（2）故障原因
① 怠速控制装置发生故障。
② 冷却液温度传感器发生故障。
（3）故障诊断与排除
① 用汽车故障诊断仪检查有无故障代码。若有故障代码，则应按故障代码查找相应的故障原因。
② 检查怠速控制装置。当发动机熄火后，先拔下怠速控制线束插头，等发动机启动后再插上。在此过程中，如果发动机转速无变化，说明怠速控制装置工作异常，应检查怠速控制装置及控制电路。如果在冷车状态下怠速控制阀未开启，则应予以更换。
③ 检测冷却液温度传感器。如果发现短路、断路或电阻值不符合标准，则应更换冷却液温度传感器。

2. 热车怠速不稳或熄火

（1）故障现象
发动机冷车运转时怠速正常，热车后怠速不稳，怠速转速过低或熄火。
（2）故障原因
① 怠速转速调整过低。

② 冷却液温度传感器发生故障。
③ 怠速控制装置发生故障。
④ 喷油器工作不良。

(3) 故障诊断与排除

① 用汽车故障诊断仪检查有无故障代码。若有故障代码，则应按故障代码查找相应的故障原因。

② 检查发动机的初始怠速转速。如果发现转速过低，则应按规定程序进行调整。

③ 检查冷却液温度传感器。拔下冷却液温度传感器线束插头，如果怠速不稳现象消失，则说明冷却液温度传感器发生故障，应予以更换。此外，还可以测量冷却液温度传感器的电阻，如果不符合标准，应予以更换。

④ 检查怠速控制装置。拔下怠速控制线束插头，如果发动机转速无变化，则说明怠速控制装置工作不良，应检查怠速控制装置及控制电路。

⑤ 拆下各喷油器，用实验台或喷油器检测仪对其进行检查。如果各气缸喷油器雾化不良或喷油量不均匀，则应清洗或更换喷油器。

3. 发动机怠速不稳，易熄火

(1) 故障现象

发动机启动正常，但无论冷车还是热车都怠速不稳，怠速转速过低，易熄火。

(2) 故障原因

① 进气系统漏气。
② 燃油压力过低。
③ 空气滤清器堵塞。
④ 喷油器雾化不良、漏油或堵塞。
⑤ 怠速转速调整不当。
⑥ 怠速控制装置工作不良。
⑦ 空气流量传感器发生故障。

(3) 故障诊断与排除

① 用汽车故障诊断仪检查有无故障代码。若有故障代码，则应按故障代码查找相应的故障原因。

② 检查进气系统各管接头、各进气软管是否漏气。

③ 检查燃油压力。怠速时的燃油压力约为 250kPa。如果燃油压力过低，应检查燃油压力调节器、电动燃油泵、燃油滤清器有无故障。

④ 检查空气滤清器。如果发现滤芯过脏或堵塞，应清洗或更换滤芯。

⑤ 怠速时依次拔下各气缸高压线，检查发动机转速下降是否相等。如果某气缸在拔下高压线时转速无变化，说明该气缸工作不良或不工作，应检查该气缸火花塞或喷油器是否正常，喷油器控制电路是否短路。

⑥ 检查各气缸喷油器在怠速时的工作声音是否均匀。如果不均匀，说明各气缸喷油器喷油不均匀，应拆检、清洗或更换喷油器。

⑦ 检查发动机的怠速转速。如果发现转速过低，则应按规定程序进行调整。

⑧ 检查怠速控制装置。拔下怠速控制线束插头，如果发动机转速无变化，则说明怠速控制装置或控制线路发生故障，应检查怠速控制装置的相关零件及控制电路。

⑨ 检查空气流量传感器。若空气流量传感器工作不正常，则应予以更换。

4. 热车怠速过高

（1）故障现象

发动机冷车时能以正常快怠速运转，但热车后仍保持快怠速，使怠速转速过高。

（2）故障原因

① 节气门卡滞、关闭不严。

② 怠速转速调整不当。

③ 怠速控制装置发生故障。

④ 冷却液温度传感器发生故障。

（3）故障诊断与排除

① 用汽车故障诊断仪检查有无故障代码。若有故障代码，则应按故障代码查找相应的故障原因。

② 发动机怠速运转时，检查节气门是否关闭、有无卡滞。若未完全关闭或有卡滞现象，则应拆卸、清洗节气门体。

③ 检查发动机的怠速转速。如果发现转速过高，则应按规定程序进行调整。

④ 检查怠速控制装置。当发动机熄火后，先拔下怠速控制线束插头，等发动机启动后再插上。在此过程中，如果发动机转速无变化，则说明怠速控制装置工作正常；否则，应检查怠速控制装置及控制电路。

⑤ 检查冷却液温度传感器。如果拔掉线束插头后，发动机怠速转速恢复正常，说明冷却液温度传感器发生故障，应予以更换。

5. 怠速上下波动

（1）故障现象

发动机怠速运转时，怠速转速不断上下波动。

（2）故障原因

① 怠速开关调整不当，怠速时怠速开关触点不闭合。

② 喷油器工作不良。

③ 空气流量传感器发生故障。

④ 冷却液温度传感器发生故障。

⑤ 怠速控制装置发生故障。

（3）故障诊断与排除

① 用汽车故障诊断仪检查有无故障代码。若有故障代码，则应按故障代码查找相应的故障原因。

② 怠速时依次拔下各气缸喷油器线束插头，检查各气缸工作是否正常。如果某气缸在拔下喷油器线束插头时转速无变化，则说明该气缸工作不良，应检查该气缸喷油器。

③ 检查空气流量传感器。若发现异常，则应予以更换。

④ 检查冷却液温度传感器在不同温度下的电阻是否符合标准。如果不符合标准，则应予以更换。

⑤ 在怠速运转时拔下怠速控制线束插头。如果怠速上下波动现象消失，但怠速不稳现象加剧，则说明怠速控制装置工作正常，喷油器控制系统有故障；如果怠速波动现象不变，则说明怠速控制装置工作不良或不工作。对此，应检查怠速控制线束插头处有无脉冲信号。如果无脉冲信号，则说明控制线路或ECU发生故障；如果有脉冲信号，则说明怠速控制阀门卡住，应检查或更换怠速控制装置的相关零件。

（四）加速不良

（1）故障现象

踩下加速踏板后发动机转速不能立即提高，有迟滞现象，加速反应迟缓，或在加速过程中发动机转速有轻微的波动。

（2）故障原因

① 进气系统漏气。

② 空气滤清器堵塞。

③ 节气门位置传感器发生故障。

④ 空气流量传感器发生故障。

⑤ 燃油压力过低。

⑥ 喷油器工作不良。

（3）故障诊断与排除

① 用汽车故障诊断仪检查有无故障代码。若有故障代码，则应按故障代码查找相应的故障原因。

② 检查进气系统各管接头、各进气软管是否漏气。

③ 检查空气滤清器。如果发现滤芯过脏或堵塞，应清洗或更换滤芯。

④ 检查节气门位置传感器。对于触点式节气门位置传感器，当节气门全闭时，怠速开关触点应闭合；当节气门打开时，怠速开关触点应断开；当节气门接近全开时，全负荷开关触点应闭合。对于可变电阻式节气门位置传感器，当节气门由全闭向全开变化时，其信号端子与接地端子间的电阻值应连续增大，不应出现断续现象。若有异常，应按规定对其进行调整或更换。

⑤ 检查空气流量传感器。若有异常，应进行更换。

⑥ 检查燃油压力。怠速时燃油压力应符合规定值，加速时燃油压力应能上升 50kPa 左右。若燃油压力过低，则应检查燃油压力调节器、电动燃油泵等有无故障。

⑦ 检查各喷油器在加速工况下的喷油量。若有异常，则应更换喷油器。

（五）动力不足

（1）故障现象

发动机无负荷运转时无异常，带负荷运转时加速缓慢，上坡无力，加速踏板踩到底时仍感到动力不足，转速无法提高，达不到最高车速。

（2）故障原因

① 空气滤清器堵塞。

② 节气门调整不当，无法全开。

③ 冷却液温度传感器发生故障。

④ 空气流量传感器发生故障。

⑤ 节气门位置传感器发生故障。

⑥ 燃油压力过低。

⑦ 蓄电池电压过低。

⑧ 喷油器工作不良。

（3）故障诊断与排除

① 用汽车故障诊断仪检查有无故障代码。若有故障代码，则应按故障代码查找相应的

故障原因。

② 检查空气滤清器。如果发现滤芯过脏或堵塞，应清洗或更换滤芯。

③ 将加速踏板踩到底，检查节气门能否全开。如果不能全开，则应进行调整。

④ 检查冷却液温度传感器的电阻值在不同温度下是否按照规定变化。如果不符合规定值，则应更换冷却液温度传感器。

⑤ 检查空气流量传感器。若有异常，应进行更换。

⑥ 检查节气门位置传感器的怠速开关和全负荷开关是否调整正确。如果不正确，则应按标准重新调整。

⑦ 检查燃油压力。如果燃油压力过低，应进一步检查电动燃油泵、燃油压力调节器、燃油滤清器等有无故障。

⑧ 检查蓄电池电压。蓄电池电压过低会导致喷油器喷油量减少，发动机动力不足，加速迟缓。对此，应检查充电系统或更换蓄电池。

⑨ 拆卸喷油器，检查喷油器工作是否正常。如果发现喷油量不正常或喷油雾化质量不良，应清洗或更换喷油器。

 任务实施

发动机启动困难的故障诊断与排除

1. 情境描述

小李有一辆 2018 款别克凯越轿车，搭载 1.6L 发动机，已经行驶了 159600km。进入冬季后，小李发现发动机经常启动困难，特别是早上，冷车启动发动机非常困难，需要启动五六次发动机才能勉强启动。如何排除故障？

2. 故障诊断与排除

① 维修人员先对故障现象进行验证。启动车辆，此时发动机为热车状态，各工况性能均显示正常，发动机怠速稳定，加速性能良好，仪表显示正常。为了再现小李描述的故障现象，在征得小李同意后，将车辆在厂里停放一夜。第二天早上，维修人员对车辆进行启动测试，发现的确是需要启动数次才能着车。

② 在启动测试过程中，维修人员未发现有进气漏气的情况。于是，利用 SGM（上海通用）汽车专用诊断仪 TECH-2 对发动机电子控制系统进行诊断，结果显示没有任何故障代码；在读取数据流的过程中发现，冷却液温度竟然为 91℃，该值表面上看起来并没有什么异常，但是在冬季寒冷的早上，且在冷车状态下，这个值就明显有问题了。正常情况下，此时冷却液的温度应接近于环境温度。因此，维修人员确定故障是由冷却液温度传感器的问题导致的。

③ 维修人员参考 2018 款别克凯越轿车的维修手册，断开冷却液温度传感器的连接器，将点火开关置于"ON"挡，用万用表直流电压挡位测得电源电压约为 5V，ECU 提供的信号电压也正常，这说明冷却液温度传感器的线路和搭铁线路均正常。至此，可以确定故障是由冷却液温度传感器自身问题所致。

④ 维修人员用万用表电阻挡位测得冷却液温度传感器的电阻为 234Ω，查阅维修手册的相关标准，对应温度在 91℃附近。按照此时 -5℃的环境温度，所测的阻值应为 12300Ω 左右。因此，可以确定本故障是由冷却液温度传感器自身可变电阻的性能异常导致的。

⑤ 更换冷却液温度传感器后，冷车启动发动机，车辆顺利启动，故障排除。

拓展知识

电控汽油喷射系统新技术

近年来，随着汽油机电控技术的发展，无回油管燃油系统和汽油直接喷射系统在新车型上的应用越来越多，这两项技术的应用对进一步降低汽油机的燃油消耗和排放污染均具有重大意义。

一、无回油管燃油系统

在传统的电控汽油机燃料供给系统中，由燃油压力调节器根据进气管内的气体压力变化来调节输油管内燃油压力，从而保证喷油压差恒定；但输油管内的燃油压力是不恒定的，多余的燃油从回油管流回油箱。虽然此种有回油管的燃料供给系统技术比较成熟，但由于输油管和回油管内的燃油吸收发动机热量，回油温度较高，导致油箱内的油温升高，这种情况加速了燃油箱内燃油蒸发速度，使燃油箱内蒸气压力升高，不仅增加了燃油蒸发损失和蒸发排放控制系统的工作负荷，而且发动机的热启动性能也会变差。为此，无回油管燃油系统应运而生。

无回油管燃油系统实际并不是真的没有回油管，只是将回油管和燃油压力调节器与燃油泵一起组合安装在燃油箱内，燃油压力调节器一般安装在燃油泵壳体内，如图4-72所示。在无回油管燃油系统中，由于燃油泵供给的多余燃油在油箱完成回流，从而避免了回油吸热导致油箱内油温升高的现象。在传统有回油管燃油系统中，燃油压力调节器使输油管内的油压相对进气管内的气压保持恒定；发动机工作时，由于进气管内的气压是变化的，所以输油管内的油压也随之变化。而在无回油管燃油系统中，

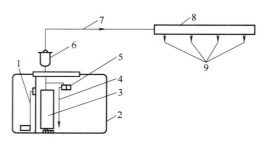

图4-72　无回油管燃油系统

1—油位传感器；2—燃油箱；3—燃油泵 4—回油管；
5—燃油压力调节器；6—燃油滤清器；7—输油管；
8—燃油分配管；9—喷油器

燃油压力调节器上没有感应进气管压力变化的真空管接头，其功用相当于一个限压阀，可使输油管内的油压相对大气压力保持恒定，由于大气压力不变，发动机工作时输油管内的油压也是不变的，所以该系统又称恒压燃油系统。

采用无回油管燃油系统的发动机，由于进气管内气体压力随发动机工况变化，致使喷油器的喷油压差和在固定时间内的喷油量也随之变化，为保证喷油量的精确控制，在电控燃油喷射系统中，必须设有进气歧管绝对压力传感器，并对ECU的控制程序做相应改进，由ECU根据进气歧管绝对压力传感器信号对喷油量进行修正和补偿。

无回油管燃油系统减少了油箱外的连接件，不仅使燃料供给系统的结构简化、拆装方便、故障减少、成本降低，而且有利于降低燃油的蒸发损失和排放污染，所以其应用也越来越普遍。

二、汽油直接喷射系统

我们知道，传统电控汽油机燃油喷射系统是将汽油喷入进气管，并在进气管内与空气混合，然后再进入气缸参加燃烧。由于喷油位置距离燃烧室较远，混合气的形成受进气气流和气门开关的影响较大，而且部分微小油粒吸附在进气管壁上的现象也在所难免，这使参与燃

烧的混合气浓度很难实现更精确的控制。汽油直接喷射系统解决了这一难题，并已在部分轿车上应用。

与普通电控汽油喷射发动机相比，采用汽油直接喷射系统的发动机，其动力性、经济性和排放性均有明显改善，但由于汽油喷射位置不同，且普遍采用稀薄燃烧技术，导致其结构组成与普通电控汽油喷射发动机有所不同。

1. 汽油直接喷射系统的组成

汽油直接喷射系统与普通电控汽油喷射系统相比，其主要的区别是燃料供给系统。由于向气缸内直接喷射燃油，且喷射过程延续到发动机的压缩行程，所以汽油直接喷射系统必须通过一个高压燃油泵使提供给喷油器的燃油压力达到 10MPa 以上。汽油直接喷射燃油供给系统的组成如图 4-73 所示。燃料供给系统可分为低压燃油系统和高压燃油系统两部分。

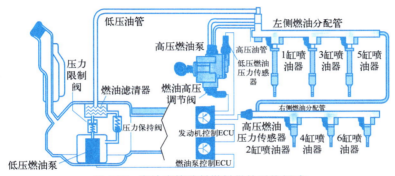

图 4-73　汽油直接喷射燃料供给系统组成

低压燃油系统主要由燃油箱、低压燃油泵、压力限制阀、压力保持阀、滤清器、低压油管、低压燃油压力传感器等组成，其主要功用是将燃油从燃油箱中抽出，并经过滤清器滤清后输送给高压燃油泵。发动机 ECU 根据低压燃油压力传感器信号通过燃油泵 ECU 控制低压燃油泵工作，实现低压燃油压力的闭环控制，低压燃油泵工作压力为 0.2～0.5MPa。发动机熄火后，压力保持阀可使低压系统保持一定的残余压力，由于交通事故等原因导致燃油管破裂时，压力保持阀还可防止燃油溢出。压力限制阀可将低压燃油系统的压力限制在 0.64MPa 以下，以防止低压管路内的燃油压力过高。

高压燃油系统主要由高压燃油泵、燃油高压调节阀、高压燃油压力传感器、高压油管和燃油分配管等组成。高压燃油泵将低压燃油泵输送来的燃油进一步提高压力（可达 11MPa 以上）后，通过高压油管和燃油分配管输送给喷油器；高压燃油压力传感器安装在右侧燃油分配管上，用来检测燃油分配管内的燃油压力（即喷油器的喷油压力），并将信号输送给发动机 ECU；燃油高压调节阀安装在高压燃油泵上，根据发动机 ECU 的指令调节高压燃油系统的压力。此外，通常在燃油分配管上也安装有一个压力限制阀，当高压燃油系统压力超过 12MPa 时，该阀开启通向低压燃油系统的回油通道，以防止高压燃油系统压力过高。

在汽油直接喷射系统中，采用的低压燃油泵与普通电控汽油喷射系统相同，高压燃油泵一般采用双凸轮活塞式，其结构如图 4-74 所示。高压燃油泵通常安装在气

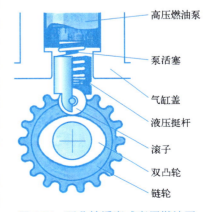

图 4-74　双凸轮活塞式高压燃油泵

缸盖上，由凸轮轴驱动，凸轮轴每转一圈可完成两次泵油，输出油压力可达 11MPa 以上。

2. 稀薄燃烧技术

为进一步降低发动机的燃料消耗和排放污染，汽油直接喷射系统普遍采用了稀薄燃烧技术，即使混合气在远大于理论空燃比的状态下燃烧，空燃比在 25∶1 以上甚至高达 40∶1。随混合气浓度变稀，点燃混合气会更加困难。为保证能够可靠地点燃稀混合气，目前应用的汽油直接喷射发动机普遍采取了提高压缩比、提高点火能量和分层燃烧三项技术。

① 提高压缩比。爆燃是提高汽油机压缩比的重大障碍，但采用稀薄燃烧技术的汽油机不易产生爆燃。通过提高压缩比来提高气缸内混合气的温度和压力，不仅使点燃混合气更容易，而且对提高汽油机的热效率也非常有利。一般汽油机的压缩比仅为 9~10，采用稀薄燃烧技术的汽油机压缩比可高达 13 左右。

② 提高点火能量。目前在采用稀薄燃烧技术的汽油机上，提高点火能量的措施主要包括采用多个火花塞同时点火和采用多电极火花塞。由于多个火花塞的布置安装受限制，所以采用多电极火花塞提高点火能量的措施应用更广泛。多电极火花塞如图 4-75 所示。其结构原理与普通单电极火花塞基本相同，只是电极数量不同，点火时产生的高能电火花数量也不同。

图 4-75 多电极火花塞

③ 分层燃烧技术。在不同区域拥有不同混合气浓度的燃烧技术称为分层燃烧技术。采用稀薄燃烧技术的汽油机就是采用了这种分层燃烧技术，在火花塞点火时，保证火花塞周围的混合气较浓，以提高点火的可靠性，而其他周边区域的混合气较稀，以实现稀薄燃烧。

实现分层燃烧技术的措施有两项：一是利用缸内涡流运动，使喷入气缸内的燃油产生不均匀分布，保证距离火花塞越近混合气越浓；二是改变喷油规律，在临近点火时向火花塞附近区域喷入部分汽油，以保证在火花塞附近形成较浓的混合气。

汽油直接喷射发动机一般采用直立进气道与曲面顶活塞配合，产生必要的缸内涡流运动。如图 4-76 所示，发动机工作时，从直立进气道被吸入气缸的空气可产生强大的下沉气流，这种下沉气流在曲面顶活塞附近得到加强并形成纵向翻滚式涡流，燃油喷入气缸后，在纵向翻滚的涡流带动下，使火花塞附近聚集相对较多的燃油，从而形成较浓的混合气区域，远离火花塞的混合气浓度则较稀。

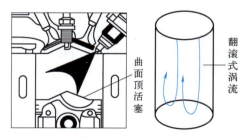

图 4-76 曲面顶活塞及翻滚式涡流

汽油直接喷射发动机喷油规律的改变，主要因为采用了燃油喷射定时与分段喷射技术，即将喷油分成两个阶段，如图 4-77 所示。第一次喷射：在吸气行程喷入部分汽油，让汽油跟空气能有充分的时间混合，并在缸内均匀分布。第二次喷射：在活塞接近压缩行程上止点时喷入部分汽油，使火花塞周围形成较浓的混合气（空燃比约为 12∶1），但从燃烧室整体来看，混合气仍十分稀薄。由于分段喷油和纵向翻滚式涡流的作用，整个燃烧室内的混合气形成以火花塞为中心向外逐渐变稀的层状分布状态。

3. 汽油直接喷射带来的问题

① 汽油直接喷射发动机的压缩比高，对汽油品质要求很高，目前只能使用国产 98 号汽油。

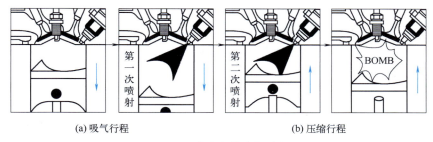

(a) 吸气行程　　　　　　　　(b) 压缩行程

图 4-77　汽油直接喷射过程

② 由于高压燃油系统的压力高，对输油管路及接头密封处的强度、加工精度要求更高。

③ 由于汽油直接喷射发动机的喷油压力高，且采用分段喷射技术，传统的电磁式喷油器无法满足要求，必须采用新型喷油器，主要有高压旋涡式喷油器和压电式喷油器两种。

高压旋涡式喷油器的结构原理与传统电磁式喷油器基本相同，如图 4-78 所示。为改善混合气形成条件，高压旋涡式喷油器内部装有涡流片/涡流板，以便使高压燃油从圆周分布的切线口（轴针式喷油器）高速喷出，在气缸内气流作用下，雾化程度被进一步加强，燃油呈极细微状，其颗粒直径只有 $0.16\sim0.20\mu m$。此外，为克服较高的喷油压力，喷油器驱动电压高达 100～110V，比传统喷油器的 12V 驱动电压要高出 8 倍以上，瞬间驱动电流可达 17～20A，这也使喷油器的喷油滞后时间大大缩短，比传统电流驱动型喷油器的控制精度和响应性更优越。

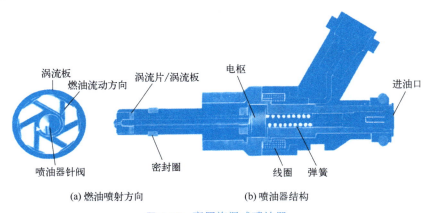

(a) 燃油喷射方向　　　　　　　　(b) 喷油器结构

图 4-78　高压旋涡式喷油器

汽油直接喷射发动机上装用的压电式喷油器都是利用压电元件直接控制针阀升程的喷油器，由于压电元件响应速度快，通过压电元件能多次切换通、断电，更容易实现分段喷射（或称多次喷射），以满足最佳喷油规律的要求。此类喷油器也在柴油机压电共轨系统中使用。

 思考与练习

一、选择题

1. 将电动燃油泵置于燃油箱内部的目的是（　　）。
A. 便于控制　　　　　　B. 降低噪声　　　　　　C. 防止气阻
2. 检测电控汽车电子元件要使用数字式万用表，这是因为数字式万用表（　　）。

A. 具有高阻抗　　　　　B. 具有低阻抗　　　　　C. 测量精确
3. 当结构确定后，电磁喷油器的喷油量主要取决于（　　）。
A. 喷油脉宽　　　　　　B. 点火提前角　　　　　C. 工作温度
4. 启动发动机前，如果点火开关位于"ON"位置，电动燃油泵（　　）。
A. 持续运转　　　　　　　　　　　　　　　B. 不运转
C. 运转 10s 后停止　　　　　　　　　　　D. 运转 2s 后停止
5. 发动机关闭后，（　　）使汽油喷射管路中保持残余压力。
A. 电动汽油泵的出油止回阀　　　　　　　B. 燃油滤清器
C. 汽油喷油器　　　　　　　　　　　　　D. 回油管
E. 以上都正确　　　　　　　　　　　　　F. 以上都不正确
6. 当进气歧管内真空度降低时，真空式燃油压力调节器将汽油压力（　　）。
A. 提高　　　　　　　　　　　　　　　　B. 降低
C. 保持不变　　　　　　　　　　　　　　D. 以上都不正确
7. 对电控燃油喷射系统的残压检测的目的是（　　）。
A. 检测油压调节器的性能　　　　　　　　B. 检测系统有无漏油现象
C. 检测喷油器的性能　　　　　　　　　　D. 检测燃油滤清器的性能
8. 下列哪些传感器能够提供反馈信号？（　　）
A. 节气门位置传感器　　　　　　　　　　B. 氧传感器
C. 冷却水温度传感器　　　　　　　　　　D. 空气流量计
9. 混合气过浓时，氧化锆式氧传感器的输出电压是（　　）。
A. 约 0.1V　　　　　B. 0.5V　　　　　C. 0.9～1V
10. 大众 AJR 发动机采用的怠速控制方式为（　　）。
A. 步进电动机式　　　　B. 旋转滑阀式　　　　C. 直流电动机式

二、填空题

1. 在电控汽油喷射系统中，除喷油量控制外，还包括喷油正时控制、_____和_____控制。
2. 凸轮轴位置传感器作为_____控制和_____控制的主控制信号。
3. 电子控制单元主要是根据_____确定基本的喷油量。
4. 怠速控制包括_____、暖机过程控制、_____和其他方面控制。
5. 汽车发动机电子控制汽油喷射系统由_____、_____和_____三个子系统组成。

三、简答题

1. 怠速控制系统的功用是什么？
2. 传感器的功用是什么？
3. 什么叫开环控制系统？什么叫闭环控制系统？
4. 电子控制单元的功能是什么？
5. 燃油压力调节器的作用是什么？
6. 汽油发动机电控燃油喷射系统中常见的喷射方式有哪些？
7. 如何检测进气温度传感器？
8. 分析怠速不稳易熄火的故障原因。

【汽车文化传承】

中国实力——比亚迪讲述非凡的中国新能源汽车故事

比亚迪1995年以生产二次充电电池起步，2003年进入汽车行业，布局新能源汽车，向世界讲述着自己的新能源汽车故事。

2021年，比亚迪迎来了它的第100万辆新能源汽车的下线。此后比亚迪新能源汽车一骑绝尘，2022年成为全球销量第一的新能源汽车品牌。2023年1月2日，比亚迪发布公告，2022年全年累计销量186.85万辆，同比增长152.46%，其中新能源汽车累计销量186.35万辆，同比增长208.64%，超越特斯拉的131万辆，成为全球第一大新能源车企，2023年全年销量超过300万辆。值得注意的是，比亚迪新能源汽车销量从第1辆到第100万辆，用时13年；从100万辆到200万辆，用时1年；从200万辆到300万辆，仅用时半年。

王传福在百万辆下线仪式上曾说：从0到100万辆，是比亚迪引领全球汽车行业变革交出的一份答卷；也是中国新能源汽车产业从无到有、从小到大，实现传统车大国迈向新能源汽车强国的波澜历程。

在多款热销车型的引领下，比亚迪的品牌影响力得到快速提升。如今比亚迪汽车总销量稳居国内前三，新能源汽车全球销量第一。

大国崛起，汽车制造业是极为重要的组成部分。比亚迪正在乘风破浪，逆势突围，向世界展示中国自主汽车品牌的魅力和实力。

项目五 柴油机燃料供给系统的构造与检修

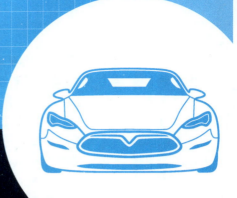

项目描述

柴油机和汽油机都属于内燃机,其主要区别在于燃料物理性质所带来的点火方式不同,从而表现出各自不同的热效率、经济性及外形特点等。柴油机燃料供给系统是柴油机一个非常重要的系统,其技术状况不仅对柴油机的动力性、经济性、可靠性有很大的影响,而且对减少环境污染也有着极其重要的影响。

本项目主要介绍柴油机燃料供给系统的功能、组成及性能特点,主要部件的组成、工作原理及检测方法,电控柴油机燃料供给系统的特点、类型及组成、工作原理等,要求学生能够对柴油机燃料供给系统常见故障进行诊断与排除。

学习目标

知识目标: 1. 掌握柴油机燃料供给系统的功用和组成;
    2. 掌握柴油机工作特点和性能特点;
    3. 熟悉直列柱塞式喷油泵和转子分配式喷油泵的基本结构和工作原理;
    4. 理解两速式调速器和全速式调速器的结构及工作原理;
    5. 熟悉电控柴油机燃料供给系统的基本组成、类型及结构组成和工作原理。

能力目标: 1. 能够正确维护和调试柴油机燃料供给系统;
    2. 能够正确检测柴油机燃料供给系统主要部件;
    3. 能够进行柴油机燃料供给系统常见故障的诊断与排除。

素质目标: 1. 培养环保意识、安全意识及大局观;
    2. 培养团结协作、勇于担当的工作作风;
    3. 培养爱岗敬业、诚实守信的职业品质。

任务一 认识柴油机燃料供给系统

任务引入

小王刚毕业入职一家一汽解放商用汽车销售服务中心,对汽油机比较熟悉,但对解放商用汽车的柴油机并不太了解。他知道柴油机的基本结构组成与汽油机基本相同,最大的不同点是柴油机燃料供给系统和汽油机燃料供给系统,因此,他想学习柴油机燃料供给系统的类型、组成、工作原理等知识,以便能够更好地从事当前一汽解放商用汽车销售服务中心的工作。

本任务要求学生掌握汽车柴油机燃料供给系统的类型、组成及功用,熟悉柴油机的特点和柴油的使用性能,了解柴油机燃烧室的类型、特点等,识别柴油机燃料供给系统的类型、高低压油路。

知识准备

柴油机燃料供给系统是柴油机的重要组成部分,柴油机使用的燃料是柴油。与汽油相比,由于柴油黏度大、蒸发性差、自燃点低,所以柴油机一般采用在压缩行程接近终了时把高压柴油直接喷在气缸内部,形成可燃混合气,并借助缸内高温高压的空气自行发火燃烧。柴油机与汽油机相比具有燃料经济性好、工作可靠性高、功率适应范围广和排气污染小等优点。

一、柴油机燃料供给系统的分类和组成

根据控制方式不同,柴油机燃料供给系统可分为机械控制燃料供给系统和电子控制燃料供给系统。其中,机械控制燃料供给系统按喷油泵结构的不同,又可分为柱塞式喷油泵燃料供给系统、转子分配式喷油泵燃料供给系统、泵-喷嘴燃料供给系统、PT型喷油泵燃料供给系统和滑套计量燃料供给系统。现在乘用车上的柴油机主要采用电子控制燃油喷射系统,其喷油压力高且喷油精度高,可以满足对乘用车排放日益严格的要求。

柴油机燃料供给系统由燃油供给装置、空气供给装置、混合气形成装置和废气排出装置四部分组成。燃油供给装置主要由柴油箱、输油泵、低压油管、柴油滤清器(包括柴油粗滤器和柴油细滤器)、喷油泵(包括调速器)、高压油管、喷油器、回油管等组成,如图5-1所示。空气供给装置由空气滤清器、进气管、进气道等组成,有些装有增压器及中冷器。混合气形成装置是燃烧室。

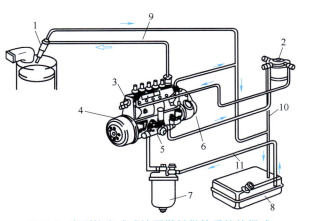

图5-1 直列柱塞式喷油泵燃料供给系统的组成
1—喷油器;2—柴油滤清器;3—直列柱塞式喷油泵;
4—喷油提前器;5—输油泵;6—调速器;
7—油水分离器;8—油箱;9—高压油管;
10—回油管;11—低压油管

柴油机燃料供给系统分类和组成1

柴油机燃料供给系统分类和组成2

废气排出装置由排气道、排气管和排气消声器等组成。

直列柱塞式喷油泵供油系统的组成如图 5-1 所示。一般由油箱、输油泵、柴油滤清器、直列柱塞式喷油泵、喷油器等组成,另外还包括调速器、油水分离器和供油提前角调节装置等。

直列柱塞式喷油泵一般由柴油机曲轴的正时齿轮驱动。固定在喷油泵体上的活塞式输油泵由喷油泵的凸轮轴驱动。当柴油机工作时,输油泵将柴油从油箱吸出,经油水分离器除去柴油中的水分,经柴油滤清器过滤柴油中的杂质,然后送入喷油泵。柴油经过喷油泵加压和计量之后,经高压油管供入喷油器,最后通过喷油器将柴油喷入燃烧室。喷油泵前端装有喷油提前器,后端与调速器组成一体。输油泵供给的多余柴油及喷油器顶部的回油均经回油管返回油箱。

根据发动机工作时的燃油压力不同,燃油供给装置可分为低压油路和高压油路两部分。低压油路主要包括油箱、输油泵、柴油滤清器和低压油管等;高压油路主要包括喷油泵、喷油器和高压油管等。

二、柴油机燃料供给系统的功用

柴油机燃料供给系统是柴油机的重要组成部分,其主要功用是不断供给给发动机经过滤清的清洁燃料。根据柴油机不同工况的要求,将一定量的柴油以一定压力和喷油质量定时喷入燃烧室,使其与空气迅速混合并燃烧,做功后将燃烧废气排出气缸。

低压油路的主要作用是完成燃油的储存、滤清并将燃油由油箱泵输送到高压油泵;高压油路的主要作用是提高燃油的压力,并根据发动机的需要定时定量地将高压燃油喷入燃烧室。

三、柴油机主要特点

柴油机与汽油机使用的燃料不同,因此决定了柴油机在结构、工作原理及性能等方面与汽油机有着很大的区别。

(一)柴油机的工作特点

柴油机与汽油机最大的区别是点火方式不同和混合气形成方式不同。

1. 点火方式不同

由于柴油的自燃温度为 473~573K,低于汽油的自燃温度 653K,而其点燃温度为 313~359K,高于汽油的点燃温度 263K,所以柴油机采用压缩自燃的方式着火,而汽油机采用强制点火方式。

2. 混合气形成方式不同

柴油的黏度大、蒸发性差,所以柴油机采用在活塞到达压缩上止点之前将高压柴油直接喷入燃烧室,在气缸内部形成可燃混合气的方法,即混合气的形成是在气缸内部完成的,混合气形成时间短。

为保证发动机工作时能形成良好的混合气,柴油机采用的混合气形成方式主要有空间雾化式和油膜蒸发式两种。

① 空间雾化式混合气形成方式。柴油直接喷射到燃烧室的空间中,雾化的柴油在燃烧室空间中吸收压缩空气的热量并蒸发,柴油蒸气在空气涡流的搅动下扩散并与空气混合。

② 油膜蒸发式混合气形成方式。喷油器将大部分柴油喷射到燃烧室壁面上,形成油膜,油膜从燃烧室壁面上吸热并逐层蒸发,柴油蒸气在空气涡流的搅动下扩散并与空气混合。

目前，在中小型高速柴油机上，多数采用空间雾化式与油膜蒸发式兼用的复合式混合气形成方式，且一般是以空间雾化式为主、油膜蒸发式为辅。

3. 燃烧过程

柴油机的燃烧过程根据实际特征可分为备燃期、速燃期、缓燃期和补燃期四个阶段。

备（滞）燃期又称着火延迟期，是从开始喷油到气缸内出现第一个火焰中心的时期。

速燃期是从出现第一个火焰中心到气缸内达到最高压力的时期。

缓燃期是从气缸内达到最高压力到出现最高温度的时期。这时，喷油可能已经停止，但燃烧仍在继续，也可能出现边喷油边燃烧的情况。

补燃期是从气缸出现最高温度到燃料燃烧完的时期。补燃期应尽可能短，否则排气温度升高使柴油机过热，会降低柴油机的动力性和经济性。

（二）柴油机的性能特点

① 热效率高。根据发动机工作原理可知，有效热效率与发动机的压缩比成正比，而汽油机压缩比的提高容易引发不正常燃烧（爆震、爆燃），所以汽油机压缩比的提高受到了限制。由于柴油机进气行程吸进气缸的是纯净的空气，对提高压缩比限制小，所以柴油机压缩比比汽油机大。柴油机一般为15～22，汽油机一般为6～10。柴油机的热效率高于汽油机10%左右，甚至更高。

② 经济性好。柴油机热效率高，热量利用率高。柴油机的负荷调节是通过改变每循环的供油量来实现的；而汽油机负荷的调节是改变每循环进入气缸的可燃混合气的数量。柴油机每循环吸入气缸的空气量随负荷变化不大，一般过量空气系数都大于1，有利于燃料充分燃烧。而且柴油价格比汽油便宜，所以柴油机的经济性比汽油机好。

③ 故障率少。柴油机靠压缩自燃，无点火系统，机械部分少，所以工作比较可靠，故障较少。

④ 排放污染小。由于柴油机过量空气系数大，空气供给充足，所以燃烧后生成的一氧化碳和碳氢化合物比汽油机少。但由于柴油机工作时气缸内的工作压力和温度高，所以燃烧过程中生成的氮氧化物和碳烟比汽油机多。

⑤ 机械负荷和热负荷大。柴油机的压缩比大，所以零部件承受的机械负荷和热负荷均大，工作粗暴，噪声大。

⑥ 燃料供给系统结构复杂、精度要求高。为保证混合气的形成质量，必须将柴油以高压、高速直接喷入气缸，所以柴油机燃料供给系统零部件的结构更复杂，配合精度要求更高。

四、柴油的概念及使用性能

柴油和汽油一样都是石油制品。在石油蒸馏过程中，温度为200～350℃的馏分即为柴油。柴油分为车用柴油和重柴油。车用柴油用于高速柴油机，重柴油用于中、低速柴油机。汽车柴油机均为高速柴油机，所以使用车用柴油。

为了保证高速柴油机正常、高效地工作，车用柴油应具有良好的发火性、蒸发性、低温流动性、化学安定性、防腐性和适当的黏度等诸多的使用性能。

1. 发火性

发火性是指柴油的自燃能力，用十六烷值评定，它主要表征了柴油抗粗暴能力。柴油的十六烷值越大，发火性越好，越容易自燃。

柴油机工作时，柴油被喷入燃烧室后，并非立即着火燃烧，而是要经过一段时间的物理和化学准备时间（称为备燃期）。若备燃期过长，在燃烧开始前，燃烧室内积聚的柴油会过多，致使大量柴油同时燃烧，气缸内压力急剧升高，从而导致柴油机工作粗暴；反之，若备燃期短，会使发动机工作柔和，而且可在较低温度下发火，有利于启动。柴油十六烷值越高，其自燃点越低。但十六烷值过高的柴油喷入燃烧室后，还来不及与空气充分混合就着火，使柴油在高温下裂解分离出大量的游离碳，造成油耗、烟度上升。一般汽车用柴油的十六烷值应为 40～50。

2. 蒸发性

蒸发性是指柴油蒸发汽化的能力，用馏程来表示。柴油的馏程采用 50％、90％及 95％蒸发温度。50％蒸发温度越低，说明柴油中的轻质馏分越多，发动机越容易启动；但同时也会使柴油机工作粗暴。90％和 95％蒸发温度表示柴油中的重质馏分的多少，对发动机的功率、油耗及排放都有很大影响。

为了控制柴油的蒸发性不致过强，标准中规定了闪点的最低数值。柴油的闪点是指在一定的试验条件下，当柴油蒸气与周围空气形成的混合气接近火焰时，开始出现闪火的温度。闪点低，蒸发性好。

3. 低温流动性

低温流动性用柴油的凝点和冷滤点来评定。凝点是指柴油失去流动性开始凝固时的温度；而冷滤点则是指在特定的试验条件下，在 1min 内柴油开始不能流过过滤器 20mL 时的最高温度。一般柴油的冷滤点比其凝点高 4～6℃。

车用柴油按其凝点分为 5、0、-10、-20、-35 和 -50 等几种牌号。车用柴油的选择参考各地风险率为 10％的最低气温。

4. 黏度

黏度是评定柴油稀稠度的一项指标，与柴油的流动性有关。黏度随温度而变化，当温度升高时，黏度减小，流动性增强；反之，当温度降低时，黏度增大，流动性减弱。

《车用柴油》（GB/T 19147—2016）中规定的 10％蒸余物残炭、氧化安定性等指标，是柴油安定性的评定指标。柴油的防腐性则用硫含量、酸度、铜片腐蚀等指标来评定。柴油中的灰分、水含量都是评定柴油清洁性的指标。汽车柴油机应使用各项指标均符合国家标准的柴油。

五、燃烧室

柴油机混合气是在燃烧室内形成的，所以燃烧室的结构形式对混合气的形成和燃烧过程均有很大的影响。柴油机燃烧室的结构形式主要是与喷油器的油束的形状相匹配，同时还必须满足形成空气涡流运动的需要。柴油机燃烧室形状很多，通常可分为统一式柴油机燃烧室和分隔式柴油机燃烧室两大类。

（一）统一式柴油机燃烧室

统一式柴油机燃烧室由凹形活塞顶与气缸盖底面组成，几乎全部燃烧室容积都集中在活塞顶的凹坑部分。采用统一式柴油机燃烧室时，喷油器直接向燃烧室喷射柴油，借助油束形状与燃烧室形状的合理匹配，以及空气的涡流运动，迅速形成可燃混合气，故这种燃烧室又称直接喷射式燃烧室。统一式柴油机燃烧室的特点是形状简单、易于加工，且结构紧凑、散热面积小、热效率较高。但采用统一式燃烧室的柴油机，对喷油压力和喷油器的喷雾质量要求较高，而且混合气燃烧时的速度快，容易导致柴油机工作粗暴。

统一式柴油机燃烧室可根据活塞顶部凹坑的深浅分为半开式燃烧室和开式燃烧室两类。

图 5-2 所示为有代表性的各种统一式柴油机燃烧室的形式。开式燃烧室有浅盆形；半开式燃烧室有 ω 形、挤流口形、各种非回转体形、球形等。

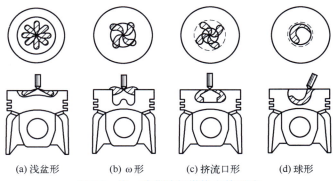

图 5-2 统一式柴油机燃烧室的形式

（二）分隔式柴油机燃烧室

分隔式柴油机燃烧室由主燃烧室和副燃烧室两部分组成，主燃烧室位于活塞顶与气缸盖底面之间，副燃烧室位于气缸盖中，主、副燃烧室之间由通道相连。燃油不直接喷入主燃烧室内，而是喷入副燃烧室内。典型的分隔式柴油机燃烧室有涡流室式柴油机燃烧室和预燃室式柴油机燃烧室两种。

1. 涡流室式柴油机燃烧室

涡流室式柴油机燃烧室如图 5-3 所示。涡流室式柴油机燃烧室的涡流室容积占整个燃烧室压缩容积的 50%～60%。涡流室的形状有不同的类型，如近似球形的、上部为半球形下部为圆柱形的等。主燃烧室与涡流室两腔室有通道相连。涡流室式柴油机燃烧室一般采用平顶活塞，在压缩行程期间，涡流室内形成旋涡气流，多数燃油在涡流室内被点燃，然后，其余燃油在主燃烧室内继续燃烧。

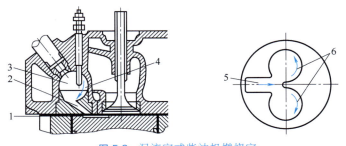

图 5-3 涡流室式柴油机燃烧室
1—主燃烧室凹坑；2—通道；3—涡流室；4—涡流；5—导流槽；6—二次涡流

2. 预燃室式柴油机燃烧室

作为副燃烧室的预燃室一般用耐热钢单独制造，再镶入气缸盖内。预燃室容积占燃烧室总容积的 25%～45%，连通预燃室与主燃烧室的通道面积较小，一般只有活塞面积的 0.25%～0.75%，且不与预燃室相切。在压缩行程中，气缸内的空气被挤入预燃室内形成强烈的无规则的湍流运动，喷入预燃室内的柴油受空气湍流的扰动，与空气初步混合，形成可燃混合气，可燃混合气的形成属于空间混合。少部分的柴油在预燃室内着火燃烧后，预燃室内温度、压力急剧升高，未燃烧的大部分柴油及燃气高速喷入主燃烧室。由于窄小孔道的节流作用再次产生湍流，促使柴油进一步蒸发与空气混合而完全燃烧。

预燃室式柴油机燃烧室具有和涡流室式柴油机燃烧室类似的特点。预燃室式柴油机燃烧室如图 5-4 所示。

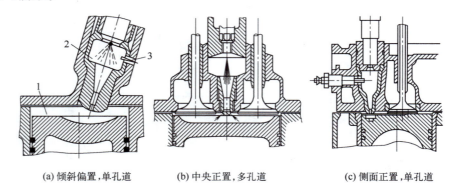

(a) 倾斜偏置，单孔道　　(b) 中央正置，多孔道　　(c) 侧面正置，单孔道

图 5-4　预燃室式柴油机燃烧室

1—主燃室；2—预燃室；3—电热塞

统一式柴油机燃烧室主要靠强烈的空气运动形成混合气，发动机转速越高，混合气形成质量也越好，所以发动机高速性能较好，但低速性能和启动性能较差。采用分隔式柴油机燃烧室，将燃油喷入副燃烧室，混合气燃烧时的燃烧次序为先副燃烧室、后主燃烧室，发动机工作比较柔和，零部件承受的机械负荷较小。但由于分隔式柴油机燃烧室面容比大，散热损失大，启动比较困难，燃料经济性也比较差，所以一般采用的压缩比较大，且在副燃烧室内装有预热装置或装有副喷嘴（在启动时将燃油直接喷入主燃烧室）。

 任务实施

柴油机燃料供给系统认识

① 结合实训室实训车辆和台架，查看哪些是柴油机，并记录型号、类型及组成。

② 结合已学知识，并查阅有关资料等，说明图 5-5 所示柴油机类型，并将其组成部件名称填入表 5-1。

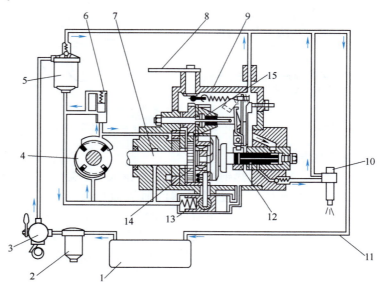

图 5-5　柴油机

表 5-1 柴油发动机组成

柴油发动机类型:					
1.	2.	3.	4.	5.	6.
7.	8.	9.	10.	11.	12.
13.	14.	15.			

③ 分析图 5-5 所示柴油机燃油供给系统的燃油流向。

高压油路：

低压油路：

④ 认识柴油使用性能及燃烧过程。

⑤ 认识燃烧室类型，如图 5-6 所示。

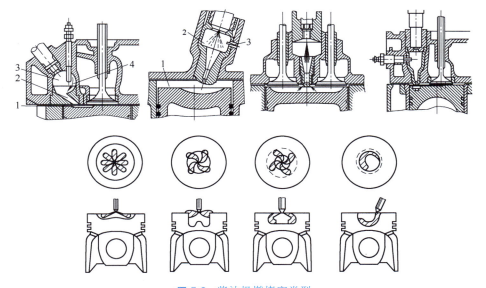

图 5-6　柴油机燃烧室类型

任务二　柴油机燃料供给系统主要部件

 任务引入

一辆解放 CA6110A-2 型柴油车，汽车行驶时发动机运转平稳，但感觉动力不足，加速踏板踩到底转速仍不能提高到规定值，无高速，排气管排烟量过少。通过分析发现造成这种现象的原因主要是达不到额定供油量而使发动机动力不足。可能的原因包括：①油门拉杆行程不能保证最大供油量；②调速器调整不当或调速弹簧过软使喷油泵不能达到最大供油量；③喷油泵出现故障（柱塞磨损严重、出油阀密封不良等）；④输油泵工作不良致使供油不足；⑤低压油路堵塞或渗入空气。

本任务要求学生掌握汽车柴油机燃料供给系统的主要部件的类型及结构、组成、工作原理等，能够进行柴油机燃料供给系统的维护与调试，及主要部件的拆解检测。

知识准备

一、喷油器

喷油器的功用是将燃油雾化并合理分布到燃烧室内，与空气混合形成混合气。同时，要保证一定的喷射压力和喷油射程以及合适的喷射锥角，停止供油时应果断，不允许有滴漏现象。

喷油器的喷油嘴是由针阀和针阀体组成的一对精密偶件，其配合间隙仅为 0.002～0.004mm，在使用中不能互换。根据喷油嘴结构形式的不同，喷油器又可分为孔式和轴针式两种。

1. 孔式喷油器

孔式喷油器用于统一式柴油机燃烧室，其结构如图 5-7 所示。由针阀和针阀体构成的喷油嘴，通过锁紧螺母与喷油器体紧固在一起。调压弹簧的预紧力通过顶杆作用在针阀上，将针阀压紧在针阀体内的密封锥面上，保证喷油嘴关闭。调压弹簧的预紧力由调压螺钉调节。

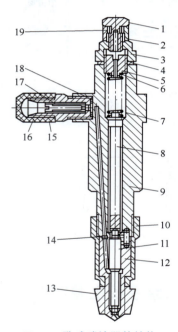

图 5-7 孔式喷油器的结构

1—回油管接头；2，18—衬垫；3—调压螺钉保护螺母；
4，6—垫圈；5—调压螺钉；7—调压弹簧；8—顶杆；
9—喷油器体；10—喷油嘴锁紧螺母；11—针阀；
12—针阀体；13—垫块；14—定位销；
15—进油管接头保护螺母；16—进油管接头；
17—喷油器滤芯；19—保护套

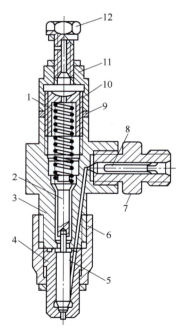

图 5-8 轴针式喷油器的结构

1—调压弹簧；2—顶杆；3—喷油器体；
4—针阀体；5—针阀；6—喷油嘴锁紧螺母；
7—进油管接头；8—滤芯；9—垫圈；
10—调压螺钉；11—保护螺母；12—回油管接头

发动机工作时，高压柴油通过高压油管送到喷油器，经喷油器滤芯以及喷油器体和针阀体内的油道进入喷油嘴内的压力室，油压作用在针阀的承压锥面上，产生向上的推力，当推力超过调压弹簧的预紧力时，针阀升起并将喷孔打开，高压柴油经喷孔喷入燃烧室。当喷油泵停止供油时，喷油嘴压力室内的油压迅速下降，针阀在调压弹簧的作用下迅速落座，关闭喷油嘴终止喷油。在喷油器工作期间,有少量柴油从针阀与针阀体配合表面之间的间隙中漏出,沿顶杆周围的缝隙上升,最后通过回油管接头进入回油管,流回油箱,这部分柴油在漏过针阀偶件时,对偶件起润滑作用。

孔式喷油器头部加工有一个、两个或多个喷孔,一般喷孔数目为 1~12 个,喷孔直径为 0.2~0.5mm。普通喷油器因弹簧上置,顶杆长,质量大,致使针阀上升和下降时间较长。还有一种低惯量喷油器,弹簧下置,顶杆质量大大减小,针阀上升和下降速度加快,有助于削减针阀的跳动,改善喷油过程,适用于高速柴油机。

2. 轴针式喷油器

轴针式喷油器的结构如图 5-8 所示。轴针式喷油器适用于对喷雾要求不高的分隔式柴油机燃烧室,它的结构、工作原理与孔式喷油器相似,主要区别在于喷油器部分,轴针式喷油器只有一个喷孔,孔径为 1~3mm。其轴针伸入针阀体的喷油孔内,针阀升起后,燃油从喷油孔和轴针之间的环状间隙中喷出,呈中空圆锥形喷雾,将燃油喷入比较狭小的空间内。

轴针可以制成圆柱形或截锥形,不同的形状可以得到不同形状的喷柱,以适应不同形状燃烧室的需要。轴针式喷油器喷孔形状与喷雾锥角取决于轴针的形状和升程,圆柱形轴针喷柱的喷雾锥角较小,而截锥形轴针喷柱的喷雾锥角较大,因此要求轴针的形状加工要非常精确。

轴针式喷油器工作时,轴针在喷孔内往复运动,能清除喷孔中的积炭,喷孔不易堵塞,喷油器工作可靠。

轴针式喷油器有普通型、节流型和分流型之分。为了使柴油机工作柔和,改善燃烧条件,喷油器最好在每一循环的供油过程中,初期喷油少,中期喷油多,后期喷油少。因此节流型轴针式喷油器的轴针做成可变的节流断面,通过密封锥面及轴针处的节流断面作用,可较好地满足喷油特性要求。

二、喷油泵

喷油泵的功用是按照柴油机的运行工况和气缸工作顺序,以一定的规律适时、定量地向喷油器输送高压燃油。

多缸车用柴油机采用的机械式喷油泵应满足下列要求:①各缸供油量相等。在标定工况下各缸供油量相差不超过 3%~4%。喷油泵的供油量应随柴油机工况的变化而变化,为此喷油泵必须有供油量调节机构。②各缸供油提前角相同,误差小于 0.5°~1°曲轴转角。供油提前角也应随柴油机工况的变化而变化,为此应装设喷油提前器。③各缸供油持续角一致。④能迅速停止供油,以防止喷油器发生滴漏现象。

喷油泵种类很多,不仅有柱塞式喷油泵、分配式喷油泵,还有泵-喷嘴等。直列柱塞式喷油泵研制、发展和应用的历史比较久远,工作可靠,在早期的大多数汽车柴油机上采用。

(一)柱塞式喷油泵

柱塞式喷油泵(A 型喷油泵)的总体结构如图 5-9 所示。柱塞式喷油泵主要由泵油机构、油量调节机构、传动机构和泵体等几大部分组成。喷油泵的泵体是基础,它将泵油机构、油量调节机构和传驱动机构等部分组合在一起,保证了各部分之间的相对位置和正确配合,构成了喷油泵总成。

1. 分泵(泵油机构)

多缸柴油机每一个气缸均需要一套泵油机构进行供油。这套泵油机构称为分泵。其数量和柴油机气缸数一致,主要由柱塞偶件、出油阀偶件、柱塞弹簧和出油阀弹簧等组成,如图

柱塞式喷油泵

5-9 所示。柱塞和柱塞套、出油阀和出油阀座均是喷油泵内的精密偶件，不能互换。柱塞弹簧的上端通过弹簧座支承在喷油泵体上，下端通过弹簧座支承于柱塞尾端。借助柱塞弹簧的预紧力使柱塞始终压紧在挺柱上，并使挺柱的滚轮始终与喷油泵凸轮保持接触。

柱塞式喷油泵工作原理如图 5-10 所示。发动机工作中，喷油泵凸轮轴上的凸轮转过最高位置时，柱塞在柱塞弹簧作用下向下移动。当柱塞上端面低于柱塞套上的油孔时，喷油泵低压油腔内的柴油被吸入柱塞上端的泵腔。当柱塞运动到最下端位置时，柱塞上端的泵腔内充满柴油，分泵完成吸油过程，如图 5-10 (a) 所示。随喷油泵凸轮轴的继续转动，凸轮驱动柱塞上移，开始有部分柴油从泵腔挤回低压油腔，直到柱塞上端的圆柱面完全封闭柱塞套上的两个油孔为止，分泵压油过程如图 5-10（b）、(c) 所示。此后柱塞继续上移，泵腔内油压升高，油压增高到一定值时，便克服出油阀弹簧的弹力，顶开出油阀，高压柴油经出油阀和高压油管输送给喷油器。在压油过程中柱塞上移，当柱塞上的斜槽与柱塞套上的油孔接通时，泵腔内的高压油经柱塞内的油孔、斜槽和柱塞套上的油孔流回低压油腔，如图 5-10 (d) 所示，泵腔内的油压迅速下降，出油阀在其弹簧作用下立即关闭。在此回油过程中，柱塞仍向上移动，直到上止点为止，但不再向喷油器供油。

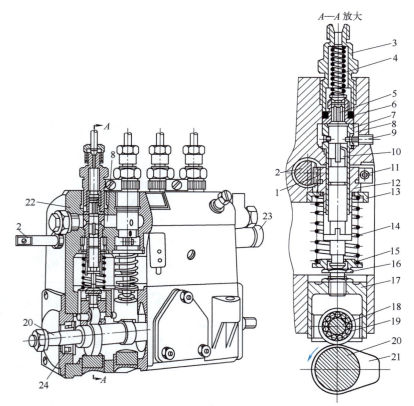

图 5-9 柱塞式喷油泵总体结构

1—齿圈；2—供油量调节齿杆；3—出油阀压紧座；4—出油阀弹簧；5—出油阀；6—出油阀座；7—柱塞套；8—低压油腔；9—定位螺钉；10—柱塞；11—齿圈夹紧螺钉；12—油量调节套筒；13、15—上、下柱塞弹簧座；14—柱塞弹簧；16—供油定时调节螺钉；17—挺柱；18—滚轮销；19—滚轮；20—凸轮轴；21—凸轮；22—喷油泵体；23—供油量调节齿杆保护螺母；24—轴承

2. 油量调节机构

油量调节机构的功用是执行调速器的指令，改变柱塞与柱塞套的相对位置，从而改变喷

油泵的供油量，以适应发动机不同工况的要求。其实质是通过改变柱塞供油有效行程来改变供油量。其主要结构形式有齿条式和拨叉式两种。齿条式油量调节机构是柱塞式喷油泵最典型的机构，如图5-11（a）所示。柱塞下端有条状调节板嵌在控制套筒相应的凹槽中，套筒松套在柱塞套上。在控制套筒上部有一个调节齿圈。调节齿圈与调节齿杆相啮合。移动齿杆时，齿圈便带动控制套筒同步转动，控制套筒通过条状调节板带动柱塞相对于柱塞套转动，从而改变有效行程。

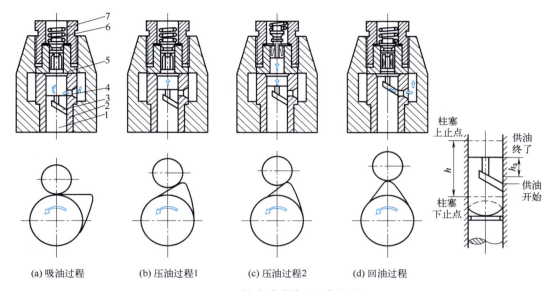

图 5-10　柱塞式喷油泵工作原理

1—柱塞；2—柱塞套；3—螺旋槽；4—柱塞套油孔；5—出油阀座；6—出油阀；7—出油阀弹簧

拨叉式油量调节机构如图5-11（b）所示。调节臂固装在柱塞的下端，并插在调节叉的凹槽内，调节叉用螺钉固定在油量调节拉杆上。当拉杆移动时，通过调节叉带动调节臂，使柱塞相对于柱塞套转动，从而调节供油量。

3. 传动机构

传动机构由凸轮轴、滚轮、挺柱等组成，其作用是推动柱塞往复运动，完成进油、压油和回油过程，并保证供油正时。柱塞弹簧使柱塞、滚轮、挺柱和凸轮轮廓面始终保持接触，并使柱塞下行复位。凸轮轴一般由曲轴正时齿轮驱动，四冲程柴油机喷油泵凸轮轴的转速是曲轴转速的一半，在一个工作循环之内，凸轮轴转一圈，向各气缸轮流供油一次。当喷油器开启压力调定时，其喷油规律主要由喷油泵凸轮来控制。凸轮轴上

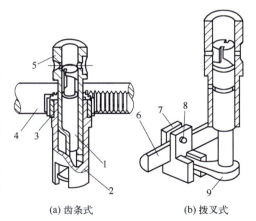

图 5-11　油量调节机构

1—柱塞；2—控制套筒；3—调节齿圈；
4—调节齿杆；5—柱塞套；6—油量调节拉杆；
7—调节叉；8—固定螺钉；9—调节臂

的偏心轮用以驱动活塞式输油泵。凸轮型线规定了柱塞的运动规律，它对供油起始时间、供油压力、供油规律、油泵工作容量以及最高转速起决定性作用。

滚轮及挺柱如图5-12所示，其作为中间传动件将凸轮的旋转运动转变为柱塞的往复运

动,避免了柱塞承受侧向力,减少了零件的摩擦和磨损。

滚轮靠凸轮轴甩油飞溅润滑,提高了使用寿命。常用的滚轮及挺柱部件传动机构有两种,即调整垫块式和调整螺钉式。其结构原理同配气机构的挺柱。当调整螺钉拧出或增加调整垫块的厚度使挺柱有效高度增加时,柱塞套上的进油孔提前关闭,从而加大了供油提前角;反之,则减小了供油提前角。

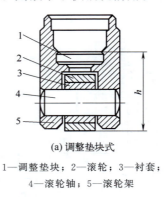 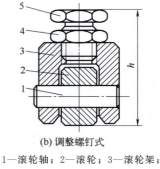

(a) 调整垫块式　　　　　　　　　　　　　(b) 调整螺钉式

1—调整垫块;2—滚轮;3—衬套;　　　　1—滚轮轴;2—滚轮;3—滚轮架;
4—滚轮轴;5—滚轮架　　　　　　　　　4—锁紧螺母;5—调整螺钉

图 5-12　滚轮及挺柱部件传动机构

4. 泵体

泵体是喷油泵的基础件,所有的零件都通过它组合在一起构成喷油泵整体。泵体有组合式和整体式两种。组合式泵体分上、下两部分,用螺栓连接在一起,上体用来安装分泵,下体用来安装油量调节机构和传动机构。整体式泵体具有较高的刚度,但拆装不便。

泵体上制有孔穴,以安装分泵。泵体上还有纵向油道,输油泵泵出的燃油滤清后进入此油道,再从柱塞套上进油孔进入各分泵泵腔。油道的另一端装有限压阀,当低压油腔油压超过预定值后即经此流回油箱或输油泵进油孔。另外,泵体上还有放气螺钉,需要放气时将其旋出少许,再用手转动输油泵,泵入的燃油可驱净渗入喷油泵内的空气。

泵体下端的凸轮室有润滑油,以保证传动机构的润滑。喷油泵和调速器的润滑方式有两种:一种是独立润滑;另一种是压力润滑。

5. 供油提前角自动调节器

柱塞式喷油泵常用的供油提前角自动调节器如图 5-13 所示。调节器安装在联轴器与喷油泵之间,前端由带两个方形凸块的驱动盘与联轴器相连,在驱动盘的后端面上压装着两个销轴,两个飞块通过其孔松套在销轴上,每个飞块的另一端压装有销钉,销钉上松套着内座圈和滚轮。调节器从动盘用半圆键与喷油泵凸轮轴连接,从动盘臂的弧形侧面分别与两个滚轮接触,其平侧面则压在弹簧上。弹簧的另一端支承在弹簧座上,弹簧座用螺钉固定在销轴的顶端。整个调节器为一个密封的整体,内腔充满润滑油。

发动机工作时,调节器沿图 5-13 所示的箭头方向旋转,两个飞块的自由端向外甩开,并通过滚轮和从动盘臂使调节器从动盘也沿箭头方向转过一定角度,直到弹簧的弹力与飞块离心力平衡时,驱动盘与调节器从动盘同步旋转。当发动机转速提高时,飞块离心力增大,其自由端继续向外甩开,使从动盘带动喷油泵凸轮轴一起相对驱动盘前进一定角度,喷油泵供油提前角增大。当发动机转速降低时,则飞块自由端因离心力减小而收缩,在弹簧的弹力作用下,通过从动盘臂使从动盘后退一定角度,喷油泵供油提前角减小。

(二)分配式喷油泵

分配式喷油泵简称分配泵,分为转子式(径向压缩式)和单柱塞式(轴向压缩式)两大类,在此主要讲解广泛应用于轿车和轻型客车柴油机的 VE 型分配泵。VE 型分配泵是利用转子的转动来实现燃油向各气缸分配的,它具有体积小、质量轻、成本低等优点。

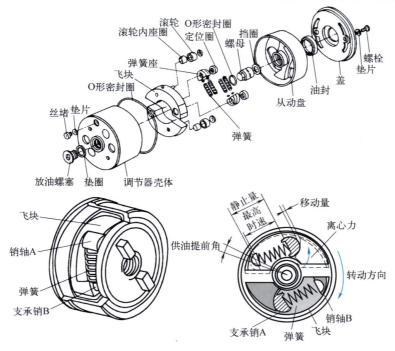

图 5-13 供油提前角自动调节器

VE 型分配泵由驱动机构、二级滑片式输油泵、高压分配泵和电磁式断油阀等部分组成。此外,机械式调速器和液压式喷油提前器也安装在分配泵体内。如图 5-14 所示。

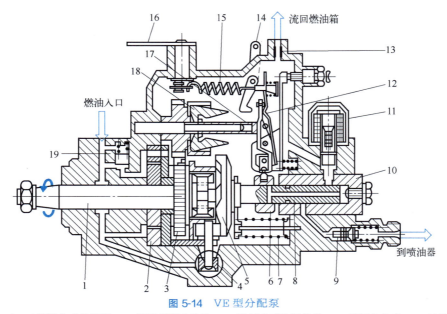

图 5-14 VE 型分配泵

1—驱动轴;2—二级滑片式输油泵;3—调速器驱动齿轮;4—液压式喷油提前器;5—平面凸轮盘;6—油量调节套筒;7—分配柱塞弹簧;8—分配柱塞;9—出油阀;10—柱塞套;11—断油阀;12—调速器张力杠杆;13—溢流节流孔;14—停车手柄;15—调速弹簧;16—调速手柄;17—调速套筒;18—飞锤;19—调压阀

1. 驱动机构

驱动轴由柴油机曲轴正时齿轮驱动，如图 5-15 所示。驱动轴带动二级滑片式输油泵工作，并通过调速器驱动齿轮带动调速器轴旋转。在驱动轴的右端通过联轴器与平面凸轮盘连接，利用平面凸轮盘上的传动销带动分配柱塞。凸轮盘上平面凸轮的数目与柴油机气缸数相同。柱塞弹簧将分配柱塞压紧在平面凸轮盘上，并使平面凸轮盘压紧滚轮。滚轮轴嵌入静止不动的滚轮架上。当驱动轴旋转时，平面凸轮盘与分配柱塞同步旋转，而且在滚轮、平面凸轮盘和柱塞弹簧的共同作用下，凸轮盘还带动分配柱塞在柱塞套内做往复运动。往复运动使柴油增压，旋转运动则进行柴油分配。

2. 二级滑片式输油泵

叶片式输油泵是转子分配式喷油泵燃料供给系统中的第二级输油泵，它安装在转子分配式喷油泵内部，其组成如图 5-16 所示，主要由转子、叶片、偏心环和端盖等组成。偏心环用定位销与喷油泵壳体固定；转子装在偏心环内，转子上的四个凹槽中均装有叶片，叶片既可随转子一起转动，也可在转子凹槽内滑动。端盖用于封闭偏心环两端，以形成泵腔。

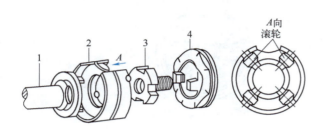

图 5-15 分配泵驱动机构的组成
1—驱动轴；2—滚轮架；3—联轴器；4—平面凸轮盘

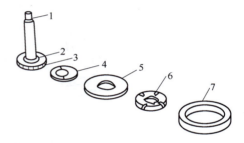

图 5-16 叶片式输油泵的组成
1—喷油泵轴；2—弹性连接块；3—调速器驱动齿轮；4—垫片；5—端盖；6—转子；7—偏心环

叶片式输油泵工作原理如图 5-17 所示。叶片的外端为圆弧面与偏心环内表面的配合并始终保持接触，叶片将输油泵转子与偏心环内表面之间隔成四个泵油腔。柴油机工作时，输油泵转子带动叶片在偏心环内转动，使叶片、转子、偏心环和端盖共同形成的四个泵油腔容积不断变化。当泵油腔转至进油口附近时，由于容积逐渐增大，将来自膜片式输油泵的柴油吸入泵油腔；泵油腔转过进油口后，容积逐渐减少，使泵油腔内的柴油压力升高，当泵油腔与出油口连通时，泵油腔内的柴油输出送往分配泵。

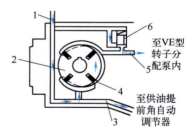

图 5-17 叶片式输油泵工作原理
1—低压油管；2—转子；3—油道；4—叶片；5—输出油道；6—调压阀

调压阀用来限制输油泵的输出压力，当叶片式输油泵输出的油压超过规定值时，柴油顶开调压阀，使部分柴油经调压阀流回低压油管。调压阀也可用来调整输油泵的输出油压。增加调压阀弹簧预紧力，输油泵输出油压提高；反之，则输出油压降低。

3. 高压分配泵

高压分配泵的主体是分配柱塞。分配柱塞的结构如图 5-18 所示。在分配柱塞的中心加工有中心油孔，其右端与柱塞腔相通，而左端与泄油孔相通。分配柱塞上还加工有燃油分配孔、压力平衡槽和数目与气缸数相同的进油槽。柱塞套上有一个进油孔和数目与气缸数相同的分配油道，每个分配油道都连接一个出油阀和一个喷油器。

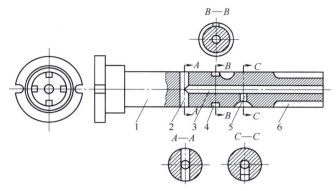

图 5-18 分配柱塞的结构

1—分配柱塞；2—泄油孔；3—中心油孔；4—压力平衡槽；5—燃油分配孔；6—进油槽

4. 电磁式断油阀

VE 型分配泵设有电磁式断油阀，其结构原理如图 5-19 所示。电磁阀装在柱塞套进油孔的上方。在开关板上设有 ST、ON、OFF 三个开关，用以操纵电磁阀打开或关断燃油通路。将开关旋至 ST 位置，这时来自蓄电池的电流直接流过电磁线圈，产生的电磁力压缩复位弹簧，将阀门吸起，使进油孔开启。柴油机启动后，开关转至 ON 位置，由于电路中串入了电阻，使通过电磁线圈的电流减小，但由于有油压的作用，仍然能使阀门保持在开启位置。当柴油机停机时，将开关转至 OFF 位置，这时电路断开，阀门在复位弹簧的作用下关闭，从而切断油路，停止供油。

5. 喷油提前角自动调节器（喷油提前器）

在 VE 型分配泵上装有液压式喷油提前器（图 5-14），其结构见图 5-20，主要由活塞 5、传力销 7、连接销 6 和活塞弹簧 8 等组成。活塞右腔与输油泵输出油道相通，左腔与输油泵进油道相通，活塞左端弹簧是活塞复位弹簧。传力销和连接销被活塞推动摆动时，可以带动滚轮 1 及滚轮支持架 2 转动。

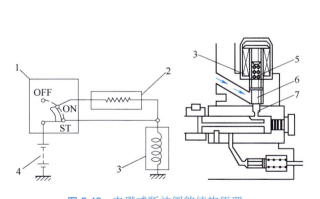

图 5-19 电磁式断油阀的结构原理

1—启动开关；2—电阻；3—电磁线圈；4—蓄电池；
5—复位弹簧；6—阀门；7—进油道

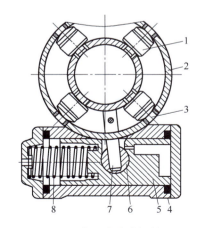

图 5-20 液压式喷油提前器

1—滚轮；2—滚轮支持架；3—滚轮轴；4—壳体；
5—活塞；6—连接销；7—传力销；8—活塞弹簧

当柴油机在某一转速稳定运转时，作用在活塞左右两端的压力相等，活塞处于某一平衡位置［图 5-21（a）］，供油提前角和喷油提前角为某一确定值。

若柴油机转速升高，输油泵输出压力提高，作用在活塞右端的力随之增加，推动活塞向左移动，并通过连接销 7 和传力销 5 带动滚轮支持架绕其轴线顺时针摆动一定的角度［图 5-21（b）］，于是滚轮及滚轮支持架相对平面凸轮盘也顺时针摆动一个角度。平面凸轮盘弧面上升沿与滚轮接触时间提前，即喷油提前角增大。

当柴油机转速降低时，输油泵的出口压力也随之降低，作用于活塞右端的柴油压力减小，在活塞弹簧弹力的作用下活塞向右移动，使传力销逆时针摆动一个角度，带动滚轮及滚轮支持架相对平面凸轮盘也逆时针摆动一定的角度［图 5-21（c）］。平面凸轮盘弧面上升沿与滚轮接触时间迟后，使供油提前角减小。

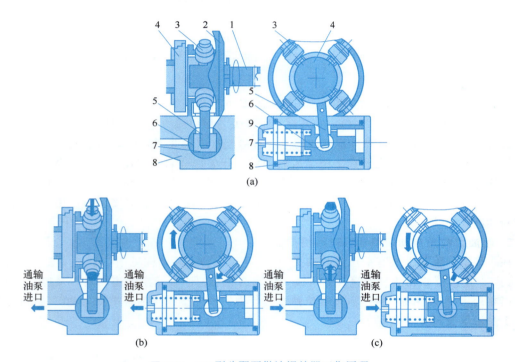

图 5-21　VE 型分配泵供油提前器工作原理
1—分配柱塞；2—平面凸轮盘；3—滚轮；4—调速器驱动齿轮；5—传力销；
6—活塞；7—连接销；8—壳体；9—活塞弹簧

6. VE 型分配泵工作过程

VE 型分配泵的工作过程分为进油过程、泵油过程、停油过程和压力平衡过程，如图 5-22 所示。

（1）进油过程

进油过程如图 5-22（a）所示。当平面凸轮盘的凹下部分转至与滚轮接触时，柱塞弹簧将使柱塞由右向左推移至柱塞下止点位置，这时分配柱塞上的进油槽与柱塞套上的进油道连通，柴油自喷油泵泵体的内腔经进油道进入柱塞腔和中心油孔内。

（2）泵油过程

泵油过程如图 5-22（b）所示。当平面凸轮盘由凹下部分转至凸起部分与滚轮接触时，分配柱塞在平面凸轮盘的推动下由左向右移动。在进油槽转过进油孔的同时，分配柱塞将进油孔封闭，这时柱塞腔内的柴油开始增压。与此同时，分配柱塞上的燃油分配孔转至与柱塞套上的一个出油道相通，高压柴油从柱塞腔经中心油孔、燃油分配孔进入出油道，再经出油阀和喷油器喷入燃烧室。平面凸轮盘每转一周，分配柱塞上的燃油分配孔依次与各缸分配油道接通一次，即向柴油机各缸喷油器供油一次。

（3）停油过程

停油过程如图 5-22（c）所示。分配柱塞在平面凸轮盘的推动下继续右移，当柱塞上的泄油孔移出油量控制套筒并与喷油泵体内腔相通时，高压柴油从柱塞腔经中心油孔和泄油孔流进喷油泵泵体内腔，柴油压力立即下降，供油停止。

从柱塞上的燃油分配孔与柱塞套上的出油道相通的时刻起，至泄油孔移出油量控制套筒的时刻止，分配柱塞所移动的距离为柱塞有效供油行程。显然，有效供油行程越大，供油量越多。移动油量控制套筒即可改变有效供油行程，向左移动油量控制套筒，停油时刻提早，有效供油行程缩短，供油量减少；反之，向右移动油量控制套筒，供油量增加。油量控制套筒的移动由调速器操纵。

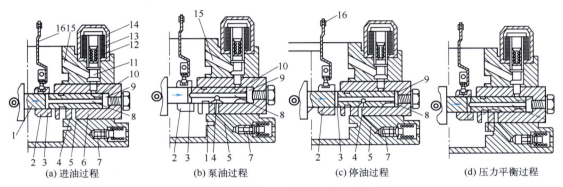

图 5-22　VE 型分配泵的工作过程

1—分配柱塞；2—油量控制套筒；3—卸油孔；4—分配孔；5—出油道；6—柱塞套；7—出油阀；8—中心油孔；9—柱塞腔；10—进油槽；11—进油阀；12—弹簧；13—线圈；14—电磁阀；15—进油道；16—启动杠杆

（4）压力平衡过程

压力平衡过程如图 5-22（d）所示。分配柱塞上设有压力平衡槽，在分配柱塞旋转和移动过程中，压力平衡槽始终与喷油泵体内腔相通。在某一气缸供油停止之后，且当压力平衡槽转至与相应气缸的分配孔连通时，分配孔和出油道与喷油泵泵体内腔相通，于是两处的油压趋于平衡。在柱塞旋转过程中，压力平衡槽与各缸分配油道逐个相通，致使各出油道内的压力均衡一致，从而可以保证各缸供油的均匀性。

三、调速器

（一）调速器的功用与分类

调速器是一种自动调节装置，其功用是根据柴油机负荷的变化，自动地调节喷油泵的供油量，以保证柴油机在各种工况下稳定运转。

调速器

喷油泵每一循环供油量主要取决于柱塞的有效行程，理论上说，当喷油泵调节拉杆的位置一定时，每一循环供油量应不变。但实际上，供油量还会受柴油机转速的影响。当柴油机转速增加，从而喷油泵柱塞移动速度增加时，柱塞套上油孔的节流作用随之增大，于是在柱塞上移时，即使柱塞尚未完全封闭油孔，由于燃油一时来不及从油孔挤出，泵腔内油压增加而使供油时刻略有提前；同样道理，在柱塞上移到其斜槽已经与油孔接通时，泵腔内油压一时还来不及下降，使供油停止时刻略微延后。这样，随着柴油机转速增大，柱塞的有效行程将略有增加,而供油量也略微增大;反之,供油量便略微减少。供油量随转速变化的关系称为喷油泵的速度特性。

喷油泵的速度特性对工况多变的车用柴油机是非常不利的。例如,满载汽车从上坡行驶刚刚过渡到下坡行驶时,柴油机突然卸荷,柴油机转速迅速上升,这时喷油泵在上述速度特性的作用下,会自动将供油量增大,促使柴油机转速进一步升高,如得不到有效控制,可能会导致柴油机转速超过标定的最大转速而出现"飞车"现象。此外,车用柴油机还经常在怠速工况下工作(如短暂停车、启动暖机等),即使柱塞保持在最小供油量位置不变,当负荷略有增大时,会使柴油机转速略有降低时,由于喷油泵速度特性的作用,其供油量会自动减少,使柴油机转速进一步降低。如此循环作用,最后将使柴油机熄火。

由上述可知,由于喷油泵速度特性的作用,使柴油机转速的稳定性变差,特别是在高速和怠速时,根本无法满足正常工作要求。要使柴油机运转稳定,就必须在其阻力发生变化时,及时按实际需要改变供油量,同时修正由喷油泵速度特性带来的不良影响。因此,车用柴油机喷油泵都装有调速器,根据柴油机负荷的变化,自动调节供油量,以实现稳定怠速、限制超速,并保证柴油机在工作转速范围内的任一选定的转速下稳定工作。

按照调速器操作方式不同,调速器可分为机械式和电控式等多种形式。

按照工作原理不同,调速器可分为机械离心式、气动膜片式和复合式三种类型。目前传统柴油机燃料供给系统中广泛应用机械离心式调速器。根据机械离心式调速器调节作用的转速范围的不同,其可分为两速式和全速式。两速式调速器又称两极调速器,它只能起到稳定怠速和限制高速的作用,而在中等转速时不起作用;全速式调速器又称全程调速器,它在各种转速下均起调速作用。

(二)全速式调速器

机械离心全速式调速器的结构形式很多,有与柱塞式喷油泵配套的,也有与分配泵配套的,但其工作原理基本相同。下面仅以 VE 型分配泵的调速器为例,说明机械离心全速式调速器的基本结构及工作原理。

1. VE 型分配泵全速式调速器的结构

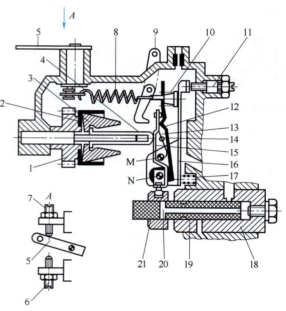

图 5-23 VE 型分配泵调速器结构

1—调速器传动齿轮;2—飞锤支架;3—飞锤;4—调速套筒;
5—调速手柄;6—怠速调节螺钉;7—最高速限制螺钉;
8—调速弹簧;9—停车手柄;10—怠速弹簧;
11—最大供油量调节螺钉;12—张力杠杆;13—启动弹簧;
14—张力杠杆挡销;15—启动杠杆;16—导杆;
17—复位弹簧;18—柱塞套;19—分配柱塞;
20—泄油孔;21—供油量调节套筒;M—导杆支承销轴
(固定);N—启动杠杆、张力杠杆及导杆支承销轴(可动)

目前,在车用柴油机上应用比较广泛的 VE 型分配泵的调速器是全速式调速器,它通常用于矿山、林区等行驶阻力频繁变化的中、大型重载柴油机中。VE 型分配泵全速式调速器结构如图 5-23 所示,在飞锤支架 2 上装有 4 个飞锤,飞锤通过止推片推动调速套筒 4 移动。张力杠杆 12、启动杠杆 15 和导杆 16 组成调速器杠杆系统。这三个杠杆通过销轴 N 连在一起并可分别绕销轴 N 摆动。导杆 16 通过销轴 M 固定在分配泵体上。启动杠杆 15 的下端是球头销,嵌入供油量调节套筒 21 的凹槽中。当启动杠杆摆动时,球头销将拨动供油量调节套筒,改变其与分配柱塞19上的泄油孔20的相对位置,从而改变分配柱塞的有效行程。张力杠杆12上端通过怠速弹簧10与调速弹簧8连接,调速弹簧的另一端挂在调速手柄5的销轴上。导杆16的下端受复位弹簧17的推压,使其上端靠在最大供油量调节螺钉11上。

此外,在VE型分配泵调速器上还装有一些附加装置,诸如增压补偿器和转矩校正装置等,来改善其工作性能。

2. VE型分配泵调速器工作原理

全速式调速器的基本调速原理是由于调速器传动轴旋转所产生的飞锤离心力与调速弹簧力相互作用,如果两者不平衡,调速套筒便会移动。调速套筒的移动通过调速器的杠杆系统传递使供油量调节套筒的位置发生变化,从而增减供油量,以适应柴油机运行工况变化的需要。

(1) 启动工况

如图5-24(a)所示,启动前,将调速手柄5推靠在最高速限制螺钉7上。这时调速弹簧8被拉伸,弹簧的张力拉动张力杠杆12绕销轴N向左摆动,并通过板形启动弹簧13将

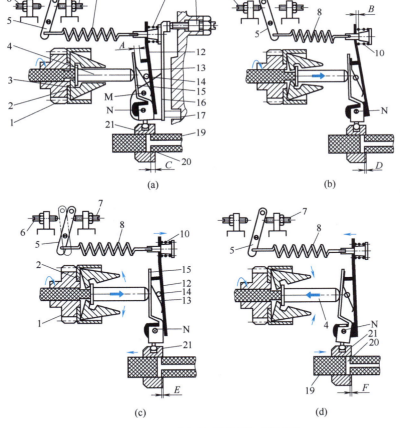

图5-24 VE型分配泵调速器工作原理

1—调速器传动齿轮;2—飞锤支架;3—飞锤;4—调速套筒;5—调速手柄;6—怠速调节螺钉;7—最高速限制螺钉;8—调速弹簧;9—停车手柄;10—怠速弹簧;11—最大供油量调节螺钉;12—张力杠杆;13—启动弹簧;14—张力杠杆挡销;15—启动杠杆;16—导杆;17—复位弹簧;18—柱塞套;19—分配柱塞;20—泄油孔;21—供油量调节套筒;M—导杆支承销轴(固定);N—启动杠杆、张力杠杆及导杆支承销轴(可动);A—启动弹簧压缩量;B—怠速弹簧压缩量;C—启动加浓供油位置;D—怠速供油位置;E—部分负荷最高转速供油位置;F—全负荷最高转速供油位置

启动杠杆 15 压向调速套筒 4，从而使静止的飞锤 3 处于完全闭合的状态。与此同时，启动杠杆下端的球头销将供油量调节套筒 21 向右拨到启动加浓供油位置 C，供油量达到最大。启动后，飞锤的离心力克服作用在启动杠杆上的启动弹簧的弹力，使启动杠杆绕销轴 N 向右摆动，直到抵靠在张力杠杆的挡销上。此时，启动杠杆下端的球头销向左拨动供油量调节套筒，供油量自动减少。

(2) 怠速工况

如图 5-24 (b) 所示，柴油机启动后，将调速手柄 5 移至怠速调节螺钉 6 上。在这个位置，调速弹簧 8 的张力几乎为零，即使调速器传动轴的转速很低，飞锤也会向外张开，推动调速套筒，使启动杠杆和张力杠杆绕销轴 N 向右摆动，并使怠速弹簧 10 受到压缩。这时，飞锤离心力对调速套筒的作用力与怠速弹簧及启动弹簧对调速套筒的作用力平衡，供油量调节套筒 21 处于怠速供油位置 D，柴油机在怠速下运转。

若由于某种原因使柴油机转速升高，则飞锤离心力增大，上述的平衡被打破，飞锤推动调速套筒、启动杠杆和张力杠杆进一步压缩怠速弹簧而向右摆动，供油量调节套筒则向左移，供油量减少，转速回落复原。若柴油机转速降低，飞锤离心力减小，怠速弹簧推动张力杠杆和启动杠杆向左摆动，供油量调节套筒则向右移，增加供油量，使转速回升。

(3) 中速和最高速

如图 5-24 (c) 所示，欲使柴油机在高于怠速而又低于最高转速的任何中间转速工作时，则需将调速手柄 5 置于怠速调节螺钉 6 与最高速限制螺钉 7 之间某一位置。这时，调速弹簧 8 被拉伸，同时拉动张力杠杆 12 和启动杠杆 15 绕销轴 N 向左摆动，而启动杠杆下端的球头销则向右拨动供油量调节套筒 21，使供油量增加，柴油机即由怠速转入中速状态，由于转速升高，飞锤离心力增大。当其向右作用于调速套筒上的推力与调速弹簧向左作用于张力杠杆和启动杠杆上的拉力平衡时，供油量调节套筒便稳定在某一中等供油量位置，柴油机也就在某一中间转速稳定运转。

如图 5-24 (d) 所示，当把调速手柄 5 置于最高速限制螺钉 7 上时，调速弹簧 8 的张力达到最大，供油量调节套筒 21 也相应地移至最大供油量位置，柴油机将在最高转速或标定转速下工作。

不论柴油机在中速还是在最高速工作，若由于负荷发生变化而引起转速改变，则飞锤离心力与调速弹簧力的平衡遭到破坏，调速器将立即动作，通过增减供油量，使转速复原。如果突然全部卸掉柴油机负荷，调速器将把供油量减至最小，以防止柴油机超速。其调速过程与稳定怠速的过程相同。

(4) 最大供油量的调节

若拧入最大供油量调节螺钉 11，则导杆 16 绕销轴 M 逆时针方向转动，销轴 N 也随之转动，并带动球头销向右拨动供油量调节套筒 21，这时最大供油量增加。反之，旋出最大供油量调节螺钉 11，则最大供油量减少。改变最大供油量，可以改变柴油机的最大输出及最高转速或标定转速。

(三) 电控式调速器

电控分配泵使用旋转电磁铁调速器 (图 5-25) 调速。旋转电磁铁 5 在电磁线圈中通入电流后会旋转一定角度 (最大转动范围为 60°)。铁芯 4 随旋转电磁铁一起转动，其下端有轴线与铁芯偏离的偏心球，上端与溢油环位置传感器 6 的可动环连接为一体。

若油量控制踏板在某一位置 [图 5-25 (a)]，铁芯会转动一定角度，偏心球便使油量控制套筒 3 固定在某一个位置，分配柱塞的有效行程为一确定值，喷油量确定，柴油机便在某

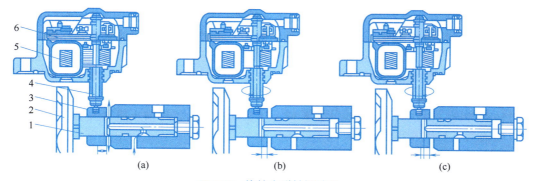

图 5-25 旋转电磁铁调速器
1—分配柱塞；2—平面凸轮盘；3—油量控制套筒；4—铁芯；5—旋转电磁铁；6—溢油环位置传感器

一相应的转速下运转。

当柴油机负荷增加、转速欲降低时，旋转电磁铁在电磁线圈通入一定的电流后便沿逆时针方向（从上往下看）转动一定角度，于是偏心球带动油量控制套筒 3 右移一定距离 [图 5-25（b）]，分配柱塞有效行程增加，喷油量增加，阻止了发动机转速欲下降的趋势。

当柴油机负荷下降、转速欲升高时 [图 5-25（c）]，旋转电磁铁在电磁线圈通入较小电流后沿顺时针方向（从上往下看）回转一定角度，使油量控制套筒稍向左移一定距离，喷油减少，抑制了柴油机转速欲上升的趋势。

四、输油泵

输油泵的功用是保证柴油在低压油路内循环，并供应足够数量及一定压力的燃油给喷油泵，其输油量应为柴油机全负荷最大喷油量的 3~4 倍。输油泵有活塞式、膜片式、滑片式及齿轮式等几种。柴油机常用的输油泵有活塞式和滑片式，这里我们介绍活塞式输油泵，滑片式之前已述及。

输油泵

活塞式输油泵安装在柱塞式喷油泵的侧面，并由喷油泵凸轮轴上的偏心轮驱动。图 5-26

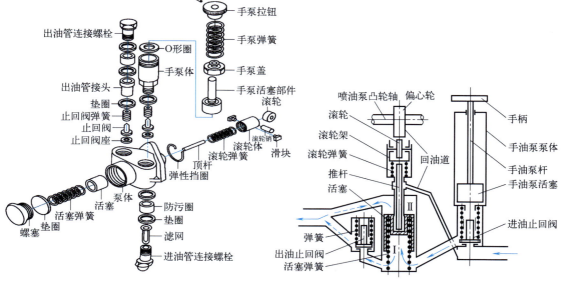

图 5-26 输油泵结构

所示为输油泵结构。

当喷油泵凸轮轴转动时,在偏心轮和活塞弹簧的共同作用下,输油泵活塞在输油泵泵体内做往复运动。当输油泵活塞在活塞弹簧的作用下向上运动时,Ⅰ腔容积增大,产生真空,进油止回阀开启,柴油经进油口被吸入Ⅰ腔。与此同时,Ⅱ腔容积缩小,其中的柴油压力增加,出油止回阀关闭,Ⅱ腔中的柴油经出油口被压出,送往柴油滤清器。当偏心轮推动滚轮、挺柱和推杆,使输油泵活塞向下运动时,Ⅰ腔油压增高,进油止回阀关闭,出油止回阀开启,柴油从Ⅰ腔流入Ⅱ腔。

若喷油泵供油量减少,或柴油滤清器阻力过大,则使Ⅱ腔油压增高。当活塞弹簧的弹力恰好与Ⅱ腔的油压平衡时,活塞便滞留在某一位置而不能回到其行程的止点处。在这种情况下,活塞的行程减小,输油泵的输油量自然减少,从而限制了油压的继续增高,即实现了输油量与供油压力的自动调节。

在启动长时间停止工作的柴油机之前,先将柴油滤清器和喷油泵的放气螺钉拧松,再将手油泵拉钮旋出,上下反复拉动手油泵活塞,使柴油自进油止回阀吸入,经出油止回阀压出,并充满柴油滤清器和喷油泵的低压油腔,将其中的空气驱除干净,然后拧紧放气螺钉,旋进手油泵拉钮,再启动柴油机。

手油泵活塞与手油泵泵体、输油泵活塞与输油泵泵体以及推杆与导管等偶件,都经过选配和研磨达到较精密的配合,在使用中不能拆对互换。

五、燃(柴)油滤清器

燃油滤清器

燃油的清洁程度对燃油系统,尤其是对喷油泵和喷油器中精密偶件的工作可靠性和使用寿命有很大的影响。柴油在运输和储存过程中,不可避免地会混入灰尘、水分和金属容器表面的锈蚀物等杂质。长期储存之后,柴油还可能氧化变质而结焦。

燃油滤清器的功用是滤除柴油中的杂质。对滤清器的基本要求是阻力小,寿命长,过滤效率高。

在采用纸质滤芯的滤清器中,滤芯表面能过滤粒度为 $1\sim 3\mu m$ 的杂质。若在纸面上刷一层清漆,滤清效果更好。现有纸质滤芯的使用寿命约为 400h。纸质滤芯具有质量小、体积小、成本低、滤清效果好等优点,被广泛用于轻型汽车上。在轿车柴油机上多使用一次性纸质滤芯燃油滤清器。纸质滤芯燃油滤清器如图 5-27 所示。来自输油泵的柴油从进油孔 5 进入滤清器壳体 6 与纸质滤芯 7 之间的空隙,然后经过滤芯过滤之后,由中心杆 8 经出油孔 3 流出。在滤清器盖上设有限压阀 2,当油压超过设定压力($0.1\sim 0.15$MPa)时,限压阀开启,多余的柴油自进油孔经限压阀直接返回燃油箱。

在较重型的汽车柴油机上,经常装设粗、精两级滤清器。当两级滤清器串联使用时,粗滤清器采用毛毡等纤维滤芯,精滤清器仍采用纸滤芯。毛毡滤芯可滤除粒度为 $5\sim 10\mu m$ 的杂质。毛毡具有一定的机械强度和弹性,堵塞以后可清洗再用。

六、油水分离器

油箱与油管

为了除去柴油中的水分,一些柴油机在燃油箱和输油泵之间安装了油水分离器。油水分离器(图 5-28)由手压膜片泵 1、液面传感器 5、浮子 6、分离器壳体 7 和分离器盖 8 等组成。

来自燃油箱的柴油经进油孔 2 进入油水分离器,并经出油孔 9 流出。柴油中的水分在分离器内从柴油中分离出来并沉积在分离器壳体 7 的底部。浮子 6 随着积水的增多而上浮。当浮子到达规定的放水水位 3 时，液面传感器 5 将电路接通，仪表板上的警告灯发出放水信号，这时驾驶员应及时旋松放水塞 4 放水。手压膜片泵 1 供放水和排气时使用。

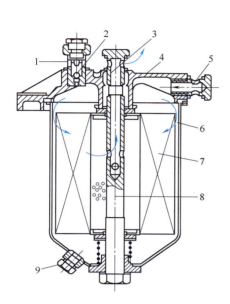

图 5-27　纸质滤芯燃油滤清器

1—旁通孔；2—限压阀；3—出油孔；
4—滤清器盖；5—进油孔；6—滤清器壳体；
7—纸质滤芯；8—中心杆；9—放油塞

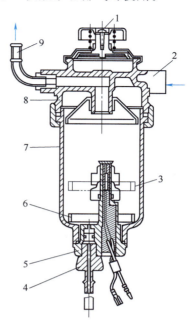

图 5-28　油水分离器

1—手压膜片泵；2—进油孔；3—放水水位；
4—放水塞；5—液面传感器；6—浮子；
7—分离器壳体；8—分离器盖；9—出油孔

 任务实施1

柴油机燃料供给系统的维护与调试

一、柴油机燃料供给系统的维护

1. 柴油的使用

柴油机使用的柴油，除应按照季节变化选用外，柴油中不应含有机械杂质和水分。使用中要保持柴油清洁，其主要措施如下。

① 柴油在加入柴油箱之前，一般要经过 72h 的沉淀过滤。
② 定期清除柴油和柴油滤清器内的杂物。
③ 拆卸高压油管或其他管路时，要用清洁的布包扎油管接头，防止尘土进入油管。

2. 排空气

柴油管路必须要保证密封。管路漏油与进气将会导致供油不足，甚至中断供油，从而使柴油机启动困难、工作不稳定、功率下降，甚至会自行熄火。对于油管破裂、油管接头松动或密封垫圈损坏，应及时更换。

当柴油管路中进气而使油路中形成气阻后，应排放空气，方法如下。

① 保证油箱加注足够的柴油。
② 先在柴油滤清器上排气，再在喷油泵上部的放气螺钉处排气。放气时，用手油泵连

续泵油,当放气螺钉中流出的柴油中再无气泡时,旋紧放气螺钉。

③ 在发动机运行状态下,旋松喷油器高压油管接头,排放该缸高压油管中的空气。

④ 在发动机运行时,检查柴油滤清器、喷油泵的放气螺钉和油管接头是否漏油。

3. 主要部件维护

（1）喷油提前角的校正

喷油器喷油提前角的大小,对于柴油机的工作过程影响极大,喷油提前角与供油提前角有直接的关系。在使用中,通过改变供油提前角的大小来改变喷油提前角。供油提前角的检查、校正应按以下程序进行。

① 确定曲轴的位置。转动曲轴,使飞轮上的供油正时记号与飞轮壳上的标记对正,或使曲轴前带轮上的供油提前角记号与正时齿轮壳上的标记对正。

② 检查供油提前角。检查联轴器从动凸缘盘上的划线是否与喷油泵前壳体上的刻线对正,若没有对正,即松开连接主动凸缘盘与中间凸缘盘的螺栓,转动喷油泵凸轮轴使刻线对正,然后拧紧连接螺栓。也可通过联轴器进行调整,方法是:松开连接主动凸缘盘和中间凸缘盘的螺栓,慢慢转动驱动轴（或曲轴）使联轴器转动一定角度,与喷油泵凸轮轴转动方向顺向转动的为推迟提前角,与喷油泵凸轮轴转动方向逆向转动的为提早提前角,然后紧固螺栓。

③ 供油提前角的调整。由于喷油泵与发动机固定方式的不同,供油提前角的调整也不同。

a. 柱塞式喷油泵,泵体不能变动,通过联轴器调整。调整时改变主动凸缘盘和中间凸缘盘的相对位置,便可改变供油提前角。

b. 转子式分配泵,用螺栓固定在正时齿轮箱壳体上,改变泵的位置来调整供油提前角。螺栓孔为弧形孔,螺栓松开时,分配泵壳体可相对分配泵驱动轴转动一定角度,即使供油提前角发生改变。

（2）输油泵

维护时,应清洗检查输油泵,首先检查并清洗进油口上的滤网。输油泵经清洗后,用手指压下推杆,应能将活塞完全压进,松开手柄,手柄应能完全弹出。否则,应拆检活塞和推杆的卡滞故障。

二、柴油机燃料供给系统的调试

1. 喷油器的调试

喷油器喷油实验台结构如图5-29所示,它由手油泵、油压表和储油罐等组成。储油罐内的柴油经滤清后进入手油泵,经过手油泵加压后的高压柴油流入喷油器后再喷出。

（1）喷油压力检查调试

将喷油器安装到实验台上,放气并拧紧连接部位。快速按下实验台手柄若干次,等喷油器内的细小杂质和油污排出后,再缓慢地按动手柄（以60～70次/min）,同时观察油压表。当读数开始下降时,即为喷油器的开启压力,其数值应符合技术条件。

要求各喷油器的喷油压力差异应不超过0.025MPa。

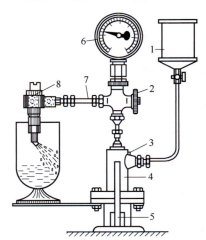

图5-29 喷油器喷油实验台

1—储油罐;2—开关;3—放气螺钉;
4—手油泵;5—压油手柄;6—油压表;
7—高压油管;8—喷油器

如果喷油压力不符合规定要求，应进行喷油压力的调整。

调整喷油压力时采用两种方法：一种方法是通过调整螺钉来进行调整，当拧入调整螺钉时，压力增高，反之则降低；另一种方法是用增减垫片的方法进行调整，加厚垫片，喷油压力增高，反之则降低。采用垫片调整喷油压力时，每个喷油器只能用一个垫片。

喷油压力调整：应先将喷油器上调压螺钉的锁紧螺母拧松，快速摇动喷油器实验台手摇柄，排出油路和喷油器内的空气和油污。在此过程中，应注意不要使手指碰到喷油器的喷孔。然后慢慢拧紧喷油器调压螺钉，并缓慢泵油。当喷油器实验台油压表指针读数等于喷油器规定的喷油压力值时，立即拧紧喷油器调压螺钉，再泵油，观察喷油压力是否有变化。若无变化，则说明喷油压力已调至规定值。

(2) 密封性检查与试验

喷油器的密封性检查与试验主要从以下两个方面进行。

① 导向部分密封性的检查与试验。对导向部分密封性的检查，通常采用降压法。将喷油器装在喷油器实验台上，把喷油压力调到 19.6MPa，观察由 19.6MPa 下降到 17.6MPa 时所经历的时间，正常为 10s 以上。如果时间过短，则说明喷油器导向部分的配合间隙过大，回油多；如果时间过长，则说明导向部分有卡滞或拉毛现象。

② 针阀密封锥面的密封性检查与试验。缓慢按压喷油器试验器手柄，使压力均匀升高到低于要求的喷油压力以下 2MPa，并保持在此压力下持续 10s 以上。在此期间，喷孔附近不得有柴油集聚或渗漏现象，但允许有少量湿润。当压力增至规定的喷油压力时，在喷油器开始喷油的瞬间，喷孔附近允许湿润，但不应有滴油现象。如果喷孔满滴或渗漏油，就说明针阀密封锥面密封不良，应对喷油器进行检修。若维修后仍达不到上述要求，则应进行更换。

(3) 喷雾质量的检查

最常用的检查方法是目测喷雾形状、听喷油响声和检查喷雾锥角。

① 目测喷雾形状。目测喷雾形状与喷油压力的检查同时进行，主要是通过观察油束的轮廓来判断喷雾锥角、射程及雾化状态是否正常。对多孔式喷油器，各喷孔应形成一个雾化良好的小锥状油束，各油束间隔角应符合原厂规定；对轴针式喷油器，则要求喷雾为圆锥形，不得偏斜，油雾细小均匀，如图 5-30 所示。

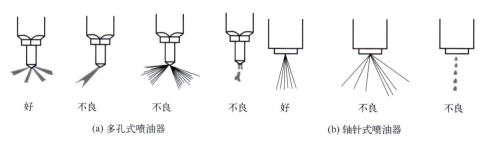

图 5-30 喷雾形状检测

② 听喷油响声。根据喷油器在喷油时发出的响声，可以判断喷雾质量的好坏。轴针式喷油嘴在喷油时，会发出清脆的"唧、唧"声；多孔式喷油嘴在喷油时，会发出"砰、砰"声，这说明喷雾质量正常。如果喷油时响声沙哑，则说明喷油嘴喷雾不良或针阀运动不灵活；如果响声微弱或听不到响声，则说明喷油压力过低或不喷油。

③ 检查喷雾锥角。各种形式的喷油嘴具有不同的喷雾锥角，喷雾锥角由喷油嘴的制造形状所决定。通常喷雾锥角标注在喷油嘴体的显著部位。检查时，对轴针式喷油嘴的喷雾形

状有特殊要求；对于多孔式喷油嘴，则应注意疏通喷孔，确保每个喷孔都能喷油。

2. 喷油泵的调试

（1）喷油泵的固定

喷油泵在实验台上的安装应牢固可靠，喷油泵凸轮轴和实验台传动轴要保持其同轴度。由于不同喷油泵型号尺寸的差异，在喷油泵与底座间要选用高度合适的垫块。联轴器胶木接盘的长孔与十字轴接头的配合不能有明显的晃动。

喷油泵固定后，应运转平稳、无异响。喷油泵上有燃油限压阀时，要安装回油管；无燃油限压阀时，要堵塞其回油孔。喷油泵运转前，应检查补足喷油泵和调速器内的润滑油，再进行一定时间的磨合运转。然后，向喷油泵供油，将低压油路的压力调整在 100kPa 左右，并对低压油腔放气。最后，拧松标准喷油器内的放气螺钉。启动喷油泵，使其转速逐渐增加到 400r/min 左右。转动操纵臂，使其达到最大供油位置并进行排气，排除高压油路的空气后，拧紧放气螺钉。使喷油泵转速增加至 600～800r/min，在最高转速位置继续运转 3～5min 后停机。

在试运转时，应注意检查以下项目：①各衬垫及接头处是否有渗漏现象；②凸轮轴转动是否平顺；③各部轴承是否过紧，温度是否过高；④供油拉杆及其他操纵部位是否有运动阻滞现象；⑤运动部位有无异响；⑥各分泵的供油是否正常。如发现异常情况，必须在排除异常后才能进行喷油泵和调速器的调试。

（2）供油时间的调试

下面以溢油法为例介绍供油时间的调试方法。所谓溢油法，就是利用油泵实验台内部配置的调压燃油泵，先将燃油加压至 4.4MPa 以上，送入喷油泵的低压油腔，当柱塞处于下止点时，柱塞套上的进油口未被遮盖，高压燃油即从低压油腔顶开出油阀，经高压油管从标准喷油器的放气油管流出，然后转动凸轮轴，使柱塞上行，当柱塞顶部边缘刚好将进油口遮住时，高压燃油被阻断，回油管立即停止回油，此时即为该柱塞开始供油的时刻，其数值可以从指示装置中读出。

试验时，从第一缸开始。先将实验台的变速手柄置于"0"位，油路转换阀控制杆放在高压供油位置，并拧松标准喷油器的放气螺钉。然后启动油泵电动机，当柴油从标准喷油器的放气油管流出后，将调速器的操纵臂置于最大供油位置。再慢慢转动实验台传动轴，当第一缸喷油器放气油管刚停止出油时使传动轴停住。将实验台上的指针移至对正刻度盘的 0°（或整十位数刻度），这样反复试验几次，核对后，确定指针所对刻度盘的位置，即为第一缸柱塞开始供油时刻。此时，检查喷油泵联轴器上的刻线是否与喷油泵壳前端面的刻线对正，如果联轴器上刻线超前，说明供油开始时刻晚了，应调整滚轮组件的有效高度，将调整螺钉旋出或增加调整垫片的厚度；如果联轴器上刻线滞后，说明供油开始时刻早了，应减小滚轮组件的有效高度。第一缸柱塞的供油开始时刻调整后，以此为基准，按柴油机的工作顺序，调整其他缸柱塞供油开始时刻。各缸供油时刻的误差，应控制在±0.5°凸轮转角范围内。

（3）供油量的调试

供油量的调试主要是调节额定转速供油量和怠速供油量。额定转速供油量是保证柴油机在额定工况时所需的供油量，怠速供油量是维持柴油机怠速运转及克服内部阻力所要求的供油量。

在进行供油量的调试时，首先应使实验台的输出轴以某一供油量所规定的转速运转，在额定功率供油时，应使喷油泵凸轮轴以额定转速运转；怠速供油时，应使凸轮轴以怠速转速运转，同时，使喷油泵操纵臂或齿杆处于某一供油量所需要的位置，然后操纵实验台的记数器移开挡油板，使各量筒按规定的次数盛油，检查各缸的供油量，应符合原厂规定。若供油量不符合规定或不均匀度过大，则可松开调节齿圈或拨叉的固定螺钉，将柱塞控制套筒相对于调节齿圈转动一定角度，或将拨叉相对供油拉杆移动一段距离后拧紧固定螺钉，即可改变供油量。

在对供油量进行调试时，各缸的供油量应均匀稳定，以保证柴油机平稳运转。供油不均匀调整，以额定转速供油的不均匀度最为重要，一般应不大于3%；其次是怠速的供油不均匀度，但由于怠速总油量较小，因此规定其不均匀度不大于30%。

（4）调试注意事项

① 滚轮组件的有效高度。在调整供油开始时刻时，不要将滚轮组件的调整螺钉拧出过多或选用过厚的调整垫片，以免柱塞在最高位置时与出油阀座下平面相碰。当柱塞在上止点时，其顶面与出油阀座的距离应有 0.3~0.6mm 的间隙。此间隙的检查应在柱塞到达上止点时进行，当柱塞在上止点时，用螺丝刀（旋具）撬起柱塞弹簧座，在柱塞下部与滚轮组架之间用厚薄规进行检查。

② 柱塞结构的影响。柱塞回油斜槽在柱塞中部时，喷油泵供油开始时刻是固定的，而供油结束时刻随负荷大小（即供油量多少）而变化。对此种柱塞，规定的是供油开始的角度。

对柱塞回油斜槽在顶部的结构，其供油开始时刻随负荷大小变化，而供油终了时刻不变。所以，此类喷油泵规定的是供油终了时刻，其调整时应以供油终了的角度为标准，其调整方法也有些不同。采用溢油法校验时，转动喷油泵凸轮轴使柱塞上行，使标准喷油器回油管有油溢出，当柱塞头部斜槽封闭进油孔时，供油开始，此时回油管停止溢油。柱塞继续上行，当横槽开启回油孔时，供油停止，回油管又开始溢油。此刻，检查联轴器与泵壳上的刻线是否对正，如正时不准，应按前述内容调准，并按供油顺序检查其他各缸。

（5）喷油泵调试后的复验

① 喷油泵和调速器调试后，应对所有试验项目进行复验，以免调试对前述调整过程产生影响，尤其是对调速器起作用的转速与供油量调试中的影响。如发现问题，要及时排除。

② 将各部紧固螺钉、调整螺钉仔细拧紧，以防止在发动机工作中出现松动现象，造成故障。

③ 从实验台上拆下喷油泵后，倒掉原有机油，用柴油清洗后，按规定加入干净的柴油机机油。

④ 用油漆在调节齿环与控制套筒或调节拉杆与拨叉结合处，以及调速器各调整螺钉处做出位置标记。

⑤ 装好喷油泵侧盖和调速器盖，在出油阀接头处加盖防尘罩，给喷油泵进出油口及输油泵进出油口带上防尘螺塞，以防灰尘落入。

⑥ 在各重要调整部位加铅封。

3. 调速器的调试

调速器的调试内容主要是高速和怠速起作用时的转速，其次是全程调节、启动加浓、校正加浓及各部位限制位置的检查与调整。

（1）最高限制速度的调试

柴油机以额定转速工作时，供油拉杆或齿杆的位置固定在额定供油量处。当柴油机转速超过额定转速时，离心部件上产生的惯性力作用在调速套筒上，使供油拉杆或齿杆向减油方向移动,从而起到限制最高转速的作用。

试验时,使喷油泵转速逐渐增加到接近额定转速,将调速器的操纵臂推向最大供油位置。然后缓慢增加喷油泵的转速,供油拉杆和齿杆位置开始向减少供油方向移动时的转速就是调速起作用时的转速。如果此转速达不到技术条件的要求,则两速式调速器可通过调节调速弹簧的预紧度来实现,全速式调速器可通过调整操纵臂的位置间接实现。

(2)怠速转速的调试

当柴油机以怠速转速运转时,离心零件作用在调速套筒上的轴向力与怠速弹簧相平衡。当某种原因造成发动机运转阻力增大而使转速降低时,离心零件产生的离心惯性力不足以平衡怠速弹簧,使供油拉杆或齿杆向增加供油量的方向移动。

首先使喷油泵的转速低于正常怠速转速,缓慢转动操纵臂,在喷油泵刚开始供油时,立即固定操纵臂的位置,然后再慢慢增加喷油泵的转速。同时注意观察供油拉杆或齿杆位置的变化,其开始向减少供油量方向移动时的转速,便是调速器怠速起作用的时刻,如果此转速与技术条件的要求不符合,可用调节怠速弹簧弹力的方法使其达到要求。

 任务实施2

柴油机燃料供给系统主要部件的拆检

1. 喷油器的拆检

喷油器的针阀偶件在长期工作中,受到高压燃油的冲刷和机械杂质的研磨、压力弹簧的落座冲击,使针阀的导向圆柱面和密封锥面及针阀体与针阀的配合表面出现磨损。导向圆柱面的磨损将导致循环油量的减少,而密封面的磨损则会使喷油器的密封不严,引起喷油提前泄漏和喷油停止后的滴油现象,造成雾化不良、不完全燃烧、炭烟剧烈增加,积炭严重。

(1)解体

喷油器的针阀偶件为精密配合零件,在使用中不许互换。解体前,应确认缸序标记,按缸序拆卸喷油器,并保证能正确装回原位,避免错乱。拆卸顺序:拧下锁紧螺母,取下垫圈;拧下调整螺栓,依次取下垫圈、弹簧上座、调压弹簧和顶杆;将喷油器倒置夹在台虎钳上,松开螺套,取下针阀偶件,注意不要让针阀掉落。

(2)清洗

解体后在清洁的柴油中清洗针阀偶件。清洗时,可用木条清除针阀前端轴针上的积炭;对阀座外部的积炭用铜丝刷清除;不得用手接触针阀的配合表面,以免手上的汗渍遗留在精密表面,引起锈蚀。

(3)检测

① 针阀和座的配合表面不得有烧伤、腐蚀和积炭等现象。

② 针阀的轴针不得有变形、烧结或其他损伤。

维修时,可以先用清洁的柴油清洗喷油器零件,然后用方木刮掉附在针阀头部的积炭,最后用黄铜刷刷掉针阀体外部的积炭。

(4)喷油器针阀配合表面滑动性的检测

喷油器针阀配合表面滑动性的检测方法如图5-31所示,左手将针阀偶件倾斜约60°,右手将针阀从针阀体中抽出约1/3,放开针阀,这时针阀应能依靠自身重力平稳地滑进针阀体内;转动针阀位置,反复数次进行滑动性能检测。若针阀不能自如地滑入针阀体内,则应更换针阀偶件。

(5)针阀的研磨

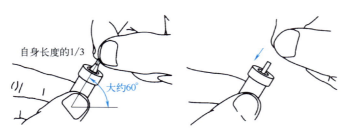

图 5-31　喷油器针阀配合表面滑动性的检测方法

针阀密封性不良时，需对其进行研磨。先在柴油中清洗针阀偶件，然后在针阀密封锥面上涂抹少许氧化铬研磨膏，插入针阀体内用手捻动研磨，研磨至针阀密封锥面上可以看到一个完整的等宽研磨环带。重新清洗后，复装重试，直到无滴漏现象为止。如果无法研磨出理想的环带，则应更换针阀。在研磨时，应避免研磨膏落到针阀的导向面上，以免损坏导向段。

2. 直列柱塞泵拆检

（1）喷油泵的解体

喷油泵解体之前，应用汽油、煤油或柴油认真清洗外部，但不得用碱水清洗。喷油泵解体时，应注意以下问题。

① 尽量使用专用工具。

② 零件拆下后，要按部位顺序放置。尤其是柱塞副和出油阀等零件，在解体和清洗时，更应该非常仔细，避免磕碰，并绝对不允许互相倒换。

③ 对有装配位置要求的零件，如齿条、调整螺钉等零件，应做标记标明原来的装配位置，防止装配时装错位置。

④ 喷油泵总体包括分泵、输油泵、调速器、供油提前角自动调节装置等部件，在解体时应先分解成部件，然后结合检验修理进一步拆解。

（2）柱塞副的检修

① 柱塞副的外观检测。柱塞副的外观出现以下情况时应更换：a. 柱塞表面有明显的磨损痕迹。b. 柱塞弯曲或头部变形。c. 柱塞或柱塞套有裂纹。d. 柱塞头部斜槽、直槽及环槽边缘有剥落或锈蚀等现象。e. 柱塞套的内圆柱表面有锈蚀或显著的刻痕。

② 柱塞的滑动性检测。先用洁净的柴油仔细清洗柱塞副，并涂上干净的柴油后进行试验，如图 5-32 所示。将柱塞套倾斜 60°左右，拉出柱塞全行程的 1/3 左右。放手后，柱塞应在自重作用下平滑地进入套内。然后转动柱塞，在其他位置重复上述试验，柱塞应均能平稳地滑入套内。

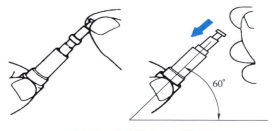

图 5-32　柱塞的滑动性检测

③ 柱塞副的密封性试验。首先将各分泵机构中的出油阀拆除，放出泵内的空气，将喷油器试验器的高压油管接在出油阀接头上。移动供油量调节机构的齿条或拉杆，使喷油泵处在最大供油位置。转动喷油泵凸轮轴，使被测柱塞移动到行程的中间部位，柱塞顶面应完全盖住进油孔和回油孔。将喷油器试验器的压力调至 20MPa 后停止泵油，测定压力下降至 10MPa 的时间。同一喷油泵的所有柱塞副的密封性误差应在 5% 的范围内。

无试验设备时，也可用手指盖住柱塞套的顶部和进、出油口，使柱塞处于最大供油位置，另一只手将柱塞由最上方位置向下拉，此时应感到有明显的吸力；放松柱塞后，柱塞应能迅速回到原位。否则，应更换新柱塞副。

（3）出油阀的检修

① 出油阀偶件的外观检测。出油阀减压环带有严重的磨损痕迹，锥形密封面阀座有金属脱落或严重磨损、锈蚀时，应更换。

② 出油阀配合面滑动性检测。在有柴油润湿的状态下，使出油阀偶件处于垂直状态，把出油阀抽出 1/3 左右，放手后，出油阀应能在自重下落座。

如果发现柱塞有轻微卡滞现象，应将其抽出，擦净柴油，在放大镜下仔细观察，找出磕碰、拉毛部位（特别注意配合表面的边缘棱角处），用粒度在 800 以上的油石进行磨修。如果没有发现磕碰，则应在工作段涂抹研磨膏，用偶件互研的方法进行修复。

③ 出油阀的密封性检测。在做上述滑动性试验时，如用手指堵塞出油阀座的下方孔，出油阀下落到减压环带进入阀座时应能停住，如图 5-33（a）所示。在此位置时，用手指轻轻压住出油阀，放松手指后，出油阀应能立即弹回原位置，如图 5-33（b）所示。手指从下端面移开时，出油阀应在自重作用下完全落座，如图 5-33（c）所示。

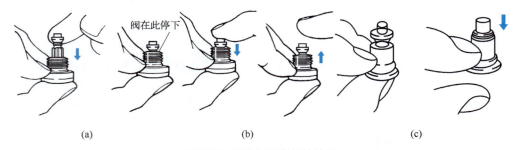

图 5-33　出油阀的密封性检测

3. 调速器的检修

① 调速弹簧的检测。调速弹簧出现扭曲、裂纹、弹力减弱及折断等，应换新件。

② 飞块支架及铰链连接部位的检测。对采用飞块结构的双速式调速器，应保证飞块、支架及销轴三者的配合间隙。如飞块支承孔和飞块推脚磨损严重，使飞块实际摆动中心向内偏移，飞块推脚半径缩短，在发动机转速一定的情况下，调速套筒的位移量较未磨损前小，从而影响调速器的调速特性。若上述三者的配合达不到技术条件的要求，可通过镗削飞块销轴孔、更换加粗的销轴来解决。

③ 调速套筒的检测。在调速弹簧为拉力弹簧的调速器中，其调速套筒环槽与浮动杠杆横销磨损，配合间隙超过规定时，可将浮动杠杆上的横销和调速套筒一起拆下，拆下后转动 90°以后再装复，可以减小配合间隙。

调速套筒的内孔磨损后，应更换新衬套。修理后，调速套筒在轴上应运动自如无卡滞。调速套筒端面的推力轴承，视情更换。

调速器各操纵连接部位应连接可靠，运动灵活，配合间隙符合规定。在操纵臂位置不变的情况下，供油拉杆或齿杆的轴向位置游动量应在 0.5~1mm。

4. 输油泵的检测

当发现输油泵有故障，就车不能解决时，应拆下检查并维修。

输油泵解体后，检查进、出油阀和阀座的磨损情况，如有破裂或严重磨损时，应予更换。如磨损轻微，可研磨修复。输油泵活塞与壳体由于磨损出现配合松旷和运动不平稳时，应更换新泵。

输油泵装复后，要进行性能试验。

① 密封性试验。如图 5-34 所示，试验时，旋紧手油泵手柄，堵住出油口，将输油泵浸没在清洁的柴油中，从进油口通入 147～196kPa 的压缩空气，若输油泵密封性能良好，在推杆与泵体的间隙处，只会有微小的气泡冒出。如气泡的直径超过 1mm，表示漏气量将超过 30mL/min，说明输油泵的密封性能过差，应更换新泵。

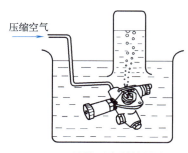

图 5-34　输油泵密封性试验

② 吸油能力的试验。以内径 φ8mm、长 2m 的软管为吸油管，从水平高度低于输油泵 1m 的油箱中用输油泵供油，能在 30 个活塞行程内出油为合格。

③ 输油量的检验。将输油泵装回喷油泵，输油泵的出口接油管，油管出口插入容量为 500mL 的量杯中，量杯的位置必须高于输油泵 0.3m。当喷油泵转速为 1000r/min 时，测量 15s 内流入量杯内的燃油量，并与技术条件规定的流量相比较，判断出油量是否合格。

④ 输油压力的检验。在输油泵出油口接上压力表，在规定的转速条件下，检验输油泵的输油压力是否符合原厂规定。

任务三　电控柴油机燃料供给系统

 任务引入

小军最近准备买了一辆货车从事运输工作，他去汽车 4S 店进行咨询，销售员对他说现在的运输货车为了满足国家排放标准和节油要求，普遍都采用高压共轨燃料供给系统的电控柴油机了，它不仅动力足、故障少，而且环保省油。他对电控柴油机非常感兴趣，回家后就查阅了大量信息，了解汽车电控柴油机的特点、类型等，感觉电控柴油机的货车更先进，性能更优良，于是他就购买了一辆装用电控柴油机的一汽解放货车。

本任务要求学生熟悉电控柴油机燃料供给系统的优点、组成、工作原理、类型，各类电控柴油机燃料供给系统的结构特点、组成及工作原理等。

 知识准备

一、电控柴油机燃料供给系统概述

随着计算机技术、传感器技术及信息技术的迅速发展，电子产品的可靠性、成本、体积等各方面都已能满足柴油机进行电子控制的要求，并且很容易实现燃油喷射的控制。电控柴油喷射技术始于 20 世纪 70 年代，80 年代后，美国底特律柴油机公司、康明斯公司、卡特彼勒公司，德国博世公司、奔驰汽车公司、日本五十铃汽车公司均开发了先进的、高质量的柴油机，并投放市场，满足了日益严格的排放要求。进入 20 世纪 90 年代，电控柴油喷射技术得到了迅猛发展。目前，柴油机电子控制技术在发达国家的应用率已达 60％ 以上，在我国也有很大的市场潜力。

1. 电控柴油机的优点

① 具有多功能自动调节性能，控制精度高，动态响应快。车用柴油机的运转工况是变化的，其调节十分复杂。将电控技术应用于柴油机的调节系统，可根据各种因素对柴油机性能的影响，对喷油参数等（如喷油量、喷油正时、喷油压力、喷油速率等）进行高精度的多功能自动调节控制，实现最优的综合控制调整，并且电子控制动态响应快，从而提高了柴油机的动力性、经济性、可靠性及操作性。

② 重量轻、尺寸小，提高了柴油机的紧凑性。电控系统的一个重要功能是随着柴油机转速和负载的变化而自动改变供油提前角。对于强化柴油机，由于驱动喷油泵的转矩较大，设计一个紧凑和可靠的供油提前角自动调节器十分困难，且在柴油机总体布置上也会遇到困难。采用电控技术，不仅可以容易地解决上述问题，而且还可以提高柴油机的紧凑性。

③ 部件安装、连接方便，提高了维修性。电控系统替代柴油机传统的调速系统后，柴油机部件尺寸减小、连接简便，有利于日常的维护及修理。

④ 具有自诊断、检测功能，提高了可靠性。柴油机采用电子控制技术后，除可以自动调速外，还可以实现自诊断与检测功能，提高了电控柴油机的可靠性。

2. 电控柴油机燃料供给系统组成及工作原理

电控柴油机燃料供给系统与电控汽油喷射系统基本相同，也是由传感器、电控单元（ECU）和执行器组成的。传感器包括柴油机转速、加速踏板位置、齿条位置、喷油时刻、车速及进气压力、进气温度、燃油温度、冷却液温度等传感器；ECU 将各种传感器实时检测到的柴油机运行参数与 ECU 中预先已经存储的参数值相比较，按其最佳值或计算后的目标值把指令输送到执行器；执行器根据 ECU 指令控制喷油量（齿条位置或电磁阀关闭持续时间）和喷油正时（正时控制阀开闭或电磁阀关闭始点）。

3. 电控柴油机燃料供给系统实现的控制功能

① 燃油喷射控制。燃油喷射控制主要包括供（喷）油量控制、供（喷）油正时控制、供（喷）油速率控制和喷油压力控制等。

② 怠速控制。柴油机的怠速控制主要包括怠速转速控制和怠速时各缸均匀性的控制。

③ 进气控制。柴油机的进气控制主要包括进气节流控制、可变进气涡流控制和可变配气正时控制。

④ 增压控制。柴油机的增压控制主要是由 ECU 根据柴油机转速信号、负荷信号、增压压力信号等，通过控制废气旁通阀的开度或废气喷射器的喷射角度、增压器涡轮废气进口截面大小等措施，实现对废气涡轮增压器工作状态和增压压力的控制，以改善柴油机的转矩特性，提高加速性能，降低排放和噪声。

⑤ 排放控制。柴油机的排放控制主要是废气再循环（EGR）控制。ECU 主要根据柴油机转速和负荷信号，按内存程序控制 EGR 阀开度，以调节 EGR 率。

⑥ 启动控制。柴油机启动控制主要包括供（喷）油量控制、供（喷）油正时控制和预热装置控制，其中供（喷）油量控制和供（喷）油正时控制与其他工况相同。

⑦ 巡航控制。带有巡航控制功能的柴油机电控系统，当通过巡航控制开关选定巡航控制模式后，ECU 即可根据车速信号等自动维持汽车以一定车速行驶。

⑧ 故障自诊断和失效保护。柴油机电控系统中也包含故障自诊断和失效保护两个子系统。柴油机电控系统出现故障时，自诊断系统将点亮仪表盘上的"故障指示灯"，提醒驾驶员注意，并储存故障码，检修时可通过一定的操作程序调取故障码等信息；同时，失效保护系统启动相应的保护程序，使柴油机能够继续保持运转或强制熄火。

电控燃料供给系统的 ECU 还可以和自动变速器的 ECU、防抱死制动系统（ABS）的 ECU 及其他系统的 ECU 互通数据，从而实现整车的电子控制。

二、电控柴油机燃料供给系统类型

① 根据喷油量的控制方式分类。根据喷油量的控制方式可以将电控柴油机燃料供给系统分为位置控制系统和时间控制系统。

位置控制系统的特点是在原有的柱塞式喷油泵、分配泵及泵-喷油器的基础上进行改造，并加装电子控制系统，以得到对喷油的控制。它被认为是第一代电控柴油机燃料供给系统。

时间控制系统是 20 世纪 90 年代后开发的产品。利用高速电磁阀控制高压柴油的导通，在一般情况下，电磁阀关闭，执行喷油，电磁阀打开，喷油结束。喷油始点取决于电磁阀关闭时刻，喷油量则取决于电磁阀关闭持续时间的长短。传统喷油泵中的齿条、齿圈、套筒、柱塞斜槽、喷油提前调节机构等全部取消，简化了系统的结构。时间控制系统的控制自由度更大，其中比较典型的泵喷嘴和单体泵系统被认为是第二代电控柴油机燃料供给系统，共轨供油系统被认为是第三代电控柴油机燃料供给系统。

② 根据产生高压燃油的机构分类。电控柴油喷射系统根据产生高压燃油的机构可以分为电控直列泵喷射系统、电控分配泵喷射系统、泵喷油器（泵喷嘴）电控喷射系统、单体泵电控喷射系统和高压共轨喷射系统。

（一）电控分配泵喷射系统

1. 结构及特点

电控分配泵喷射系统是在 VE 型机械喷油泵的基础上加装电子控制系统制成的。图 5-35 所示为日本电装公司的 ECD-V1 电控分配泵的结构。

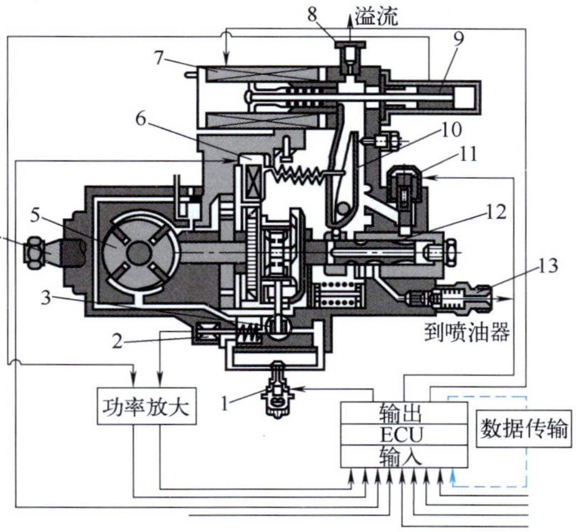

该泵的结构特点是用电控调速器取代 VE 型喷油泵的机械调速器，液压式供油提前器增加了供油正时控制阀 1，电控系统包括电控单元（ECU）和各种传感器，VE 分配泵的其他结构均保留。

图 5-35 ECD-V1 电控分配泵结构

1—供油正时控制阀；2—供油提前器位置传感器；3—液压式喷油提前器；4—喷油泵驱动轴；5—输油泵；6—柴油机转速传感器；7—溢油阀电磁线圈；8—溢油阀；9—溢油阀位置传感器；10—调速器张力杠杆；11—断油阀；12—分配柱塞；13—出油阀

2. 供油量的控制

（1）电磁阀式供油量控制机构

在 ECD 系统中，电控单元（ECU）根据加速踏板位置传感器和柴油机转速传感器的输入信号，首先计算出基本供油量；然后根据来自冷却液温度、进气温度和进气压力等传感器的信号及启动机信号，对基本供油量进行修正；再按供油量调节套筒位置传感器信号进行反馈修正之后，确定最佳供油量（图 5-36）。

因此，不论汽车是低温启动、加速，或是高速行驶，ECD 系统都能精确地确定柴油机运转时的最佳供油量。

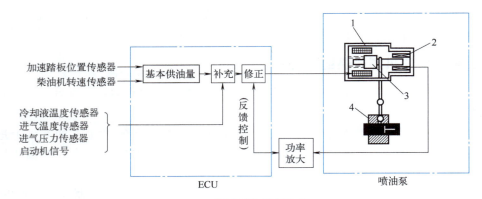

图 5-36 供油量的控制与修正

1—供油量控制电磁阀;2—供油量调节套筒位置传感器;3—可动铁芯;4—供油量调节套筒

电控单元把计算和修正的最后结果作为控制信号传到供油量控制电磁阀,产生磁力,吸引可动铁芯。控制信号的电流越大,磁场就越强,可动铁芯向左的移动量越大,通过杠杆将供油量调节套筒向右推移得越多,供油量也就越大。供油量控制电磁阀及供油量调节套筒位置传感器如图 5-37 所示。

(2) 旋转电磁铁式供油量控制机构

一汽捷达轿车装用的 1.9L SDI 电控柴油机燃油喷射系统采用旋转电磁铁式供油量控制机构,如图 5-38 所示。旋转电磁铁 5 在电磁线圈中通入电流后,会旋转一定角度(最大转动范围为 60°)。铁芯 4 随旋转电磁铁一起转动,其下端有轴线与铁芯 4 轴线偏离的偏心球,上端与供油量控制电磁阀位置传感器 6 的可动环连接为一体。

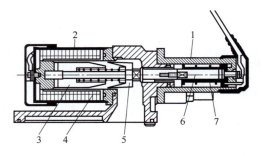

图 5-37 供油量控制电磁阀及供油量调节套筒位置传感器

1—供油量调节套筒位置传感器;2—供油量控制电磁阀;3—定子;4,7—电磁线圈;5—可动铁芯;6—铁芯

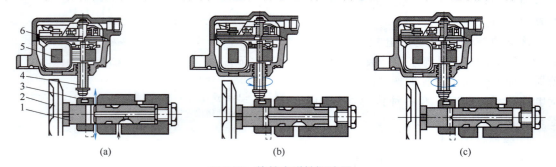

图 5-38 旋转电磁铁调速器

1—分配柱塞;2—平面凸轮盘;3—油量控制套筒;4—铁芯;5—旋转电磁铁;6—供油量控制电磁阀位置传感器

若油量控制踏板在某一位置[图 5-38 (a)],铁芯会转动一定角度,偏心球便使油量控制套筒 3 固定在某一个位置,分配柱塞的有效行程为一确定值,喷油量确定,柴油机便在某个相应的转速下运转。

当柴油机负荷增加,其转速欲降低时,旋转电磁铁线圈通入一定的电流后便顺时针转动一个角度,于是偏心球带动油量控制套筒 3 稍右移一定距离[图 5-38 (b)],分配柱塞有效行程增加，喷油量增加，阻止了发动机转速欲下降的趋势。

当柴油机负荷下降，转速欲升高时［图 5-38（c）］，旋转电磁铁线圈通入较小电流，逆时针回转一定角度，使油量控制套筒 3 稍向左移一定距离，喷油量减小，抑制了柴油机转速欲上升的趋势。

3．急速转速的控制

电控单元根据加速踏板位置传感器、车速传感器等输入信号及启动机信号，决定何时开始怠速控制，并根据冷却液温度传感器、空调及空挡开关等信号，计算出设定的怠速转速及相应的供油量。为了使设定的怠速转速保持稳定，还需根据柴油机转速的反馈信号不断对供油量进行修正。

4．供油正时的控制

电控分配泵保留了 VE 型喷油泵的液压式喷油提前器，但增加了供油正时控制阀 3，如图 5-39 所示。

电控单元首先根据柴油机转速和加速踏板位置等传感器的输入信号，初步确定一个供油时刻，然后再根据进气压力、冷却液温度等传感器的信号和起动机信号进行修正（图 5-39）。

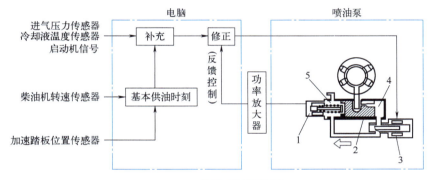

图 5-39 供油正时的控制

1—供油提前器活塞位置传感器；2—喷油提前器活塞；3—供油正时控制阀；4—高压腔；5—低压腔

电磁正时控制阀是一个止回阀，由电磁线圈 2 和可动阀芯 5 构成，如图 5-40 所示。

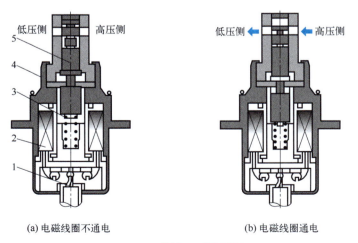

(a) 电磁线圈不通电　　(b) 电磁线圈通电

图 5-40 供油正时控制阀

1—导线；2—电磁线圈；3—阀芯复位弹簧；4—控制阀外壳；5—可动阀芯

电磁线圈不通电时[图 5-40（a）]，可动阀芯被阀芯复位弹簧 3 的弹力向上推移，可动阀芯将高压侧油道和低压侧油道隔断，供油正时按喷油提前器工作过程控制。

电磁线圈通电[图 5-40（b）]时，可动阀芯被吸引，克服阀芯复位弹簧的弹力向下移动，可动阀芯环槽使高压侧油道和低压侧油道接通，作用在喷油提前器活塞左右两腔的油压相等。活塞在弹簧作用下复位，带动滚轮架相对于平面凸轮盘转动一个角度，形成一定的喷油提前角，实现喷油提前。

供油提前器活塞位置传感器（图 5-39）是用来检测供油提前器活塞位置（即喷油提前角大小）的，电控单元（ECU）根据此信号对供油提前角进行闭环控制。

通向供油正时控制阀线圈的电流是脉冲电流，电控单元通过改变脉冲信号的占空比来控制供油时刻。

供油正时控制阀是电磁阀，通过改变流过电磁线圈的脉冲电流的占空比，改变由喷油提前器的高压腔到低压腔的流通截面积，以调整喷油提前器活塞两侧的压力差，使活塞产生不同的位移，达到控制供油时刻的目的。

柴油机电控系统的其他功能，如进气节流和自诊断等，均为柴油机电控系统的扩展功能。与汽油机电控系统一样，柴油机电控系统必然也能实现多功能控制。

（二）电控泵喷嘴喷射系统

1. 电控泵喷嘴喷射系统组成及结构特点

所谓泵喷嘴就是将喷油泵的压油机构紧缩到喷油嘴处，即高压油管长度为零的燃料供给系统。因为没有高压油管，所以高压系统的容积可以最大限度地减小，这对高压化非常有利。

电控泵喷嘴燃料供给系统将产生高压的柱塞泵与喷油器和控制单元（泵喷嘴电磁阀）组合在一起，并消除了高压油管。该系统安装在气缸盖上，每个气缸均有一个。由于无高压油管，消除了高压油管中压力波和燃油压缩的影响，高压容积大大减少，因此可产生 200MPa 以上的喷油压力。电控泵喷嘴喷射系统用高速电磁阀来控制供油正时和喷油量，属于时间控制类型。高速电磁阀受 ECU 控制，即控制流过线圈电流的通、断时刻及通断时间的长短，从而控制供油提前角与喷油量。泵喷嘴系统在每个气缸上安装一套，由气缸盖上的顶置式凸轮轴驱动，喷油正时、定量控制与产生高压均在系统内完成。

电控泵喷嘴燃料供给系统由低压部分、高压部分和电控系统等部分组成，如图 5-41 所示。

① 低压部分是指燃料供给部分。燃料供给部分的任务是储存所需要的燃油，并在所有工况下以规定的压力向燃油喷射系统提供燃油。燃料供给部分主要包括燃油箱、滤清器、输油泵、手动泵、回油阀等。

② 高压部分是指泵喷嘴。泵喷嘴的功用是在所有工况下，按电子控制单元计算出的时刻，以精确的数量和要求的压力将燃油喷射到发动机气缸内。

③ 电控系统分三个系统模块，即传感器、电控单元及执行元件。

电控泵喷嘴系统仍采用柱塞实现对燃油的加压，喷油量和喷油正时由电磁阀来控制，具有以下结构特点：a. 采用大容量齿轮泵提供燃油。b. 清洁燃油供入气缸盖上的主供油管，通过喷油器的溢油管经调压阀排出气缸盖外部来完成溢油。c. 高压燃油通过凸轮直接或通过摇臂间接驱动柱塞实现升压，电控单元根据发动机转速、曲轴转角和加速踏板位置等信号进行最佳燃油喷射时刻、喷射量的计算，控制溢油电磁阀来完成喷油。d. 实现高压喷射，通过适当组合喷油嘴的喷孔流通截面积和驱动凸轮的形状，可以改变喷油速率的变化规律，先缓后急，减少预混合期间的喷油量，实现控制预混合燃烧的目的。

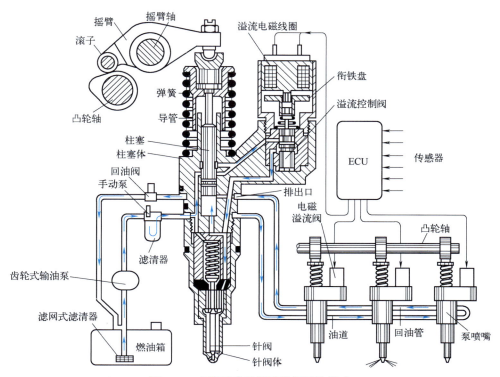

图 5-41 电控泵喷嘴燃料供给系统组成

2. 电控泵喷嘴结构及组成

电控泵喷嘴常见的结构有两种:一种是电磁阀内置式电控泵喷嘴,是把电磁阀直接布置在针阀偶件的顶部、泵体内部;另一种是电磁阀侧置式电控泵喷嘴,是将电磁阀布置在泵喷嘴泵体的侧面,部分还会加装预喷控制阀部件。其他零部件结构则基本相似。在此仅讲解电磁阀侧置式电控泵喷嘴喷射系统。

该系统的驱动机构是喷射凸轮驱动摇臂来驱动泵喷嘴喷油,每缸一个,凸轮上升阶段为陡峭的直线(可快速提升喷油压力),下降阶段较平缓(喷油结束后,有利于向高压油腔缓慢进油,免得燃油有气泡产生)。喷油凸轮的升程通过滚子式摇臂传递给泵喷嘴里面的泵油柱塞。

电控泵喷嘴由以下三部分组成,其结构如图 5-42 所示。

① 产生高压的部件。产生高压的主要部件是泵体组件、泵柱塞和复位弹簧。

② 高压电磁阀(电磁溢流阀)。高压电磁阀由线圈、电磁阀针阀、衔铁、磁芯和电磁阀弹簧等主要部件组成,其任务是控制喷油起始时刻和喷油持续时间。

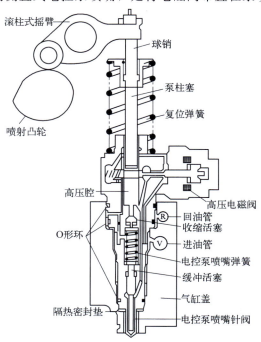

图 5-42 电控泵喷嘴组成结构

③ 喷油嘴。喷油嘴将燃油雾化,精确定量并分布到燃烧室中。喷油嘴是利用压紧螺母安装到泵喷嘴体上去的。

3. 电控泵喷嘴的工作过程

① 进油过程。喷射凸轮的凸峰转过之后,在柱塞复位弹簧 [图 5-43 (a)] 的弹力作用下,泵柱塞向上运动,高压油腔容积增加,压力降低。此时,电控泵喷嘴电磁阀不通电,电磁阀针

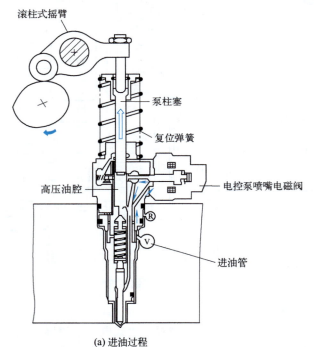

(a) 进油过程

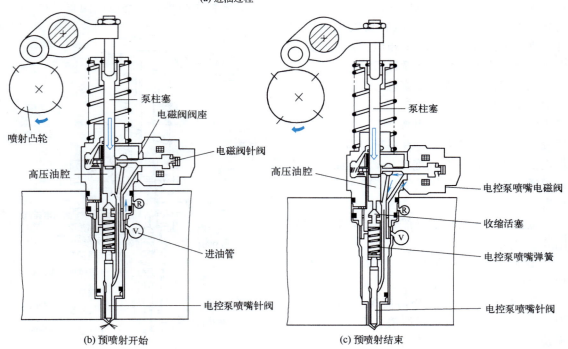

(b) 预喷射开始　　　　　　　　　　(c) 预喷射结束

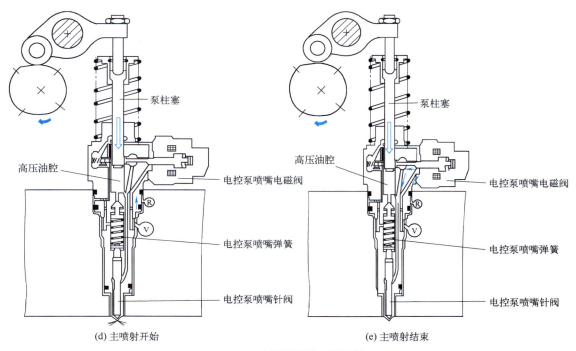

图 5-43 电控泵喷嘴工作过程

阀不动,进而接通供油油道和高压油腔的油路,燃油便进入高压油腔,为喷射做好准备。

② 预喷射开始。喷射凸轮通过滚子式摇臂使泵柱塞 [图 5-43(b)] 下移,使高压油腔的燃油压力升高,并流至供油油道。当发动机电控单元给电控泵喷嘴电磁阀通电时,电磁阀针阀与阀座贴合,切断了高压油腔与供油油道的油路,使高压油腔油压升高。当高压油腔油压达 18MPa 时,高压油腔的油压大于喷油嘴弹簧的预紧力,电控泵喷嘴针阀开始喷油,即预喷射开始。预喷射量取决于预喷射压力和针阀的升程,由于预喷射压力不高、针阀升程较小等因素,预喷射量通常很小。

预喷射目的是在主喷射循环开始之前,少量燃油在低压下喷入燃烧室,这样可使燃烧室内的压力和温度上升,减少点火延迟。在预喷射循环和主喷射循环之间的喷射间隔期间,燃烧室内的压力平缓上升,而不是突然的压力上升,这样可降低燃烧噪声,废气中 NO_x 含量也随之减少。

③ 预喷射结束。如图 5-43(c)所示,预喷射开始后,高压油腔内的油压作用在收缩活塞上,随着泵柱塞压油行程的继续进行,高压油腔内的油压进一步提高,当达到一定压力时,收缩活塞下移,高压油腔内容积增大,使高压油腔内的油压瞬间下降,针阀关闭喷油孔,预喷射结束。收缩活塞的下移增加了电控泵喷嘴弹簧的压紧程度,在接下来的主喷射循环,若想再次打开针阀,油压必须比预喷射过程中的油压高。

④ 主喷射开始。电控泵喷嘴针阀 [图 5-43(d)] 关闭之后,电控泵喷嘴电磁阀仍关闭,泵柱塞在喷射凸轮作用下继续下移,高压油腔内油压继续上升。当高压油腔油压上升到 30MPa 时,即可克服喷嘴弹簧的预紧力,使电控泵喷嘴针阀再次升起,主喷射开始。此时的喷油压力可达 220MPa。

⑤ 主喷射结束。当电控单元不再操纵电控泵喷嘴电磁阀 [图 5-43(e)] 时,主喷射即

结束。在电控喷嘴弹簧的作用下,电磁阀针阀处于开启状态。燃油流至供油油道和回油油道。由于高压油腔油压降低,电控泵喷嘴针阀关闭,主喷射结束。在喷嘴弹簧作用下,旁通柱塞处于其初始状态。

由于整个主喷射阶段内针阀升程大、喷油压力高、喷射速率快、延续时间长,所以主喷射的喷油量远大于预喷射的喷油量。预喷射和主喷射两次喷油在一个工作循环内完成。通常电磁阀通电、阀芯密封面关闭的时刻,即为预喷射的始点,而电磁阀通电时间的脉宽,决定了单个循环内喷油量的多少。主喷射与预喷射之间的时间间隔,则取决于预喷射控制阀的行程和发动机转速。

泵喷嘴的工作过程使其具有特有的安全性能:如果电磁阀阀芯持续开启(电磁阀断电),高压油路与供油油路始终导通,不能建立高压,就不能进行喷射;而当电磁阀阀芯一直关闭(电磁阀通电)时,没有燃油进入高压油腔,也不能进行下一次喷油。所以,当电磁阀出现故障时,喷油就会中断。

(三)高压共轨喷射系统

高压共轨喷射系统的主要特征是该系统中有一根各缸共用的高压油管(共轨),用高压油泵向共轨管路中泵油,经过共轨将一定高压值的燃油分别送往各缸喷油器,使各缸燃油喷射压力一致。在共轨上可以设置压力传感器,监测共轨中的燃油压力,通过电控单元控制设置在高压泵上的 PCV 电磁阀,对共轨压力进行反馈闭环控制,保证共轨压力为恒定值。在高压共轨喷射系统中,喷油压力的提升与喷射过程分开,喷油压力与发动机转速和喷油量无关,喷油压力积蓄在共轨中,时刻准备喷油。喷油时刻和喷油量由电控单元根据发动机的工况与控制目标确定,控制喷油器上的高速电磁阀通电、断电来实现在每一个气缸中喷油。

1. 高压共轨喷射系统的优点

与凸轮驱动的其他供油系统相比,高压共轨喷射系统有如下优点。

① 可实现高压喷射,能够达到 200MPa 甚至更高的喷射压力,极大地改善了燃油的喷雾质量。

② 喷油压力可以独立控制,不受发动机转速、喷油时刻和喷油量的影响。

③ 喷油量和喷油时刻自由控制,可以在一个工作循环中进行多次预喷射后进行主喷射,能够调节喷油速率,实现理想的喷油规律。

④ 良好的喷射特性可优化燃烧过程,使发动机油耗、烟度、噪声及排放等性能指标得到明显改善。

⑤ 结构简单,可靠性好,适应性强,可在所有新老发动机上应用。

2. 高压共轨喷射系统的组成

电控高压共轨式燃料供给系统的结构如图 5-44 所示。它主要由高压(喷油)泵、共轨管、喷油器、流量限制器、限压阀、电控单元和各种传感器(加速踏板传感器、发动机转速传感器、凸轮轴位置传感器、共轨压力传感器、柴油温度传感器)等组成。

柴油机工作时,输油泵不断将柴油从燃油箱中抽出供入高压泵,高压泵再将柴油泵入共轨管中。当柴油机工作到某缸需要喷油时,电控单元发出指令,该缸喷油器的电磁阀动作,使其喷油。

3. 主要部件结构及工作原理

(1)高压泵

高压泵的功用是产生高压,结构如图 5-45 所示。高压泵有 3 个径向柱塞泵,顶起柱塞 5 的凸轮有 3 个工作凸轮面,它们相互错开 120°。因此,凸轮轴每转 1 周,可向共轨管供油 3 次。

项目五 柴油机燃料供给系统的构造与检修 **231**

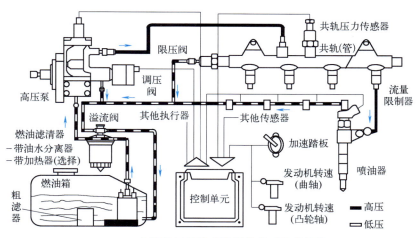

图 5-44 电控高压共轨式燃料供给系统的结构

高压泵一般由曲轴通过齿轮、链条同步驱动,与曲轴的传动比一般为 1∶2 或 1∶3。高压泵的供油量与发动机的转速成正比。通过匹配传动比可以调整最大供油量,使其既能满足全负荷最大供油量,同时也能减少过剩油量。

柴油机工作时,从输油泵来的柴油流过安全阀 1,一部分经低压油路 2 进入柱塞室 6。当偏心凸轮转动使柱塞下行时,进油阀 7 打开,柴油被吸入柱塞室;当偏心凸轮顶起柱塞时,进油阀关闭,柴油被压缩,压力急剧增加,达到共轨压力时,顶开出油阀 8,高压柴油被送入共轨管。

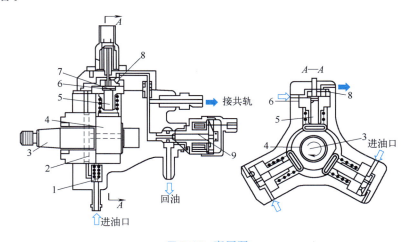

图 5-45 高压泵
1—安全阀;2—低压油路;3—驱动轴;4—偏心凸轮;5—柱塞;6—柱塞室;
7—进油阀;8—出油阀;9—压力调压阀

(2) 电控喷油器

电控喷油器是共轨系统中的关键部件,其根据电控单元发出的控制信号,通过控制电磁阀的开启和关闭,以合适的喷油正时、喷油量和喷油速率进行燃油喷射。

为了实现预定的喷油形状,需对喷油器进行合理的优化设计。控制室容积的大小决定了针阀开启的灵敏度。控制室容积过大,在喷油结束时针阀不能实现快速断油,影响后期的燃油雾化质量;控制室容积过小,则不能给针阀提供足够的有效行程,使喷射过程的流动阻力加大。

由于高压共轨喷射系统的喷射压力非常高,因此其喷油器的喷孔孔径很小,喷孔直径可以达到 0.169mm。带三通阀控制的电控喷油器的结构如图 5-46 所示,其喷油过程可以划分为以下三个阶段。

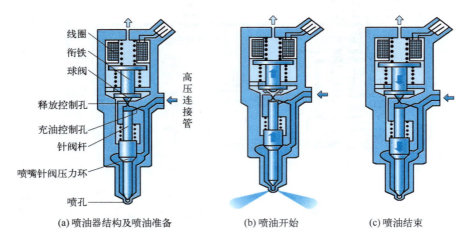

图 5-46 带三通阀控制的电控喷油器的结构

① 喷油准备。当喷油器电磁阀线圈处于断电状态时,电磁阀弹簧将衔铁下方的球阀压在释放控制孔上,在控制腔内形成共轨高压。同样,高压油腔内也形成共轨高压,控制腔内共轨压力对针阀上端面的压力和针阀弹簧压力的合力大于高压燃油作用在针阀承压锥面上的压力,使针阀保持关闭状态,如图 5-46(a)所示。

② 喷油开始。当电磁阀线圈通电时,衔铁上移,球阀将释放控制孔打开,燃油从控制腔中流到上方的低压油腔中(从低压油腔通过回油管道返回油箱),使控制腔内的压力降低,作用在针阀上的压力降低,这时喷嘴针阀上移,喷孔被打开,喷油器开始喷油,如图 5-46(b)所示。

③ 喷油结束。电磁阀一旦断电,电磁阀线圈的磁力消失,电磁阀弹簧会使电磁阀衔铁下压,球阀将释放控制孔关闭;释放控制孔关闭后,燃油从进油孔进入控制腔建立起油压(这个压力为油轨压力),作用在针阀承压锥面上,油轨压力加上针阀弹簧力大于针阀承压锥面上的压力,使喷嘴针阀下移,关闭喷孔,喷油器停止喷油,如图 5-46(c)所示。

由于泄流通道的面积较小,对泄流柴油有一定的节流作用,故针阀杆上移初速度较小,针阀初期打开的程度也较小,可实现喷油量初期较少的目的。因此,喷油器不仅可以精确控制喷油正时和喷油量,还能实现初期喷油量少、中期多且能迅速地停止喷油,从而使柴油机获得较好的动力性和经济性。

控制电磁阀开始通电的时间,可以实现控制喷油正时的目的;控制电磁阀通电时间的长短,可以实现喷油量的控制。

由于柴油机特有的工作特点,超高压喷射多次能够更大幅度提升柴油机的综合性能,所以汽车零部件厂商又开发了以压电晶体管驱动的电控喷油器。与高速开关电磁阀相比,压电晶体管控制的喷油器能获得更快的响应速度,能更灵活、更精确地进行控制,能满足更多次喷射的要求,充分发挥了高压共轨系统的优势,使柴油机获得良好的综合性能。

(3) 共轨管

共轨管(图 5-47)将输油泵提供的高压燃油蓄存起来,在工作过程中分配到各喷油器中。共轨管起到蓄压器的作用，为所有气缸共有，因此称其为"共轨"。它的容积设计应达到消减高压泵的供油压力波动和消减每个喷油器由喷油过程引起的压力振荡的目的，使高压油轨中的压力波动控制在一定范围之内。但其容积又不能太大，以保证共轨有足够的压力响应速度，快速跟踪柴油机启动、加速等工况的急剧变化。共轨管上还安装了压力传感器、流量限制器和限压阀等。

共轨压力传感器的作用是及时、准确地测出共轨管中燃油的压力，并转换成电压信号，实时提供给ECU。

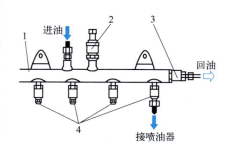

图 5-47 高压存储器（共轨）
1—共轨管；2—共轨压力传感器
3—限压阀；4—流量限制器

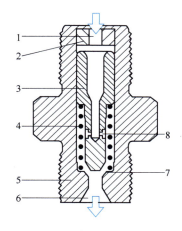

图 5-48 流量限制器结构
1—进油孔（与共轨相通）；2—限位块；3—活塞；
4—弹簧；5—螺套；6—出油孔（与喷油器相通）；
7—座面（通道）；8—节流孔

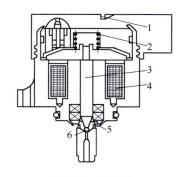

图 5-49 调压阀
1—电器插头；2—弹簧；3—电枢；
4—电磁线圈；5—回油孔；6—阀门

流量限制器的作用是保证在喷油器出现燃油泄漏故障时切断向喷油器的供油，防止喷油器持续喷油，并尽可能减小共轨和高压油管中的压力波动。

限压阀相当于安全阀。其作用是限制共轨中的压力，在压力超过最高允许值以后开启泄压，防止系统内部零部件的损坏。

（4）流量限制器

流量限制器安装在高压共轨的每个出油口上，与喷油器的高压油管连接，其作用是减小流向喷油器的高压燃油的压力波动；同时，在喷油器高压油管中出现过大的流量或持续的泄漏（如喷油器针阀过度磨损、卡死、高压油管破裂等），导致共轨中流出的燃油的流量超过最大设计流量时，自动将流向该喷油器的燃油管路关闭，起隔离保护作用。

流量限制器的结构如图 5-48 所示，其外壳两端有孔，分别与共轨和喷油器高压油管连接。流量限制器内部有一个活塞3，弹簧4将活塞3向共轨方向压紧。活塞3中部有节流孔8，其上的纵向孔连接进油口和出油口，其直径在末端是缩小的。这种缩小的作用和节流孔效果一样。

在正常状态下，当喷油器尚未喷油时，活塞3在弹簧4的作用下抵靠在流量限制器的共轨端。共轨中的燃油经活塞3中部的节流孔进入喷油器高压油管。开始喷油时,喷油器端的燃油压力下降,由于活塞节流孔很小,无法及时向喷油器补偿因喷油而减少的燃油,只能通过活塞向喷油器方向的少量移动来补偿喷油器从共轨中获得的燃油量。

在喷油过程结束时,处于居中位置的活塞并未关闭出油口。弹簧使它复位到限制器的共轨端,此时燃油通过节流孔向喷油器方向流动。弹簧和节流孔是精确设计的,即使处在最大油量(加上安全储备),活塞也能移回流量限制器共轨端位置,并保持在该位置直到下一次喷油开始。

当喷油器一端有少量的泄油时,由于流出的燃油量较多,在每次喷油结束时,流量限制器活塞将无法回到自由位置。经过数次喷油后,活塞将移向出油口处的密封座,并保持在这个位置,关闭通向喷油器的进油口,直到发动机熄火。

当喷油器一端的泄油量过大时,由于大量燃油流出共轨,流量限制器活塞被迫离开自由位置,抵靠至出口处的密封座,并保持在这个位置,从而关闭通往喷油器的进油口,阻止燃油进入喷油器。

(5) 压力调压阀

压力调压阀安装在喷油泵旁边。其功用是根据柴油机工况调节和保持共轨管中的压力。调压阀的结构如图5-49所示。调压阀不工作时,电磁线圈4不通电,喷油泵出口压力大于弹簧2的弹力,阀门6被顶开。根据输油量的不同,可调节阀门6打开的程度,借以调节输出油压。

若提高共轨管中的柴油压力,将电磁线圈通电,电枢3便产生一个作用力,压紧阀门,使共轨管中的柴油压力升高到与电磁线圈产生的电磁力平衡为止。然后调节阀门,使其停留在某一个开启位置,保持柴油的输出压力不变。

(6) 控制部分

控制部分包括相关传感器、电控单元和执行机构。

电控喷油器的喷油量、喷油时间和喷油速率等除取决于柴油机的转速、负荷外,还与进气流量、进气温度、冷却液温度、燃油温度、增压压力、电源电压、凸轮轴位置、废气排放等因素有关。所以,必须采用相关的传感器采集相关数据。

电控高压共轨式燃料供给系统中相关传感器的结构和工作原理与汽油机电控汽油喷射系统的传感器基本相同。

电控高压共轨喷射系统是20世纪90年代中期研制的一种柴油机电控技术,代表了未来柴油机燃料供给系统的发展方向,现在已经发展到了第四代。第三代电控高压共轨喷射系统采用压电执行器替代电磁阀,使电磁阀在结构上更紧凑,并可以取得更精密的喷射控制效果,压力控制在20～200MPa范围内。第四代采用同轴可变喷油器代替常规电磁喷油器,省去了预喷射过程,使柴油机的微粒排放明显降低;喷油泵的泵油压力高达220MPa,高喷油压力可使柴油得到良好的雾化,可燃混合气混合更充分,提高了燃油经济性。

 任务实施

电控柴油机燃料供给系统的认识

① 结合实训室实训车辆和台架,查看发动机中哪些是电控柴油发动机,并记录型号、类型及组成。

② 结合已学知识和图5-50,并查阅有关资料等,说明电控柴油机类型,对照实车或台架查找相关零部件并记录在表5-2中。

项目五 柴油机燃料供给系统的构造与检修

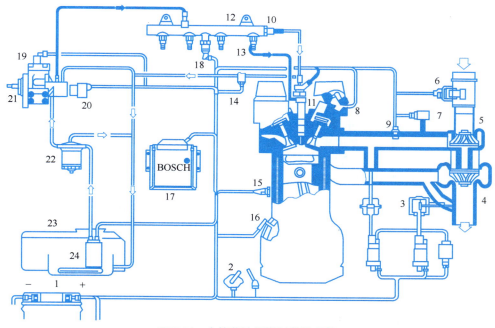

图 5-50 电控柴油机燃料供给系统

表 5-2 电控柴油机零件

电控柴油机类型：					
1.	2.	3.	4.	5.	6.
7.	8.	9.	10.	11.	12.
13.	14.	15.	16.	17.	18.
19.	20.	21.	22.	23.	24.

③ 分析图 5-50 所示电控柴油机燃料供给系统燃油流向。

高压油路：

低压油路：

 任务四 柴油机燃料供给系统常见故障诊断与排除

排气

 任务引入

小王是一名具有十几年驾龄的司机，开一辆哈弗 H5 2.0T 柴油 SUV 去送货，该车已经行驶了 70000km。在送货途中，发动机突然熄火，然后小王多次点火都无法启动车辆。小王将车送到维修厂进行维修，维修人员用解码器调取的故障码为"17970"和"17971"，即喷射量调节器 N146 上极限停止和下极限停止，维修人员初步检查后诊断为喷油泵不供油。拆下喷油泵后，发现泵内有水，于是更换柴油，并更换了喷油泵，重新启动发动机，发动机可以正常启动，故障排除。

本任务要求学生熟悉柴油机燃料供给系统的常见故障，掌握柴油机燃料供给系统常见故障的诊断与排除方法，能够进行柴油机燃料供给系统常见故障的诊断与排除。

知识准备

一、柴油机故障检修基础知识

1. 柴油机汽车使用注意事项

① 车辆要根据使用环境温度选用合适牌号的符合国标的柴油。

② 务必使用满足《机动车冷却液　第1部分：燃油汽车发动机冷却液》（GB 29743.1—2022）的发动机冷却液，冬季应根据环境温度选择合适冰点的冷却液。

③ 尿素罐内剩余10%左右尿素时，尿素液位报警，用户需提前补充尿素溶液，以免无尿素喷射导致发动机排放超标限制转矩，影响正常用车。往尿素罐内加注的尿素溶液需符合《柴油发动机氮氧化物还原剂　尿素水溶液（AUS32）》（GB 29518—2013）标准，不符合标准的尿素不但会造成系统报警，继而触发发动机限制转矩，而且可能损坏尿素泵和尿素喷嘴，造成催化剂不可逆的损伤。

④ 根据使用环境温度和使用条件正确地选择机油，并按时更换三滤和油水分离器。

⑤ 防止燃油管路中进入空气，行驶前和行驶中注意观察仪表是否有故障灯点亮。

⑥ 正确行驶和启动、熄火，不宜长时间怠速运转。

⑦ 冬季注意机体保温，不能用明火烘烤油底壳和用明火助燃启动，启动后不要急于起步，先暖机到60℃。

⑧ 定期放出油水分离器中的水分，按维修手册要求定期对发动机进行维护保养。

2. 电控柴油机维修注意事项

① 要掌握整个系统的结构、原理和电气线路，诊断参数、诊断基本方法和步骤，未搞懂，不乱动。

② 不要用试灯去测试任何和ECU相连接的电气装置。

③ 蓄电池搭铁极性切不可接错，必须负极搭铁。

④ 雨天检修及清洗发动机时，应防止将水溅到电子设备及线路上。

⑤ 在拆卸和插接线路或元件连接器之前，点火开关一定要置于"OFF"位。在拆除导线连接器时，要注意松开锁紧弹簧或按下锁扣。

⑥ 当发动机出现故障，故障指示灯点亮时，不能将蓄电池从电路中断开。

⑦ 当诊断出故障原因，对电控系统进行检修时，应先将点火开关关掉，并将蓄电池搭铁线拆下。如果只检查电控系统，则只需关闭点火开关。

⑧ 在车身上进行电弧焊时，应先断开电控单元电源。

⑨ 除在测试过程中特殊指明外，不能用指针式万用表测试ECU及传感器，应用高阻抗数字式万用表进行测试。

⑩ 避免电磁干扰和静电危害。诊断过程中，禁止使用大功率仪器，以避免对ECU产生无线电干扰。

⑪ ECU的故障率低且不易修，不要轻易拆解。

⑫ 检修燃油系统时，应先对油路进行卸压。

3. 电控柴油机诊断原则

发动机电控系统是一个复杂的机电一体化综合系统，在诊断时，首先要系统、全面地掌握整个系统的结构、原理和电气线路等知识，并要掌握诊断的基本方法和步骤。如果要诊断排除一个可能涉及电控系统的发动机故障，应先判断是否与电控系统有关。如果故障指示灯点亮，则应按厂家规定的程序调取故障码进行检查；当发动机有故障，而故障指示灯未点亮或自诊断故障码未显示时，则应先考虑可能与电控系统无关，按照基本诊断程序进行检查，再使用诊断仪器进行数值分析查找故障。

4. 电控柴油机故障诊断方法

当电控柴油机的故障警告灯在运转中亮起时，即说明其电控系统出现故障，而且通常是传感器、执行器或其线路的故障。但一些控制系统电子部件的机械故障，则往往不会使发动机的故障警告灯亮起。因此，在电控系统的故障诊断过程中，应根据故障的现象、类型和特点，灵活运用各种不同的诊断方法。诊断方法主要有问诊法、外观检查法、电脑自诊断法、电脑数值分析法、电脑信号波形分析法、部件互换法、资料分析法、经验法和故障征兆模拟法（振动法、加热法和水淋法等）。

5. 电控柴油机故障诊断一般流程

对于电控柴油机故障的诊断与排除同电控汽油喷射系统的故障诊断排除流程基本一致，如图 4-71 所示。

二、柴油机燃料供给系统的常见故障与排除

柴油机燃料供给系统常见的故障现象有柴油机启动困难、柴油机动力不足、柴油机工作粗暴和柴油机运转不稳等。

（一）柴油机启动困难

柴油机启动困难故障主要有启动时排气管无烟排出和启动时排气管冒白烟两种情况。

1. 启动时排气管无烟排出，柴油机启动困难

（1）故障现象

启动时，柴油机听不到声音，无启动迹象，排气管无烟排出。

（2）故障原因

1）低压油路故障原因。

① 燃油箱内无油或存油不足。
② 燃油箱开关未打开或燃油箱盖空气阀孔堵塞。
③ 燃油箱至输油泵间管路堵塞或接头松动。
④ 燃油箱至输油泵间管路中有漏气部位，使油路中进入空气。
⑤ 燃油滤清器或输油泵滤网堵塞。
⑥ 供油电磁阀失效，不能打开。
⑦ 输油泵进、回油阀黏滞，密封不严。
⑧ 输油泵活塞咬死或活塞弹簧折断，泵油作用失效。

2）高压油路故障原因。

① 高压油管中有空气或其接头松动。
② 喷油泵柱塞偶件磨损过大造成内泄漏大，启动油量不够。
③ 喷油泵油量调节机构卡滞，使柱塞不能转到最大油量位置。
④ 出油阀密封不良或黏滞，造成不供油或供油不足。
⑤ 喷油器针阀积炭或烧结不能开启。
⑥ 喷油器针阀开启压力调整过高。
⑦ 喷油器喷孔堵塞。

3）其他故障原因。

① 空气滤清器堵塞，排气管排气不畅。
② 供油时间过早或过迟。

③ 低温启动预热装置失效，气缸内温度过低。
④ 气缸漏气，压缩应力过低，压缩终了的温度不能使柴油自燃。

提示：对于柴油机启动困难故障，应重点检查燃油供给装置是否堵塞、漏气和某些零部件是否损坏，明确故障出自低压油路还是高压油路。

（3）故障诊断与排除

1）低压油路的故障诊断。

① 松开喷油泵放气螺钉，扳动手油泵，如果放气螺钉处无油流出，说明燃油箱中无油或油路堵塞。此时，应先检查燃油箱中存油是否足够，燃油箱开关是否打开，燃油箱盖空气阀孔是否堵塞。

② 如果以上检查良好，可扳动手油泵进行试验。如果拉动手油泵时明显感到有吸力，松开后又自行复位，说明燃油箱至输油泵的油路堵塞。如果拉动手油泵时感觉正常，但压下去比较费力，说明输油泵至喷油泵的油路堵塞，可检查燃油滤清器是否堵塞。如果上下拉动手油泵均无正常的泵油阻力，说明手油泵失效，应检查手油泵进、出油阀是否关闭不严等。

③ 在寒冷地区、严寒季节，柴油牌号选用不当或油中有水，容易因凝结或结冰而堵塞油管。松开喷油泵放气螺钉，扳动手油泵，如果放气螺钉处流出泡沫状柴油，而且长时间扳动手油泵也是如此，说明燃油箱至输油泵之间的管路漏气，使供油系统中渗入空气而发生气阻。此时，应先检查油管是否破裂，如无破裂，再检查燃油箱至输油泵一段的油管接头是否松动或燃油箱内上油管是否断裂等。如果放气螺钉处流出的柴油中夹有水珠，则说明油中有水，应将滤清器（油水分离器）与燃油箱的放污螺塞旋出，放净沉淀物和水。

2）高压油路的故障诊断。

检查时，松开喷油泵的放气螺钉，扳动手油泵，若放气螺钉处出油正常，但各缸喷油器无油喷出，可确定为高压油路故障。判断高压油路故障时，应先确定故障出自喷油泵还是喷油器。对此，可以拆下高压油管，在柴油机转动时，观察油泵接头是否出油。如果出油，说明故障在喷油器；如果不出油，说明故障在喷油泵。

检查喷油泵和喷油器时，可以按照以下顺序操作：

① 接通启动机，查看喷油泵凸轮轴是否转动，联轴器是否连接可靠，否则应检查联轴器是否断裂，半圆键是否完好，同时检查供油正时是否正确。

② 拆开喷油泵侧盖，检查油量调节机构是否总处于不供油位置，是否存在踏板拉杆、供油拉杆或调速器的卡滞故障。

③ 检查油量调节机构是否工作正常。踩下加速踏板，观察柱塞是否转动，如果不转动，应检查油量调节机构的各零件连接是否松动，相对运动件有无卡滞等。

④ 检查喷油泵出油阀是否密封。用手油泵泵油，如果出油阀溢油，说明出油阀密封不良。

⑤ 喷油器可在实验台上检查。如果就车检查，可以将喷油器从气缸盖上拆下，接上高压油管，启动柴油机，观察喷油情况。如果喷油不良，则需修理或更换喷油器。

2. 启动时排气管冒白烟，柴油机启动困难

（1）故障现象

接通启动机后，柴油机不易启动或启动时排气管冒白烟。

（2）故障原因

1）供油故障原因。

① 油路中渗入了水。

② 喷油泵供油过多或过少。

③ 喷油器喷油雾化不良，形成的可燃混合气质量差。

④ 喷油正时不准，一般为喷油过早。
2）其他故障原因。
① 气缸垫损坏或气缸盖螺栓不紧固使水进入燃烧室。
② 气缸体或气缸盖冷却液水套有破裂。
③ 低温启动预热装置失效，气缸内温度过低。
④ 进气通道堵塞，供气不足。
⑤ 气缸漏气，气缸压力过低，柴油自燃条件差。
(3) 故障诊断与排除。
① 柴油机若在低温（特别是冬季）启动时排气管冒白烟，但温度升高后排烟正常，属于正常现象，说明是柴油机温度过低所致，无需排除。
② 如果排气管冒白烟，可将手靠近排气消声器出口处，若白烟掠过手面，手面上留有水珠，说明有水进入气缸，此时可用单缸断油法找出漏水的气缸。进行单缸断油试验时，若某缸断油时影响柴油机的转速，说明该缸工作良好，否则说明该缸不工作。此时，应拆下喷油器检查喷孔上有无水迹，若有水迹，应检查气缸垫是否烧穿、气缸盖螺栓是否松动、气缸盖和气缸体是否破裂等。若各缸情况一样，则应检查柴油中是否有水，可将柴油箱及燃油滤清器放污螺塞打开，放出水和沉淀物。
③ 提高柴油机工作温度，若在水温 70℃ 左右时排气由冒白烟转为冒黑烟，则说明故障是喷油器雾化不良、滴油所致。用单缸断油法找出有故障的喷油器，然后校验喷油器。若喷油器喷油时有滴油现象，则应进一步检查喷油压力是否过低、针阀体的磨损是否过度等。
④ 若柴油机高速运转时工作不均匀，加速不灵敏，温度过高，工作无力，排气管冒白烟，说明喷油时间过迟，应检查并调整连接盘固定螺钉紧固情况及键和键槽情况，慢慢提前喷油时间，使白烟消除；若调整后仍无好转，则应检查喷油泵各缸柱塞的调整螺钉是否失调，若失调应进行调整。

（二）柴油机动力不足

柴油机动力不足故障主要有柴油机运转均匀和柴油机运转不均匀两种情况。

1. 柴油机运转均匀，动力不足

(1) 故障现象
柴油机运转均匀、无高速，排气管排烟正常。
(2) 故障原因
1）供油故障原因。
① 调速器调整不当或调速弹簧过软、折断，使喷油泵不能保证最大供油量。
② 喷油泵油量调节机构达不到最大供油位置。
③ 喷油泵出油阀密封不良。
④ 喷油泵柱塞磨损过度、黏滞或弹簧折断。
⑤ 输油泵工作不良使供油不足。
⑥ 低压油路堵塞使供油不足，油路中有气体。
2）其他故障原因。
① 喷油器喷油不正常。
② 柴油牌号不对。
③ 空气滤清器、排气消声器堵塞。
④ 加速踏板拉杆行程不能保证提供最大供油量。
(3) 故障诊断与排除

① 检查加速踏板的行程。将加速踏板踩到底，然后用手扳动喷油泵油量调节机构，如果还能向加油方向推动，说明加速踏板拉杆不能使喷油泵达到最大供油量，应予以调整。

② 检查、调整调速器高速限制螺钉和最大供油量限制螺钉。将两限制螺钉向增加方向旋进，直到急加速时排气管冒黑烟。

③ 检查燃油滤清器、燃油箱通气孔、输油泵滤网是否堵塞等。

④ 检查喷油泵的出油阀是否密封良好。

⑤ 用断油比较法检查喷油器的喷油情况。断油后，如果发现柴油机转速不变化，应将此喷油器拆下并测试调整。

⑥ 如果上述检测结果均无不良情况，则应用喷油泵实验台来检查喷油泵和调速器的工作情况。

2. 柴油机运转不均匀，动力不足

（1）故障现象

柴油机运转不均匀，排气管冒黑烟。

（2）故障原因

1）供油故障原因。

① 喷油泵供油量过大或各缸供油不均匀度过大。

② 喷油器雾化雾质量不高或滴漏。

③ 供油时间过迟。

④ 喷油器喷油压力低。

2）其他故障原因。

① 空气滤清器严重堵塞，造成进气量不足。

② 气缸漏气，压缩压力不足。

③ 柴油质量低劣，燃烧热值低。

④ 柴油机运动件之间有咬死现象，有效功率损失大。

（3）故障诊断与排除

柴油机排气管冒黑烟，大多是由各气缸供油量不均或过大、吸入空气量不足、雾化不良、喷油时间过迟等原因导致不完全燃烧造成的。

① 拆下空气滤清器，观察排气烟色。如果排黑烟情况好转，则该故障是由空气滤清器过脏造成的。检查供油时间是否正确，否则应调整。

② 在柴油机运转时，应逐缸进行断油试验。如果某缸断油时，柴油机转速降低，黑烟明显减少，敲击声变弱或消失，说明该缸供油量过大。如果柴油机转速变化小而黑烟消失，说明该缸喷油器雾化质量差。找出有故障的单缸后，拆检喷油器。必要时，可更换新喷油器进行对比。如果用新喷油器时故障消失，说明原喷油器有故障。

③ 用上述方法仍不能排除故障时，对于喷油泵滚轮式挺杆具有调整螺钉的，应检查各缸喷油是否一致，必要时进行调整。

（三）柴油机工作粗暴

1. 故障现象

柴油机发出有节奏的（清脆的）金属敲击声，急加速时响声更大，且排气管冒黑烟；或气缸内发出低沉、不清晰的敲击声，敲击声没有节奏，且排气冒黑烟。

2. 故障原因

（1）供油故障原因

① 喷油时间过早或过迟。

② 喷油器雾化不良。
③ 各气缸喷油不均，某气缸供油量过大。
④ 喷油器滴油，相对喷油量增加。
（2）其他故障原因
① 进气通道堵塞或空气滤清器堵塞造成进气不足。
② 压缩比过大。
③ 选用的柴油牌号不当。
④ 气门间隙过大。

3. 故障诊断与排除

① 如果响声均匀，说明各气缸的工作情况相似，其故障与喷油正时、进气情况和柴油性能等方面有关。急加速试验时，若响声尖锐，排气管冒黑烟，通常是因为喷油时间过早，应予以调迟。若加速困难，声调低沉，有发闷的感觉，且排气管冒白烟，是因为喷油时间过迟，应予以调早。若调整喷油正时的效果不明显，则应检查空气滤清器是否堵塞、进气通道是否畅通，若柴油机充气不足，将导致燃烧不完全，延长着火延迟期（备燃期），并产生强烈的着火敲击声。若进气通道畅通，仍有响声，便应考虑柴油牌号选择是否适当。

② 如果响声不均匀，说明各气缸工作情况不一致，可用单缸断油的方法找出工作不良的气缸。若怀疑某个喷油器工作不良，可换用标准的喷油器或与其他气缸的喷油器互换，若这时声响消失（或转移至其他气缸），则表明故障就在喷油器。若怀疑本气缸供油量过大，可用减油法进行试验，减油之后响声和排烟应消失。若减油之后故障减弱并不消失，只有断油后才完全消失，则说明故障原因是喷油时间过早。鉴别供油量的大小，还可在发动机工作时，用手触各气缸排气歧管试温度，温度高的气缸供油量就大，反之供油量就小。

（四）柴油机运转不稳

柴油机运转不稳故障主要有柴油机"游车"和"飞车"两种情况。

1. 柴油机"游车"，发动机运转不稳

（1）故障现象

"游车"是指柴油机在中低速范围内运转，加速踏板保持在某一位置不变时，转速产生忽高忽低变化的现象。

（2）故障原因

1）供油故障原因。
① 燃料供给系统油路内有空气，使供油不稳定。
② 燃油箱柴油不足。
2）泵油故障原因。
① 喷油泵偶件各缸磨损不均，使供油不均。
② 调速器调整不当，各连接件不灵活或间隙过大。
③ 油量调节齿杆与齿圈（或拉杆与拨叉）、柱塞与柱塞套卡滞，使油量调节齿杆（或拉杆）移动阻力增大，反应不灵敏。
④ 喷油泵凸轮轴的间隙过大，产生振动，影响调速器工作。

（3）故障诊断与排除

① "游车"一般是由喷油泵调速器故障引起的，对于安装机械式调速器的喷油泵，检查时应先打开喷油泵边盖，将柴油机置于"游车"严重的转速下运转，然后用手抵住调节齿圈并带动齿杆移动，检查油量调节齿杆移动是否灵活。如果油量调节齿杆移动不灵活，说明柱

塞的转动卡滞或其他运动件摩擦阻滞。

② 如果发现油量调节齿杆移动阻力较大，则应逐一检查出油阀座压紧螺栓的拧紧力矩是否过大，喷油泵内是否有水垢或锈蚀的污物引起柱塞卡滞，齿杆与齿圈啮合处是否嵌有异物，查明后应予以排除。

③ 如果上述检查正常，则可判断为调速器工作不正常造成喷油泵供油量不均匀，或凸轮轴轴向间隙过大，此时应拆下喷油泵总成进行检修。

2. 柴油机"飞车"，发动机运转不稳

（1）故障现象

"飞车"是指柴油机在汽车运行或自身空转，尤其是全负荷或超负荷运转，突然卸荷后，转速自动升高超过额定转速而失去控制的现象。

（2）故障原因

引起"飞车"的主要原因有两方面：一是调速器失效；二是有额外的柴油或机油进入燃烧室。

1）喷油泵故障原因。

① 加速踏板拉杆或喷油泵油量调节齿杆卡滞，使其在额定供油位置上无法复位。

② 油量调节齿杆和调速器拉杆脱节。

③ 柱塞油量调节齿圈的固定螺钉松动，使柱塞失去控制。

④ 调速器的高速限制螺钉或最大供油量限制螺钉调整不当。

⑤ 调速器内机油太脏、黏度过大，使飞块无法甩开。

⑥ 调速器因飞块组件卡阻、锈蚀、松旷或解体等原因失效或效能不佳。

2）其他故障原因。

① 气缸窜油，使机油进入燃烧室燃烧。

② 惯性油浴式空气滤清器存油过多而被吸入燃烧室。

③ 带增压器的柴油机，由于增压器油封损坏，导致机油进入燃烧室燃烧。

（3）故障诊断与排除

① 柴油机熄火后，拆下侧盖，反复踩动加速踏板或扳动喷油泵操纵手柄，从内部检视油量调节齿杆（或拉杆）的轴向活动情况。如果油量调节齿杆（或拉杆）不能轴向活动，则该故障是因为油量调节齿杆（或拉杆）卡阻而不能复位造成的。

② 打开调速器盖，检查调速器飞块组件与油量调节齿杆（或拉杆）的连接是否脱开、调速器内机油状况、飞块是否卡阻、锈蚀、松旷或解体。如有必要，应拆下喷油泵总成，在实验台上进行测试与检修，合格后再装机。

③ 如果供油系统良好，应检查气缸有无额外进入的柴油或机油。例如，空气滤清器或增压器的机油是否漏入气缸；气缸密封性如何，是否窜入机油等。

 任务实施

柴油机冒白烟故障诊断与排除

1. 情境描述

小王开一辆小型货车去临市拉水泥，装完水泥准备开车返回，当点火启动发动机时，发现发动机启动无力，点火多次才启动，且伴有排气管冒大量白烟的现象。小王担心车辆有问题，就拨打了维修厂的电话，等待维修人员来修理。

2. 故障诊断与排除

① 启动车辆，在发动机运转至正常工作温度后，将手靠近排气管，当白烟掠过手面时，发现手面上有水珠，说明有水进入了气缸。

② 对发动机进行单缸断油试验。当对2号缸进行断油时，发动机转速正常，说明该缸不工作。拆下2号缸及喷油器等，发现喷油器喷孔上有水迹，进一步检查发现气缸垫烧穿。

③ 更换气缸垫后启动发动机，启动正常，排气管也无白烟冒出，故障排除。

扩展知识

柴油机排放控制系统——尿素喷射系统

柴油机在燃烧过程中多处于混合气浓度偏稀的状态，CO和HC排放量相对汽油机较少。因此对柴油机而言，其主要有害排放物是NO_x和微粒，而这两种排放物的生成往往是此消彼长的关系。对柴油机NO_x和微粒排放的控制，除采用燃烧系统优化设计、喷射参数优化匹配等机内控制措施之外，还可以采用排气再循环技术（EGR）、选择性催化还原技术等。对微粒的控制还可以采用微粒捕捉器（DPF）等后处理装置。柴油机排放控制系统有控制NO_x的排气再循环系统和尿素喷射系统，控制微粒的微粒过滤器和微粒催化氧化器（配合氧化催化器同用，可消除微粒和SOF、HC、CO），在此仅介绍柴油机中应用较广的尿素喷射系统，其他系统原理较好理解，在此不再解。

选择性催化还原技术（selective catalytic reduction，SCR）是对柴油机尾气中NO_x进行净化的技术，即在排气系统中利用催化剂的作用：喷入还原剂氨或者尿素，通过还原剂NH_3与NO_x进行反应，把尾气中的NO_x还原成N_2和H_2O。柴油机通常使用尿素溶液作为还原剂，其中尿素的含量会直接影响对NO_x的催化效率和尿素溶液的凝固点。车用尿素溶液中尿素含量为31.8%~33.2%。在SCR系统中将发生复杂的物理化学变化，包括尿素溶液的喷射、雾化、蒸发等物理变化，尿素的水解和热解等化学变化，以及NO_x在催化剂表面与NH_3发生的催化表面化学反应。

尿素喷射系统主要由尿素喷射控制单元（dosing control unit，DCU）、尿素罐（尿素液位传感器、加热系统、尿素温度传感器）、计量喷射系统、尿素喷嘴、排气温度传感器、氮氧化物传感器、SCR催化器、喷射线管路（尿素供液管、尿素回液管、喷射管、集成电加热器）、喷嘴冷却管路等组成，如图5-51所示。

尿素喷射控制单元1通过CAN总线与发动机的控制单元进行通信，获取发动机运转的工况状态参数，同时采集催化器温度信号，实时计算尿素喷射量，控制计量泵从尿素罐2中抽取相应数量的尿素溶液，经喷射管14将其送到尿素喷嘴7，喷入SCR催化器11内。由于尿素溶液在-11℃会结冰，所以为了保证SCR系统在寒冷的冬天也能正常工作，必须将尿素溶液加热解冻。当尿素喷射

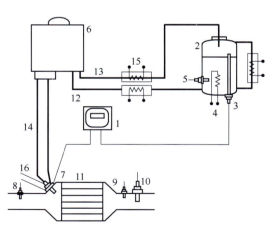

图5-51 尿素喷射排气后处理系统

1—尿素喷射控制单元；2—尿素罐；3—尿素液位传感器；4—加热系统；5—尿素温度传感器；6—计量喷射系统；7—尿素喷嘴；8—催化器前排气温度传感器；9—催化器后排气温度传感器；10—氮氧化物传感器；11—SCR催化器；12—尿素供液管；13—尿素回液管；14—喷射管；15—集成电加热器；16—喷嘴冷却管路

控制单元通过环境温度传感器和尿素温度传感器判断尿素溶液结冰后,将控制冷却液电磁阀打开,利用发动机冷却液对尿素罐中的尿素溶液进行解冻,同时控制尿素管路加热丝对尿素管路进行加热,防止尿素管路结冰。尿素液位传感器 3 给组合仪表提供液位信号进行液位显示。在尿素液位低于限定液位时,尿素液位警告灯将被点亮。

计量喷射系统 6 内部集成了计量泵、压缩空气电磁阀(空气辅助式专用)、压力传感器、温度传感器等。计量泵是计量喷射系统的重要组成部分,主要功能是抽取尿素罐中的尿素溶液,并以一定的压力输送给尿素喷嘴 7,满足计量喷射系统对流量和压力的要求。尿素喷射控制单元或计量喷射系统也可以增加空气喷射辅助系统,通过控制压缩空气电磁阀向催化器喷入压缩空气,提升尿素溶液的雾化效果。催化还原反应所要求的最低排气温度为 200℃,所以在催化器的前端和后端各安装了一个排气温度传感器 (8、9),用于检测催化器是否达到要求的温度,来保证催化还原反应的正常进行。氮氧化物传感器 10 用于检测催化器后 NO_x 的浓度,并将监测信号反馈给尿素喷射控制单元和发动机电控单元,用以反馈控制尿素喷射量和车载自诊断系统(OBD)的监控。

当 SCR 催化剂遇到锂、钠、钾、锰等物质时,会发生中毒反应。SCR 催化剂中毒会影响转化效率,导致 SCR 催化剂使用寿命缩短。为保证 SCR 催化剂的正常使用,尿素溶液从生产、存储到供应过程中的每一个环节的设备都应该满足法规要求。

思考与练习

一、填空题

1. 柴油的发火性用_____表示,_____越高,发火性_____。
2. 柴油机燃烧过程根据实际特征可分为_____、_____、_____和_____四个阶段。
3. 柴油的冷滤点越低,其低温流动性_____。
4. 柴油机可燃混合气的形成装置是柴油机的_____。
5. 柴油机的混合气的着火方式是_____。
6. 喷油泵的凸轮轴是由_____通过_____驱动的。
7. 喷油泵的供油量主要决定于_____的位置,另外还受_____的影响。
8. 柴油机的最佳喷油提前角随供油量和曲轴转速的变化而变化,供油量越大,转速越高,则最佳供油提前角_____。
9. 供油提前调节器的作用是按发动机_____的变化自动调节供油提前角,以改变发动机的性能。
10. 针阀偶件包括_____和_____,柱塞偶件包括_____和_____,出油阀偶件包括_____和_____,它们都是_____,_____互换。

二、选择题

1. 喷油器开始喷油时的喷油压力取决于( )。
   A. 高压油腔中的燃油压力　　　　　　B. 调压弹簧的预紧力
   C. 喷油器的喷孔数　　　　　　　　　D. 喷油器的喷孔大小
2. 对多缸柴油机来说,各气缸的高压油管的长度应( )。
   A. 不同　　　　　　　　　　　　　　B. 相同
   C. 根据具体情况而定　　　　　　　　D. 无所谓
3. 排气涡轮增压器中喷嘴环的通道面积应做成( )。

A. 由小到大　　　　B. 由大到小　　　　C. 不变的　　　　D. A、B 均可

4. 喷油泵柱塞行程的大小取决于（　　）。
   A. 柱塞的长短　　　　　　　　B. 喷油泵凸轮的升程
   C. 喷油时间的长短　　　　　　D. 柱塞运行的时间

5. 喷油泵柱塞的有效行程（　　）柱塞行程。
   A. 大于　　　　B. 小于　　　　C. 大于或等于　　　　D. 小于或等于

6. 喷油泵是在（　　）内喷油的。
   A. 柱塞行程　　　B. 柱塞有效行程　　　C. A、B 均可　　　D. A、B 不确定

7. 柴油机喷油泵中的分泵数（　　）发动机的气缸数。
   A. 大于　　　　B. 等于　　　　C. 小于　　　　D. 不一定

8. 四冲程柴油机的喷油泵凸轮轴的转速与曲轴转速的关系为（　　）。
   A. 1∶1　　　　B. 2∶1　　　　C. 1∶2　　　　D. 4∶1

9. 在柴油机中，改变喷油泵柱塞与柱塞套的相对位置，则可改变喷油泵的（　　）。
   A. 供油时刻　　　B. 供油压力　　　C. 供油量　　　D. 喷油锥角

10. 在柴油机喷油泵上，当油量调节拉杆位置不变时，喷油泵供油量随凸轮轴转速升高而（　　）。
    A. 增加　　　　B. 减少　　　　C. 不变　　　　D. 急剧减少

三、简答题

1. 柴油机的可燃混合气是怎样形成的？
2. 柴油机燃烧室有几种？各有什么特点？
3. 孔式喷油器与轴针式喷油器各有何特点？
4. 喷油器的作用是什么？根据混合气的形成与燃烧的规律对喷油器有哪些要求？
5. 为什么喷油器的针阀和针阀体要高精度配合？
6. 电控柴油机燃料供给系统有哪些功能？有几种类型？各有何特点？
7. 柴油机电控系统由哪几部分组成，可以实现哪些功能控制？
8. 简述柴油机电控高压共轨式燃料供给系统的组成。

【汽车文化传承】

吉利——为实现中国汽车强国梦而不懈努力

浙江吉利控股集团始创于 1986 年，1997 年进入汽车行业，一直专注实业，专注技术创新和人才培养，不断打基础练内功，坚定不移地推动企业转型升级和可持续发展，连续十二年进入《财富》世界 500 强。

吉利控股集团是中国首家获得轿车生产资格的民营企业。1998 年 8 月 8 日，公司生产的第一辆轿车"吉利豪情"下线。公司是首家实现乘用车产销突破 1000 万辆的中国品牌车企，目前拥有各类销售网点超过 4000 家，产品销售及服务网络遍布世界各地。

吉利控股集团业务已经涵盖汽车及上下游产业链、智能出行服务、绿色运力、数字科技等。吉利控股集团以汽车产业电动化和智能化转型为核心，在新能源科技、共享出行、车联网、智能驾驶、车载芯片等前沿技术领域，打造科技护城河，做强科技生态圈。2023 年，吉利汽车新能源产品占比稳步提升，极氪品牌累计交付突破 19 万辆。

项目六
润滑系统的构造与检修

 项目描述

发动机在工作时,所有做相对运动的零件表面都会产生摩擦,这将增大功率消耗,降低机械效率。同时,摩擦产生的大量热量还会导致零件工作表面烧损,使发动机无法正常运转。因此,为了减小磨损,延长使用寿命,发动机上必须设有润滑系统,这样才能保证发动机可靠工作。本项目主要介绍润滑系统的作用、组成及检修,并对其常见故障进行诊断与排除。

 学习目标

知识目标:1. 了解润滑系统的功用、润滑方式及润滑油路;
    2. 熟悉润滑系统的组成、工作原理和检修;
    3. 熟悉润滑系统维护保养方法;
    4. 掌握润滑系统常见故障诊断与排除方法。
技能目标:1. 能够正确使用工量具完成润滑系统的拆装与检修;
    2. 能够对润滑系统进行正确的维护保养作业;
    3. 能够对润滑系统常见的故障进行诊断与排除。
素质目标:1. 培养团结协作、勇于担当的工作作风;
    2. 培养爱岗敬业、诚实守信的职业品质;
    3. 培养严谨、认真、规范、标准操作、精益求精的工匠精神。

 任务一　认识润滑系统

 任务引入

发动机在工作时,存在高速的相对运动,各零件表面会产生摩擦、磨损,为了减小摩擦、减轻磨损，发动机上都设计有润滑系统。发动机润滑系统相当于一个液压传动机构，容易出现机油压力过低、过高，机油泄漏等故障，为了能排除这些故障，我们必须首先了解润滑系统的组成、作用及油路等基础知识。

本任务要求学生了解润滑系统的功用、润滑方式及润滑油路，掌握润滑油（机油）的牌号及正确选择和使用方法，能够识别润滑系统的组成及油路。

知识准备

一、润滑系统功用

发动机工作时，很多传动零件都在很小的间隙下做高速相对运动，如曲轴主轴颈与主轴承，活塞、活塞环与气缸壁，曲柄销与连杆轴承，配气机构各运动副及传动齿轮副等。这些相对运动必然产生摩擦。金属表面之间的摩擦不仅会增大发动机内部的功率消耗，使零件工作表面迅速磨损，而且由于摩擦产生的大量热可能导致零件工作表面烧损，致使发动机无法运转。

为了减小摩擦、减轻磨损，在发动机中通常使用润滑油来实现各零件摩擦表面的液体润滑。由于润滑油有一定的黏度，能附着在零件表面形成一定厚度的油膜，把两个零件的接触表面隔离，故当两零件相对运动时，它们的表面并没有直接接触，而是与油膜产生摩擦，变金属接触面间的干摩擦为液体摩擦，从而减小摩擦阻力、降低功率消耗、减轻机件磨损，以达到提高发动机工作的可靠性和持久性的目的。

发动机润滑系统的基本任务就是在汽车发动机工作时连续不断地把数量足够、温度适宜且洁净的润滑油输送到全部传动件的摩擦表面，并在摩擦表面之间形成油膜，从而减小摩擦阻力，减轻机件磨损，降低功率消耗，提高发动机工作的可靠性和持久性。润滑系统的主要作用如下。

① 润滑作用。在相互运动的机件间形成一层润滑油膜，有效地避免干摩擦，减少零件表面的磨损和发动机功率的消耗。

② 清洗作用。机油在润滑系统内不断循环流动，可清洗摩擦表面，带走由于零件磨损而产生的金属屑和其他异物。

③ 冷却作用。机油在润滑系统内循环还可带走摩擦产生的热量，起冷却作用。

④ 密封作用。机油能够在运动零件之间形成油膜，可提高其密封性，防止漏水漏气。

⑤ 减振缓冲作用。机油在运动零件表面形成油膜，可承受冲击负荷并减小振动，从而起到减振缓冲的作用。

⑥ 防锈作用。机油能够在零件表面形成油膜，可防止水、空气和酸性气体与零件表面接触而发生腐蚀，从而起到防锈的作用。

⑦ 液压作用。润滑油还可用作液压油，如对液力挺柱等起液压作用。

二、润滑方式

由于发动机各运动零件的工作条件不尽相同，对润滑强度的要求也不同，因此负荷及相对运动速度不同的零件应采用不同的润滑方式。

① 压力润滑。压力润滑是利用机油泵将润滑油以一定压力输送到摩擦表面间隙中形成油膜来进行润滑的方式，适用于负荷大、相对运动速度高的工作表面，如主轴承、连杆轴承、凸轮轴轴承等。

② 飞溅润滑。飞溅润滑是利用发动机工作时运动零件飞溅起来的油滴或油雾来润滑摩

飞溅润滑1

飞溅润滑2

擦表面，适用于负荷较小、相对速度较低的运动件表面，如活塞、气缸壁、凸轮、正时齿轮、摇臂、气门等。

③ 润滑脂润滑。发动机辅助系统中有些零件只需定期加注润滑脂进行润滑，例如水泵及发电机轴承等。

近年来，有些发动机采用含有耐磨润滑材料（如尼龙、二硫化钼等）的轴承来代替加注润滑脂的轴承，这种轴承不需要加注润滑脂，故称为自润滑轴承。

目前汽车发动机多采用压力润滑与飞溅润滑相结合的综合润滑方式。

三、润滑系统的组成及油路

1. 润滑系统的组成

各类汽车发动机润滑系统的组成大致相同，主要由机油泵、油道、机油滤清器（包括集滤器、机油粗滤器和机油细滤器）、机油喷嘴、机油冷却器等组成，如图6-1所示。按功能分一般有以下几个基本装置。

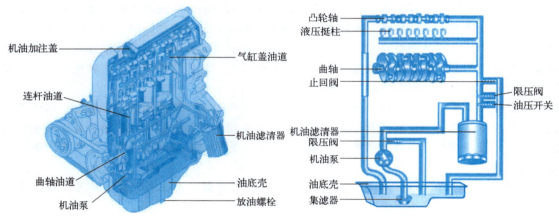

图 6-1 润滑系统组成

① 储油、输送装置。主要有油底壳、机油泵、油管、油道、限压阀等，用于储存机油，建立足够的油压使之在发动机内循环流动，并限制油路中的最高压力。

② 滤清装置。有集滤器、机油滤清器等，用来清除机油中的杂质，保证润滑油清洁和润滑可靠。

③ 冷却装置。有机油散热器、机油冷却器等，用来冷却机油，保证油温正常，润滑可靠。有些发动机没有专门的机油冷却装置，靠空气流过油底壳冷却机油。

④ 检测报警装置。有油温表、机油压力表、压力报警灯等，用来检测润滑系统的工作情况。

2. 润滑系统油路

现代汽车发动机的润滑系统油路大致相同。如图6-1所示，发动机工作时，机油泵通过集滤器从油底壳中吸取机油，被吸取的机油大部分经机油滤清器滤去杂质后进入气缸体主油道，然后一部分到达曲轴主轴承和连杆轴承等处，最终回到油底壳，另一部分经气缸盖油道后，到达凸轮轴、液力挺柱等处，最终回到油底壳。当压力过大时，小部分机油经限压阀流回油底壳。

总结：①机油总是从油底壳出发，最终回到油底壳，形成循环；②机油在进入润滑部位之前，必须进行过滤；③大部分机油总是进入主油道；④高速旋转的部件要进行压力润滑。

四、润滑剂

汽车发动机润滑剂有润滑油（机油）和润滑脂两类。

1. 润滑油

目前汽车发动机广泛使用的润滑油，是以从石油中提炼出来的润滑油为基础油，再加入各种添加剂混合而成。基础油又包括矿物基础油和合成基础油两类，它是机油的主要成分，决定着机油的基本性质；添加剂可以弥补和改善基础油性能方面的不足，是机油的重要组成部分。

汽车发动机用润滑油应具有适当的黏度、有益的氧化安定性、良好的防腐性、较低的起泡性、强烈的清净分散性和高度的极压性。润滑油的分类方法主要有黏度分类法和质量分类法。

（1）API 质量分类法

API 质量分类法是根据润滑油的性能及最适合的使用场合，把润滑油分为汽油机用润滑油 S 系列和柴油机用润滑油 C 系列两类。

我国的润滑油分类方法参照 ISO 分类方法。《内燃机油分类》（GB/T 28772—2012）规定，按润滑油的性能和使用场合分为汽油机油和柴油机油。

汽油机油：SE、SF、SG、SH、GF-1、SJ、GF-2、SL、GF-3、SM、GF-4、SN、GF-5，共 8 个级别。

柴油机油：CC、CD、CF、CF-2、CF-4、CG-4、CH-4、CI-4、CJ-4，共 9 个级别。

字母越靠后，表示质量等级越高。当"S"和"C"同时存在时，为汽柴油机通用型。

（2）SAE 黏度分类法

SAE 黏度分类法把润滑油分为冬季用油和非冬季用油，黏度从小到大有 0W、5W、10W、15W、20W、25W、20、30、40、50，共 10 个等级。

"W"是英文"winter"的缩写，带"W"的适合于在冬天的低温气候下使用，其牌号是根据最大低温黏度、最低泵送温度以及 100℃ 的运动黏度范围划分的，号数越小，表示其所适用的环境温度越低。

不带"W"的为非冬季用油，牌号仅根据 100℃ 的运动黏度划分，号数越大，表明高温时的黏度越大，适用的环境温度越高。

目前使用的润滑油大多数具有多黏度等级，称为冬夏通用油，牌号有 5W-20、5W-30、5W-40、5W-50、10W-20、10W-30、10W-40、10W-50、15W-20、15W-30、15W-40、15W-50、20W-20、20W-30、20W-40、20W-50 等，代表冬季部分的数字越小、代表夏季部分的数字越大者，适用的环境温度范围越大。

（3）润滑油的选用

根据汽车发动机的强化程度选择合适的润滑油质量等级，一般汽车使用手册上有说明。汽油机用 S 系列润滑油，柴油机用 C 系列润滑油。

根据地区的季节气温选用适当黏度等级的润滑油。

发动机机油使用注意事项：①如果不是通用油，则汽油机用油和柴油机用油不能混用；不同牌号的机油也不能混用。②质量等级较高的机油可替代质量等级较低的机油，但不建议；反之则不能。③经常检查机油的液面高度。④注意使用地区的气温变化，及时换用黏度等级适宜的机油；在满足使用要求的前提下，发动机机油的黏度尽可能选择小些。⑤适时（定期或按质）换油。⑥严防水分、杂质等污染发动机机油。

2. 合成润滑油

合成润滑油是利用化学合成方法制成的润滑剂。其主要特点是有良好的黏度-温度特性，可以满足大温差的使用要求；有优良的热氧化安定性，可长期使用不需更换。使用合成润滑油，发动机的燃油经济性会稍有改善，并可降低发动机的冷启动转速。目前，合成润滑油的价格比从石油中提炼出来的润滑油贵。但是，随着生产规模的扩大和制造工艺的改进，合成润滑油的价格将会越来越便宜。未来将是合成润滑油的时代。

3. 润滑脂

润滑脂是将稠化剂掺入液体润滑剂中制成的一种稳定的固体或半固体产品，其中可以加入旨在改善润滑脂某种特性的添加剂。

润滑脂在常温下可附着于垂直表面而不流淌，并能在敞开或密封不良的摩擦部位工作，具有其他润滑剂所不能代替的特点。因此，在汽车的许多部位都使用润滑脂润滑。

目前，进口汽车和国产新车普遍推荐使用通用锂基润滑脂（GB/T 5671—2014）。这种润滑脂具有良好的高低温适应性，可在 −30~120℃ 的较宽温度范围内使用；具有良好的抗水性和防锈性能，可用于潮湿和与水接触的摩擦部位；具有良好的安定性和润滑性，在高速运转的机械部位使用，不变质、不流失，保证良好润滑。它能够满足我国从哈尔滨到海南岛广大车辆使用地区的要求，与钙基或复合钙基润滑脂相比，其可以将换油期延长2倍，使润滑和维护费下降40%以上。

任务实施

润滑系统的认识

① 结合已学知识，并查阅有关资料等，说明图6-2润滑系统组成部件的名称，并填入表6-1。

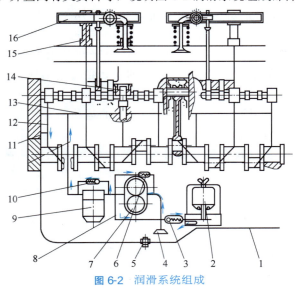

图6-2 润滑系统组成

表6-1 润滑系统组成部件名称

1.	2.	3.	4.	5.	6.
7.	8.	9.	10.	11.	12.
13.	14.	15.	16.		

② 分析图6-2所示润滑油路。

任务二 润滑系统主要零部件

任务引入

李先生有一辆丰田卡罗拉轿车，行驶里程2万公里。一天，李先生要赶着办事，但感觉自己的车没劲，比旁边车道满载的货车速度还要慢。在停好车后，他联系了4S店技术人员。经过交流他才知道，汽车行驶一定里程后，发动机需要更换机油，否则机油用久后会变质，使发动机失去润滑保护，也会损坏发动机，造成动力下降。更换润滑油后，汽车性能恢复正常。

本任务要求学生熟悉汽车润滑系统的主要零部件的功用、结构和检测方法等；能够对润滑系统进行拆装检修及维护保养作业。

知识准备

一、机油泵

机油泵一般安装在曲轴箱内，由曲轴、凸轮轴或中间轴驱动。机油泵是润滑油流动的动力源，其功用是将一定数量的机油建立起压力并输送到各摩擦表面，保证机油在润滑系统内不断循环。汽车发动机中常用的机油泵有齿轮式和转子式两种。

1. 齿轮式机油泵

齿轮式机油泵按结构分为内啮合齿轮泵和外啮合齿轮泵。在此仅介绍外啮合齿轮泵，其主要由主动齿轮、从动齿轮、进油管、出油管、主动轴、从动轴及限压阀等组成，如图 6-3 所示。它具有效率高、功率损失小、工作可靠等优点，但是制造成本相对较高。

齿轮式机油泵

齿轮和泵壳内壁之间留有很小的间隙。其工作原理如图 6-4 所示，当齿轮按图示方向旋转时，进油腔的容积由于轮齿向脱离啮合方向运动而增大，腔内产生一定的真空度，润滑油便从进油口被吸入并充满进油腔。旋转的齿轮将齿间的润滑油带到出油腔。由于轮齿进入啮合，出油腔容积减小，油压升高，润滑油经出油口被输送到发动机油道中。

一般在泵盖上铣出一条泄压槽与出油腔相通，使轮齿啮合时挤出的润滑油通过泄压槽流向出油腔，以消除轮齿进入啮合时在齿轮间产生的大推力。

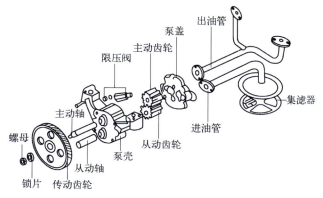

图 6-3 齿轮式机油泵结构组成

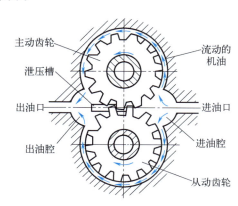

图 6-4 齿轮式机油泵工作原理

2. 转子式机油泵

转子式机油泵

转子式机油泵主要由内转子、外转子及限压阀等组成，如图6-5所示。它具有结构紧凑、吸油真空度高、泵油量大、供油均匀度好、性能稳定、运转平稳、噪声小、工作可靠、效率高等优点。

泵壳内装有内转子和外转子，如图6-5所示。内转子通过键固定在主动轴上，外转子外圆柱面与壳体配合，两者之间有一定的偏心距，外转子在内转子的带动下转动。泵壳上设有进油口和出油口。

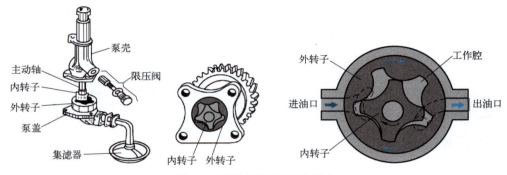

图6-5　转子式机油泵结构组成

转子式机油泵的工作原理如图6-6所示，在内、外转子的转动过程中，转子的每个齿在齿形齿廓线上总能相互成点接触。这样，内、外转子间形成了四个封闭的工作腔。由于外转子总是慢于内转子，这四个工作腔容积在不断变化。每个工作腔在容积最小时与壳体上的进油孔相通，随着容积的增大，产生真空，润滑油便经进油孔吸入。转子继续旋转，当工作腔与出油孔相通时，容积逐渐减小，压力升高，润滑油被压出。

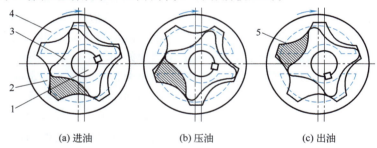

图6-6　转子式机油泵工作原理

1—机油泵传动轴；2—进油口；3—内转子；4—外转子；5—出油口

3. 限压阀（溢流阀）

机油泵由发动机驱动，当发动机转速提高时，输油量增加，机油压力升高。另外，在发动机冷启动时，润滑油黏度大，流动性差，润滑油压力也会大幅度升高。为避免压力过高，在机油管路中设有限压阀。限压阀一般安装在机油泵或机体主油道上。当限压阀安装在机油泵上时（图6-3和图6-5），如果油压达到规定值，限压阀开启，多余的机油将返回机油泵进油口。当限压阀安装在主油道上且油压达到规定值时，限压阀开启，多余的机油经过限压阀流回油底壳。

二、滤清器

机油滤清器主要用于滤除机油中的杂质，按其滤清方式分为全流式和分流式两种。

在全流式滤清方式中，机油滤清器与主油道串联，所有机油在进入发动机主油道前都必须通过机油滤清器，如图 6-7 所示。这种滤清方式油道中的机油可得到较好的清洁，但如果机油滤清器堵塞，就会出现润滑不良的现象，所以必须并联一个旁通阀，当机油滤清器堵塞时，机油可越过机油滤清器，直接进入主油道。目前，轿车发动机中广泛采用的是全流式滤清方式。

在分流式滤清方式中，机油滤清器与主油道并联，从机油泵泵出的机油部分经过机油滤清器后再流回油底壳，其余直接进入主油道，如图 6-8 所示。在货车特别是重型货车发动机中普遍采用双滤清器，即一个分流式滤清器作为细滤器用，另一个全流式滤清器作为粗滤器用。

机油滤清器

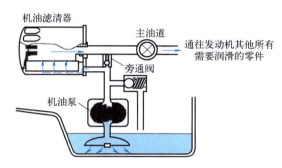

图 6-7 全流式滤清方式

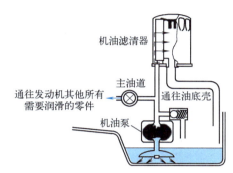

图 6-8 分流式滤清方式

根据滤除杂质直径的不同，机油滤清器可分为集滤器、机油粗滤器和机油细滤器三种，分别并联或串联在主油道中。

1. 集滤器

集滤器安装在机油泵之前的吸油口端，其作用是防止粒度大的杂质进入机油泵。汽车发动机使用的集滤器目前分为浮动式集滤器和固定式集滤器两种。

浮动式集滤器如图 6-9 所示，由浮子 3、外罩 1 和滤网 2 等组成。

浮子是空心的，以便浮在油面上。固定管通往机油泵，安装后固定不动。吸油管活套在固定管中，使浮子能自由地随油面升降。浮子下面装有金属丝制成的滤网。滤网有弹性，中央有环口，平时依靠滤网本身的弹性使环口紧压在外罩上。外罩的边缘有缺口，与浮子装合后形成缝隙。

当机油泵工作时，机油从外罩与浮子之间的狭缝处吸入［图 6-9（a）］，经过滤网滤去粗大的杂质后，通过吸油管进入机油泵；滤网被堵塞时［图 6-19（b）］，滤网上方的真空度增大，克服滤网的弹力，滤网便上升而环口离开外罩。此时机油不经滤网面直接从环口进入吸油管内，保证机油的供给不致中断。浮动式集滤器能吸入油面上较清洁的机油，但油面上泡沫易被吸入，使机油压力降低，润滑欠可靠。

固定式集滤器装在油面下面，如图 6-10 所示，它的滤网相对油底壳位置不变，吸入中或中下层润滑油，吸入的机油清洁度稍逊于浮动式，但可防止泡沫吸入，润滑可靠，结构简单，故现在基本取代了浮动式集滤器。

2. 机油粗滤器

机油粗滤器也称全流式机油滤清器，其用以滤去机油中粒度较大（直径在 0.05mm 以上）的杂质。它对润滑油流动的阻力较小，一般串联在机油泵与主油道之间，安装在气缸体外面。

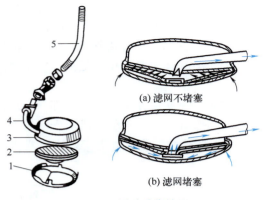
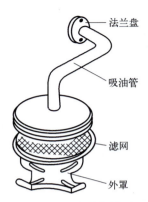

图 6-9 浮动式集滤器　　　　图 6-10 固定式集滤器
1—外罩；2—滤网；3—浮子；4—吸油管；5—固定管

根据滤芯的不同，现代发动机多采用纸质式和锯末式机油粗滤器。现以纸质式机油粗滤器为例进行介绍，其主要由外壳、滤芯、芯筒、端盖、旁通阀及止回阀等组成，如图 6-11（a）所示。为了增大过滤面积，一般将滤纸折叠成扇形或波纹筒形。机油经机油粗滤器的进油口进入滤芯外部，经滤芯过滤后进入芯筒内，然后经出油口进入主油道。

当滤芯严重堵塞时，旁通阀开启，此时机油可不经过滤芯直接进入主油道，如图 6-11（b）所示。为维护方便，现代发动机多采用旋转式一次性机油粗滤器，滤芯直接旋装于机油粗滤器端盖上，可定期更换。

除设置旁通阀之外，其还加装了止回阀。当发动机停机后，止回阀将机油粗滤器的进油口关闭，防止润滑油从机油粗滤器流回油底壳。在这种情况下，当重新启动发动机时，润滑系统能迅速建立起油压，从而可以减轻由于启动时供油不足而引起的零件磨损。

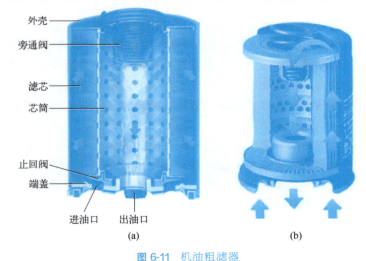

图 6-11 机油粗滤器

纸质滤芯由微孔滤纸制造。微孔滤纸经酚醛树脂处理后，具有较高的强度、抗腐蚀性和抗水湿性。纸质滤芯有质量轻、体积小、结构简单、滤清效果好、阻力小和成本低等优点，因此得到了广泛的应用。

3. 机油细滤器

机油细滤器主要用于过滤机油中直径在 0.001mm 以上的细小杂质，它与主油道并联安装，多数为分流式机油滤清器。

按过滤方式不同，机油细滤器可分为过滤式和离心式两种。

过滤式机油细滤器与机油粗滤器的结构基本相同，只是其滤芯能过滤掉更细小的颗粒杂质，这种机油细滤器具有过滤能力强，但流动阻力大的特点。

离心式机油细滤器一般安装在大功率发动机上，它主要靠离心力的作用使机油和杂质分离，以达到清洁机油的目的。离心式机油细滤器滤清能力强，通过能力好，且不受沉淀物影响，不需更换滤芯，只需定期清洗即可；但其对胶质滤清效果较差。

某型发动机采用的离心式机油细滤器如图 6-12 所示。在底座 4 上装有进油限压阀 1 和转子轴 9，后者用转子轴止推片 2 锁止。转子体 15 套在转子轴上，在其上下镶嵌两个衬套，以限定转子体的径向位置。转子体可以绕转子轴自由转动，其下端装有两个径向对称水平安装的喷嘴 3。转子体外罩上有导流罩 8。紧固螺母 12 将转子罩 7 与转子体紧固在一起，形成一个空腔。用冕形螺母 14 将外罩 6 紧固在底座上。

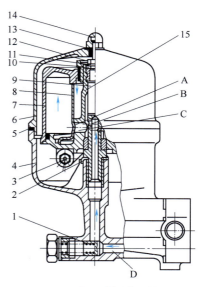

图 6-12　离心式机油细滤器

1—进油限压阀；2—转子轴止推片；
3—喷嘴；4—底座；5—密封圈；
6—外罩；7—转子罩；8—导流罩；
9—转子轴；10—止推垫片；11，13—垫圈；
12—紧固螺母；14—冕形螺母；15—转子体；
A—导流罩油孔；B—转子轴油孔；
C—转子体进油孔；D—滤清器进油孔

发动机工作时，从机油泵来的润滑油进入进油孔 D，若油压低于 0.147MPa，进油限压阀 1 不开启，润滑油全部进入主油道，保证发动机可靠润滑。若油压超过 0.147MPa，进油限压阀开启，润滑油沿转子轴 9 的中心油孔，经转子轴油孔 B、转子体进油孔 C 和导流罩油孔 A 流入转子罩 7 的内腔，再经导流罩 8 的引导从两个喷嘴 3 向着完全相反的方向喷出，转子体在喷射反作用力的推动下高速旋转。当油压为 0.3MPa 时，转子体的转速可高达 5000～6000r/min。润滑油中的杂质在离心力的作用下被甩向转子罩的内壁并沉淀，洁净的润滑油经出油口流回油底壳。

4. 复合式机油滤清器

复合式机油滤清器结构如图 6-13 所示。粗滤芯 5 装在纸质细滤芯 4 外面，形成粗、细滤芯串联在一起的复合式结构。复合式机油滤清器串联在主油道上，粗、细滤芯有各自的溢流阀与旁通阀，一旦粗、细滤芯堵塞，它们分别打开各自的溢流阀与旁通阀，机油绕过滤芯直接进入主油道。

这种滤清器成本低、结构紧凑、工作可靠、滤芯可定期更换。

三、机油冷却器

一些高性能、热负荷较大的发动机，为使润滑油保持在最有利的温度范围内工作，保持润滑油具有一定的黏度，还装有机油冷却器，以对润滑油进行强制性冷却。

发动机机油冷却器分为风冷式和水冷式两类。风冷式机油冷却器很像一个小型散热器，和冷却液散热器结构基本相同，一般布置在冷却液散热器前面，利用风扇风力和汽车行驶时的迎面风对润滑油进行冷却。这种机油冷却器散热能力大，多用于赛车及热负荷大的增压汽车上。机油散热器油路与主油道并联，在气温低的季节或润滑油压力低时不使用机油散热器,故在机油散热器前面常串联有手动开关和限压阀。但是风冷式机油冷却器在发动机启动后需要很长的暖机时间才能使润滑油达到正常的工作温度,所以普通轿车上很少采用。

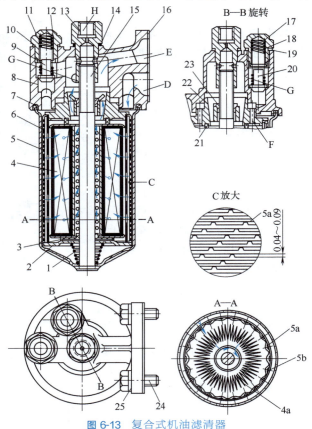

图 6-13 复合式机油滤清器

1—滤清器芯底座弹簧;2—滤清器芯底座;3—滤清器下密封圈;4—纸质细滤芯;5—粗滤芯;6—滤清器壳;7—滤清器盖密封圈;8—滤清器盖;9—溢流阀;10、14、19、25—垫圈;11、18—弹簧;12、17—阀盖;13—压紧螺母;15—中心螺杆;16—纸垫;20—旁通阀;21—细滤芯上密封圈;22—滤清器上盖;23—滤清器上盖紧固螺母;24—螺钉
4a—折扇状滤纸 5a—粗滤芯铜丝 5b—绕丝筒;
A—导流罩油孔;B—转子轴油孔;C—进油孔;D—进油口;E—出油口;F—旁通阀进油道;G—出油道;H—螺栓孔

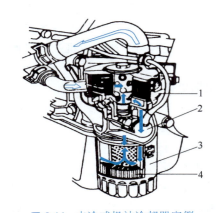

图 6-14 水冷式机油冷却器实例

1—机油冷却器;2—机油压力开关;3—机油滤清器;4—机油滤清器滤芯

水冷式机油冷却器外形尺寸小,布置方便,且不会使润滑油冷却过度,润滑油温度稳定,因而在轿车上应用较广。图 6-14 所示为布置在机油滤清器上的水冷式机油冷却器的实例。润滑油经滤清器滤清之后直接进入冷却器,在冷却器芯内流动,从散热器出水管引来的冷却液在冷却器芯外流过。两种流体在冷却器内进行热交换,使高温润滑油得以冷却降温。

机油冷却器主要由芯子和壳体组成,如图 6-15 所示。芯子由铜制的圆形或椭圆形管与散热片组成,与两端的进出水腔相通。冷却液在芯子管内流动,润滑油在管外流动。冷却器上装有旁通阀,当机油温度过低、黏度过大时,旁通阀打开,机油不经冷却直接进入主油道内。

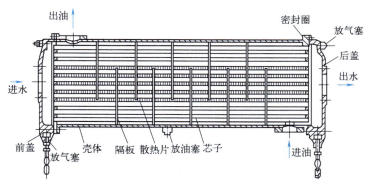

图 6-15 机油冷却器结构

 任务实施1

润滑系统的维护保养

1. 润滑油液面位置的检查

检查润滑油液面位置的工具是机油标尺。机油标尺插在气缸体油面检查孔内，标尺一端刻有 min 与 max 的刻度线，机油油面应处于 min 与 max 之间。油面太低，将影响润滑效果，甚至引起烧瓦、抱轴等严重的机械事故，应及时补充；油面过高，将造成发动机运转阻力增加，机油激溅加剧，发动机烧机油，燃烧室积炭等严重后果。因此，需定期检查机油油面的高度。

检查时，汽车停在水平路面上，发动机熄火一段时间，让发动机机油全部流回油底壳。然后拉出机油标尺，用干净的布擦净后重新插入，再拉出机油标尺，液面应处于 min 与 max 之间。

2. 润滑油及滤清器的更换

新车完成初始的行驶里程（磨合期）后，每行驶 6000km 或半年更换一次润滑油，并同时更换机油滤清器。

热机后熄火，停几分钟，待各处润滑油都流回油底壳，再举升汽车，拧开油底壳底部的放油螺塞，放净原来用过的润滑油，然后拧紧放油螺塞，从气门室罩加油口向发动机加注厂家规定的润滑油，油面位置应在机油标尺最上面两格之间，下格为"ADD"（添加），上格为"FULL"（充满）。

(1) 机油滤清器的更换步骤

① 用专用工具拆卸机油滤清器。更换时，注意清洁新滤清器安装表面。

② 安装新滤清器时，检查机油滤清器上的螺纹和橡胶密封圈，清洁发动机气缸体底座，在新的机油滤清器内先灌满机油，再在密封圈上涂一层薄薄的机油。若不涂机油，安装时密封圈与结合面产生干摩擦，密封圈易翘曲和损坏，造成密封不良而漏油。

③ 用手轻轻拧紧机油滤清器，直到感觉有阻力为止，再用专用工具重新拧紧机油滤清器 3/4 圈，或按规定力矩拧紧，切不可拧得过紧。

④ 机油滤清器安装好后，一定要重新启动发动机，检查滤清器和放油螺栓处没有泄漏才行。

(2) 更换机油时注意事项

① 如果不是通用油，则汽油机油不能用于柴油机上；同样，柴油机油也不能用于汽油

机上。不同厂家、不同牌号的机油不得混用。

② 质量等级较高的机油可替代质量等级较低的机油，但不建议；反之则不能。

③ 经常检查机油的油位。检查时应使发动机处于水平位置，发动机停转几分钟后再进行，机油尺上的油痕应在 max 与 min 之间。

④ 注意车辆使用地区的气温变化，并及时换用温度等级适宜的机油。在满足使用要求的前提下，机油的黏度应尽可能选择得小一些。

⑤ 适时（定期或按质）更换机油，可按车辆使用说明书或该车型规定的更换机油的里程要求来更换机油。

⑥ 严防水分、杂质等污染机油。

⑦ 发动机大修后，怠速运转时机油压力一般不低于 50kPa；中速运转时机油压力应为 200～400kPa。

3. 机油压力的检查

在驾驶室仪表盘上有机油压力表的汽车，可从机油压力表上直接读取机油压力。驾驶室内仪表盘上装有机油压力报警灯的汽车，机油压力报警灯亮即表示机油压力过低。如果进一步检测机油压力，则需要拧下安装在主油道上的机油压力传感器，利用其连接螺口，安装一块机油压力表，由此表读取主油道的机油压力。

4. 油道的疏通

发动机大修时，必须彻底清洗润滑油道里的泥沙、磨屑、杂质和润滑油胶质等，包括曲轴上的油道，均应该清洗干净，以使洁净的润滑油不受污染物的污染，能畅通地流向各个运动副的工作表面。清洗油道时，可用专用容器盛上 10% 的氢氧化钠溶液，将油道各堵头拆除并浸泡在溶液中加热到 100℃，一般半小时便可以清洗干净，再用压力油冲洗油道，最后用压缩空气吹净吹干。

此外，也可用手工方法清洗。选用煤油或金属清洗剂，将直径 4mm、长 800mm 的铁丝一端圈成圆圈状做手柄，另一端锤扁加工一长孔，在长孔内穿上布条捅入油道中，来回抽动摩擦油道，反复清洗并更换布条，直到布条无明显的脏物为止。再用压力油将油道冲洗干净，最后用压缩空气吹通。观察有无脏物吹出，必要时须重新擦洗油道。

 任务实施2

润滑系统主要零部件检修

1. 机油泵的拆装及检修

机油泵是发动机润滑系统中最重要的组成部件。评定机油泵工作性能的指标是机油泵的泵油压力、泵油量以及机械部分转动灵活、不摇晃、无卡阻和无噪声。

（1）齿轮式机油泵的拆装

① 放掉润滑油，卸下油底壳和密封垫，拆下机油泵出油管总成和它在气缸体上的固定螺栓，取下机油泵总成。

② 拆下集滤器及进油管，拧下紧固泵盖的螺栓，用锤子轻敲泵盖，使其同机油泵分离，拆下垫片。

③ 取出机油泵主、从动齿轮。

④ 视维修需要，对齿轮与齿轮轴为两体的主、从动齿轮，可用一垫套放在齿轮端面下面，用台虎钳将齿轮轴从齿轮中压出。

⑤ 视需要拧下泵盖上限压阀的螺栓，取出限压阀弹簧及柱塞。

⑥ 清洗全部零件。

经修复后的机油泵零件，在组装前应进行一次彻底的清洗，然后再次检查，准确无误后，按照拆卸的相反顺序进行组装。组装时，注意各装配间隙值应符合规定。

转子式机油泵的拆装与之相似，在此不再叙述，具体拆卸参照维修手册进行。

（2）齿轮式机油泵的检测

① 目测法。观察主、从动齿轮、泵盖、泵体等配合表面有无明显磨损痕迹，泵盖是否翘曲，泵体有无裂纹等。

② 测量法。用塞尺测量齿轮顶面与泵壳内壁之间的间隙（测量相隔180°或120°的2~3个间隙，取平均值），其值一般应为0.05~0.20mm，测量方法如图6-16（a）所示。

用塞尺测量主、从动齿轮的啮合间隙（转动齿轮选择相隔120°的三个位置进行测量，取其平均值），其标准值为0.05mm，最大磨损不得超过0.20 mm，测量方法如图6-16（b）所示。

用直尺、塞尺测量泵盖和齿轮端面的间隙，其间隙值一般为0.025~0.075mm，其极值为0.15mm，测量方法如图6-16（c）所示。齿轮厚度由于磨损而变薄，会影响泵油压力；端面间隙过大会发生内漏，使润滑油压力降低。

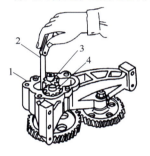

(a) 齿轮顶面与泵壳内壁间隙测量
1—泵体；2—塞尺；
3, 4—主、从动齿轮

(b) 主、从动齿轮啮合间隙测量

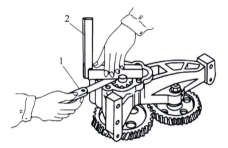

(c) 泵盖与齿轮端面间隙测量
1—塞尺；2—宽座角尺

图 6-16　齿轮式机油泵配合间隙的测量

③ 机油泵试验台试验。将机油泵装在试验台上，检测在规定的机油泵转速和润滑油压力下，供油量是否达到规定的供油量，且除泵体与泵轴之间，其余各处是否皆无渗漏。

④ 检查泵轴孔的磨损情况。与机油泵主、从动齿轮轴相配合的衬套磨损后，将破坏齿轮副的正常啮合，并导致齿顶与壳体摩擦，造成机油泵漏油、供油量减少。检查机油泵齿轮轴与轴承之间的间隙时，可用千分尺和内径千分尺分别测量轴颈、衬套的尺寸，两者之差即为间隙。轴颈与衬套的配合间隙正常值为0.01~0.06mm，极值为0.15mm。

⑤ 泵轴的检查。用磁力座百分表检查泵轴是否弯曲，如果指针摆差超过0.06mm，应进行校正或者更换。

⑥ 检查泵轴键槽的磨损。观察键槽的变形，用游标卡尺测量键槽的宽度尺寸并与规定值进行比较。

⑦ 检查限压阀总成。检查限压阀总成各零件有无损伤，限压阀弹簧有无异常变形，油道、滑动表面有无损伤。

（3）转子式机油泵的检测

① 目测法。观察内、外转子等零件的各个表面有无明显的磨损痕迹。

② 测量法。用塞尺测量内转子的齿顶与外转子的内廓面之间的径向间隙，其值应小于0.15mm，极限值应为0.25mm。

用塞尺测量外转子与泵体的径向间隙，其标准值应为0.10～0.16mm，许用极限值为0.30mm。

用直尺、塞尺或游标深度尺测量泵体与转子之间的轴向间隙，标准值为0.03～0.09mm，许用极限值为0.20mm。

③ 机油泵试验台试验。将机油泵装在试验台上，检验其在标准工作状态下，供油量是否达到规定的供油量，且除泵体与泵轴之间外，其余各处皆应无机油渗漏。

④ 检查泵轴与轴承的间隙。用手扳动内转子轴，若有明显松旷，说明间隙偏大。用千分尺和内径百分表分别测量轴颈和衬套孔的尺寸，两者之差即为间隙。内转子轴与孔的配合间隙的标准值为0.045～0.085mm，许用极限值为0.10mm。

⑤ 泵轴的检测。用磁力座百分表检测泵轴是否弯曲，如果指针摆差超过0.06mm，应进行校正或更换。

⑥ 检查泵轴键槽的磨损。观察键是否变形，用游标卡尺测量键槽的尺寸并与规定值比较。

⑦ 检查限压阀总成。检查限压阀总成各零件有无损伤，限压阀弹簧有无异常变形，油道、滑动表面有无损伤。

(4) 机油泵装复后的试验方法

① 简易试验法。将机油泵和集滤器装复后，一同放入清洁的机油池中，用螺丝刀（旋具）按顺时针方向转动机油泵轴，应有机油从出油孔中排出。如用拇指堵住出油孔，继续转动机油泵，应感到有压力。

② 试验台试验法。将机油泵装复后应在试验台上试验，检测泵油量及泵油压力。机油泵泵油压力可以通过增减限压阀弹簧座处的垫片来调整。

2. 集滤器的检修

机油集滤器的主要问题是油管或滤网堵塞。对于浮动式集滤器，主要问题表现为浮子有凹陷、裂痕和渗漏，浮子下沉等，修理时可拆开清洗干净后重新焊接。如滤网损坏、弹性不足，均应更换。组装时注意滤网中心孔边缘应贴住底片，集滤器下垂深度应正确，浮动式结构的铰接处转动应灵活自如。

固定式集滤器主要应检查进油管与机油泵连接处的衬垫，若有损伤，必须更换，否则会因漏气而导致机油压力下降。此外，如果发现滤网堵塞，应及时清洁滤网。

3. 机油粗滤器的检修

粗滤器上装有滤芯更换指示器，在发动机正常工作时，如指示灯持续发亮，说明滤芯堵塞，需要更换；但发动机冷启动时指示灯短时间发亮是正常现象。

汽车每行驶约12000km之后，应拆洗机油粗滤器外壳，更换滤芯；检查各密封圈是否老化或损坏，如果是，则应及时更换。无特殊情况，不必拆卸和调整旁通阀。装配时，应先充满机油。如果发现滤芯堵塞，而机油压力报警指示灯却不亮，则应拆卸旁通阀检查触点。

4. 机油细滤器的检修

(1) 纸质滤芯的细滤器

对于纸质滤芯的细滤器，应用煤油清洗细滤器的外壳及中心管，滤芯脏堵或者损坏的，应及时更换滤芯。为了保证外壳和盖的可靠连接，应在拆分前记住垫片的位置，以便装配时再将其放在原位置，以保证良好的密封，防止润滑油渗漏。

（2）转子离心式机油细滤器

当机油压力高于规定压力时，首先运转10s以上，然后立即熄火。在熄火后的2~3min内，如果听不到转子转动的"嗡、嗡"声，则说明转子离心式机油细滤器不工作，应拆卸、检查并清洗转子离心式机油细滤器。其检修方法如下。

① 拆下外罩固定螺母及密封圈，取出外壳，将转子转至挡油盘缺口处，拧下转子固定螺母，取出转子总成。此时应注意转子轴下面的平面推力轴承圈是否被润滑油黏住而被带出。若没被带出，则需取出，防止其掉入油底壳或装配时漏装此圈而损坏转子。

② 检查喷油嘴。若喷油嘴直径磨损超过规定值2mm，应更换喷油嘴。若喷油嘴孔堵塞，应用压缩空气吹通，不能用金属丝穿透，以免损伤喷油嘴孔。密封圈若变形、损坏或老化发硬，应及时更换。

③ 检查进油限压阀。应该密封良好，转动灵活。对装有机油散热器的发动机，应对机油散热器的旁通阀进行检查。

④ 检查各部间隙。转子体孔径与转子轴颈间隙大于0.15mm，或与轴承配合间隙大于0.10mm时，可用镀铬法修复转子轴或更换磨损零件。

⑤ 清除转子内壁沉积的脏物、杂质时，不能使用金属物件，只能用竹片、木片或者是塑料片刮除；若内壁细槽内难以刮除，可用汽油浸泡，再用压力油或自来水冲洗。

⑥ 装配转子盖与转子体时，应注意两者间的动平衡记号，以防止高速旋转时没有平衡离心力而加速转子轴与轴套的磨损。转子轴上端压紧弹簧下的支承垫圈在装配时应注意将光滑面朝向转子，不能漏装、反装，支承垫圈下平面距转子上平面的距离为0.50mm，转子高速旋转上行时被垫圈限位，否则弹簧将直接压在转子上平面，增加转子运动阻力。转子轴上紧固螺母力矩为29~49N·m。

⑦ 装配试验。按前述要求正确装配，转子总成固定后，用手转动应轻巧灵活，并注意各部位密封圈的正确安装。装配完成后，还应在专业试验台上进行试验，检查转子转速、驱动流量等技术指标是否符合要求。

任务三　润滑系统常见故障诊断与排除

任务引入

小王买了一辆二手轿车。某天，在下班途中，小王发现排气管冒蓝烟。为避免造成更严重的发动机故障，小王选择在安全地带停车，然后拨打了救援电话。救援车将轿车送到汽车维修厂进行维修。

本任务要求学生了解润滑系统的常见故障，掌握润滑系统常见故障的诊断与排除方法，能够进行润滑系统常见故障的诊断与排除。

知识准备

润滑系统的常见故障主要有机油压力过低、机油压力过高、机油消耗过多和机油变质等。

一、机油压力过低

润滑系统最常见的故障是机油压力过低，如果不及时排除，往往会造成发动机严重损坏。

1. 故障现象

① 发动机启动后，机油压力表读数迅速下降至零。

② 发动机在正常温度和转速下工作时，机油压力表读数低于规定值或机油警告灯点亮。

2. 故障原因

① 机油油量不足或黏度太低。

② 未按规定换油或混入了燃油、冷却液，造成机油变质。

③ 限压阀弹簧过软或调整不当。

④ 机油滤清器旁通阀弹簧过软。

⑤ 机油泵齿轮等磨损，使供油压力过低。

⑥ 机油滤清器、油路或油道等堵塞。

⑦ 曲轴主轴颈、连杆轴颈或凸轮轴轴承间隙过大。

⑧ 机油压力表或传感器失效。

⑨ 润滑系统内、外管路或管接头泄漏。

3. 故障诊断与排除

① 观察机油压力表或报警指示灯，发现机油压力过低或为零。拔出机油标尺，检查油底壳内机油量及机油品质，若油量不足，应及时添加；若机油中含水或燃油时，应找出渗漏部位；若机油黏度过小，应更换机油牌号。

② 若机油量充足，再检查机油压力传感器的导线是否松脱。若连接良好，在发动机运转时，拧松机油传感器或主油道螺塞，若机油从连接螺纹孔处喷出有力，则为机油压力表或传感器、线路故障。

③ 若机油喷出无力，则应立即熄火，检查集滤器、机油泵、限压阀、粗滤器滤芯是否堵塞且旁通阀无法打开，各进出油管、油道及油路是否堵塞或漏油。

④ 若以上检测均正常，则应检查曲轴轴承、连杆轴承或凸轮轴轴承间隙是否过大。因配合间隙过大造成机油压力过低时，往往伴随着发动机异响现象，拆卸发动机之前，应注意听诊。

⑤ 如发动机在运转中特别是刚维护完试车时，机油压力突然下降，应立即熄火，检查润滑系统各部位有无泄漏，重点检查机油滤清器密封垫处。

二、机油压力过高

1. 故障现象

① 发动机在正常工作温度和转速下工作时，机油压力表读数高于规定值。

② 发动机在运转中，机油压力表读数突然增高。

③ 机油压力表读数正常或报警灯未亮，但高压机油冲裂机油压力传感器或机油滤清器盖等。

2. 故障原因

① 机油油面过高或黏度过大。

② 限压阀调整不当或失效。

③ 气缸体的油道堵塞。

④ 机油粗滤器滤芯堵塞且旁通阀开启困难。
⑤ 机油压力表或其传感器工作不良。
⑥ 曲轴主轴颈、连杆轴颈或凸轮轴轴承的间隙过小（刚大修后的发动机）。

3. 故障诊断与排除

① 发现机油压力过高，应及时熄火。首先拔出机油标尺，检查机油油面是否过高、机油黏度是否过大。若机油油面过高，应放出适量机油使机油油位符合正常机油标尺标注刻度。

若机油黏度过大，则说明所用机油型号不对，应更换与发动机相匹配的指定型号的机油。

② 若上述检查无问题，可在润滑系统主油路上连接机油压力表，若连接的机油压力表显示压力正常，而装在仪表板上的压力表显示机油压力高，则说明压力指示系统误报，应对压力指示系统、机油压力传感器等进行检测。

③ 若连接的机油压力表显示压力高，则说明机油压力高的故障确实存在，此时应检查机油滤清器、机油泵。若机油滤清器过脏，应更换机油滤清器；若机油泵的限压阀出现卡滞、失效等情况，应更换机油泵。

④ 若上述检查均无问题，则应拆检发动机。检查、清洗润滑油道，并用压缩空气吹通，同时检查曲轴主轴承、连杆轴承、凸轮轴轴承等配合间隙是否过小。

三、机油消耗过多

汽车发动机的机油在正常情况下消耗量极小，在更换机油的行驶里程内，无需添加机油。如果在日常维护中发现机油油面高度有明显下降，即为发动机机油消耗量过大。

1. 故障现象

① 机油消耗量逐渐增大［机油消耗率超过 0.1～0.5L/（100km）］。
② 排气管冒蓝烟及气缸积炭。

2. 故障原因

① 活塞与气缸壁间隙过大。
② 扭曲环、锥面环方向装反。
③ 活塞环抱死，或多个活塞环开口转到一条直线上，或活塞环端隙、背隙或侧隙过大。
④ 活塞环磨损过量或弹力不足。
⑤ 气门杆油封损坏（尤其是进气门油封）。
⑥ 进气门导管磨损过量。
⑦ 曲轴箱通风装置损坏。
⑧ 润滑系统各零部件的外渗漏。

3. 故障诊断与排除

① 检查发动机外部是否漏油。重点检查油底壳放油螺栓、油底壳衬垫、气门室罩衬垫、曲轴前端油封、曲轴后端油封和凸轮轴油封等部位是否漏油。当发现上述部位有机油浸湿痕迹时，应将这些油迹清除干净，再启动发动机。启动发动机后，如果又出现浸湿，则可以确定漏油部位。

如果上述密封圈或衬垫处有漏油，不要马上就认为该处的密封圈或衬垫有缺陷，应先检查曲轴箱通风装置工作是否正常。如果曲轴箱通风装置工作不正常，过多的缸内窜气会增加曲轴箱内的压力，迫使机油通过状态良好的密封圈或衬垫渗出。清理曲轴箱管道，尤其是通风流量控制阀处的积炭和结胶。若通风受阻，就会引起曲轴箱压力升高，出现机油渗漏现象。

有时发动机只在运转时才漏油,因此可以用举升机举起汽车,在发动机运转时检查是否漏油。对于难以发现渗漏部位的发动机,可以向曲轴箱内注入少量的荧光颜料,并运转发动机一段时间,然后用紫外线照射发动机可能的渗漏位置,通过发光位置查找出渗漏点。

② 如果发动机外部无渗漏,但发动机机油消耗过多的现象确实存在,且发动机工作时排气管冒蓝烟,可拆下火花塞检查,若发现火花塞及燃烧室内有积炭,则说明故障是发动机燃烧室烧机油所致。此时,可检查曲轴箱通风装置,检查管口有无机油流出。若有,则说明曲轴通风装置存在故障,应进一步拆检。

③ 若通过上述检查未发现发动机烧机油故障,可在发动机工作时,拔出机油标尺,打开机油加注盖,观察这两个地方的"窜气"情况。

若机油标尺处"窜气"较大,则说明故障是活塞、活塞环与气缸壁的配合间隙过大,多个活塞环开口转到一条线上,扭曲环或锥面环装反等所致。

若机油加注盖处"窜气"较大,则说明故障是气门油封损坏、脱落或气门杆与气门导管配合间隙过大所致。可根据具体现象进行进一步的检查。

④ 对于采用气压制动的汽车,若从储气筒放污螺栓处放出较多的机油,则为空气压缩机的活塞、活塞环与气缸壁之间磨损过量。

四、机油变质

1. 故障现象
① 取样检查机油,颜色发黑,用手搓捻,失去黏性并感觉有杂质。
② 机油呈乳化状并有泡沫。

2. 故障原因
① 机油使用时间过长,在高温和氧化作用下形成氧化物和氧化聚合物,使机油老化变质。
② 活塞环漏气或曲轴箱通风不良,机油中混杂废气,促使机油变质。
③ 发动机体有裂纹或气缸垫损坏,使冷却液漏入油底壳。
④ 燃烧炭渣、金属屑或其他杂质过多,落入油底壳使机油变质。
⑤ 机油冷却器不良、发动机过热,加速机油高温氧化变质。
⑥ 老式汽油机中的汽油泵泵膜破裂,使汽油进入油底壳。

3. 故障诊断与排除
① 检测机油是否使用时间过长,未定期更换。
② 用机油标尺取出数滴机油观察,分辨机油污染情况。

若机油显示雾状,油色混浊、乳化,说明机油已经被水严重污染。

若机油呈灰色,表明机油已经被燃油稀释。

若用手指捻搓,有细粒感,说明机油含杂质较多。也可取出数滴机油滴于中性滤纸上,查其扩散后的油迹,若中间黑色杂质面积较大,颗粒较粗,则说明机油中杂质较多并且机油已变质。

若机油油面上升,且机油中有汽油味,应检查汽油泵泵膜是否破裂,曲轴箱通风是否良好,活塞漏气是否严重。

若机油呈乳化状态,应检查气缸壁是否有裂纹渗漏。
③ 检查机油滤清器是否失效以及油道是否堵塞。
④ 检测气缸压力,判断气缸活塞组是否漏气。
⑤ 若有机油冷却器,应检测其是否正常工作。

任务实施

机油报警灯亮、报警器响的故障诊断与排除

1. 情境描述

小军买了一辆二手桑塔纳轿车作为代步工具。一天，下班途中，小军发现他的汽车在中低速行驶时，机油报警灯和蜂鸣器正常；当车速超过60km/h时，机油报警灯亮、蜂鸣报警器响。停车后，重新启动恢复正常，但车速一高，故障依旧，故他将车辆送到汽车维修厂维修。

2. 故障诊断与排除

（1）故障分析

① 造成此类故障的原因有两个：一是发动机润滑系统压力低，诸如缺油漏失、机油泵及吸油盘故障、气缸磨损、连杆及曲轴瓦磨损等造成机油压力低；二是报警灯、报警器及传感器有故障。

② 由润滑系统故障造成的机油压力低，在低速运转时发动机最敏感，会及时报警，而该发动机在低速运转时并未报警，可以判断出该车润滑系统机油压力正常。一般情况下，报警器和报警灯同时损坏的概率极小，据此也可以判断该车报警灯和报警器没有故障。

③ 桑塔纳轿车有2个机油传感器，低压传感器安装在发动机气缸盖上，高压传感器安装在机油滤清器支架上。正常情况下，发动机温度升至80℃并且转速在800r/min时，机油压力应大于30kPa。低于此数值时，低压传感器闭合，电路接通，机油报警灯亮、报警器响；当发动机转速高于2000r/min时，机油压力应大于200kPa。低于此数值，高压传感器闭合，电路接通，报警。

④ 初步判断该车机油压力正常，低速时不报警，说明低压传感器工作正常；发动机高速时报警，疑点集中在高压传感器。

（2）故障排除

拆检高压传感器，发现触点黏合处于常闭状态，不能打开。更换高压传感器，试车，车辆恢复正常。

 **思考与练习**

一、填空题

1. 润滑系统的作用包括润滑作用、_____、冷却作用、_____、_____、_____、液压作用。

2. 发动机的润滑方式有_____、_____和_____。

3. 发动机润滑油按SAE黏度分类法，分为_____用油和_____用油两种类型；按API质量分类法，分为_____系列和_____系列两种类型。

4. 一般发动机润滑系统中，集滤器位于_____内，它处于润滑油路的首端，_____滤器与主油道串联，主要用来对机油进行滤清，_____滤器与主油道并联，主要用来改善机油的品质。

5. 发动机机油泵一般是由_____驱动工作的，由于发动机输出的转速不稳定，所以机油泵输出的油压一般也不稳定，为保证输出的油压稳定，用_____阀来进行控制。

6. 汽车发动机中常用的机油泵有_____和_____两种。

二、选择题

1. 新车完成初始行驶里程（磨合期）后，每行驶（　　）km更换一次机油，并同时更换机油滤清器。

  A. 6000   B. 12000   C. 15000   D. 20000

 2. 一般发动机润滑系统中，机油泵与机油限压阀是（ ）。

  A. 串联   B. 并联   C. 混联   D. 无关系

 3. 发动机烧机油则排气管冒（ ）。

  A. 青烟   B. 黑烟   C. 白烟   D. 灰烟

 4. 机油限压阀弹簧过软、折断或调整不当，将导致润滑系统中油压（ ）。

  A. 过低   B. 过高   C. 不变

 5. 上海桑塔纳轿车发动机油路中分别设有两个报警装置，它们的作用是（ ）。

  A. 低速油压不足时同时报警   B. 低速油压过高和高速油压过高分别报警

  C. 高速油压不足时同时报警   D. 低速油压不足和高速油压不足时分别报警

 6. 润滑系统中旁通阀的作用是（ ）。

  A. 保证主油道中的最小机油压力

  B. 防止主油道过大的机油压力

  C. 防止机油粗滤器滤芯损坏

  D. 在机油粗滤器滤芯堵塞后，仍能使机油进入主油道内

三、简答题

 1. 润滑系统一般由哪些零部件组成？限压阀、旁通阀和止回阀各有何功用？

 2. 润滑系统的作用是什么？车用发动机有哪几种润滑方式？

 3. 采用双机油滤清器时，它们是并联还是串联于润滑油路中？为什么？

 4. 机油型号5W-40的含义是什么？

 5. 机油压力过低的原因及诊断方法是什么？

 6. 润滑油路中有哪几种机油滤清器？其特点是什么？

【汽车文化传承】

为汽车制造加"智能"

  28岁成为高级技师，33岁享受国务院政府特殊津贴，37岁成为集团首席专家……从一名钳工成长为集制作、设计、建模、组装等各项技能为一体的全能型技术人才，他就是郑志明。

  1997年郑志明进入广西汽车集团有限公司，做了一名钳工学徒。学徒期间，郑志明几乎每天都最早到车间、最晚离开车间。在日复一日的磨砺中，技能逐渐变得炉火纯青，他成为集车、刨、焊、铣等技能于一身的全能型能手。

  2005年郑志明成为企业的高级技师，但他并没有停下对技术追求的步伐，自学了UG三维建模等知识，成为"十八般武艺样样精通"的大能人。2014年郑志明成为集团的首席专家，同年，他挂牌成立了以他名字命名的国家级技能大师工作室。2017年郑志明与团队自主研发了国内唯一一条微型车自动化后桥壳焊接生产线，填补了国内空白。

  独木不成林，一花不是春。郑志明长期工作在生产一线，从一名普通钳工成长为国家级技能大师工作室的带头人，在用心工作的同时，他还带了很多徒弟，毫无保留地把技艺传授给年轻人。"如果能带出优秀的徒弟，说明师父也很优秀。"郑志明希望通过传、帮、带，为广西汽车制造业乃至为"中国智造"培养更多的高技能人才。

项目七
冷却系统的构造与检修

 项目描述

发动机在运行过程中，会产生大量的热量。这些热量如果不能及时散去，极有可能会使发动机温度过高，影响其正常工作。因此，为了防止发动机因温度过高而发生故障，需要使用冷却系统对发动机温度进行控制。冷却系统的功用是将受热零件吸收的部分热量及时散发出去，保证发动机在最适宜的温度下工作。冷却系统一般由散热器、节温器、水泵、水道、风扇等组成。本项目主要介绍冷却系统的作用、组成及工作原理，并对其常见故障进行诊断与排除。

 学习目标

知识目标：1. 了解冷却系统的功用和分类；
2. 熟悉冷却系统的组成及大小循环；
3. 了解冷却液的作用和类型；
4. 熟悉冷却系统主要零部件的功能、结构及检测方法；
5. 熟悉冷却系统常见故障及原因。

技能目标：1. 能正确使用工具、量具完成冷却系统的维护保养及拆装检测；
2. 能对冷却系统常见的故障进行诊断与排除。

素质目标：1. 培养规范、环保、安全意识，追求卓越的大国工匠精神；
2. 培养吃苦耐劳的工作作风和严谨细致的工作态度。

任务一　认识冷却系统

 任务引入

一天，修理厂的小王接收了一辆故障车。小王的师父让他先检查一下发动机，看看有没有问题。于是，小王启动发动机对该车进行检查。小王发现该车的水温在逐渐升高，怀疑是冷却系统出了问题。经过检查冷却系统各部件后，发现节温器不工作。于是，小王将节温器拆下，但是并没有冷却液流出。仔细观察后发现原来是节温器后面水垢堵塞严重。除去水垢后，重新启动发动机，发动机可以正常工作，故障排除。

本任务要求学生了解汽车冷却系统的功用、类型，熟悉冷却系统的组成及大小循环，了解冷却液的作用和类型等，能够识别冷却系统的组成及冷却液的循环路径。

 知识准备

一、冷却系统的功用与分类

1. 冷却系统的功用

汽车发动机工作时，气缸内燃烧室的气体温度可达 2400℃，与高温接触的发动机零部件会急剧升温，如果不采取适当的冷却措施，发动机将不能正常工作。冷却系统除要满足发动机在最大热负荷情况下的冷却需求外，还必须能在各种工况下，对冷却强度进行调节，以维持发动机的正常工作温度，保证发动机的正常工作。也就是说，冷却系统可以让发动机得到适度的冷却，从而使其保持在最适宜的温度范围内工作。

发动机冷却是否适度，对发动机的工作影响较大，冷却不足或冷却过度都会对发动机造成损坏。

① 冷却不足。会造成发动机过热，导致发动机进气量下降，影响发动机功率的输出。对于汽油机来说，冷却不足还可能会造成早燃、爆燃和表面点火等不正常燃烧。同时，过高的温度还会使润滑油黏度降低，导致机件磨损加剧。

② 冷却过度。会使发动机过冷，导致燃料蒸发困难，可燃混合气形成条件变差，燃料燃烧不完全，这不但会造成发动机功率下降、油耗增大，而且还会使污染物排放增加。

2. 冷却系统的分类

发动机的冷却系统有风冷和水冷之分。以空气为冷却介质的称为风冷系统；以冷却液为冷却介质的称为水冷系统。汽车发动机常用的冷却系统为强制循环水冷系统，即利用水泵提高冷却液的压力，强制冷却液在发动机中循环流动。

二、水冷系统的组成及循环水路

1. 水冷系统的组成

水冷系统以冷却液作为冷却介质，主要由散热器、水泵、风扇、节温器、膨胀水箱及水套等组成，如图 7-1 所示。

2. 冷却系统的循环水路

发动机常用冷却系统为强制循环水冷系统，其通过水泵，强制冷却液在水套和散热器中循环流动。冷却液经过气缸周围的水套时，吸收热量，温度升高，经过散热器时，将热量传递给散热器，同时电动风扇旋转，对空气产生吸力，将散热器的热量带走，经过冷却后的冷却液再进入水套，如此不断循环地对发动机进行冷却，以保持发动机的最佳工作温度。

冷却系统的循环路径由节温器控制，根据冷却液温度由低到高的变化，其循环路径可分为小循环、大循环两种，如图 7-2 所示。

① 小循环。当冷却液温度低于一定值时，节温器主阀门关闭，节温器副阀门打开，冷

却液不经过散热器，而是通过水泵被压入分水管、水套，然后再流回水泵，如此往复。由于冷却液不经过散热器，因此冷却液温度会迅速升高。

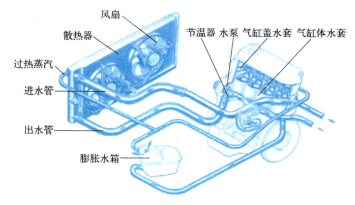

图 7-1 汽车发动机水冷系统

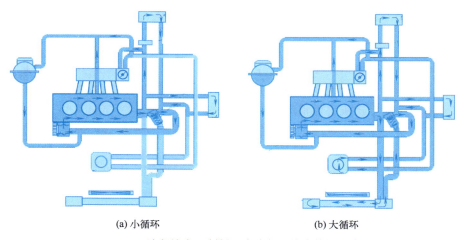

(a) 小循环　　　　　　　　　(b) 大循环

图 7-2 冷却液在强制循环水冷却系统中的循环路径

② 大循环。当冷却液温度高于一定值时，节温器主阀门全开，节温器副阀门关闭，冷却液先经过散热器，然后通过水泵被压入分水管、水套，最后再流回散热器，如此往复。由于冷却液经过散热器，热量被带走，因此冷却液温度降低。

当冷却液温度处于大、小循环的温度范围之间时，节温器主阀门和副阀门都部分打开，冷却液进行混合循环，既有大循环，又有小循环。

三、冷却液

冷却液是水与防冻剂、添加剂的混合物，使用中常称为防冻液，其全称应该叫防冻冷却液，意为有防冻功能的冷却液。许多人认为防冻液只是冬天才使用。我们要纠正这个误解，防冻液不仅是冬天用的，它全年都要使用。

1. 冷却液的种类

冷却液由水、防冻剂、添加剂三部分组成，按冷却液成分不同可分为酒精型、甘油型、乙二醇型等类型的冷却液。按冷却液的颜色分为绿色、红色、黄色冷却液。常见冷却液的类型及使用环境见表 7-1。

在汽车日常的保养项目中，非长效冷却液，建议每行驶两年更换。

表 7-1　常见冷却液的类型及使用环境

冰点/℃	酒精—水	甘油—水	乙二醇—水
	酒精含量/%	甘油含量/%	乙二醇含量/%
−5	11.27	21	—
−10	19.54	32	28.4
−15	25.46	43	32.8
−20	30.65	51	38.5
−25	35.09	58	45.3
−30	40.56	64	47.8
−35	48.15	69	50.9
−40	55.11	73	54.7
−45	62.39	76	57.0
−50	70.06	—	59.0

2. 冷却液的作用

冷却液是汽车发动机不可缺少的一部分。它在发动机冷却系统中循环流动，将发动机工作中产生的多余热能带走，使发动机能以正常工作温度运转。当冷却液不足时，将会使发动机温度过高，从而导致发动机机件损坏。

冷却液具有冬季防冻、防腐蚀、防水垢、防锈等功能，且其长效、环保、高沸点。

① 防腐蚀、防锈。发动机及冷却系统是由金属制造的，有铜、铁、铝、钢，还有焊锡。这些金属在高温下与水接触，时间长了都会遭到腐蚀，会生锈。而防冻液不仅不会对发动机冷却系统造成腐蚀，还具有防腐和防锈功能。

② 防水垢。用水作冷却液最让司机头疼的就是水垢问题，水垢附着在水箱、水套的金属表面，使散热效果越来越差，而且清除起来也很困难。优质的防冻液采用去离子水制造，并加有防垢添加剂，不但不生水垢，还具有除垢功能。当然，如果水箱水垢很厚，最好还是先用水箱清洗剂彻底清洗后，再添加防冻液。

③ 防冻。乙二醇是一种无色微黏的液体，沸点是197.4℃，冰点是−11.5℃，能与水任意比例混合。混合后由于改变了水的蒸汽压，冰点显著降低。其降低的程度在一定范围内随乙二醇的含量增加而下降。当乙二醇的含量为68%时，冰点可降至−68℃，超过这个极限时，冰点反而上升。

④ 防沸。水的沸点是100℃，−25℃防冻冷却液的沸点通常在零上107℃，这样在夏季使用，防冻冷却液比水更难开锅。

3. 冷却液的正确选择

① 在选择符合国家标准的产品时，不应仅从包装和价格上确定，要认真了解产品的各项性能指标。观察冷却液，冷却液应清澈、透明、无杂质，无异味，并有醒目的颜色。

② 冷却液冰点要比使用地区的最低气温至少低5℃。

③ 不同品牌的防冻液所使用的金属缓蚀剂也不相同，因此不同品牌的冷却液不可混用，以免产生沉淀，造成冷却液性能变差。当冷却液缺少时，可加蒸馏水或者软水，不可随意添加未经软化处理的水。

④ 冷却液应四季使用，夏天将冷却液换用水的方法既不科学也不经济。在灌装新冷却液时，必须把冷却系统清洗干净。

⑤ 有的冷却液存放一年后，出现少量絮状沉淀，这种现象多半是由添加剂析出造成的。这些沉淀会在发动机冷却系统工作温度为80℃左右时自行溶解，因此这样的冷却液还可以使用，不必扔掉。如果出现大量颗粒沉淀，表明产品已经变质，就不能再使用了。

 任务实施

冷却系统的认识

① 结合已学知识，并查阅有关资料，说明图7-3所示冷却系统组成部件名称，填入表7-2。

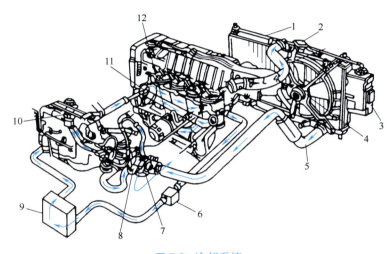

图 7-3　冷却系统

表 7-2　冷却系统组成部件名称

冷却系统类型：					
1.	2.	3.	4.	5.	6.
7.	8.	9.	10.	11.	12.

② 说明图7-3所示冷却系统的冷却液循环路径：

小循环：

大循环：

任务二　冷却系统主要零部件

 任务引入

在上班的路上，发动机突然过热，小李赶紧停车，然后将车送到维修厂进行维修。经过维修人员的专业诊断后，发现故障是风扇不工作所致。维修人员告诉小李，如果汽车在行驶过程中突然过热，千万不能立即熄火，应怠速缓慢停车。

本任务要求学生熟悉汽车冷却系统的主要零部件的作用、结构和检测方法等，能够对冷却系统进行拆装检修及维护保养作业。

 知识准备

一、散热器

1. 散热器

散热器又称水箱，其主要组成部分是进水室、出水室和散热器芯等，如图 7-4 所示。当冷却液流经散热器芯时，其热量被通过散热器芯外的温度较低的空气带走而得到冷却，所以散热器实际上是一个热交换器。

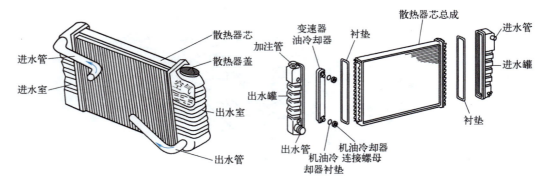

图 7-4　散热器的组成

按照散热器中冷却液的流动方向，散热器分为横流式和纵流式两种。按结构不同，散热器芯可分为管片式和管带式两种。管片式散热器芯由散热管和散热片组成，具有散热面积大、刚度高、承压能力强等优点，但其制造工艺较为复杂。管带式散热器芯由散热管和散热带组成，具有散热能力强、制造简单、重量轻、成本低等优点，但其刚度较低。

传统的散热器芯由黄铜制造，但近年来更多的是用铝制造，而且有些散热器的进、出水室由复合塑料制造，使散热器质量大为减小。

在某些汽车发动机散热器的前面还装有辅助调节冷却强度的百叶窗。它通过调节流经散热器的空气量来调节冷却系统的冷却强度，使发动机保持在适宜的温度下工作。百叶窗由许多片活动挡板组成，可以由驾驶员通过手柄在驾驶室内控制，也可以由感温器根据水温的高低自动调节百叶窗挡板的开度。

2. 散热器盖

散热器盖（闭式水冷系统）

现在汽车发动机强制循环水冷系统都采用散热器盖严密地盖在散热器加冷却液口上的形式，使水冷系统成为封闭系统，通常称这种水冷系统为闭式水冷系统。闭式水冷系统可使系统内的压力提高 98～196kPa，冷却液的沸点相应地提高到 120℃ 左右，从而扩大了散热器与周围空气的温差，提高了散热器的换热效率。由于散热器散热能力的增强，可以相应地减小散热器尺寸。此外，闭式水冷系统还可以减少冷却液外溢及蒸发损失。

闭式水冷系统的散热器盖具有真空阀和蒸气阀（图 7-5），可自动调节冷却系统内的压力，提高冷却效果。

当发动机工作时，冷却液的温度逐渐升高，冷却液体积膨胀，使水冷系统内的压力升高。当压力超过预定值时，蒸气阀 2 [图 7-5（a）] 开启，一部分冷却液经溢流管流入膨胀

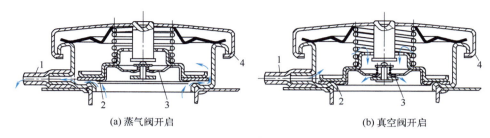

(a) 蒸气阀开启　　　　　　　　(b) 真空阀开启

图 7-5　散热器盖

1—通气孔；2—蒸气阀；3—真空阀；4—散热器盖

水箱，以防止冷却液胀裂散热器。当发动机停机后，冷却液的温度下降，水冷系统内的压力也随之降低。当压力降到大气压力以下出现真空时，真空阀 3 [图 7-5（b）] 开启，膨胀水箱内的冷却液部分地流回散热器，以避免散热器被大气压力压坏。

3. 膨胀水箱

膨胀水箱由箱体和膨胀水箱盖组成。一般膨胀水箱上面还有上刻度线（MAX）和下刻度线（MIN），正常情况下，冷却液液位应在上、下刻度线之间。膨胀水箱多用半透明材料制成，通过软管与散热器溢流管相连，具有溢流和补偿的作用。溢流是指当冷却液受热膨胀时，多余的冷却液会通过溢流管从散热器流入膨胀水箱；补偿是指当冷却液降温时，冷却液会经溢流管被吸回散热器，以补偿散热器内冷却液的损失。膨胀水箱还可以消除冷却系统中的所有气泡，同时也可作为冷却液的加注口。

二、水泵

水泵通常安装在发动机前端，由发动机曲轴通过带轮驱动。

水泵的功用是对冷却液加压，保证其在发动机冷却系统中循环流动。

水泵有离心式、齿轮式和转子式等类型。目前，汽车发动机中广泛采用的是离心式水泵。离心式水泵主要由泵体、水泵轴、叶轮、水封、水泵轴承及传动带轮等组成，如图 7-6 所示，具有结构简单、体积小、排量大、维修方便等优点。

离心式水泵如图 7-7 所示。当叶轮旋转时，水泵中的冷却液被叶轮带动一起旋转，并在本身的离心力作用下向外周甩出，产生压力，经叶轮后径向直接进入机体水套，然后流入气缸盖水套，由气缸盖前端的出水口流出。此后，冷却液分为两路：一路流经散热器冷却后进入节温器，由节温器进入水泵进水口，实现冷却液大循环；另一路为直接通过节温器后流入水泵进水口，实现冷却液小循环，又称短路循环。

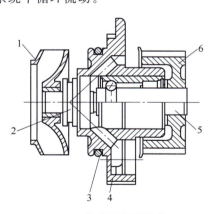

图 7-6　发动机水泵结构

1—叶轮；2—水封；3—O 形圈；4—轴承座；5—水泵轴承；6—传动带轮

近年来有的发动机冷却系统装用电动水泵。电动水泵由发动机电控单元控制，根据实际需要调整水泵转速，从而调节冷却液流量。

电动水泵由电动机驱动，不受发动机转速影响。因此，装用电动水泵，既改善了发动机的冷却效果，又降低了发动机的动力消耗，有效地改善了发动机的燃油经济性。

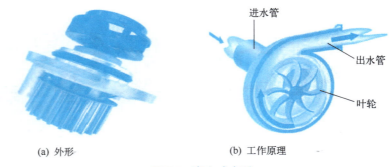

(a) 外形　　　　　　　　(b) 工作原理

图 7-7　离心式水泵

三、冷却风扇

冷却风扇主要用于提高流经散热器芯的空气的流量和流速，增强散热能力，加速冷却液的冷却。按驱动力不同，冷却风扇可分为机械风扇和电动风扇两种。目前，汽车发动机中广泛采用的是电动风扇。

图 7-8　冷却风扇

电动风扇一般安装在散热器后面，主要由扇叶、电动机及导风罩等组成，如图 7-8 所示。电动风扇具有噪声小、功率小、冷却效果好、结构简单等优点，而且由于不需要检查、调整或更换风扇传动带，从而减少了维修保养工作量。

电动机的开关又称温控开关，由位于散热器上的温度传感器控制。温控开关有高速挡和低速挡两个挡位，使用高速挡时，电动机会以高速转动，使用低速挡时，电动机会以低速转动。在有些电控系统中，电动风扇由电脑控制。冷却液温度传感器向电脑传输与冷却液温度相关的信号。当冷却液温度达到规定值时，电脑使风扇继电器搭铁，继电器触点闭合并向风扇电动机供电，风扇工作。

风扇的扇风量主要与扇叶直径、扇叶数量、扇叶形状及扇叶安装角度等有关。

四、硅油风扇离合器

为减小发动机功率损失，减小风扇噪声，改善低温启动性能，节约燃料及降低排放，有的汽车发动机采用风扇离合器或风扇温控开关来控制风扇的转速，自动调节冷却系的冷却强度。

硅油风扇离合器的组成见图 7-9。主动轴 11 固定在风扇 15 的带轮上并由曲轴带动。主动板 7 紧固在主动轴壳体的左端且随主动轴一起转动。从动板 8、前盖 2 及壳体 9 连成一体。风扇固定在壳体上，壳体通过轴承 10 支承在主动轴上。双金属感温器 4 装在前盖上，其一端固定在前盖 2 上，另一端嵌在阀片轴 5 中。前盖和从动板之间的空腔为储油腔，其中储有高黏度的硅油。壳体与从动板之间的空腔为工作腔。从动板上有进油孔 A、回油孔 B 和漏油孔 C。

发动机冷却液温度较低时，阀片 6 不偏转，进油孔 A 关闭，工作腔内无油，风扇离合器处于分离状态。这时仅有密封毛毡圈3和轴承10摩擦，使风扇随同离合器壳体一起在主动轴上空转打滑，转速很低。当发动机的负荷增加，使吹向双金属感温器的气流温度超过65℃时，阀片转到将进油孔A打开的位置，于是硅油从储油腔进入工作腔，主动板利用硅油的黏性带动离合器壳体和风扇转动，此时离合器处于接合状态，风扇转速得到提高，以满足发动机需要增强冷却的需求。若发动机的负荷减小，流经双金属感温器的气流温度低于35℃时，双金属感温器复原，阀片将进油孔关闭，工作腔内硅油继续从回油孔B流向储油腔，直到甩空为止。这时风扇离合器又回到分离状态。漏油孔C的作用是防止硅油风扇离合器在静态时从阀片轴周围泄漏硅油。

五、节温器

节温器是控制冷却液流动路径的阀门，它根据发动机冷却液温度的高低，自动打开或关闭冷却液通向散热器的通道。

节温器一般装在机体上的水泵进水口或气缸盖出水口处。节温器阀门一般在87℃时开始开启，在102℃时全开。短路循环是常开的，这样可使冷却系统的温度提高到一个较高的水平，改善发动机的热效率，同时可以确保冷却系统始终有冷却液在循环。

按结构不同，节温器可分为蜡式、双金属式和折叠式三种。目前，汽车发动机中广泛采用的是蜡式节温器，它主要由主阀门、副阀门、石蜡及推杆等组成，如图7-10所示。低温时，石蜡体积小，副阀门开启、主阀门关闭，可实现冷却液小循环；高温时，石蜡体积膨胀，克服弹簧压力，关闭副阀门、打开主阀门，实现冷却液大循环。蜡式节温器具有工作性能稳定、水流阻力小、结构坚固、使用寿命长等优点。

电子节温器中常用的是电控蜡式节温器，其结构与传统蜡式节温器基本相同，如图7-11所示，区别于传统蜡式节温器的部件为温度调节单元。其中，热敏加热电阻丝1直

图 7-9 硅油风扇离合器

1—螺钉；2—前盖；3—密封毛毡圈；4—双金属感温器；5—阀片轴；6—阀片；7—主动板；8—从动板；9—壳体；10—轴承；11—主动轴；12—锁止板；13—螺栓；14—内六角螺钉；15—风扇
A—进油孔；B—回油孔；C—漏油孔

节温器

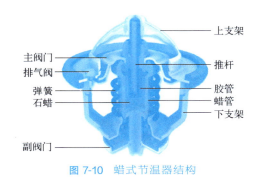

图 7-10 蜡式节温器结构

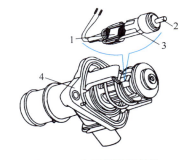

图 7-11 电子节温器结构

1—电阻丝；2—推杆；3—石蜡；4—壳体

接接触石蜡 3，被膨胀元件包裹，一端固接于推杆；热敏加热电阻丝的引出线连接到电子接插件接头。发动机电控单元根据冷却液温度传感器信号和控制策略，向石蜡内嵌的热敏加热电阻丝 1 提供 12V 可控占空比（PWM）电压，定量加热石蜡，通过推杆 2 调节相应节温器主阀门或副阀门的开度，实现精细调节发动机冷却液温度。

装用电控蜡式节温器，由于实现了冷却液温度的灵活精细控制，使发动机在各种工况下的冷却液温度均可满足燃烧过程的需求。

六、冷却系统主要零部件检修

1. 散热器的检测

（1）散热器水垢的清洗

清洗散热器水垢一般采用循环法，即先用酸性溶液洗涤，再用碱性溶液冲洗中和，清洗时清洗剂（除垢剂）以一定压力（一般为 10kPa）在气缸体水套或散热器内循环。一般 3~5min 即可清洗完毕。如果散热器内水垢较多，应拆下进水室和出水室，再使用通条疏通。

就车清洗步骤如下。

① 发动机在正常工作温度下熄火，立即放净冷却液（有节温器的应卸掉节温器），将清洗剂加入冷却系统。

② 启动发动机，中速运转 5~10min，期间可改变几次转速，以改变清洗剂的流速，以冲掉系统中的沉积物。然后熄火静置 10~12h，使清洗剂充分与水垢进行反应。

③ 重新启动发动机，中速运转 5~10min 后熄火，趁热放掉清洗剂。

④ 换入清洁水继续清洗两三次，直到放出的水无污物为止。

⑤ 装复节温器，清洗即告结束。

（2）散热器的渗漏检测

① 用专用检测仪进行检测。如图 7-12 所示，可将专用检测仪安装到散热器上，用检测仪手动泵对冷却系统加压至 100kPa 左右，然后仔细观察检测仪上压力表的指示变化。如果 2min 内压力下降至 15kPa，即压力指示出现明显下降时，说明散热器存在渗漏部位，应予以排除。

② 用压缩空气进行检测。将散热器进水口堵死，在散热器内充入 50~100kPa 的压缩空气，并将其浸泡在水中，查看有无气泡冒出。若有气泡，则应在冒气泡的位置做好标记，以便维修；若无气泡，再将压力提高至 120~150kPa，此时膨胀水箱上的压力阀应打开，否则应更换散热器。

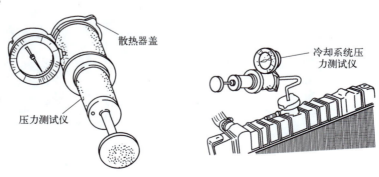

图 7-12 冷却系统压力试验

2. 水泵的检修

水泵拆装时不得猛打硬敲。检测水泵时拆卸皮带轮和水泵内轴承等主要部件应用专用工具。水泵的常见故障主要包括泵体出现裂纹、水泵轴发生变形或磨损、叶轮松脱或损坏、水封损坏及水泵轴承磨损等。

（1）就车检查水泵的技术状况

启动发动机，查看水泵溢水孔是否有渗漏。若渗漏，则表明水封损坏。同时听水泵工作时有无异响。停车后用手扳动风扇叶片，查看皮带轮与水泵轴配合是否松旷，稍有间隙感为正常；若明显松旷，表明皮带轮与水泵轴或皮带轮与锥形套配合松旷。

如果就车检查水泵无漏水、发卡、异响及带轮摇摆现象，可不对其分解，只加注润滑油即可。若有上述异常现象，则应分解检查，并予以修理。当皮带轮松旷摆动时，应检查风扇及皮带轮的螺栓及螺母，若松动应予拧紧；如螺栓和螺母紧固良好，皮带轮仍松旷摆动，则可能是水泵轴松旷，应分解水泵，检查水泵轴承，若松旷应予更换。

当水泵漏水时，应检查水泵衬垫、水泵泵壳上的泄水孔。当水泵衬垫漏水时，先检查水泵紧固螺栓是否松动，若松动应拧紧。若拧紧后仍漏水，应更换衬垫。当水泵泵壳上的泄水孔漏水时，应分解水泵，检查自紧式水封总成，若损坏应更换。更换后，应进行简易漏水试验，方法是堵住水泵进水口，将水注满叶轮室，转动泵轴，泄水孔应不漏水。

（2）水泵零件检修

泵壳出现裂纹可焊接或更换；水封转动环与静止环磨损起槽、表面剥落或破裂导致漏水时，应更换水封总成；水泵轴弯曲变形不得超过 0.05mm，否则应压校或更换；水泵轴颈及轴承磨损严重导致水泵轴的摆动超过 0.10mm 及水泵叶轮破损，均应更换新件；拆卸后各密封圈及密封垫均应全部换用新件。

（3）水泵的性能试验

水泵装合后，首先用手转动皮带轮，水泵轴转动应无卡滞现象，叶轮与泵壳应无碰擦感。然后在试验台上按原厂规定进行压力-流量试验，观察流量、压力是否符合制造厂的标准，是否有漏水现象。例如，解放 CA6102 型发动机水泵转速为 2000r/min 时，水泵流量不少于 140L/min；当转速为 3300r/min 时，水泵流量不少于 240L/min，压力不低于 0.121MPa。

3. 风扇的检修

风扇的检修一般包括以下几项。

① 检查扇叶是否破损、变形等，如果是，则应及时更换。
② 检查风扇内有无异物，如果有，则应及时清理。
③ 检查风扇护罩有无裂纹以及是否变形、损坏，如果出现上述情况，则应及时更换。
④ 检查风扇线束及插头是否老化、破裂等，如果是，则应及时更换。
⑤ 检查风扇电动机工作是否正常。具体检查方法：首先将风扇电动机与蓄电池的正负极连接，然后查看风扇电动机是否旋转。如果风扇电动机旋转，则表明风扇电动机工作正常，否则，应及时更换风扇电动机。

4. 电动风扇热敏开关的检查

以桑塔纳发动机为例检查电动风扇热敏开关。冷却液温度高于 98℃ 时风扇不转，应先检查熔丝是否熔断。如果熔丝良好，拔下热敏开关插头，将两插片直接接通。此时若风扇仍不转，表明电动风扇损坏，应予更换；若两插片接通后风扇转动，表明热敏开关损坏，应更换热敏开关（热敏开关应以 25N·m 的力矩拧紧）。

热敏开关也可用万用表检查，如图 7-13 所示。将热敏开关拆下并放入水中，然后逐渐加热并用万用表电阻挡测量热敏开关接线端与外壳间的电阻。当水温达到93～98℃时，万用表指针应指示热敏开关导通（电阻为0）；当水温下降至88～93℃时，万用表指针应指示热敏开关断开（电阻为无穷大）；否则表明热敏开关损坏，应更换新件。

图7-13 热敏开关的检查

图7-14 风扇皮带的张紧度检查

5. 皮带张紧度的检查和调整

汽车在使用中，若出现发电机不充电、发动机温度过高等现象，首先应检查风扇皮带的张紧度。

（1）皮带张紧度的检修

用大拇指按压风扇皮带中部（约98N），皮带应下凹7～18mm（小车）或15～20mm（大车），如图7-14所示。如果不符合要求，应松开调整螺母，改变发电机的位置以调整。

（2）皮带张紧度的调整

用梅花扳手松开固定发电机的螺母，然后用轮胎撬杠抵在发动机体和发电机的紧固部位，运用杠杆原理撬发电机使之移动，以调整皮带的张紧度。调好后，将松开的螺栓螺母重新紧固。

若风扇皮带张紧度过大，将增加动力损失，增加发电机和水泵轴承的负荷，使轴承磨损加剧，同时也会导致皮带的早期损坏；若风扇皮带张紧度过小，则易使皮带打滑，造成发动机过热，同时影响发电机的发电。

6. 硅油风扇的检修

① 检查冷却风扇叶片及风扇螺栓孔周围是否损坏和龟裂，若有，应更换冷却风扇。

② 检查风扇离合器的接合处和密封处有无泄漏，若有泄漏，则油量将减少，风扇速度会降低，导致发动机过热。检查时，转动连接在发动机上的风扇，应有阻力感。若风扇能轻易转动，表示有故障，检查双金属片是否损坏。

7. 节温器的检测

节温器的检测如图7-15所示，首先确认节温器主阀门的打开温度；再将节温器完全浸入冷却液中，慢慢将冷却液加热；然后通过插入冷却液中的温度计观察温度变化，检查节温器主阀门开始打开和全开时的温度，以及全开时节温器主阀门的升程。如果主阀门开始打开和全开时的温度不符合规定，则应及时更换节温器。一般蜡式节温器主阀门开始打开温度为(87±2)℃，全开时温度约为120℃，节温器最大升程约为8mm。

当温度低于主阀门开始打开温度时，检查节温器主阀门是否关闭，如果没有关闭，则应及时更换节温器。

对于不同的发动机，节温器的工作原理都相似，只是其主阀门打开温度不同。

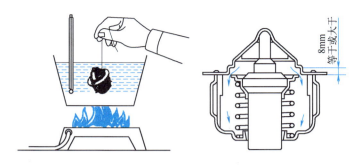

图 7-15 节温器的检测

任务实施1

冷却系统的维护保养

冷却系统的维护保养见表 7-3。

表 7-3 冷却系统的维护保养

操作步骤	操作示意图	说明
一、回顾发动机冷却系统组成及冷却液循环路径		
发动机冷却系统		1—冷却液散热器 2—电动风扇 3—特性曲线式节温器 4—特性曲线式节温器加热装置 5—电动油位传感器 6—膨胀水箱 7—废气涡轮增压器 8—暖风热交换器 9—发动机油/冷却液热交换器 10—冷却液温度传感器 11—电动冷却液泵
二、冷却系统渗漏的检测		
1. 外观检查	散热器及连接水管　气缸盖出水管 外观检查	仔细观察冷却系统组成部件外表是否有漏水痕迹
2. 暖机	怠速暖机 80～90℃	启动发动机,暖机至冷却液温度达到正常温度时停机

续表

操作步骤	操作示意图	说明
3. 打开冷却液储液罐盖	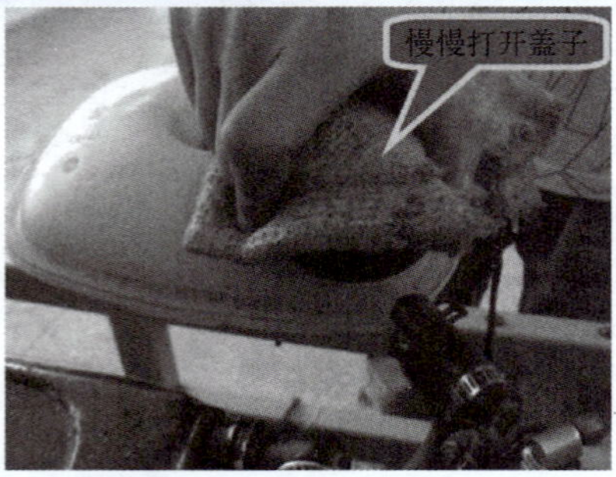 慢慢打开盖子	在打开冷却液储液罐盖时,可能会有蒸气喷出,应在盖子上包上抹布慢慢拧开
4. 安装压力测试仪,加压,观察压力变化情况	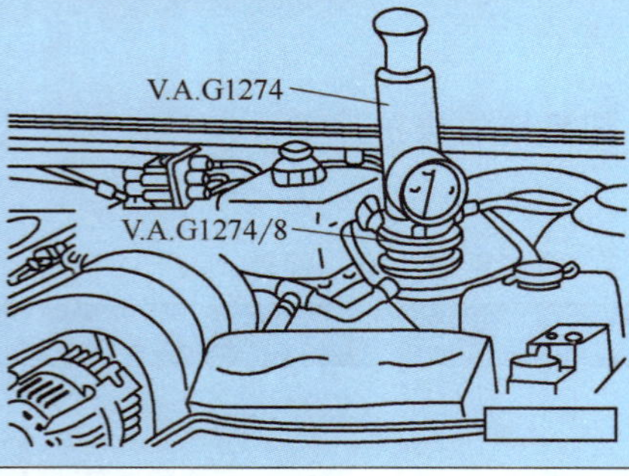 V.A.G1274 V.A.G1274/8	将压力测试仪安装到冷却液储液罐的加水口。使用手动真空泵产生约 0.15MPa 的气压(表压)。如果压力迅速下降,则找出渗漏的位置,排除故障
5. 检测散热器盖密封性	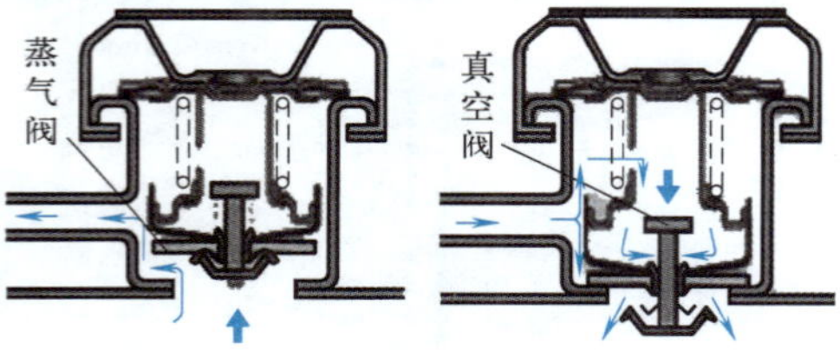 蒸气阀 真空阀 / 蒸气阀打开 真空阀打开 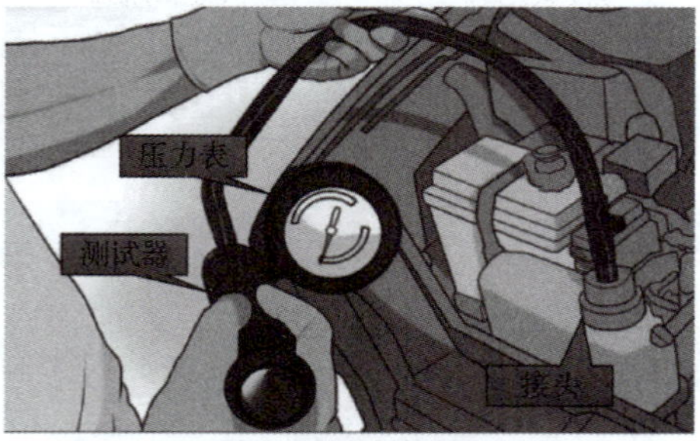 / 压力表 测试器 接头 / 散热器盖密封性检测	蒸气阀的开启压力为 0.12～0.15MPa;真空阀的开启压力为 0.09MPa。将散热器盖套在 V.A.G1274/8 上;使用真空泵使压力上升到 0.15MPa;当压力达到 0.12～0.15MPa 时,蒸气阀必须打开;当压力≥0.01MPa(绝对压力 0.09MPa)时,真空阀应打开

三、冷却液的检查

操作步骤	操作示意图	说明
1. 检查冷却液液面位置	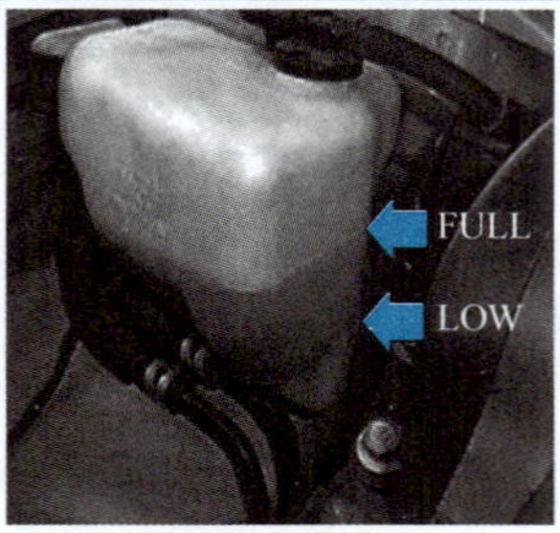 FULL LOW	冷却液的液面位置应在低(LOW)和满(FULL)两条标记线之间。如果液面位置低,则应检查是否有渗漏,并添加冷却液至"FULL"线位置

续表

操作步骤	操作示意图	说明
2. 检查冷却液质量		在散热器盖和散热器注水口的周围应没有任何锈迹或积垢。如果过脏,则应更换冷却液
四、冷却液的更换		
1. 拧开冷却液储液罐盖,放置收集盘		在打开冷却液储液罐时,可能会有蒸气喷出,应在盖子上包上抹布慢慢拧开。在发动机下放置冷却液收集盘
2. 放出冷却液		松开夹箍,拔下散热器出水管,放出冷却液。然后连接散热器出水管
3. 简单清洗		将发动机冷却系统加满清洁水,启动发动机运转 5min 后放出
4. 加注冷却液		加冷却液至储液罐最高点标志处

续表

操作步骤	操作示意图	说明
5. 运转发动机，打开热风开关	怠速5～7min　热风最高挡位	使发动机运转5～7min，同时打开空调热风开关，调到最大风量，使冷却系统充满冷却液
6. 视情况补加冷却液	发动机转速表　2000r/min　FULL　LOW　两刻线之间	继续从加水口处加冷却液进行排空，直到无气泡冒出为止。把发动机的转速固定在2000r/min，往储液罐加满冷却液后盖紧储液罐盖。同时往膨胀水箱加冷却液到高、低刻度线中间位置
7. 路试	水温表指示正常	检查水温是否偏高，检查冷却液量等

五、清理场地、整理工位

 任务实施2

冷却系统的拆装与检修

冷却系统的拆装与检修见表7-4。

表7-4　冷却系统的拆装与检修

操作步骤	操作示意图	说明
一、水泵的检测		
1. 水泵皮带张紧度的检查	调整螺栓　98N的力　6～8mm	在皮带中部用大约98N的力下压时，应有6～8mm的下陷。皮带松紧度过大会消耗更多的发动机动力；过小会导致皮带打滑，水泵泵送能力下降

项目七 冷却系统的构造与检修 **283**

续表

操作步骤	操作示意图	说明
2. 打开发动机散热器盖	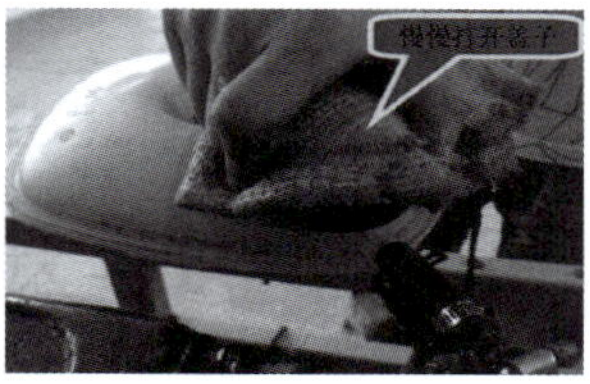	便于观察冷却液循环情况
3. 启动发动机,缓慢加速,观察冷却水循环情况		观察加水口内冷却水的循环,若不断加快,则水泵工作正常,叶轮也不打滑。反之,水泵有问题
4. 拆卸气缸盖,通过散热器进水室接头胶管检测水泵(另一种检测水泵的方法)	 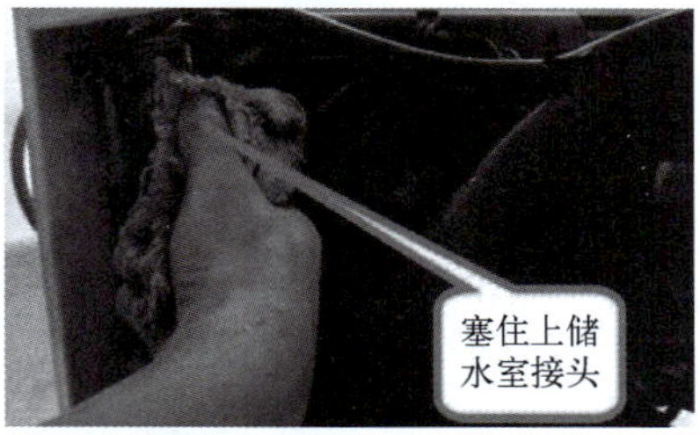 	当不易从加水口观察冷却水循环时,让发动机在水温较高时熄火,并迅速拆下气缸盖通往散热器进水室接头的胶管,再用布团将进水室接头塞住,从加水口向散热器内加注冷却水,再启动发动机,若气缸水套内和散热器中的水被水泵泵出胶管外 200mm 左右,说明水泵工作正常,叶轮也不打滑,反之则异常
5. 拆卸水泵	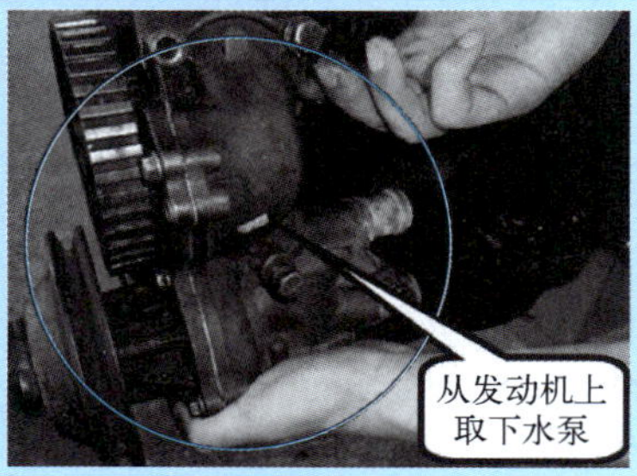	按拆卸要求进行

续表

操作步骤	操作示意图	说明
6. 检查皮带轮和水泵轴	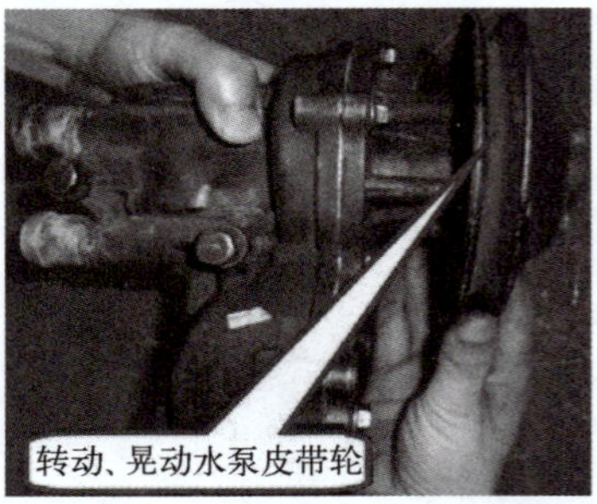 转动、晃动水泵皮带轮	检查水泵轴承转动是否平稳和有无噪声。如转动不顺或轴承间隙过大,应更换水泵
7. 安装水泵	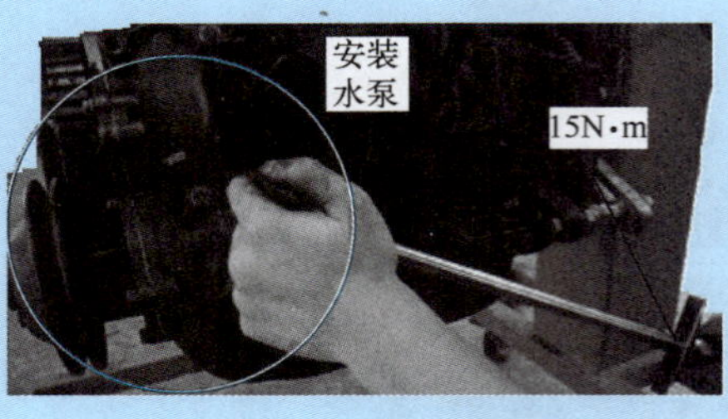 安装水泵 15N·m	按水泵安装要求操作。拧紧水泵螺栓的力矩为 15N·m

二、节温器的检测

操作步骤	操作示意图	说明
1. 拆下节温器	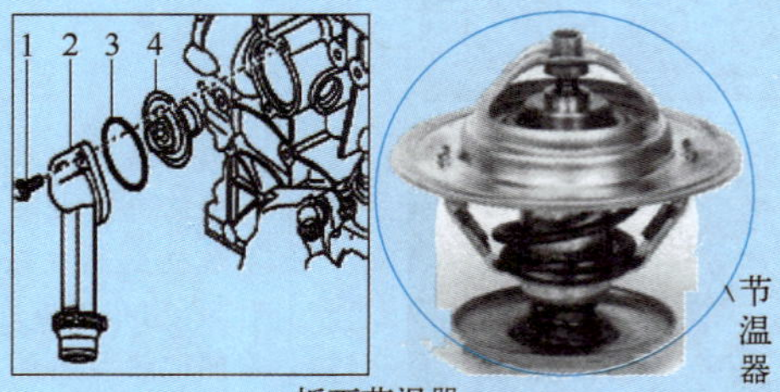 拆下节温器 节温器	按拆卸要求从发动机上拆下节温器。 1—螺栓 2—节温器盖 3—O形密封圈 4—节温器
2. 检测节温器阀门	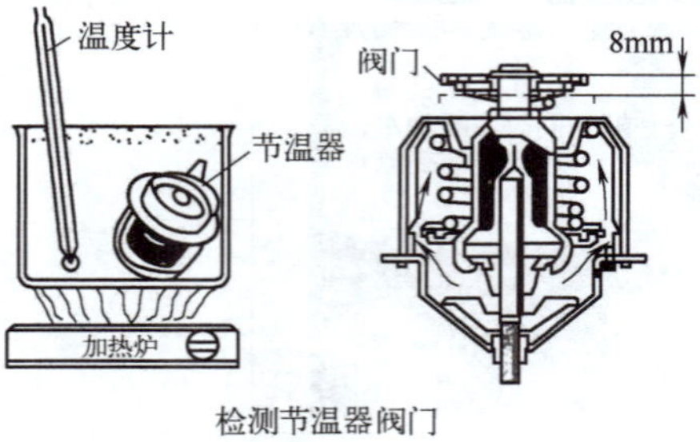 温度计 节温器 加热炉 阀门 8mm 检测节温器阀门	在水中加热节温器,观察节温器阀门开启温度和升程。节温器阀门开始打开温度为(87±2)℃,结束打开温度约120℃,升程约为8mm
3. 安装节温器	按拆卸时的相反顺序安装	按安装要求装复节温器。清洁O形圈密封表面、节温器感温部分。必须在气缸体内用冷却液浸湿新O形密封圈

续表

操作步骤	操作示意图	说明
三、散热器水管堵塞的检测		
1. 打开散热器加水口盖，调整散热器内液面高度		使进水室的水位低于加水口10mm左右
2. 启动发动机，运转，观察水位变化，判断堵塞情况		启动发动机，先以怠速运转，注意观察水流和水位，随后使发动机转速提高到1200r/min左右，仔细观察转速提高时的水位变化。 ①若高速比怠速时水位升高，甚至冷却液溢出加水口，则说明管道堵塞。 ②若高速比怠速时水位略低，而且随着发动机转速的稳定，水位相对保持不变，则表明散热器畅通、水管无堵塞
3. 添加冷却液，盖上加水口盖，路试		检查水温是否偏高，检查冷却液量等
四、电动风扇与热敏开关的检测		
1. 启动发动机，使冷却液的温度高于98℃，观察风扇是否转动		当冷却液的温度高于98℃时，冷却风扇应该转动

续表

操作步骤	操作示意图	说明
2. 检查熔丝	观察其是否熔断、锈蚀等 熔丝	当冷却液温度高于98℃时风扇不转，应先检查熔丝是否熔断
3. 判断风扇是否损坏	热敏开关 热敏开关插头 热敏开关插座	如果熔丝良好，则拔下热敏开关插头，将两插片直接接通。此时若风扇仍不转，表明电动风扇损坏，应予更换
4. 判断热敏开关是否损坏	连接导线 观察风扇是否旋转 插头的两插片直接接通	若热敏开关的两插片接通后风扇转动，表明热敏开关损坏，应更换热敏开关（热敏开关应以25N·m的力矩拧紧）
5. 热敏开关的电阻检测法	散热器热敏开关 温度计 加热炉 万用表 热敏开关的检测	将热敏开关拆下并放入水中，然后逐渐加热并用万用表电阻挡测量热敏开关接线端与外壳间的电阻。当水温达到93～98℃时，万用表指针应指示热敏开关导通（电阻为0）；当水温下降至88～93℃时，万用表指针指示热敏开关断开（电阻为无穷大）。否则表明热敏开关损坏，应更换新件

项目七 冷却系统的构造与检修 **287**

续表

操作步骤	操作示意图	说明
5. 热敏开关的电阻检测法	热敏开关导通性检测	将热敏开关拆下并放入水中,然后逐渐加热并用万用表电阻挡测量热敏开关接线端与外壳间的电阻。当水温达到93~98℃时,万用表指针应指示热敏开关导通(电阻为0);当水温下降至88~93℃时,万用表指针指示热敏开关断开(电阻为无穷大)。否则表明热敏开关损坏,应更换新件

五、整理工具、清理工位

任务三 冷却系统常见故障诊断与排除

任务引入

启动发动机后,刚行驶一会儿,发动机突然过热,小刘赶紧停车熄火。他将车送到维修厂,经过维修技术人员的专业诊断,发现故障是因气缸垫烧蚀使高温气体进入冷却系统所致,更换气缸垫后故障排除。

本任务要求学生了解冷却系统的常见故障,掌握冷却系统常见故障的诊断与排除方法,能够进行冷却系统常见故障的诊断与排除。

知识准备

冷却系统常见故障有冷却液消耗异常引起的发动机过热、冷却液充足但发动机过热、发动机突然过热、发动机工作温度过低和冷却系统腐蚀等。

一、冷却液消耗异常引起的发动机过热

1. 故障现象
① 冷却系统容纳不了规定的冷却液量。
② 运行中冷却液消耗异常,使发动机过热。

2. 故障原因
① 冷却系统外部漏水,一般发生在软管接头、散热器芯、散热器盖、水泵等处。
② 冷却系统内部渗漏,如气缸盖螺栓松动、气缸盖翘曲、气缸盖和缸体开裂、气缸垫水道孔与气缸相通等。

3. 故障诊断与排除
① 发动机运转时,首先仔细检查冷却系统外部是否漏水。如果发现漏水,则可以通过调节紧固件来排除漏水部位。

② 水泵泄水孔漏水常被误认为散热器出水管漏水。检查水泵泄水孔是否漏水，可用干燥洁净的木条伸到水泵泄水孔处，如果木条上有水，则说明水泵因密封不严而漏水。

③ 如果冷却系统外部不漏水，则应检查冷却系统内部是否漏水。当发动机运转时，如果排气管排出大量的冷却液蒸气，或者拔出机油标尺后发现机油中有冷却液，则说明水套破裂或气缸垫水道孔破损、气缸盖螺栓松动、气缸盖翘曲、气缸盖和缸体开裂等，致使冷却液漏入气缸或进、排气道内。

二、冷却液充足但发动机过热

1. 故障现象

冷却液充足，但发动机过热，此时冷却液工作温度超过100℃，严重时还会出现沸腾（俗称"开锅"）现象；或者发动机运行中冷却液工作温度超过90℃，如果此时停车，冷却液将立刻沸腾。

2. 故障原因

引起此故障现象的原因主要有冷却系统散热能力下降和发动机产生热量增加两方面。

① 百叶窗开度不足，风扇不转。
② 散热器出水管老化、水泵损坏或皮带打滑。
③ 节温器失灵，使冷却液大循环受阻。
④ 散热器堵塞。
⑤ 分水管已损坏、堵塞或水套内积垢太多。
⑥ 非冷却系统故障引起的发动机过热的原因主要有超负荷、低速挡行驶时间过长，点火过早、过晚，混合气过浓或过稀等。此外，汽车使用条件如气候、风向、道路、负荷等因素也影响发动机温度。

3. 故障诊断与排除

① 检查风扇是否转动，如果风扇不转，则应及时对其进行维修或更换。再检查风扇电动机及温控开关是否损坏，如果损坏，则应及时更换。

② 如果风扇转动正常，用手小心地感受散热器和发动机的温度。如果发动机温度高，散热器温度低，则说明冷却液循环不良，此时应检查散热器出水管是否老化吸瘪。如果散热器出水管老化吸瘪，则应及时更换。检查水泵皮带是否打滑，如果打滑需调整或更换。

③ 如果散热器出水良好，则应拆下散热器进水管，启动发动机试验，冷却液应排出有力，否则说明节温器失灵或水泵损坏。进一步拆下节温器试验，如果散热器进水管仍不排水，则说明水泵有故障；如果拆下节温器后散热器进水管变得排水有力了，则说明节温器有故障，应及时更换。

④ 检查散热器各部位温度是否均匀，如果冷热不均匀，则说明散热管堵塞。

⑤ 检查发动机各部位温度是否均匀，如果发动机的后端温度高于前端，则说明分水管已损坏或堵塞，应及时更换。

⑥ 对于长期未清洗水垢的发动机，如果出现发动机过热无法冷却，则说明水套内积垢太多，可采用化学溶剂清洗水垢。

⑦ 如果冷却系统没有故障，则可能是非冷却系故障引起的发动机过热的原因，此时主要检查是否超负荷、低速挡行驶时间过长，点火过早、过晚，混合气过浓或过稀等，如果不合适，及时调整。

三、发动机突然过热

1. 故障现象
冷车启动后，冷却液温度迅速升高而产生"开锅"现象；或者汽车行驶中发动机突然过热。

2. 故障原因
① 冷却系统严重漏水。
② 风扇不转动。
③ 节温器损坏，致使冷却液不能进行大循环。
④ 气缸垫烧蚀或气缸盖出现裂纹，高温气体进入冷却系统。

3. 故障诊断与排除
① 检查冷却液液位，看冷却液量是否充足，如果不足，则需要添加冷却液。
② 检查风扇是否转动，如为电动风扇，则应检查温控开关、电动机及电路是否损坏。
③ 如果冷却液量充足，风扇转动正常，则可用手小心地感受散热器和发动机的温度。如果发动机温度很高，而散热器温度很低，则说明节温器损坏。
④ 如果冷车启动发动机后，散热器注液口处立即向外溢出冷却液并排出大量气泡，则说明气缸垫烧蚀或气缸盖出现裂纹，使高温气体进入冷却系统。此时，应焊修裂纹或更换气缸套、气缸垫。

四、发动机工作温度过低

发动机暖机时间过长，不仅使热效率降低，功率降低，而且不利于润滑，导致发动机磨损加快。

1. 故障现象
发动机行驶乏力，发动机油耗增加，发动机工作很长时间或全部工作时间内，冷却液温度达不到正常工作温度范围，低于85℃。该故障现象多发生在在寒冷地区或冬季行驶时。

2. 故障原因
① 节温器失效，卡在全开位置，冷却液在低温状态下也进行大循环。
② 散热器风扇电动机发生故障、风扇电动机只能以高速挡运转。
③ 水温表或水温传感器失效。
④ 环境温度太低且逆风行驶。

3. 故障诊断与排除
① 检查散热器风扇电动机工作是否正常，如不正常，可能是水温传感器和风扇电动机故障，对其进行检测。
② 发动机启动时，检查散热器的出水管和暖风散热器出水管温度是否相同。若相同，则说明节温器常开，冷却系统直接进入大循环，需更换节温器。

五、冷却系统腐蚀

1. 故障现象
散热器中的冷却液已经变成棕色，且冷却效果变差。

2. 故障原因
膨胀水箱堵塞，氧气进入冷却系统。

3. 故障诊断与排除

腐蚀一般是由冷却系统中存在的氧气引起的，如果膨胀水箱堵塞，则氧气会进入冷却系统。观察冷却液的颜色，如果有锈色，则说明冷却系统极有可能已被腐蚀。腐蚀很容易造成水封和水泵轴承的损坏，如果发现损坏，则应及时更换水封装置和水泵轴承。

如果冷却系统已被腐蚀，则需要采用逆流冲洗的方法将冷却系统冲洗干净，即用水和空气按与冷却液流向相反的方向冲洗，如图7-16所示。一些汽车维修车间有冷却液冲洗机，它提供冲洗冷却系统中大多数腐蚀物所需的空气和水。冲洗散热器时，将水和空气压入散热器的出水口，让水和腐蚀物从散热器的进水口流出。注意不要对冷却系统施加太大的压力，否则可能损坏散热器。冲洗气缸体时，首先拆下节温器，然后将水和空气压入节温器出水口，让水和腐蚀物从水泵进水口流出。

故障修好后，重新加注冷却液。注满冷却液后，必须将冷却系统内的空气排出，确保没有气泡。先不要将散热器盖盖上，启动发动机运转，直到节温器打开为止，冷却液将通过散热器进行循环，残存的气泡会通过散热器进水口溢出。另外，还可以按厂家建议的方法来给散热器排气。

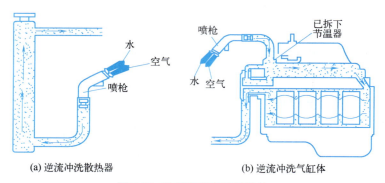

(a) 逆流冲洗散热器　　(b) 逆流冲洗气缸体

图7-16　冷却系统逆流冲洗法

 任务实施

发动机冷却液温度过高的故障诊断与排除

1. 情景描述

某天，小军开着自己的爱车（广汽丰田凯美瑞轿车）回老家，在驶过一段泥泞的山路后发现自己的爱车出现了问题：发动机冷却液温度过高，冷却液温度表指针到达红色线，且偶尔伴有冷却液沸腾的现象。为避免造成更严重的发动机故障，小军选择在安全地带停车，拨打了救援电话。救援车将轿车送到汽车维修厂维修。

2. 故障诊断与排除

① 维修人员先对故障现象进行验证。启动车辆，模拟车主驾驶，连接汽车故障诊断仪，时刻监视冷却液温度状态。发动机初始温度90℃时（已预热过发动机），在空载条件下行驶了1km左右，冷却液温度升高至105℃，自动变速器机油温度达到103℃。继续行驶，冷却液温度达到120℃，冷却液温度表指针指到了红色线，显示屏显示"冷却液温度异常"。维修人员确认了小军反映的故障现象。

② 维修人员检查后发现，冷却液足够，大循环、小循环正常，散热器无泄漏，散热器盖密封良好。保持发动机怠速，当冷却液温度达到95℃时，风扇低速运转；当冷却液温度降到91℃时，风扇停止运转。查阅该车型的维修手册，冷却液温度为80～100℃时，风扇应

以低速运转。联想到小军回老家经过了一段泥泞的山路,维修人员猜测故障是由百叶窗堵塞所致。维修人员将散热器拆下,发现百叶窗的通风孔几乎被泥堵死了。

③ 维修人员拆下百叶窗清洗掉堵塞百叶窗的泥后,重新装上百叶窗并加冷却液试车,冷却液温度正常,故障排除。

 拓展知识

辅助热管理系统

图 7-17 所示为汽油发动机冷却回路示意图。该汽油发动机有一个辅助热管理系统,旨在缩短冷启动后的预热阶段,并对产生的热量进行引导以提高效率。其优点是减少内部发动机磨损,减少排放,减少会降低燃油效率的加热措施的使用。

辅助热管理系统的主要新技术是可变冷却液泵和电控节温器。

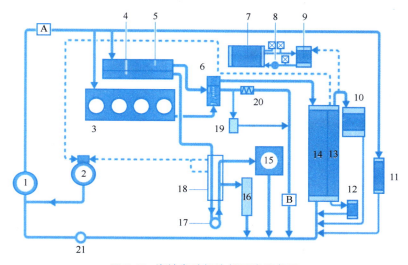

图 7-17 汽油发动机冷却回路示意图

1—可变冷却液泵;2—冷却液膨胀水箱;3—气缸体;4—集成排气歧管;5—气缸盖;6—电子节温器;7—增压空气散热器;8—增压空气冷却液泵;9—增压空气冷却器;10—辅助散热器;11—发动机油冷却器;12—变速器油冷却器;13—散热器过冷器;14—散热器;15—加热器芯;16—涡轮增压器;17—辅助冷却液泵;18—涡流罐;19—电子节气门;20—加热器芯偏置流量阀;21—散热器出口发动机冷却液温度传感器;A—进口冷却液分供管;B—旁通阀

一、可变冷却液泵

可变冷却液泵结构如图 7-18 所示,可对冷却液泵加以控制以提供最佳流量,支持来自发动机部件的所有冷却请求。冷却液泵内有一个导流罩,导流罩在泵叶轮上滑动,可防止将冷却液泵送到发动机周围。泵产生内部压力,用于移动导流罩。泵的每次旋转都会产生压力,然后,在电磁阀的控制下,这个压力被转移至导流罩总成或传回冷却液系统。因此,如果泵不旋转,导流罩就不会移动。电磁阀由 12V 电源供电,PCM(脉冲编码调制)在接地侧通过 PWM(脉冲宽度调制)对其进行控制。从 0 到 100% 流量的所有请求均可在大多数发动机转速下实现,从而实现发动机的全面热管理策略。泵内的压力作用在壳体中的复位弹簧上。没有来自 PCM 的信号时,电磁阀会打开,因而导流罩在弹簧力的作用下返回其底座位置,使泵产生全流量(重点说明:如果冷却液泵不旋转,则连接至线束时导流罩将不工作。冷却液泵必须旋转才能产生用以移动导流罩的内部压力)。

在发动机冷启动过程，泵叶轮完全由导流罩盖住，因此冷却液不会泵入发动机气缸体。随着部件预热，流量请求分 5 个阶段增大。在冷却液温度达到最佳开启温度 85℃ 时，导流罩将移至最远位置，从而在节温器管理的温度控制下实现最大泵送。

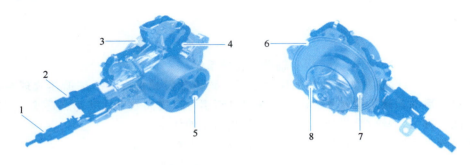

图 7-18　可变冷却液泵结构

1—位置传感器接头；2—导流罩控制电磁阀接头；3—可变冷却液泵主体；4—位置传感器；
5—驱动皮带轮轮毂；6—密封件；7—导流罩；8—泵叶轮

二、电控节温器

电控节温器包括一个节温器主阀和一个节温器隔断阀。在预热阶段，隔断阀阻止冷却液流出气缸体。隔断阀包含一个旁通阀，旁通阀实际上是一个屏蔽元件，当隔断阀打开时，旁通阀关闭通向旁通软管的冷却液路径，如图 7-19 所示，这样就可以独立控制供应至气缸盖和气缸体的冷却液的流量，改善发动机预热时间。

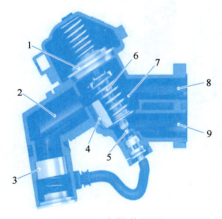

图 7-19　电控节温器

1—节温器主阀；2—至冷却液旁通软管；
3—偏置阀；4—带一体式旁通阀的节温器
隔断阀；5—节温器加热元件；6—蜡式元件；
7—冷却液温度传感器；8—来自气缸盖通道；
9—来自气缸体通道

节温器隔断阀包括一个蜡式元件以及一个 PCM 控制的加热元件。通电后，加热元件加热蜡式元件，使节温器隔断阀打开，让冷却液从气缸体流回冷却液泵。

随着冷却液温度继续升高，节温器主阀的蜡式元件膨胀并打开，从而允许冷却液流过散热器。因此，在预热阶段，节温器主阀不仅根据冷却液温度直接对冷却系统操作，而且还在 PCM 指定下操作加热元件和节温器旁通阀，以实现更精密的冷却液温度控制。

捷豹路虎集团某 2.0L 汽油发动机的目标运行温度为 85～100℃（185～212°F），除非负载增加，否则始终都会低于 100℃（212°F）。节温器主阀的蜡式元件的打开温度为 105℃（221°F），因此，可以增大节温器加热元件的占空比来帮助打开节温器主阀的蜡式元件，从而维持 100℃（212°F）目标温度。

如果发动机在较高的负载条件下或在高速循环时运行，则将发动机调节至降低的工作温度（大约 90℃/194°F）。

在发动机转速较低时，安装在旁通阀出口内的偏置阀会将液流偏置到座舱加热器（重点说明：电控节温器不可维修。节温器、温度传感器或加热元件出现故障时，需要更换整个单元）。

1. 冷态发动机工况

节温器主阀和隔断阀关闭，旁通阀打开，将允许泵送的冷却液流过气缸盖，从节温器壳体流出，流过节气门，然后通过旁通软管返回冷却液泵。隔断阀关闭后，冷却液将无法流过发动机气缸体，冷却液泵输出得到控制，以便使流过冷却系统的冷却液流量达到最小，具体取决于发动机负载、发动机转速和座舱加热的需求。此功能允许发动机和冷却液更加快速地预热。

2. 预热发动机工况

在目标温度下，电加热元件通电以打开节温器隔断阀。此时冷却液可以不受限制地流过发动机气缸体，冷却液泵输出再次得到调节，从而符合发动机负载、转速和座舱加热的需求。

3. 热态发动机工况

在目标温度下，冷却液泵输出设为最大，导致冷却液持续流动。当隔断阀打开时，旁通阀同时关闭，并限制施加到偏置阀上的冷却液流。热冷却液将依然流至加热器芯回路。任何多余的冷却液压力都将作用在偏置阀上，该阀将打开，以允许冷却液从发动机流入节温器旁通阀出口。

4. 正常工作温度（发动机低负载）

蜡式元件对冷却液温度做出反应并打开节温器主阀（较高的发动机温度）。此时，冷却液可以从发动机流入散热器顶部软管。冷却液由散热器进行冷却，然后从底部软管流出。在发动机温度约为 105℃ 时，节温器主阀将打开。

5. 正常工作温度（发动机高负载）

加热元件激活，此时节温器在较低的（正常）温度下打开。节温器的打开和关闭会将发动机温度保持在 85～100℃。

思考与练习

一、填空题

1. 离心式水泵主要由泵体、_____ 轴、_____、水封、水泵轴承及 _____ 等组成。
2. 按冷却液的颜色分 _____、_____、_____ 的冷却液。
3. 冷却系统以冷却液作为冷却介质，主要由散热器、_____、_____、_____、_____ 等组成。
4. 按结构不同，节温器可分为 _____、_____ 和 _____ 三种。
5. 节温器泄漏失效后，冷却液只进行 _____；取掉节温器，冷却液总是 _____。两种情况都不正确。

二、选择题

1. 以下靠调节冷却液流向来调节冷却强度的是（　　）。
   A. 风扇离合器　　　　B. 百叶窗　　　　C. 水泵　　　　D. 节温器
2. 当桑塔纳 AJR 型发动机水温为 90℃ 时，冷却系统进行的是（　　）。
   A. 小循环　　　　　　B. 混合循环　　　C. 大循环
3. 检查水泵皮带的张紧度时，当压下 98N 的力时，其挠度一般为（　　）mm。
   A. 10～15　　　　　　B. 5～10　　　　　C. 0～5　　　　D. 15～20
4. 一般发动机正常的工作温度是（　　）℃。

A. 85～95 B. 95～105 C. 85～105 D. 105～125

5. 用来释放散热器水箱内高压蒸气的阀门是（ ）。

A. 真空阀 B. 旁通阀 C. 蒸气阀 D. 散热器放水开关

6. 大循环时，冷却液从（ ）进入散热器进行冷却。

A. 侧阀门 B. 主阀门 C. 限压阀 D. 膨胀水箱

7. 蜡式节温器中的蜡泄漏时，（ ）。

A. 只能进行大循环 B. 只能进行小循环
C. 大、小循环都不能进行 D. 大、小循环都能进行

三、简答题

1. 冷却系统的功用是什么？
2. 简述冷却系统的小循环和大循环。
3. 发动机温度过高或过低各有哪些危害？
4. 取下节温器不用，可能会给发动机带来哪些危害？
5. 发动机突然过热的原因有哪些？

【汽车文化传承】

中国第一位汽车院士郭孔辉——从"红旗"开始，穷尽一生只为汽车

郭孔辉（1935.7.12—），汽车设计研究专家，中国工程院院士。中学毕业后，他以优异的成绩考取了清华大学航空专业（入学第二年，该专业并入北京航空航天大学）。读到大三时，忽然有一天晚上，学校通知他和另外几名同学转学，原因是他们有海外关系。无奈，郭孔辉转到了华中科技大学汽车拖拉机系，该系后来并入长春汽车拖拉机学院（吉林工业大学前身）。"大学四年我念了4个学校，由学航空变为学汽车。"郭孔辉说。其实也正是因为这份不太平静的大学经历，才使他得以和汽车结缘，一份不解之缘。

大学毕业后，郭孔辉被分配到北京汽车拖拉机研究所工作。后来，研究所一分为二，他又随新的汽车研究所来到长春，主要从事汽车悬架设计与振动研究。从此以后，他扎根于这座北国春城。

1958年，中国第一辆国产高档轿车"红旗"轿车正式下线。第一汽车制造厂请郭孔辉主导解决"红旗"轿车的高速操纵性问题。这是一块烫手的山芋，没有人搞得懂，技术难度很大。

人活着总是要有使命感的，郭孔辉最终排除了一切顾虑接下了任务。从此以后，他把全部精力和时间都投入到汽车操纵稳定性、平顺性、制动与驱动稳定性以及轮胎力学等学术领域，几年后，他成功地解决了"红旗"轿车的高速发飘问题。

随着研究的深入，郭孔辉编写了《汽车操纵稳定性》《汽车操纵动力学》两本专著；还创建了自己的轮胎模型，即全工况的UniTire模型，目前全世界只有两个轮胎模型，这是其中之一；他在国内外发表了250余篇论文，获国家及部级科技进步奖7项。他的专业造诣和研究成果逐渐达到了世界领先水平。

1994年6月，郭孔辉当选为中国工程院首批院士，他也是中国第一位汽车院士。

参考文献

［1］关文达. 汽车构造［M］. 4版. 北京：机械工业出版社，2016.
［2］姚为民. 汽车构造（上册）［M］. 7版. 北京：人民交通出版社，2021.
［3］郑劲，潘宗友. 汽车发动机构造与维修［M］. 2版. 北京：化学工业出版社，2015.
［4］刘红等. 汽车发动机构造与维修［M］. 北京：北京工业大学出版社，2017.
［5］陈强明等. 汽车发动机构造与维修［M］. 上海：上海交通大学出版社，2021.
［6］张兵等. 汽车发动机电控系统结构检修［M］. 北京：北京工业大学出版社，2017.
［7］盛国超等. 汽车发动机构造与检修［M］. 北京：机械工业出版社，2022.
［8］杜文锁，冯斌等. 汽车故障诊断与检测技术［M］. 北京：化学工业出版社，2016.
［9］仇雅莉. 汽车发动机构造与维修［M］. 3版. 北京：机械工业出版社，2015.

汽车发动机构造与维修

任务工单

班级：_____

姓名：_____

学号：_____

化学工业出版社

汽车发动机构造与维修

任 务 工 单

班级：_____

姓名：_____

学号：_____

目 录

项目一 发动机的总体构造认识 ………………………………………………………………… 1
    任务 认识汽车发动机 ………………………………………………………………………… 1
        任务工单——发动机的总体认识 ……………………………………………………… 1

项目二 曲柄连杆机构的构造与检修 …………………………………………………………… 3
    任务一 认识曲柄连杆机构 …………………………………………………………………… 3
        任务工单——气缸压力的检测 ………………………………………………………… 3
    任务二 机体组 ………………………………………………………………………………… 5
        任务工单——气缸盖的拆装检修 ……………………………………………………… 5
    任务三 活塞连杆组 …………………………………………………………………………… 7
        任务工单——活塞连杆组的拆装检修 ………………………………………………… 7
    任务四 曲轴飞轮组 …………………………………………………………………………… 10
        任务工单——曲轴飞轮组的拆装检修 ………………………………………………… 10
    任务五 曲柄连杆机构常见故障诊断与排除 ………………………………………………… 13
        任务工单——曲轴主轴承异响的故障诊断与排除 …………………………………… 13

项目三 配气机构的构造与检修 ………………………………………………………………… 15
    任务一 认识配气机构 ………………………………………………………………………… 15
        任务工单——气门间隙的检查与调整 ………………………………………………… 15
    任务二 气门组 ………………………………………………………………………………… 17
        任务工单——气门组的拆装与检测 …………………………………………………… 17
    任务三 气门传动组 …………………………………………………………………………… 20
        任务工单——正时带配气机构的拆装和气门传动组的检修 ………………………… 20
    任务四 可变进气系统 ………………………………………………………………………… 23
        任务工单——可变进气系统认识及检查 ……………………………………………… 23
    任务五 配气机构常见故障诊断与排除 ……………………………………………………… 26
        任务工单——液力挺柱异响故障诊断与排除 ………………………………………… 26

项目四 电控汽油机燃料供给系统的构造与检修 ……………………………………………… 28
    任务一 认识电控汽油机燃料供给系统 ……………………………………………………… 28
        任务工单——电控汽油机燃料供给系统的认识 ……………………………………… 28
    任务二 空气供给系统 ………………………………………………………………………… 30
        任务工单——空气供给系统的拆装与检修 …………………………………………… 30
    任务三 燃油供给系统 ………………………………………………………………………… 32
        任务工单——燃油供给系统的清洗维护和检测 ……………………………………… 32
    任务四 电子控制系统 ………………………………………………………………………… 34
        任务工单——电子控制系统主要元件的检测和怠速控制系统的检修与调整 ……… 34
    任务五 发动机排气系统与增压系统 ………………………………………………………… 37

任务工单——排气系统的检查和排放控制系统的检测 …………………………………… 37
　　任务六　电控汽油机燃料供给系统常见故障诊断与排除 ………………………………… 40
　　　任务工单——发动机启动困难的故障诊断与排除 …………………………………………… 40

项目五　柴油机燃料供给系统的构造与检修 ………………………………………………… 42
　　任务一　认识柴油机燃料供给系统 ……………………………………………………… 42
　　　任务工单——柴油机燃料供给系统的认识 ……………………………………………………… 42
　　任务二　柴油机燃料供给系统主要部件 ………………………………………………… 44
　　　任务工单——柴油机燃料供给系统的维护与调试及主要部件的拆检 ……………………… 44
　　任务三　电控柴油机燃料供给系统 ……………………………………………………… 47
　　　任务工单——电控柴油机燃料供给系统的认识 ………………………………………………… 47
　　任务四　柴油机燃料供给系统常见故障与排除 ………………………………………… 49
　　　任务工单——柴油机冒白烟故障诊断与排除 …………………………………………………… 49

项目六　润滑系统的构造与检修 ……………………………………………………………… 51
　　任务一　认识润滑系统 …………………………………………………………………… 51
　　　任务工单——润滑系统的认识 …………………………………………………………………… 51
　　任务二　润滑系统主要零部件 …………………………………………………………… 53
　　　任务工单——润滑系统的维护保养及主要零部件检修 ………………………………………… 53
　　任务三　润滑系统常见故障诊断与排除 ………………………………………………… 56
　　　任务工单——机油报警灯亮，报警器响的故障诊断与排除 …………………………………… 56

项目七　冷却系统的构造与检修 ……………………………………………………………… 58
　　任务一　认识冷却系统 …………………………………………………………………… 58
　　　任务工单——冷却系统的认识 …………………………………………………………………… 58
　　任务二　冷却系统主要零部件 …………………………………………………………… 60
　　　任务工单——冷却系统的维护保养及拆装检修 ………………………………………………… 60
　　任务三　冷却系统常见故障诊断与排除 ………………………………………………… 63
　　　任务工单——发动机冷却液温度过高的故障诊断与排除 ……………………………………… 63

项目一 发动机的总体构造认识

任务 认识汽车发动机

任务工单——发动机的总体认识

一、任务目的

① 熟悉汽车发动机的分类、组成、基本术语、工作原理。
② 了解发动机主要性能指标与特性。
③ 掌握内燃机名称及型号编制规则。
④ 能够识别汽车发动机的类型、组成部分和型号等。

二、学生分组

以 5~8 人为一组，选出组长、安全员，进行任务分工，并填入下表。

班级		组号		指导教师	
小组成员	姓名	学号	任务分工		
组长					
安全员					
组员					

三、工作准备

1. 获取信息

在进行具体工作前，需要掌握汽车发动机相关知识。请各组长组织组员收集相关资料，回答以下问题。

引导问题1：热力发动机的分类。
引导问题2：汽车发动机的分类。
引导问题3：汽车发动机的组成有哪些。
引导问题4：发动机的基本术语有哪些。
引导问题5：四冲程发动机的四个行程是什么。
引导问题6：汽油机和柴油机的优缺点。
引导问题7：发动机的主要性能指标。
引导问题8：发动机的工况和负荷的概念。
引导问题9：内燃机型号编制规则。

2. 制订计划

查阅汽车维修手册、教材等，熟悉汽车发动机的分类、组成、基本术语、工作原理、主要性能指标、特性、型号编制规则等；学生们阐述自己的工作计划，小组充分质疑、答疑、讨论，制订最佳工作计划。

四、工作实施

操作步骤记录：

步骤序号	主要操作步骤及内容	问题及解决方法等说明

五、考核评价

项目名称	评价内容	分值	评价分值		
			自评	师评	组分
职业素质考核项目 40分	穿戴整洁、规范	6			小组任务完成质量、效率综合考评得分
	安全意识、环保意识、责任意识强	10			
	积极参加教学活动,能够完成教学任务	8			
	有团队合作意识,沟通协调能力强	8			
	现场整洁、干净,工具整洁归位	8			
专业能力考核项目 60分	专业理论知识(引导问题)	8			
	实践操作步骤正确、规范	20			
	实践操作快速熟练,工作效率高	8			
	测量规范正确,结果记录规范	8			
	测量结果分析、处理合理	10			
	工量具的正确规范使用	6			
合计		100			
总评	自评(20%)＋组分(30%)＋师评(50%)		指导教师：		

六、总结反思

1. 理论知识点总结梳理

2. 技术技能点总结梳理

3. 学习反思及问题总结归纳

项目二　曲柄连杆机构的构造与检修

任务一　认识曲柄连杆机构

任务工单——气缸压力的检测

一、任务目的

① 掌握发动机曲柄连杆机构的功用、组成。
② 熟悉曲柄连杆机构的受力与工作条件。
③ 掌握气缸压缩压力测量的步骤。
④ 能够通过测量出的数据进行分析，初步判断发动机的故障。

二、学生分组

以 5~8 人为一组，选出组长、安全员，进行任务分工，并填入下表。

班级		组号		指导教师	
小组成员	姓名		学号	任务分工	
组长					
安全员					
组员					

三、工作准备

1. 获取信息

在进行具体工作前，需要掌握发动机曲柄连杆机构的功用、组成、受力及工作条件的相关理论知识。请各组长组织组员收集相关资料，回答以下问题。

引导问题1：曲柄连杆机构的功用和组成。
引导问题2：曲柄连杆机构的工作条件及受到哪些力的影响。
引导问题3：什么是气缸压力？
引导问题4：缸压过低的原因。
引导问题5：缸压过高的原因。

2. 制订计划

查阅汽车维修手册，掌握气缸压力检测方法及数据处理分析等知识；学生们阐述自己的工作计划，小组充分质疑、答疑、讨论，制订最佳工作计划。

四、工作实施

1. 操作步骤记录

步骤序号	主要操作步骤及内容	问题及解决方法等说明

2. 测量记录及结果分析

（1）测量记录

发动机型号：　　　　　　　标准气缸压力：　　　　MPa

缸号	实测气缸压力值/MPa	各缸压力差/MPa	是否超差
1			
2			
3			
4			

（2）结果分析

五、考核评价

项目名称	评价内容	分值	评价分值		
			自评	师评	组分
职业素质考核项目40分	穿戴整洁、规范	6			小组任务完成质量、效率综合考评得分
	安全意识、环保意识、责任意识强	10			
	积极参加教学活动,能够完成教学任务	8			
	有团队合作意识,沟通协调能力强	8			
	现场整洁、干净,工具整洁归位	8			
专业能力考核项目60分	专业理论知识(引导问题)	8			
	实践操作步骤正确、规范	20			
	实践操作快速熟练,工作效率高	8			
	测量规范正确,结果记录规范	8			
	测量结果分析、处理合理	10			
	工量具的正确规范使用	6			
合计		100			
总评	自评(20%)＋组分(30%)＋师评(50%)		指导教师：		

六、总结反思

1. 理论知识点总结梳理

2. 技术技能点总结梳理

3. 学习反思及问题总结归纳

任务二 机 体 组

任务工单——气缸盖的拆装检修

一、任务目的
① 掌握机体组的组成及类型、结构特点。
② 掌握气缸盖拆装流程与方法。
③ 能够进行机体组的拆装与检修。

二、学生分组
以 5~8 人为一组，选出组长、安全员，进行任务分工，并填入下表。

班级		组号		指导教师	
小组成员	姓名	学号		任务分工	
组长					
安全员					
组员					

三、工作准备
1. 获取信息
在进行具体工作前，需要掌握发动机机体组的相关理论知识。请各组长组织组员收集相关资料，回答以下问题。

引导问题 1：机体组的组成。

引导问题 2：气缸盖的功用及基本构造。

引导问题 3：汽油机燃烧室有哪些形状及特点。

引导问题 4：气缸垫的功用及类型，安装注意事项。

引导问题 5：气缸体的功用、形式及特点。

引导问题 6：发动机气缸的排列主要有哪些形式及特点。

引导问题 7：水冷式气缸的类型及特点。

引导问题 8：油底壳的功能。

引导问题 9：发动机的支承方法有哪几种。

引导问题 10：气缸盖平面度技术标准及修理方法。

2. 制订计划
查阅汽车维修手册，掌握气缸盖的拆卸要点、气缸盖上下面平面度标准值及检测方法；学生们阐述自己的工作计划，小组充分质疑、答疑、讨论，制订最佳工作计划。

四、工作实施
1. 操作步骤记录

步骤序号	主要操作步骤及内容	问题及解决方法等说明

2. 测量记录及结果分析

（1）气缸盖平面度测量记录

气缸体侧	位置1	位置2	位置3	位置4	位置5	位置6
平面度值/mm						
进气歧管侧/mm	对角线1	对角线2	排气歧管侧/mm		对角线1	对角线2

（2）气缸盖平面度测量结果分析及处理意见

（3）气缸盖螺纹孔和气缸垫的检查及处理意见

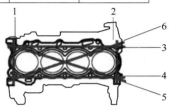

五、考核评价

项目名称	评价内容	分值	评价分值		
			自评	师评	组分
职业素质考核项目 40分	穿戴整洁、规范	6			
	安全意识、环保意识、责任意识强	10			
	积极参加教学活动，能够完成教学任务	8			
	有团队合作意识，沟通协调能力强	8			小组任务完成质量、效率综合考评得分
	现场整洁、干净，工具整洁归位	8			
专业能力考核项目 60分	专业理论知识(引导问题)	8			
	实践操作步骤正确、规范	20			
	实践操作快速熟练，工作效率高	8			
	测量规范正确，结果记录规范	8			
	测量结果分析、处理合理	10			
	工量具的正确规范使用	6			
合计		100			
总评	自评(20%)＋组分(30%)＋师评(50%)			指导教师：	

六、总结反思

1. 理论知识点总结梳理

2. 技术技能点总结梳理

3. 学习反思及问题总结归纳

任务三　活塞连杆组

任务工单——活塞连杆组的拆装检修

一、任务目的
① 掌握活塞连杆组各组成零部件的功用、结构。
② 能够规范地进行活塞连杆组的拆卸与装配。
③ 能正确地对活塞连杆组各组成零部件进行检修。

二、学生分组
以5~8人为一组，选出组长、安全员，进行任务分工，并填入下表。

班级		组号		指导教师	
小组成员	姓名	学号		任务分工	
组长					
安全员					
组员					

三、工作准备

1. 获取信息

在进行具体工作前，需要掌握活塞连杆组的相关理论知识。请各组长组织组员收集相关资料，回答以下问题。

引导问题1：活塞连杆组的组成、功用。
引导问题2：活塞的功用及基本结构组成。
引导问题3：活塞变形及对应采取的措施。
引导问题4：活塞销座轴线偏置的优缺点。
引导问题5：活塞环的种类与作用。
引导问题6：活塞环的间隙有哪些，间隙过大或过小的危害。
引导问题7：气环的作用及类型。
引导问题8：油环的作用及类型。
引导问题9：活塞销的功用及类型。
引导问题10：连杆的功用、结构及类型。

2. 制订计划

查阅汽车维修手册，掌握活塞连杆组的相关知识，掌握活塞连杆组的拆装及检修方法；学生们阐述自己的工作计划，小组充分质疑、答疑、讨论，制订最佳工作计划。

四、工作实施

1. 操作步骤记录

步骤序号	主要操作步骤及内容	问题及解决方法等说明

2. 测量记录及结果分析

（1）连杆的检测

项目	弯曲/mm	扭曲/mm	连杆的其他检测	处理意见
号连杆				
号连杆				

（2）活塞及活塞环测量记录

缸号	活塞直径	活塞环	端隙/mm	侧隙/mm	背隙/mm	处理意见
1		第一道环				
1		第二道环				
2		第一道环				
2		第二道环				

（3）气缸的检测

测量位置		号气缸		数据处理		号气缸		数据处理	
		量缸表数值	实际尺寸	圆度误差	气缸圆度误差	量缸表数值	实际尺寸	圆度误差	气缸圆度误差
上	横向								
上	纵向								
中	横向								
中	纵向								
下	横向								
下	纵向								

圆柱度		圆柱度	
最大磨损量		最大磨损量	
处理意见		处理意见	
查维修手册标准值			
气缸其他检测			

五、考核评价

项目名称	评价内容	分值	评价分值		
			自评	师评	组分
职业素质 考核项目 40分	穿戴整洁、规范	6			小组任务完成质量、效率综合考评得分
	安全意识、环保意识、责任意识强	10			
	积极参加教学活动,能够完成教学任务	8			
	有团队合作意识,沟通协调能力强	8			
	现场整洁、干净,工具整洁归位	8			
专业能力 考核项目 60分	专业理论知识(引导问题)	8			
	实践操作步骤正确、规范	20			
	实践操作快速熟练,工作效率高	8			
	测量规范正确,结果记录规范	8			
	测量结果分析、处理合理	10			
	工量具的正确规范使用	6			
合计		100			
总评	自评(20%)+组分(30%)+师评(50%)		指导教师:		

六、总结反思

1. 理论知识点总结梳理

2. 技术技能点总结梳理

3. 学习反思及问题总结归纳

任务四　曲轴飞轮组

任务工单——曲轴飞轮组的拆装检修

一、任务目的

① 掌握曲轴飞轮组各组成零部件的功用、结构等。
② 能够正确使用拆装工具对曲轴飞轮组进行拆卸与装配。
③ 能正确使用工量具完成曲轴飞轮组各组成零部件的检测，并根据测量结果提出维修方案。

二、学生分组

以 5～8 人为一组，选出组长、安全员，进行任务分工，并填入下表。

班级		组号		指导教师	
小组成员	姓名		学号	任务分工	
组长					
安全员					
组员					

三、工作准备

1. 获取信息

在进行具体工作前，需要掌握曲轴飞轮组的相关理论知识。请各组长组织组员收集相关资料，回答以下问题。

引导问题 1：曲轴飞轮组的组成。

引导问题 2：曲轴功用与工作条件。

引导问题 3：曲轴分类的结构组成。

引导问题 4：曲轴平衡的目的和方法。

引导问题 5：曲拐布置原则。

引导问题 6：曲轴扭转减振器的功用及类型。

引导问题 7：轴瓦的结构及定位。

引导问题 8：曲轴轴向定位的目的及方式有哪些。

引导问题 9：飞轮的功用及其上标记、安装注意事项。

2. 制订计划

查阅汽车维修手册，掌握曲轴飞轮组的相关知识，熟悉曲轴飞轮组各组成零部件检修方法；学生们阐述自己的工作计划，小组充分质疑、答疑、讨论，制订最佳工作计划。

四、工作实施

1. 操作步骤记录

步骤序号	主要操作步骤及内容	问题及解决方法等说明

2. 测量记录及结果分析

(1) 曲轴的检测：外观检查

检查主轴颈和连杆轴颈	测量数据：				
	第（ ）道	第一截面	第二截面	圆度误差	圆柱度误差
	主轴颈				
	连杆轴颈				
曲轴轴向间隙检测	检查结果： 调整方法：				
曲轴主轴承径向间隙的检测与调整	检查结果： 调整方法：				

用磁力座表检测曲轴弯曲度值：

检测曲轴扭曲度值：

曲轴处理意见：

(2) 飞轮的检测：外观检查

用磁力座表检测端面圆跳动值：

飞轮处理意见：

(3) 轴承的检测：外观检查

轴承自由弹开量：

轴承高出量：

轴承处理意见：

五、考核评价

项目名称	评价内容	分值	评价分值		
			自评	师评	组分
职业素质考核项目 40分	穿戴整洁、规范	6			
	安全意识、环保意识、责任意识强	10			
	积极参加教学活动,能够完成教学任务	8			
	有团队合作意识,沟通协调能力强	8			小组任务完成质量、效率综合考评得分
	现场整洁、干净,工具整洁归位	8			
专业能力考核项目 60分	专业理论知识(引导问题)	8			
	实践操作步骤正确、规范	20			
	实践操作快速熟练,工作效率高	8			
	测量规范正确,结果记录规范	8			
	测量结果分析、处理合理	10			
	工量具的正确规范使用	6			
合计		100			
总评	自评(20%)＋组分(30%)＋师评(50%)		指导教师：		

六、总结反思

1. 理论知识点总结梳理

2. 技术技能点总结梳理

3. 学习反思及问题总结归纳

任务五 曲柄连杆机构常见故障诊断与排除

任务工单——曲轴主轴承异响的故障诊断与排除

一、任务目的
① 熟悉曲柄连杆机构常见故障类型及原因。
② 掌握曲柄连杆机构常见故障的诊断与排除方法。
③ 能够进行曲柄连杆机构常见故障的诊断与排除。

二、学生分组
以 5~8 人为一组，选出组长、安全员，进行任务分工，并填入下表。

班级		组号		指导教师	
小组成员	姓名	学号		任务分工	
组长					
安全员					
组员					

三、工作准备

1. 获取信息

在进行具体工作前，需要掌握曲柄连杆机构常见故障诊断与排除相关理论知识。请各组长组织组员收集相关资料，回答以下问题。

引导问题 1：曲轴主轴承异响故障原因及诊断过程。
引导问题 2：连杆轴承异响故障原因及诊断过程。
引导问题 3：活塞敲缸异响故障原因及诊断过程。
引导问题 4：活塞销异响故障原因及诊断过程。

2. 制订计划

查阅汽车维修手册，掌握曲柄连杆机构常见故障诊断与排除方法，以及常用检测设备的使用；学生们阐述自己的工作计划，小组充分质疑、答疑、讨论，制订最佳工作计划。

四、工作实施
操作步骤记录：

步骤序号	主要操作步骤及内容	问题及解决方法等说明

五、考核评价

项目名称	评价内容	分值	评价分值		
			自评	师评	组分
职业素质考核项目 40分	穿戴整洁、规范	6			小组任务完成质量、效率综合考评得分
	安全意识、环保意识、责任意识强	10			
	积极参加教学活动,能够完成教学任务	8			
	有团队合作意识,沟通协调能力强	8			
	现场整洁、干净,工具整洁归位	8			
专业能力考核项目 60分	专业理论知识(引导问题)	8			
	实践操作步骤正确、规范	20			
	实践操作快速熟练,工作效率高	8			
	测量规范正确、结果记录规范	8			
	测量结果分析、处理合理	10			
	工量具的正确规范使用	6			
合计		100			
总评	自评(20%)+组分(30%)+师评(50%)		指导教师:		

六、总结反思

1. 理论知识点总结梳理

2. 技术技能点总结梳理

3. 学习反思及问题总结归纳

项目三　配气机构的构造与检修

任务一　认识配气机构

任务工单——气门间隙的检查与调整

一、任务目的

① 熟悉配气机构的功用、组成及类型。

② 理解配气相位并能够进行气门间隙的检测与调整。

二、学生分组

以 5～8 人为一组，选出组长、安全员，进行任务分工，并填入下表。

班级		组号		指导教师	
小组成员	姓名	学号		任务分工	
组长					
安全员					
组员					

三、工作准备

1. 获取信息

在进行具体工作前，需要掌握配气机构的相关知识。请各组长组织组员收集相关资料，回答以下问题。

引导问题 1：配气机构的功用和组成。

引导问题 2：配气机构的类型有哪些。

引导问题 3：指出配气相位图中 α、β、γ 和 δ 的名称，理解其含义。

引导问题 4：如何提高充气效率。

引导问题 5：气门间隙过大和过小的危害。

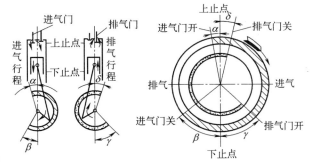

引导问题 6：气门间隙调整方法有哪些。

2. 制订计划

查阅汽车维修手册，了解气门间隙调整方法和步骤；学生们阐述自己的工作计划，小组充分质疑、答疑、讨论，制订最佳工作计划。

四、工作实施

1. 操作步骤记录

步骤序号	主要操作步骤及内容	问题及解决方法等说明

2. 测量记录及结果分析

（1）进气门间隙

进气门间隙标准值	1缸进气门	2缸进气门	3缸进气门	4缸进气门	5缸进气门	6缸进气门	处理意见
mm							
是否合适							

（2）排气门间隙

进气门间隙标准值	1缸排气门	2缸排气门	3缸排气门	4缸排气门	5缸排气门	6缸排气门	处理意见
mm							
是否合适							

五、考核评价

项目名称	评价内容	分值	评价分值			
			自评	师评	组分	
职业素质考核项目 40分	穿戴整洁、规范	6				小组任务完成质量、效率综合考评得分
	安全意识、环保意识、责任意识强	10				
	积极参加教学活动,能够完成教学任务	8				
	有团队合作意识,沟通协调能力强	8				
	现场整洁、干净,工具整洁归位	8				
专业能力考核项目 60分	专业理论知识(引导问题)	8				
	实践操作步骤正确、规范	20				
	实践操作快速熟练,工作效率高	8				
	测量规范正确,结果记录规范	8				
	测量结果分析、处理合理	10				
	工量具的正确规范使用	6				
	合计	100				
总评	自评(20%)+组分(30%)+师评(50%)			指导教师:		

六、总结反思

1. 理论知识点总结梳理

2. 技术技能点总结梳理

3. 学习反思及问题总结归纳

任务二 气 门 组

任务工单——气门组的拆装与检测

一、任务目的
① 熟悉配气机构气门组的组成及要求。
② 熟悉配气机构气门组各组成部分功能、类型、结构特点等。
③ 能够进行气门组的拆装及检测。

二、学生分组
以 5~8 人为一组,选出组长、安全员,进行任务分工,并填入下表。

班级		组号		指导教师	
小组成员	姓名	学号		任务分工	
组长					
安全员					
组员					

三、工作准备

1. 获取信息
在进行具体工作前,需要掌握配气机构的气门组的相关知识。请各组长组织组员收集相关资料,回答以下问题。

引导问题1:配气机构的气门组组成及要求。
引导问题2:配气机构的气门组各部分作用。
引导问题3:气门头部形状的类型及特点。
引导问题4:气门杆的形状、作用及锁止方式。
引导问题5:气门座的作用及气门与气门座的配合要求。
引导问题6:气门导管的作用。
引导问题7:气门弹簧的作用及防止气门共振的措施。

2. 制订计划
查阅汽车维修手册,了解气门组拆装步骤及注意事项,熟悉气门组检测内容及方法;学生们阐述自己的工作计划,小组充分质疑、答疑、讨论,制订最佳工作计划。

四、工作实施

1. 气门组拆装操作步骤记录

步骤序号	主要操作步骤及内容	问题及解决方法等说明

2. 气门组检测操作步骤记录

步骤序号	主要操作步骤及内容	问题及解决方法等说明

3. 测量记录及结果分析

(1) 气门外观检查

气门检查部位	座点蚀	头部余量	杆弯曲	杆点蚀磨损	锁片槽磨损	杆顶端磨损	处理意见
进气门							
排气门							

(2) 气门杆磨损检测

项目测量及结果		进气门			排气门		
		上部	中部	下部	上部	中部	下部
测量值/mm	纵向						
	横向						
结果判断及处理							

(3) 气门头部厚度检测

项目测量及结果	进气门		排气门	
测量值/mm				
结果判断及处理				

(4) 气门长度检测

项目测量及结果	进气门		排气门	
测量值/mm				
结果判断及处理				

(5) 气门杆弯曲检测

项目测量及结果	进气门		排气门	
测量值/mm				
结果判断及处理				

(6) 气门头部直径检测

项目测量及结果	进气门		排气门	
测量值/mm				
结果判断及处理				

五、考核评价

项目名称	评价内容	分值	评价分值		
			自评	师评	组分
职业素质考核项目 40 分	穿戴整洁、规范	6			小组任务完成质量、效率综合考评得分
	安全意识、环保意识、责任意识强	10			
	积极参加教学活动,能够完成教学任务	8			
	有团队合作意识,沟通协调能力强	8			
	现场整洁、干净,工具整洁归位	8			
专业能力考核项目 60 分	专业理论知识(引导问题)	8			
	实践操作步骤正确、规范	20			
	实践操作快速熟练,工作效率高	8			
	测量规范正确,结果记录规范	8			
	测量结果分析、处理合理	10			
	工量具的正确规范使用	6			
合计		100			
总评	自评(20%)+组分(30%)+师评(50%)		指导教师:		

六、总结反思

1. 理论知识点总结梳理

2. 技术技能点总结梳理

3. 学习反思及问题总结归纳

任务三　气门传动组

任务工单——正时带配气机构的拆装和气门传动组的检修

一、任务目的

① 熟悉配气机构气门传动组的功能和组成。
② 熟悉配气机构气门传动组各组成部分的功能、类型、结构特点等。
③ 能够进行配气正时装置的拆装及调整。
④ 能够进行气门传动组各部分的检测。

二、学生分组

以 5~8 人为一组，选出组长、安全员，进行任务分工，并填入下表。

班级		组号		指导教师	
小组成员	姓名		学号	任务分工	
组长					
安全员					
组员					

三、工作准备

1. 获取信息

在进行具体工作前，需要掌握配气机构气门传动组的相关知识。请各组长组织组员收集相关资料，回答以下问题。

引导问题1：配气机构气门传动组的组成及功能。

引导问题2：配气机构中凸轮轴的作用及定位方式。

引导问题3：挺柱的功用、类型及特点。

引导问题4：普通挺柱的类型及特点。

引导问题5：推杆的作用、形状及要求。

引导问题6：摇臂与摇臂轴的功用。

2. 制订计划

查阅汽车维修手册，了解正时机构拆装步骤及注意事项，熟悉气门传动组检测方法；学生们阐述自己的工作计划，小组充分质疑、答疑、讨论，制订最佳工作计划。

四、工作实施

1. 正时带配气机构的拆装操作步骤记录

步骤序号	主要操作步骤及内容	问题及解决方法等说明

2. 气门传动组的检测操作步骤记录

步骤序号	主要操作步骤及内容	问题及解决方法等说明

3. 测量记录及结果分析

（1）凸轮轴弯曲检测

项目测量及结果	进气凸轮轴	排气凸轮轴
测量值/mm		
结果判断及处理		

（2）凸轮磨损检测

气缸数 凸轮名	1缸	2缸	3缸	4缸	4缸	6缸
进气凸轮						
排气凸轮						

（3）凸轮轴轴颈磨损的检测

项目测量及结果		1轴径		3轴径		5轴径	
		前部	后部	前部	后部	前部	后部
测量值/mm	纵向						
	横向						
结果判断及处理							

（4）凸轮轴轴向间隙的检测

项目测量及结果	进气凸轮轴	排气凸轮轴
测量值/mm		
结果判断及处理		

五、考核评价

项目名称	评价内容	分值	评价分值		
			自评	师评	组分
职业素质考核项目 40分	穿戴整洁、规范	6			小组任务完成质量、效率综合考评得分
	安全意识、环保意识、责任意识强	10			
	积极参加教学活动,能够完成教学任务	8			
	有团队合作意识,沟通协调能力强	8			
	现场整洁、干净,工具整洁归位	8			
专业能力考核项目 60分	专业理论知识(引导问题)	8			
	实践操作步骤正确、规范	20			
	实践操作快速熟练,工作效率高	8			
	测量规范正确,结果记录规范	8			
	测量结果分析、处理合理	10			
	工量具的正确规范使用	6			
合计		100			
总评	自评(20%)+组分(30%)+师评(50%)		指导教师:		

六、总结反思

1. 理论知识点总结梳理

2. 技术技能点总结梳理

3. 学习反思及问题总结归纳

任务四　可变进气系统

任务工单——可变进气系统认识及检查

一、任务目的

① 熟悉可变进气系统的优点。
② 熟悉可变进气系统的类型、结构组成、工作原理及特点等。
③ 能够进行可变进气系统的检测。
④ 能够认识实车上的可变进气系统类型及特点。

二、学生分组

以5～8人为一组，选出组长、安全员，进行任务分工，并填入下表。

班级		组号		指导教师	
小组成员	姓名	学号		任务分工	
组长					
安全员					
组员					

三、工作准备

1. 获取信息

在进行具体工作前，需要掌握配气机构可变进气系统的相关知识。请各组长组织组员收集相关资料，回答以下问题。

引导问题1：可变进气系统的优点及类型。

引导问题2：可变气门控制机构的类型及特点。

2. 制订计划

查阅汽车维修手册，了解可变进气系统检查的步骤、内容及注意事项；学生们阐述自己的工作计划，小组充分质疑、答疑、讨论，制订最佳工作计划。

四、工作实施

1. 认识实车上的可变进气系统并记录

车型及年代	发动机型号	可变进气系统类型

2. 认识可变进气系统并填写下表

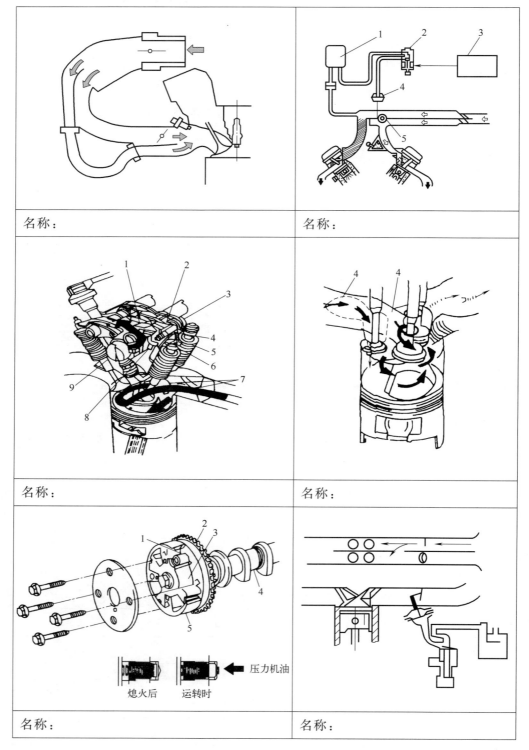

名称：

名称：

名称：

名称：

压力机油

熄火后　运转时

名称：

名称：

五、考核评价

项目名称	评价内容	分值	评价分值		
			自评	师评	组分
职业素质考核项目 40分	穿戴整洁、规范	6			小组任务完成质量、效率综合考评得分
	安全意识、环保意识、责任意识强	10			
	积极参加教学活动,能够完成教学任务	8			
	有团队合作意识,沟通协调能力强	8			
	现场整洁、干净,工具整洁归位	8			
专业能力考核项目 60分	专业理论知识(引导问题)	8			
	实践操作步骤正确、规范	20			
	实践操作快速熟练,工作效率高	8			
	测量规范正确,结果记录规范	8			
	测量结果分析、处理合理	10			
	工量具的正确规范使用	6			
合计		100			
总评	自评(20%)+组分(30%)+师评(50%)		指导教师:		

六、总结反思

1. 理论知识点总结梳理

2. 技术技能点总结梳理

3. 学习反思及问题总结归纳

任务五　配气机构常见故障诊断与排除

任务工单——液力挺柱异响故障诊断与排除

一、任务目的

① 熟悉配气机构常见故障类型。
② 熟悉配气机构常见故障的故障现象、原因及诊断排除方法。
③ 能够进行配气机构常见故障的诊断与排除。

二、学生分组

以 5～8 人为一组，选出组长、安全员，进行任务分工，并填入下表。

班级		组号		指导教师	
小组成员	姓名	学号	任务分工		
组长					
安全员					
组员					

三、工作准备

1．获取信息

在进行具体工作前，需要掌握配气机构常见故障的相关知识。请各组长组织组员收集相关资料，回答以下问题。

引导问题 1：配气机构常见故障类型有哪些。

引导问题 2：气门脚异响故障的原因有哪些。

引导问题 3：气门座圈异响故障的原因及诊断排除。

引导问题 4：气门弹簧异响原因分析。

引导问题 5：凸轮轴轴承异响故障诊断过程。

引导问题 6：正时齿轮异响故障的原因及诊断过程。

引导问题 7：液力挺柱异响故障诊断过程。

2．制订计划

查阅汽车维修手册，了解配气机构常见故障类型、故障现象、原因及诊断排除方法等；学生们阐述自己的工作计划，小组充分质疑、答疑、讨论，制订最佳工作计划。

四、工作实施

操作步骤记录：

步骤序号	主要操作步骤及内容	问题及解决方法等说明

五、考核评价

项目名称	评价内容	分值	评价分值		
			自评	师评	组分
职业素质考核项目 40分	穿戴整洁、规范	6			小组任务完成质量、效率综合考评得分
	安全意识、环保意识、责任意识强	10			
	积极参加教学活动，能够完成教学任务	8			
	有团队合作意识，沟通协调能力强	8			
	现场整洁、干净，工具整洁归位	8			
专业能力考核项目 60分	专业理论知识（引导问题）	8			
	实践操作步骤正确、规范	20			
	实践操作快速熟练，工作效率高	8			
	测量规范正确，结果记录规范	8			
	测量结果分析、处理合理	10			
	工量具的正确规范使用	6			
合计		100			
总评	自评(20%)+组分(30%)+师评(50%)		指导教师：		

六、总结反思

1. 理论知识点总结梳理

2. 技术技能点总结梳理

3. 学习反思及问题总结归纳

项目四　电控汽油机燃料供给系统的构造与检修

任务一　认识电控汽油机燃料供给系统

任务工单——电控汽油机燃料供给系统的认识

一、任务目的
① 熟悉汽油机燃料供给系统的功用。
② 熟悉汽油的使用性能指标。
③ 熟悉汽油机可燃混合气成分表示方法及发动机各工况对可燃混合气浓度的要求。
④ 熟悉电控汽油喷射系统的优点、组成及类型。
⑤ 能够识别电控汽油喷射系统的类型、组成及零部件等。

二、学生分组
以 5~8 人为一组，选出组长、安全员，进行任务分工，并填入下表。

班级		组号		指导教师	
小组成员	姓名	学号	任务分工		
组长					
安全员					
组员					

三、工作准备
1. 获取信息

在进行具体工作前，需要掌握汽油机燃料供给系统的相关知识。请各组长组织组员收集相关资料，回答以下问题。

引导问题 1：汽油机燃料供给系统的功用。
引导问题 2：汽油使用性能指标有哪些，其是如何影响发动机性能的。
引导问题 3：可燃混合气成分表示方法及其对发动机性能的影响。
引导问题 4：发动机各工况对可燃混合气浓度的要求。
引导问题 5：电控汽油喷射系统的优点。
引导问题 6：电控汽油喷射系统的组成及类型。

2. 制订计划

查阅汽车维修手册、教材等，熟悉汽油机燃料供给系统、汽油、可燃混合气及电控汽油喷射系统等知识；学生们阐述自己的工作计划，小组充分质疑、答疑、讨论，制订最佳工作计划。

四、工作实施

操作步骤记录：

步骤序号	主要操作步骤及内容	问题及解决方法等说明

五、考核评价

项目名称	评价内容	分值	评价分值		
			自评	师评	组分
职业素质考核项目 40分	穿戴整洁、规范	6			小组任务完成质量、效率综合考评得分
	安全意识、环保意识、责任意识强	10			
	积极参加教学活动，能够完成教学任务	8			
	有团队合作意识，沟通协调能力强	8			
	现场整洁、干净，工具整洁归位	8			
专业能力考核项目 60分	专业理论知识（引导问题）	8			
	实践操作步骤正确、规范	20			
	实践操作快速熟练，工作效率高	8			
	测量规范正确，结果记录规范	8			
	测量结果分析、处理合理	10			
	工量具的正确规范使用	6			
合计		100			
总评	自评(20%)＋组分(30%)＋师评(50%)		指导教师：		

六、总结反思

1. 理论知识点总结梳理

2. 技术技能点总结梳理

3. 学习反思及问题总结归纳

任务二　空气供给系统

任务工单——空气供给系统的拆装与检修

一、任务目的
① 熟悉空气供给系统的组成和功用。
② 熟悉空气供给系统的主要部件的功能、类型及结构等。
③ 能够进行空气供给系统的拆装与检测。

二、学生分组
以 5~8 人为一组,选出组长、安全员,进行任务分工,并填入下表。

班级		组号		指导教师	
小组成员	姓名	学号		任务分工	
组　长					
安全员					
组员					

三、工作准备

1. 获取信息

在进行具体工作前,需要掌握空气供给系统及主要部件的相关知识。请各组长组织组员收集相关资料,回答以下问题。

引导问题 1:空气供给系统的组成和功用。

引导问题 2:空气滤清器的功能及干式空气滤清器的特点。

引导问题 3:节气门体的类型及组成。

引导问题 4:进气总管和进气歧管的功能。

2. 制订计划

查阅汽车维修手册、教材等,熟悉空气供给系统的功能和组成,主要部件拆装检测步骤及注意事项;学生们阐述自己的工作计划,小组充分质疑、答疑、讨论,制订最佳工作计划。

四、工作实施

1. 空气滤清器拆装检测操作步骤记录

步骤序号	主要操作步骤及内容	问题及解决方法等说明

2. 节气门体拆装检测操作步骤记录

步骤序号	主要操作步骤及内容	问题及解决方法等说明

3. 检测记录及结果分析

项目	检测内容记录	结果判断及处理
空气滤清器		
节气门体		
进气系统外观检查		

五、考核评价

项目名称	评价内容	分值	评价分值		
			自评	师评	组分
职业素质考核项目 40分	穿戴整洁、规范	6			小组任务完成质量、效率综合考评得分
	安全意识、环保意识、责任意识强	10			
	积极参加教学活动,能够完成教学任务	8			
	有团队合作意识,沟通协调能力强	8			
	现场整洁、干净,工具整洁归位	8			
专业能力考核项目 60分	专业理论知识(引导问题)	8			
	实践操作步骤正确、规范	20			
	实践操作快速熟练,工作效率高	8			
	测量规范正确,结果记录规范	8			
	测量结果分析、处理合理	10			
	工量具的正确规范使用	6			
合计		100			
总评	自评(20%)+组分(30%)+师评(50%)		指导教师:		

六、总结反思

1. 理论知识点总结梳理

2. 技术技能点总结梳理

3. 学习反思及问题总结归纳

任务三 燃油供给系统

任务工单——燃油供给系统的清洗维护和检测

一、任务目的
① 熟悉电控汽油喷射系统的燃料供给系统的功能、组成。
② 熟悉电控汽油喷射系统的燃料供给系统的主要部件的结构、组成、工作原理。
③ 能够正确使用工具进行燃料供给系统的清洗维护和主要部件的拆装检测。

二、学生分组
以 5~8 人为一组，选出组长、安全员，进行任务分工，并填入下表。

班级		组号		指导教师	
小组成员	姓名	学号		任务分工	
组　长					
安全员					
组员					

三、工作准备
1. 获取信息
在进行具体工作前，需要掌握电控汽油喷射系统的燃料供给系统的相关知识。请各组长组织组员收集相关资料，回答以下问题。

引导问题1：燃料供给系统的功能和组成。

引导问题2：燃油箱的功能、材料及基本结构作用，燃油箱盖有何结构特点。

引导问题3：电动燃油泵的功能、类型、基本组成及控制功能。

引导问题4：燃油滤清器的功能及安装注意事项。

引导问题5：燃油分配管的功能。

引导问题6：燃油压力调节器的功能、结构及工作过程。

引导问题7：喷油器的功能、类型及基本结构。

2. 制订计划
查阅汽车维修手册、教材等，掌握燃料供给系统相关知识；学生们阐述自己的工作计划，小组充分质疑、答疑、讨论，制订最佳工作计划。

四、工作实施
1. 燃料供给系统清洗操作步骤记录

步骤序号	主要操作步骤及内容	问题及解决方法等说明

2. 燃料供给系统燃油压力检测操作步骤记录

步骤序号	主要操作步骤及内容	问题及解决方法等说明

3. 检测记录及结果分析

项　目	检测内容记录	结果判断及处理
喷油泵		
燃油压力调节器		
喷油器		

五、考核评价

项目名称	评价内容	分值	评价分值 自评	评价分值 师评	评价分值 组分
职业素质考核项目 40分	穿戴整洁、规范	6			小组任务完成质量、效率综合考评得分
职业素质考核项目 40分	安全意识、环保意识、责任意识强	10			小组任务完成质量、效率综合考评得分
职业素质考核项目 40分	积极参加教学活动,能够完成教学任务	8			小组任务完成质量、效率综合考评得分
职业素质考核项目 40分	有团队合作意识,沟通协调能力强	8			小组任务完成质量、效率综合考评得分
职业素质考核项目 40分	现场整洁、干净,工具整洁归位	8			小组任务完成质量、效率综合考评得分
专业能力考核项目 60分	专业理论知识(引导问题)	8			小组任务完成质量、效率综合考评得分
专业能力考核项目 60分	实践操作步骤正确、规范	20			小组任务完成质量、效率综合考评得分
专业能力考核项目 60分	实践操作快速熟练,工作效率高	8			小组任务完成质量、效率综合考评得分
专业能力考核项目 60分	测量规范正确,结果记录规范	8			小组任务完成质量、效率综合考评得分
专业能力考核项目 60分	测量结果分析、处理合理	10			小组任务完成质量、效率综合考评得分
专业能力考核项目 60分	工量具的正确规范使用	6			小组任务完成质量、效率综合考评得分
合计		100			
总评	自评(20%)+组分(30%)+师评(50%)		指导教师:		

六、总结反思

1. 理论知识点总结梳理

2. 技术技能点总结梳理

3. 学习反思及问题总结归纳

任务四 电子控制系统

任务工单——电子控制系统主要元件的检测和怠速控制系统的检修与调整

一、任务目的
① 熟悉电子控制系统的组成、功能。
② 掌握电子控制系统主要传感器的功能、结构及工作原理。
③ 熟悉燃油喷射和怠速控制的过程。
④ 能够正确使用检测工具、设备进行电子控制系统的主要元器件的检测和怠速控制检测调整。

二、学生分组
以 5~8 人为一组，选出组长、安全员，进行任务分工，并填入下表。

班级		组号		指导教师	
小组成员	姓名	学号		任务分工	
组长					
安全员					
组员					

三、工作准备
1. 获取信息

在进行具体工作前，需要掌握电子控制系统的相关知识。请各组长组织组员收集相关资料，回答以下问题。

引导问题1：电子控制系统的功能和组成。
引导问题2：空气流量传感器的功能、安装位置、类型及基本工作原理。
引导问题3：进气歧管压力传感器的功能、安装位置及基本工作原理。
引导问题4：凸轮轴/曲轴位置传感器的功能、安装位置及基本工作原理。
引导问题5：节气门位置传感器的功能、安装位置及基本工作原理。
引导问题6：温度传感器的功能、类型、安装位置及基本工作原理。
引导问题7：氧传感器的功能、安装位置、类型及基本工作原理。
引导问题8：喷油正时控制内容有哪些。
引导问题9：喷油量控制基本控制内容有哪些。
引导问题10：怠速控制的目的、系统组成及类型。
引导问题11：怠速控制的基本内容有哪些。

2. 制订计划

查阅汽车维修手册，了解电子控制系统的功能、组成等；学生们阐述自己的工作计划，小组充分质疑、答疑、讨论，制订最佳工作计划。

四、工作实施

1. 电子控制系统主要元件的检测操作步骤记录

步骤序号	主要操作步骤及内容	问题及解决方法等说明

2. 怠速控制系统的检修与调整操作步骤记录

步骤序号	主要操作步骤及内容	问题及解决方法等说明

3. 检测记录及结果分析

项目	检测内容记录	结果判断及处理
空气流量传感器		
步进电动机式怠速控制阀		
节气门直动式怠速控制阀		

五、考核评价

项目名称	评价内容	分值	评价分值		
			自评	师评	组分
职业素质考核项目 40分	穿戴整洁、规范	6			小组任务完成质量、效率综合考评得分
	安全意识、环保意识、责任意识强	10			
	积极参加教学活动,能够完成教学任务	8			
	有团队合作意识,沟通协调能力强	8			
	现场整洁、干净,工具整洁归位	8			
专业能力考核项目 60分	专业理论知识(引导问题)	8			
	实践操作步骤正确、规范	20			
	实践操作快速熟练,工作效率高	8			
	测量规范正确,结果记录规范	8			
	测量结果分析、处理合理	10			
	工量具的正确规范使用	6			
合计		100			
总评	自评(20%)+组分(30%)+师评(50%)		指导教师:		

六、总结反思

1. 理论知识点总结梳理

2. 技术技能点总结梳理

3. 学习反思及问题总结归纳

任务五　发动机排气系统与增压系统

任务工单——排气系统的检查和排放控制系统的检测

一、任务目的

① 掌握发动机排气系统的功用、组成及主要部件的功能、结构。
② 熟悉发动机排放控制系统的类型、功能、结构组成及工作原理。
③ 了解增压技术的类型及涡轮增压系统主要组成部分的结构、功能及工作原理。
④ 能够进行排气系统检查和排放控制系统检测。

二、学生分组

以 5~8 人为一组，选出组长、安全员，进行任务分工，并填入下表。

班级		组号		指导教师	
小组成员	姓名	学号		任务分工	
组长					
安全员					
组员					

三、工作准备

1. 获取信息

在进行具体工作前，需要掌握发动机排气系统与增压系统的相关知识。请各组长组织组员收集相关资料，回答以下问题。

引导问题1：排气系统的功用、组成及各部分的结构功能、特点。

引导问题2：发动机排放控制系统有害物质有哪些及来源和控制措施。

引导问题3：三元催化转化器的功能、原理和工作条件。

引导问题4：排气再循环系统的功能和控制工作过程。

引导问题5：汽油蒸发控制系统的功能和控制工作过程。

引导问题6：曲轴箱强制通风系统的功能和控制工作过程。

引导问题7：二次空气喷射系统的功能和空气泵喷射控制工作过程。

引导问题8：增压技术的概念、类型及特点。

引导问题9：排气涡轮增压系统的组成及基本工作原理。

2. 制订计划

查阅汽车维修手册，掌握发动机排气系统、发动机排放控制系统和增压系统等；学生们阐述自己的工作计划，小组充分质疑、答疑、讨论，制订最佳工作计划。

四、工作实施

1. 排气系统的检查操作步骤记录

步骤序号	主要操作步骤及内容	问题及解决方法等说明

2. 排放控制系统的检测操作步骤记录

步骤序号	主要操作步骤及内容	问题及解决方法等说明

3. 涡轮增压系统的检测操作步骤记录

步骤序号	主要操作步骤及内容	问题及解决方法等说明

4. 检测记录及结果分析

项目	检测内容记录	结果判断及处理
排气系统的检查		
三元催化转换器的检测		
废气再循环（EGR）系统的检测		
汽油蒸发控制系统的检测		

续表

项目	检测内容记录	结果判断及处理
曲轴箱强制通风系统的检测		
涡轮增压系统的检测		

五、考核评价

项目名称	评价内容	分值	评价分值		
			自评	师评	组分
职业素质考核项目 40分	穿戴整洁、规范	6			小组任务完成质量、效率综合考评得分
	安全意识、环保意识、责任意识强	10			
	积极参加教学活动,能够完成教学任务	8			
	有团队合作意识,沟通协调能力强	8			
	现场整洁、干净,工具整洁归位	8			
专业能力考核项目 60分	专业理论知识(引导问题)	8			
	实践操作步骤正确、规范	20			
	实践操作快速熟练,工作效率高	8			
	测量规范正确,结果记录规范	8			
	测量结果分析、处理合理	10			
	工量具的正确规范使用	6			
合计		100			
总评	自评(20%)+组分(30%)+师评(50%)		指导教师:		

六、总结反思

1. 理论知识点总结梳理

2. 技术技能点总结梳理

3. 学习反思及问题总结归纳

任务六　电控汽油机燃料供给系统常见故障诊断与排除

任务工单——发动机启动困难的故障诊断与排除

一、任务目的
① 熟悉电控汽油喷射系统故障诊断的基本原则、方法和流程。
② 熟悉电控汽油机燃料供给系统的常见故障。
③ 掌握汽油机燃料供给系统常见故障的诊断与排除方法。
④ 能够进行电控汽油机燃料供给系统常见故障的诊断与排除操作。

二、学生分组
以 5~8 人为一组，选出组长、安全员，进行任务分工，并填入下表。

班级		组号		指导教师	
小组成员	姓名	学号		任务分工	
组长					
安全员					
组员					

三、工作准备

1. 获取信息

在进行具体工作前，需要掌握电控汽油喷射系统故障诊断的基本原则、方法和流程及常见故障诊断与排除的相关知识。请各组长组织组员收集相关资料，回答以下问题。

引导问题 1：电控汽油喷射系统故障诊断的基本原则。

引导问题 2：电控汽油喷射系统故障诊断的基本方法。

引导问题 3：电控汽油喷射系统故障诊断的基本流程。

引导问题 4：发动机不能启动，且无着车征兆故障的原因及诊断过程。

引导问题 5：有着车征兆，但发动机不能启动故障的原因及诊断过程。

引导问题 6：发动机启动困难故障的原因及诊断过程。

引导问题 7：冷车怠速不稳，易熄火故障的原因及诊断过程。

引导问题 8：热车怠速不稳或熄火故障的原因及诊断过程。

引导问题 9：热车怠速过高故障的原因及诊断过程。

引导问题 10：怠速上下波动故障的原因及诊断过程。

引导问题 11：加速不良故障的原因及诊断过程。

引导问题 12：动力不足故障的原因及诊断过程。

2. 制订计划

查阅汽车维修手册，了解电控汽油机燃料供给系统常见故障的类型、故障现象、故障原因及诊断排除方法等；学生们阐述自己的工作计划，小组充分质疑、答疑、讨论，制订最佳工作计划。

四、工作实施

操作步骤记录：

步骤序号	主要操作步骤及内容	问题及解决方法等说明

五、考核评价

项目名称	评价内容	分值	评价分值		
			自评	师评	组分
职业素质考核项目 40分	穿戴整洁、规范	6			小组任务完成质量、效率综合考评得分
	安全意识、环保意识、责任意识强	10			
	积极参加教学活动，能够完成教学任务	8			
	有团队合作意识，沟通协调能力强	8			
	现场整洁、干净，工具整洁归位	8			
专业能力考核项目 60分	专业理论知识（引导问题）	8			
	实践操作步骤正确、规范	20			
	实践操作快速熟练，工作效率高	8			
	测量规范正确，结果记录规范	8			
	测量结果分析、处理合理	10			
	工量具的正确规范使用	6			
合计		100			
总评	自评(20%)＋组分(30%)＋师评(50%)		指导教师：		

六、总结反思

1. 理论知识点总结梳理

2. 技术技能点总结梳理

3. 学习反思及问题总结归纳

项目五　柴油机燃料供给系统的构造与检修

任务一　认识柴油机燃料供给系统

任务工单——柴油机燃料供给系统的认识

一、任务目的

① 熟悉柴油机燃料供给系统的功用、分类及组成。
② 熟悉柴油机的工作特点和性能特点。
③ 熟悉柴油的概念及使用性能。
④ 熟悉柴油机燃烧室的类型及特点。
⑤ 能够识别柴油机燃料供给系统的类型、高低压油路等。

二、学生分组

以 5~8 人为一组，选出组长、安全员，进行任务分工，并填入下表。

班级		组号		指导教师	
小组成员	姓名	学号		任务分工	
组长					
安全员					
组员					

三、工作准备

1. 获取信息

在进行具体工作前，需要掌握柴油机燃料供给系统的相关知识。请各组长组织组员收集相关资料，回答以下问题。

引导问题1：柴油机燃料供给系统的功用。
引导问题2：柴油机燃料供给系统的分类及组成。
引导问题3：柴油机的工作特点和性能特点。
引导问题4：柴油的使用性能有哪些。
引导问题5：燃烧室的类型有哪些。

2. 制订计划

查阅汽车维修手册、教材等，熟悉柴油机燃料供给系统的组成、类型、功用等；学生们阐述自己的工作计划，小组充分质疑、答疑、讨论，制订最佳工作计划。

四、工作实施

操作步骤记录：

步骤序号	主要操作步骤及内容	问题及解决方法等说明

五、考核评价

项目名称	评价内容	分值	评价分值		
			自评	师评	组分
职业素质考核项目 40分	穿戴整洁、规范	6			小组任务完成质量、效率综合考评得分
	安全意识、环保意识、责任意识强	10			
	积极参加教学活动，能够完成教学任务	8			
	有团队合作意识，沟通协调能力强	8			
	现场整洁、干净，工具整洁归位	8			
专业能力考核项目 60分	专业理论知识（引导问题）	8			
	实践操作步骤正确、规范	20			
	实践操作快速熟练，工作效率高	8			
	测量规范正确，结果记录规范	8			
	测量结果分析、处理合理	10			
	工量具的正确规范使用	6			
合计		100			
总评	自评(20%)＋组分(30%)＋师评(50%)		指导教师：		

六、总结反思

1. 理论知识点总结梳理

2. 技术技能点总结梳理

3. 学习反思及问题总结归纳

任务二　柴油机燃料供给系统主要部件

任务工单——柴油机燃料供给系统的维护与调试及主要部件的拆检

一、任务目的
① 熟悉喷油器、喷油泵等主要部件的类型及结构、组成、工作原理等。
② 能够进行柴油机燃料供给系统的维护与调试。
③ 能够进行柴油机燃料供给系统主要部件的拆解和检测。

二、学生分组
以 5~8 人为一组，选出组长、安全员，进行任务分工，并填入下表。

班级		组号		指导教师	
小组成员	姓名		学号		任务分工
组长					
安全员					
组员					

三、工作准备

1. 获取信息

在进行具体工作前，需要掌握柴油机燃料供给系统主要部件的相关知识。请各组长组织组员收集相关资料，回答以下问题。

引导问题 1：喷油器各类型的特点及应用。

引导问题 2：对喷油泵的基本性能有哪些要求。

引导问题 3：柱塞式喷油泵的主要组成部分及功能。

引导问题 4：分配式喷油泵的主要组成部分及功能。

引导问题 5：输油泵的功用与类型。

引导问题 6：燃油滤清器的功能与对其的要求。

引导问题 7：油水分离器的功能和基本组成。

2. 制订计划

查阅汽车维修手册及教材，熟悉柴油机燃料供给系统的维护与调试，主要部件的拆装检修；学生们阐述自己的工作计划，小组充分质疑、答疑、讨论，制订最佳工作计划。

四、工作实施

1. 柴油机燃料供给系统的维护操作步骤记录

步骤序号	主要操作步骤及内容	问题及解决方法等说明

2. 柴油机燃料供给系统的调试操作步骤记录

步骤序号	主要操作步骤及内容	问题及解决方法等说明

3. 主要部件的拆检操作步骤记录

步骤序号	主要操作步骤及内容	问题及解决方法等说明

4. 检验记录及结果分析

（1）喷油器的检验记录

项目	检验内容记录	结果判断及处理
针阀和座的配合表面检测		
针阀的轴针检测		
针阀配合面的滑动性试验		

（2）喷油泵柱塞副的检验

项目	检验内容记录	结果判断及处理
柱塞副的外观检验		
柱塞的滑动性试验		
柱塞副的密封性试验		

（3）喷油泵出油阀的检验

项目	检验内容记录	结果判断及处理
出油阀偶件外观检验		
油阀配合面滑动性试验		
出油阀的密封性试验		

（4）调速器的检验

项目	检验内容记录	结果判断及处理
调速弹簧的检验		
飞块支架及铰链连接部位的检验		
调速套筒的检验		

（5）输油泵的检验

项目	检验内容记录	结果判断及处理
输油泵解体检验		
输油泵装复后的性能试验		

五、考核评价

项目名称	评价内容	分值	评价分值		
			自评	师评	组分
职业素质考核项目 40分	穿戴整洁、规范	6			小组任务完成质量、效率综合考评得分
	安全意识、环保意识、责任意识强	10			
	积极参加教学活动，能够完成教学任务	8			
	有团队合作意识，沟通协调能力强	8			
	现场整洁、干净，工具整洁归位	8			
专业能力考核项目 60分	专业理论知识(引导问题)	8			
	实践操作步骤正确、规范	20			
	实践操作快速熟练，工作效率高	8			
	测量规范正确，结果记录规范	8			
	测量结果分析、处理合理	10			
	工量具的正确规范使用	6			
合计		100			
总评	自评(20%)+组分(30%)+师评(50%)		指导教师：		

六、总结反思

1. 理论知识点总结梳理

2. 技术技能点总结梳理

3. 学习反思及问题总结归纳

任务三　电控柴油机燃料供给系统

任务工单——电控柴油机燃料供给系统的认识

一、任务目的
① 熟悉电控柴油机的优点。
② 熟悉电控柴油机燃料供给系统的组成、工作原理、控制功能及类型。
③ 熟悉电控柴油机燃料供给系统各类型的特点、组成及工作原理等。
④ 能够认识分析电控柴油机燃料供给系统各类型的组成零部件及高低压油路。

二、学生分组
以 5~8 人为一组，选出组长、安全员，进行任务分工，并填入下表。

班级		组号		指导教师	
小组成员	姓名	学号		任务分工	
组长					
安全员					
组员					

三、工作准备

1. 获取信息
在进行具体工作前，需要掌握电控柴油机燃料供给系统的相关知识。请各组长组织组员收集相关资料，回答以下问题。

引导问题1：电控柴油机的优点。
引导问题2：电控柴油机燃料供给系统的组成及工作原理。
引导问题3：电控柴油机燃料供给系统的控制功能有哪些。
引导问题4：电控柴油机燃料供给系统的类型有哪些。
引导问题5：简要说明电控分配泵喷射系统的结构特点及工作原理。
引导问题6：简要说明电控泵喷嘴喷射系统的结构特点及工作原理。
引导问题7：简要说明高压共轨喷射系统的优点和工作原理。

2. 制订计划
查阅汽车维修手册、教材等，掌握电控柴油机燃料供给系统的相关知识；学生们阐述自己的工作计划，小组充分质疑、答疑、讨论，制订最佳工作计划。

四、工作实施
操作步骤记录：

步骤序号	主要操作步骤及内容	问题及解决方法等说明

五、考核评价

项目名称	评价内容	分值	评价分值		
			自评	师评	组分
职业素质考核项目 40分	穿戴整洁、规范	6			小组任务完成质量、效率综合考评得分
	安全意识、环保意识、责任意识强	10			
	积极参加教学活动,能够完成教学任务	8			
	有团队合作意识,沟通协调能力强	8			
	现场整洁、干净、工具整洁归位	8			
专业能力考核项目 60分	专业理论知识(引导问题)	8			
	实践操作步骤正确、规范	20			
	实践操作快速熟练,工作效率高	8			
	测量规范正确,结果记录规范	8			
	测量结果分析、处理合理	10			
	工量具的正确规范使用	6			
合计		100			
总评	自评(20%)+组分(30%)+师评(50%)		指导教师:		

六、总结反思

1. 理论知识点总结梳理

2. 技术技能点总结梳理

3. 学习反思及问题总结归纳

任务四　柴油机燃料供给系统常见故障与排除

任务工单——柴油机冒白烟故障诊断与排除

一、任务目的

① 熟悉柴油机故障检修的基础知识。
② 熟悉柴油机燃料供给系统常见故障的故障现象、原因及诊断排除方法。
③ 能够进行柴油机燃料供给系统的常见故障的诊断与排除。

二、学生分组

以5~8人为一组，选出组长、安全员，进行任务分工，并填入下表。

班级		组号		指导教师	
小组成员	姓名	学号		任务分工	
组长					
安全员					
组员					

三、工作准备

1. 获取信息

在进行具体工作前，需要掌握柴油机故障检修的基础知识和柴油机燃料供给系统常见故障的相关知识。请各组长组织组员收集相关资料，回答以下问题。

引导问题1：柴油机汽车使用注意事项。

引导问题2：电控柴油机维修注意事项。

引导问题3：电控柴油机诊断原则。

引导问题4：电控柴油机故障诊断的方法有哪些。

引导问题5：电控柴油机故障诊断的一般流程。

引导问题6：启动时排气管无烟排出的启动困难故障的原因及诊断过程。

引导问题7：启动时排气管冒白烟的启动困难故障的原因及诊断过程。

引导问题8：柴油机运转均匀、发动机动力不足故障的原因及诊断过程。

引导问题9：柴油机运转不均匀、发动机动力不足故障的原因及诊断过程。

引导问题10：柴油机工作粗暴故障的原因及诊断过程。

引导问题11：柴油机"游车"故障的原因及诊断过程。

引导问题12：柴油机"飞车"故障的原因及诊断过程。

2. 制订计划

查阅汽车维修手册，了解柴油机燃料供给系统常见故障的故障现象、原因及诊断排除方法等；学生们阐述自己的工作计划，小组充分质疑、答疑、讨论，制订最佳工作计划。

四、工作实施

操作步骤记录：

步骤序号	主要操作步骤及内容	问题及解决方法等说明

五、考核评价

项目名称	评价内容	分值	评价分值		
			自评	师评	组分
职业素质考核项目 40分	穿戴整洁、规范	6			小组任务完成质量、效率综合考评得分
	安全意识、环保意识、责任意识强	10			
	积极参加教学活动,能够完成教学任务	8			
	有团队合作意识,沟通协调能力强	8			
	现场整洁、干净,工具整洁归位	8			
专业能力考核项目 60分	专业理论知识(引导问题)	8			
	实践操作步骤正确、规范	20			
	实践操作快速熟练,工作效率高	8			
	测量规范正确,结果记录规范	8			
	测量结果分析、处理合理	10			
	工量具的正确规范使用	6			
	合计	100			
总评	自评(20%)+组分(30%)+师评(50%)		指导教师：		

六、总结反思

1. 理论知识点总结梳理

2. 技术技能点总结梳理

3. 学习反思及问题总结归纳

项目六 润滑系统的构造与检修

任务一 认识润滑系统

任务工单——润滑系统的认识

一、任务目的

① 了解润滑系统的功用、润滑方式。
② 熟悉润滑系统的组成及油路。
③ 掌握润滑油的牌号及选择和使用。
④ 能够识别润滑系统的组成及油路。

二、学生分组

以 5~8 人为一组,选出组长、安全员,进行任务分工,并填入下表。

班级		组号		指导教师	
小组成员	姓名	学号		任务分工	
组长					
安全员					
组员					

三、工作准备

1. 获取信息

在进行具体工作前,需要了解为何要有润滑系统、润滑系统在发动机中所承担的角色、日常生活中常见的润滑方式等相关知识。请各组长组织组员收集相关资料,回答以下问题。

引导问题 1:润滑系统的功用、作用有哪些。

引导问题 2:发动机润滑方式有哪些。

引导问题 3:润滑系统主要组成有哪些。

引导问题 4:润滑油的分类及正确选用的注意事项有哪些。

2. 制订计划

查阅汽车维修手册,了解润滑系统基本知识;学生们阐述自己的工作计划,小组充分质疑、答疑、讨论,制订最佳工作计划。

四、工作实施

操作步骤记录：

步骤序号	主要操作步骤及内容	问题及解决方法等说明

五、考核评价

项目名称	评价内容	分值	评价分值		
			自评	师评	组分
职业素质考核项目 40分	穿戴整洁、规范	6			小组任务完成质量、效率综合考评得分
	安全意识、环保意识、责任意识强	10			
	积极参加教学活动，能够完成教学任务	8			
	有团队合作意识，沟通协调能力强	8			
	现场整洁、干净，工具整洁归位	8			
专业能力考核项目 60分	专业理论知识(引导问题)	8			
	实践操作步骤正确、规范	20			
	实践操作快速熟练，工作效率高	8			
	测量规范正确，结果记录规范	8			
	测量结果分析、处理合理	10			
	工量具的正确规范使用	6			
合计		100			
总评	自评(20%)+组分(30%)+师评(50%)		指导教师：		

六、总结反思

1. 理论知识点总结梳理

2. 技术技能点总结梳理

3. 学习反思及问题总结归纳

任务二　润滑系统主要零部件

任务工单——润滑系统的维护保养及主要零部件检修

一、任务目的

① 熟悉润滑系统的主要零部件的功用、结构和检测方法。
② 能够对润滑系统主要零部件进行检修。
③ 能够对润滑系统进行维护保养作业。
④ 能够对润滑系统进行拆装检修作业。

二、学生分组

以5~8人为一组，选出组长、安全员，进行任务分工，并填入下表。

班级		组号		指导教师	
小组成员	姓名	学号		任务分工	
组长					
安全员					
组员					

三、工作准备

1. 获取信息

在进行具体工作前，需要掌握润滑系统主要零部件的相关知识。请各组长组织组员收集相关资料，回答以下问题。

引导问题1：机油泵的功用和类型。

引导问题2：齿轮式机油泵的基本工作原理及特点。

引导问题3：转子式机油泵的基本工作原理及特点。

引导问题4：限压阀的作用。

引导问题5：机油滤清器的作用及类型。

引导问题6：集滤器的作用及类型。

引导问题7：机油粗滤器的作用、类型及安装位置。

引导问题8：机油细滤器的作用、类型及安装位置。

引导问题9：机油冷却器的类型及应用场合。

2. 制订计划

查阅汽车维修手册，熟悉润滑系统维护保养，理解润滑系统主要零部件的检修；学生们阐述自己的工作计划，小组充分质疑、答疑、讨论，制订最佳工作计划。

四、工作实施

1. 润滑系统的维护保养操作步骤记录

步骤序号	主要操作步骤及内容	问题及解决方法等说明

2. 机油泵的拆装操作步骤记录

步骤序号	主要操作步骤及内容	问题及解决方法等说明

3. 检测记录及结果分析

（1）机油的检测

检测内容	液位	颜色	压力
检测结果			
处理意见			

（2）齿轮式机油泵的检测

检测内容	目测法	测量法	泵轴孔的磨损检测
检测结果			
处理意见			
检测内容	泵轴的检测	泵轴键槽的检测	限压阀总成的检测
检测结果			
处理意见			

（3）转子式机油泵的检测

检测内容	目测法	测量法	泵轴与轴承的间隙
检测结果			
处理意见			
检测内容	泵轴的检测	泵轴键槽的检测	限压阀总成检测
检测结果			
处理意见			

（4）机油泵装复后的试验

检测内容	简易试验法	试验台或就车试验法
检测结果		
处理意见		

（5）滤清器的检测

项目	检测内容	检测结果及处理意见
集滤器的检测		
机油粗滤器的检测		
纸质滤芯的细滤器的检测		
转子离心式机油细滤器的检测		

五、考核评价

项目名称	评价内容	分值	评价分值 自评	评价分值 师评	评价分值 组分
职业素质考核项目 40分	穿戴整洁、规范	6			小组任务完成质量、效率综合考评得分
	安全意识、环保意识、责任意识强	10			
	积极参加教学活动，能够完成教学任务	8			
	有团队合作意识，沟通协调能力强	8			
	现场整洁、干净，工具整洁归位	8			
专业能力考核项目 60分	专业理论知识（引导问题）	8			
	实践操作步骤正确、规范	20			
	实践操作快速熟练，工作效率高	8			
	测量规范正确，结果记录规范	8			
	测量结果分析、处理合理	10			
	工量具的正确规范使用	6			
合计		100			
总评	自评(20%)+组分(30%)+师评(50%)		指导教师：		

六、总结反思

1. 理论知识点总结梳理

2. 技术技能点总结梳理

3. 学习反思及问题总结归纳

任务三　润滑系统常见故障诊断与排除

任务工单——机油报警灯亮，报警器响的故障诊断与排除

一、任务目的
① 熟悉润滑系统的常见故障及原因。
② 掌握润滑系统常见故障的诊断与排除方法。
③ 能够进行润滑系统常见故障的诊断与排除。

二、学生分组
以 5~8 人为一组，选出组长、安全员，进行任务分工，并填入下表。

班级		组号		指导教师	
小组成员	姓名		学号	任务分工	
组长					
安全员					
组员					

三、工作准备
1. 获取信息

在进行具体工作前，需要掌握润滑系统常见故障诊断与排除的相关知识。请各组长组织组员收集相关资料，回答以下问题。

引导问题 1：机油压力过低的故障原因及诊断过程。

引导问题 2：机油压力过高的故障原因及诊断过程。

引导问题 3：机油消耗过多的故障原因及诊断过程。

引导问题 4：机油变质的故障原因及诊断过程。

2. 制订计划

查阅汽车维修手册，熟悉润滑系统常见故障诊断与排除的相关知识；学生们阐述自己的工作计划，小组充分质疑、答疑、讨论，制订最佳工作计划。

四、工作实施
操作步骤记录：

步骤序号	主要操作步骤及内容	问题及解决方法等说明

五、考核评价

项目名称	评价内容	分值	评价分值		
			自评	师评	组分
职业素质考核项目 40分	穿戴整洁、规范	6			小组任务完成质量、效率综合考评得分
	安全意识、环保意识、责任意识强	10			
	积极参加教学活动,能够完成教学任务	8			
	有团队合作意识、沟通协调能力强	8			
	现场整洁、干净,工具整洁归位	8			
专业能力考核项目 60分	专业理论知识(引导问题)	8			
	实践操作步骤正确、规范	20			
	实践操作快速熟练,工作效率高	8			
	测量规范正确,结果记录规范	8			
	测量结果分析、处理合理	10			
	工量具的正确规范使用	6			
合计		100			
总评	自评(20%)+组分(30%)+师评(50%)		指导教师:		

六、总结反思

1. 理论知识点总结梳理

2. 技术技能点总结梳理

3. 学习反思及问题总结归纳

项目七 冷却系统的构造与检修

任务一 认识冷却系统

任务工单——冷却系统的认识

一、任务目的
① 熟悉冷却系统的功用及类型。
② 熟悉冷却系统的组成及大、小循环路径。
③ 理解冷却液的作用及正确选择。
④ 能够识别冷却系统的组成及冷却液的循环。

二、学生分组
以 5~8 人为一组，选出组长、安全员，进行任务分工，并填入下表。

班级		组号		指导教师	
小组成员	姓名	学号	任务分工		
组长					
安全员					
组员					

三、工作准备

1. 获取信息

在进行具体工作前，需要掌握冷却系统的功能、类型、组成及冷却液的相关知识。请各组长组织组员收集相关资料，回答以下问题。

引导问题 1：冷却系统的功用及类型。
引导问题 2：发动机冷却过度的危害有哪些。
引导问题 3：冷却系统的组成及大、小循环路径。
引导问题 4：冷却液的作用及种类。
引导问题 5：冷却液的正确选择。

2. 制订计划

查阅汽车维修手册，了解冷却系统的功能、类型、组成及冷却液的相关知识；学生们阐述自己的工作计划，小组充分质疑、答疑、讨论，制订最佳工作计划。

四、工作实施

操作步骤记录：

步骤序号	主要操作步骤及内容	问题及解决方法等说明

五、考核评价

项目名称	评价内容	分值	评价分值		
			自评	师评	组分
职业素质考核项目 40分	穿戴整洁、规范	6			小组任务完成质量、效率综合考评得分
	安全意识、环保意识、责任意识强	10			
	积极参加教学活动，能够完成教学任务	8			
	有团队合作意识，沟通协调能力强	8			
	现场整洁、干净，工具整洁归位	8			
专业能力考核项目 60分	专业理论知识（引导问题）	8			
	实践操作步骤正确、规范	20			
	实践操作快速熟练，工作效率高	8			
	测量规范正确，结果记录规范	8			
	测量结果分析、处理合理	10			
	工量具的正确规范使用	6			
合计		100			
总评	自评(20%)＋组分(30%)＋师评(50%)		指导教师：		

六、总结反思

1. 理论知识点总结梳理

2. 技术技能点总结梳理

3. 学习反思及问题总结归纳

任务二　冷却系统主要零部件

任务工单——冷却系统的维护保养及拆装检修

一、任务目的

① 熟悉冷却系统的主要零部件的作用、结构和检测内容。
② 能够对冷却系统主要零部件进行检修。
③ 能够对冷却系统进行维护保养作业。
④ 能够对冷却系统进行拆装检修作业。

二、学生分组

以 5～8 人为一组，选出组长、安全员，进行任务分工，并填入下表。

班级		组号		指导教师	
小组成员	姓名		学号	任务分工	
组长					
安全员					
组员					

三、工作准备

1. 获取信息

在进行具体工作前，需要掌握冷却系统主要零部件的相关知识。请各组长组织组员收集相关资料，回答以下问题。

引导问题1：散热器的组成和类型。

引导问题2：闭式水冷系统的优点。

引导问题3：水泵的作用和类型。

引导问题4：冷却风扇的作用和类型。

引导问题5：节温器的作用和类型。

2. 制订计划

查阅汽车维修手册，熟悉冷却系统维护保养、系统拆装及主要零部件检修的内容及方法；学生们阐述自己的工作计划，小组充分质疑、答疑、讨论，制订最佳工作计划。

四、工作实施

1. 冷却系统的维护保养操作步骤记录

步骤序号	主要操作步骤及内容	问题及解决方法等说明

2. 冷却系统的拆装与检修操作步骤记录

步骤序号	主要操作步骤及内容	问题及解决方法等说明

3. 检查记录及结果分析

（1）冷却液的检查

检查内容	液位	颜色	冰点
检查结果			
处理意见			

（2）节温器的检查

检查内容	主阀门升程	主阀门及全开时的温度
检查结果		
处理意见		

（3）散热器的检查

检查内容	散热器	散热器盖
检查结果		
处理意见		

（4）水泵的检查

检查内容	水泵	皮带
检查结果		
处理意见		

（5）风扇的检查

检查内容	风扇及电机	热敏开关
检查结果		
处理意见		

五、考核评价

项目名称	评价内容	分值	评价分值		
			自评	师评	组分
职业素质考核项目 40分	穿戴整洁、规范	6			小组任务完成质量、效率综合考评得分
	安全意识、环保意识、责任意识强	10			
	积极参加教学活动,能够完成教学任务	8			
	有团队合作意识,沟通协调能力强	8			
	现场整洁、干净,工具整洁归位	8			
专业能力考核项目 60分	专业理论知识(引导问题)	8			
	实践操作步骤正确、规范	20			
	实践操作快速熟练,工作效率高	8			
	测量规范正确,结果记录规范	8			
	测量结果分析、处理合理	10			
	工量具的正确规范使用	6			
合计		100			
总评	自评(20%)+组分(30%)+师评(50%)		指导教师:		

六、总结反思

1. 理论知识点总结梳理

2. 技术技能点总结梳理

3. 学习反思及问题总结归纳

任务三 冷却系统常见故障诊断与排除

任务工单——发动机冷却液温度过高的故障诊断与排除

一、任务目的
① 熟悉冷却系统的常见故障及原因。
② 掌握冷却系统常见故障的诊断与排除方法。
③ 能够进行冷却系统常见故障的诊断与排除。

二、学生分组
以5~8人为一组,选出组长、安全员,进行任务分工,并填入下表。

班级		组号		指导教师	
小组成员	姓名	学号		任务分工	
组长					
安全员					
组员					

三、工作准备
1. 获取信息

在进行具体工作前,需要掌握冷却系统常见故障诊断与排除的相关知识。请各组长组织组员收集相关资料,回答以下问题。

引导问题1:冷却液消耗异常引起的发动机过热的故障原因及诊断过程。

引导问题2:冷却液充足但发动机过热的故障原因及诊断过程。

引导问题3:发动机突然过热的故障原因及诊断过程。

引导问题4:发动机工作温度过低的故障原因及诊断过程。

2. 制订计划

查阅汽车维修手册,熟悉冷却系统常见故障诊断与排除的相关知识等;学生们阐述自己的工作计划,小组充分质疑、答疑、讨论,制订最佳工作计划。

四、工作实施
操作步骤记录:

步骤序号	主要操作步骤及内容	问题及解决方法等说明

五、考核评价

项目名称	评价内容	分值	评价分值		
			自评	师评	组分
职业素质考核项目 40分	穿戴整洁、规范	6			小组任务完成质量、效率综合考评得分
	安全意识、环保意识、责任意识强	10			
	积极参加教学活动,能够完成教学任务	8			
	有团队合作意识,沟通协调能力强	8			
	现场整洁、干净,工具整洁归位	8			
专业能力考核项目 60分	专业理论知识(引导问题)	8			
	实践操作步骤正确、规范	20			
	实践操作快速熟练,工作效率高	8			
	测量规范正确,结果记录规范	8			
	测量结果分析、处理合理	10			
	工量具的正确规范使用	6			
合计		100			
总评	自评(20%)+组分(30%)+师评(50%)		指导教师(签字)		

六、总结反思

1. 理论知识点总结梳理

2. 技术技能点总结梳理

3. 学习反思及问题总结归纳